Christian Werner
RELAX Guide 2024
Deutschland

RELAX Guide & Magazin
Werner Medien GmbH, Wien
www.relax-guide.com

Die Deutsche Bibliothek – CIP-Einheitsaufnahme
Werner, Christian:
RELAX Guide 2024 Deutschland/Christian Werner. – Wien:
Werner Medien GmbH, 2023
ISBN: 978-3-902115-85-0

Redaktionsanschrift: Breitenfelder Gasse 10/5, 1080 Wien, Austria
redaktion@relax-guide.com
www.relax-guide.com

Anzeigenverkauf:
Alexandra Jungbauer, sales@relax-guide.com
Martina Salzmann, salzmann@relax-guide.com

Layout: Alexander Jonas KG
Anzeigengestaltung: Nicola Reber
Lektorat: Luise Schmitz
Produktion: Norbert Heißig
Covergestaltung: Nina Jul
Landkartendaten https://www.openstreetmap.org
Hintergrunddaten Topografie http://srtm.csi.cgiar.org
Herstellung: Samson, St. Margarethen

ISBN: 978-3-902115-85-0

Christian Werner
RELAX Guide 2024

Alle Hotels für Wellness und Gesundheit

1.152 Adressen
in Deutschland

Getestet und bewertet

RELAX
GUIDE

SPA AWARD
2024

Liebe Leserin, lieber Leser,

Testet seit mehr als 25 Jahren Spa-Hotels in Europa und Asien: **Christian Werner**

acht Monate lang arbeite ich jeweils an diesem Buch, und jedes Mal ist die Freude groß, wenn es fertig ist und der Druckereitermin eingehalten werden kann. Diesmal freue ich mich aber ganz besonders, riesig sogar, denn mit dieser Ausgabe feiert der RELAX Guide sein 25-jähriges Bestehen!

Niemals hätte ich 1999 gedacht, dass unserem kritischen Wellnesshotelführer ein so nachhaltiger Erfolg beschieden sein würde. Allerdings: Ich hatte meine gesamten Ersparnisse in dieses Projekt gesteckt, schlief über Monate im Büro am Boden und hatte sogar mein geliebtes Cabrio verkauft – und, als es kurz vor dem Erscheinungsdatum ganz eng am Bankkonto wurde, um 7.000 Schilling auch noch jenen klapprigen Kleinwagen, den mir ein mitfühlender Freund ein paar Wochen zuvor geschenkt hatte.

Schnell entwickelten wir mit unseren anonymen Hoteltests sozusagen die Spürnase des RELAX Guide. Seit damals zählen wir die Liegen, überprüfen Sinnhaftigkeit und Qualität von Anwendungen, checken die Küche und vermessen Pools und Spa-Größen – um nur einiges zu nennen. Und schnell wurden wir mit unseren „verdeckten Ermittlungen" zum, wie das Nachrichtenmagazin „Profil" schrieb, „unbestechlichen Spa-Scout, der bei Hoteliers in etwa so beliebt ist wie der Krampus bei Kleinkindern".

Unter anderem brachten wir den Bio-(Frühstücksei)-Schwindel ans Licht, die Nonsens-Behandlungen, das werbliche Schummeln mit den Spa-Größenangaben oder die eklatanten Mängel bei der Poolwasserhygiene. Unsere Testergebnisse schafften es nicht selten sogar bis in die Hauptabendnachrichten.

Nur wenige Jahre vergingen, bis ein Marktforschungsinstitut unseren mit Lilien geschmückten Führer als „bedeutendste wellnesstouristische Marke" bestätigte. Und heute sind wir deutlich älter als die allermeisten Hotels der Branche.

Dass wir uns ebenso arglos wie freimütig in den Dienst des Gastes gestellt haben, hat uns natürlich jede Menge an unerfreulichen Reaktionen von Seiten der Hotellerie eingebracht. Ein unreflektiertes „Wie können Sie schreiben, dass wir direkt an der Eisenbahnlinie liegen, das ist Geschäftsschädigung!" zählt da noch zum Harmlosesten, was wir hinnehmen mussten.

Dennoch: Viele Hoteliers haben frühzeitig erkannt, dass wir für sie so etwas wie ein kostenloser Sparring-Partner sein können, mit dem Ziel, ihr Produkt zu verbessern. Die Betriebe haben eine gewaltige Entwicklungsleistung hingelegt, aber vielleicht stimmt es auch, was uns Tourismusfachleute immer wieder versichern, dass nämlich unsere Arbeit zur Qualitätsverbesserung im Spa-Tourismus beigetragen hat – vielleicht ein bisschen, würde ich sagen.

Unbestreitbar ist jedenfalls, dass unter den Hunderten von Schließungen und Insolvenzen der vergangenen 25 Jahre so gut wie niemals ein mit Lilien ausgezeichnetes Haus zu finden war.

Als ich vor mehr als einem Vierteljahrhundert begonnen hatte, meine Idee eines kritischen Wellnesshotelführers zu verwirklichen, gab es gerade einmal knapp 280 Hotels mit einem Spa. Aber jedes Jahr wurden es mehr, ein regelrechter Boom war ausgebrochen.

Für die Newcomer war dieser neue Trend herausfordernd. Denn es handelte sich um nichts Geringeres als um eine Transformation der Ferienhotellerie. Bislang war es üblich, dass die Gäste die meiste Zeit außerhalb ihres Hotels verbrachten, am Strand eines Badesees etwa, mit Ausflügen in den Wald, mit Bergwanderungen oder dem Besuch von Sehenswürdigkeiten in der Umgebung. Jetzt war plötzlich alles anders: Der Gast blieb nun – etwas überspitzt gesagt – 24 Stunden indoor. Das musste ein Hotel erst einmal schaffen! In puncto Räumlichkeiten, Mitarbeiteranzahl und Dienstleistungsqualität, um vom richtigen Umgang mit bis dato „artfremden" technischen Einrichtungen wie Saunen und Pools sowie mit den zahlreichen neuen Berufsfeldern wie Kosmetikerinnen, Masseuren oder Personal Trainern ganz zu schweigen.

Anfänglich scheiterten manche Hoteliers bereits an der korrekten Schreibweise des neuen Trendbegriffs. Dann stand da „Wellneß" in meterhohen Lettern auf der Hotelfassade – wie etwa im Tiroler Obergurgl. Andere waren niemals zuvor in einer Sauna, und die Riege der Architekten mit demselben „Erfahrungsreichtum" war stattlich. Trafen solcherart Erfahrene aufeinander, dann waren beispielsweise Saunen ohne Frischluftzugang und mit unzureichenden Abkühlmöglichkeiten die Folge. Unbrauchbar, so teuer all das auch gewesen sein und so nett das vielleicht ausgesehen haben mag.

In der Zwischenzeit hat sich die Branche längst professionalisiert. Das heißt aber freilich nicht, dass nun alle Wellnesshotels gleich gut wären und gleichermaßen für jeden Geschmack passen würden. Ihnen, liebe Leserin und lieber Leser, dabei zu helfen, die für Sie am besten geeigneten Häuser herauszufinden, das sehen wir als unsere Aufgabe. Dazu gehören: eine Bewertung nach klaren, standardisierten Kriterien. Ein Kommentar, der nichts beschönigt. Manchmal begeistert, manchmal ernüchtert, jedoch stets mit dem Blick für das Ganze, dabei sachlich und fair.

Für unsere Jubiläumsausgabe haben wir alle 1.152 Wellness- und Gesundheitshotels überprüft, 14 Prozent, also etwa jedes siebte, konnten für 2024 mit mindestens einer Lilie zertifiziert werden.

Erstmals führen wir übrigens nur die Lilien-Hotels an, die restlichen 86 Prozent werden nun mit ihren Bewertungen (9 bis 12 Punkte) nur noch im Index am Ende des Buches geführt. Sie als Leser entscheiden übrigens, ob wir das zukünftig beibehalten – bitte schreiben Sie mir, wie Sie darüber denken.

Neu sind 14 Häuser, zusperren mussten allerdings 27. Lilien-Hotel war – wie immer – keines darunter, man könnte also versucht sein zu sagen, dass eine Lilien-Auszeichnung eine gute Versicherung gegen das vorzeitige Ableben eines Wellnesshotels ist.

18 Häuser wurden besser als im Vorjahr bewertet, 19 hingegen schlechter. Dazu: Wie auch andere Branchen ist die Hotellerie samt ihren Mitarbeitern durch die lebensfernen und unverhältnismäßigen Regierungsmaßnahmen (z. B. Schließungen ohne Öffnungsperspektive, existenzbedrohende Kurzarbeit, massive Umsatzrückgänge) während der Corona-Jahre in eine missliche Lage geraten. Der Mangel an Mitarbeitern hat mitunter Ausmaße erreicht, die vor kurzem noch als unvorstellbar galten. Die Hotels können jedoch nichts dafür. Daher haben wir bei unseren Tests häufig mal das eine oder andere Auge zugedrückt – in der Hoffnung, dass sich die momentane Situation in absehbarer Zeit wieder bessert. Dafür ersuche ich um Ihr Verständnis.

158 Lilien-Hotels gibt es nun in Deutschland. Zum Thema schnelles Finden erinnere ich an unsere kostenlose App, mit der Sie mehrere Hotelanfragen mit vielen hilfreichen Filtern gleichzeitig durchführen können. Mit einem einzigen Klick erhalten Sie so von allen gewünschten Hotels Angebote. Damit sparen Sie sich zeitraubende Telefonate und E-Mails. Alle Hotels können Sie außerdem zum Bestpreis über unser Portal gebucht werden.

Noch etwas: In der Vorjahresausgabe habe ich mich von Ihnen verabschiedet. Daraus wurde nichts. Persönliche Umstände haben mich wieder in den Dienst gerufen. Und das ist gut so. Das Feuer in mir brennt auch weiterhin. Und in Zeiten, in denen das Preis-Leistungs-Verhältnis von größter Bedeutung ist, wird ein kritischer Blick auf die Branche notwendiger denn je.

Mein Dank gilt meinem großartigen Team, das sich diesmal mit ganz besonders großer Begeisterung eingesetzt hat, aber ebenso Ihnen: für Ihr Vertrauen, für Ihren Input und die überaus zahlreichen anregenden Gastbewertungen auf relax-guide.com.

Und nun viel Freude mit Ihrem neuen RELAX Guide 2024. Schönen Urlaub! **C. W.**

Inhalt

So verwenden Sie die Foto-Scan-App von RELAX Guide:
Fotografieren Sie Bilder und Hotelinserate im RELAX Guide und sehen Sie sofort viele weitere Fotos dieser Hotels, dazu die kritischen Kommentare und mehr. Auch ohne Buch ist das Finden von passenden Wellnesshotels schnell und einfach! Sie suchen nach Ihren Wunschkriterien oder erhalten sofort die neuesten Angebote in Ihrer gewünschten Region. Speichern Sie Hotels in Ihrer Merkliste, indem Sie das Herzsymbol anklicken. Fragen Sie mit einem einzigen Klick gleichzeitig mehrere Hotels an und ersparen Sie sich damit viele zeitraubende Telefonate und E-Mails! Versenden Sie die Merkliste auch an Ihre Liebsten und Ihre Mitreisenden.

So kommen Sie zu Ihrem eBook:
Beim RELAX Guide ist auch ein kostenloses eBook dabei, Sie erhalten es in wenigen Sekunden. Und zwar so: 1. Auf www.relax-guide.com/eBook gehen. 2. Webformular ausfüllen: mit dem 12-stelligen Registrierungscode (siehe Lesezeichen). 3. Download starten und sofort speichern. 4. Auf Tablet oder Smartphone übertragen – fertig!

Anonyme Hoteltests bedeuten verdeckte Ermittlung. Unsere Wohlfühl-Detektive agieren freilich nicht im Trenchcoat, sondern im Bademantel. Sie vermessen Pools wie Spa-Flächen und überprüfen das Wasser in den Becken. Besonders spannend: das Ruheliegenzählen. Da kann man ganz schön ins Schwitzen kommen, selbst wenn der Bademantel nicht aus Polyester ist. All das macht sonst niemand. Nur wir vom RELAX Guide!

Lilien und Punkte: das Bewertungsystem im RELAX Guide

20 Punkte – vier Lilien: Höchstnote
19 Punkte – vier Lilien: Spitzenbetrieb

17 und 18 Punkte – drei Lilien: hervorragend

15 und 16 Punkte – zwei Lilien: außergewöhnlich

13 und 14 Punkte – eine Lilie: sehr gute Leistungen

12 Punkte – guter Durchschnitt
11 Punkte – durchschnittlich
10 Punkte – unterdurchschnittlich
9 Punkte – unangenehm

Die Küchenbewertung

1++	„hervorragend", Höchstnote
1+	„ausgezeichnet", hohes Niveau
1	„sehr gut"
2	„gut"
3	„durchschnittlich", wird nicht erwähnt, bei Premium-Hotels: „enttäuschend"
4	„enttäuschend", bei Premium-Hotels: „stark enttäuschend"
5	„stark enttäuschend"

Zeichen und Symbole

NF	Nächtigung mit Frühstück
HP	Nächtigung mit Halbpension
5 NHP	fünf Nächtigungen mit Halbpension
AI	Nächtigung mit All-inclusive-VP
VP	Nächtigung mit Vollpension
5 NVP	fünf Nächtigungen mit Vollpension
30 Liegen	Anzahl der Ruheliegen im Spa-Indoor-Bereich

Die Auswahl der Hotels unterliegt zeitlich unserem Redaktionsschluss (15. Juni 2023) und kann nicht zuletzt auch deshalb keinen Anspruch auf absolute Vollständigkeit erheben. Irrtümer bei der Bewertung und Fehler bei Satz und Druck vorbehalten.

Was wir gar nicht mögen, aber häufig erleben ...

- Irreführende Lockangebote mit unrealistisch tiefen Ab-Preisen, die es in der Praxis gar nicht gibt.
- Das Fehlen von Zimmerpreislisten, womöglich noch mit dem zynischen Hinweis „Die Preise entnehmen Sie bitte unserer Buchungsmaschine." Weil: genau das ist nicht möglich.
- Hoteliers, die nur mit Fotos von neuen Zimmern werben und mit den Zimmergrößen schwindeln.
- Fragebögen, mit denen wir nach langer Anreise vor dem Check-in gequält werden. Auch das Meldeformular sollte längst vom Hotel ausgefüllt sein.
- Hintergrundmusik im gesamten Haus, als Ganztagesberieselung.
- Unpassende Hintergrundmusik. Pop zum Abendessen etwa, Techno in der Lobby. Radio mit Werbung und Nachrichten in der Bar. Zillertaler Schürzenjäger im Asia-Spa zur Balimassage.
- Das Fehlen einer Garage bei praller Sonne – und im Winter erst recht.
- Spa-Bereiche, die in Wahrheit deutlich kleiner sind, als in der Werbung versprochen wurde.
- Bademäntel und Liegetücher aus Polyester.
- Ruheliegen in Durchgangszonen, vor allem, wenn diese schlecht temperiert sind.
- Gestresste, nach Schweiß und Zigarettenrauch riechende Kosmetikerinnen und Masseure.
- Stümperhaft durchgeführte Massagen, die uns zudem teuer verkauft werden.
- Die Verwendung von klebrigen Billigölen bei der Massage.
- Kosmetikerinnen, die massieren: ohne Sachkenntnis, aber mit langen Fingernägeln.
- Therapeuten, die unaufgefordert ihre Probleme erzählen und dann noch viele Fragen stellen.
- Haare, Hautschuppen und anderen Schmutz auf dem Gestänge von Massageliegen.
- Hotels ohne eigenes Spa, mit Anschluss an öffentliche Thermen und Kureinrichtungen.
- Schwarzalgen und Schmutzränder in den Pools, Chlorgeruch in den Badezonen.
- Veraltete Fitnessgeräte in miefigen, tageslichtlosen Kellerräumen mit Spannteppich.
- Zerschlissene und viel zu kleine – oder viel zu große – Bademäntel.
- Hotels, die an unterschiedliche Zielgruppen zu differenzierten Preisen verkaufen. Nur bedingt lustvoll teilen etwa junge Leute Restaurant und Nacktbereich mit in Bussen angereisten, wanderfreudigen Rentnergruppen aus Osteuropa. Noch unangenehmer wird es, wenn sie dann erfahren, dass diese nur die Hälfte bezahlt haben.
- Hotels, die alle Zielgruppen bewerben. Wer mit dem Aston Martin vorfährt, wird sich nicht wohlfühlen, wenn in der Garage nur Autos der Billigmarke Logan stehen. Und umgekehrt!
- Hotels, die mehrere Zielgruppen gleichzeitig bedienen: etwa Familien mit Kindern, Alleinreisende, Tagungsteilnehmer und „Einbandagierte" (nach plastisch-chirurgischen Eingriffen).
- Reinigungsdamen, die frühmorgens mehrmals klopfen oder gar ins Zimmer platzen.
- Mitarbeiter, die selbst bei kleinsten Sonderwünschen genervt die Augen rollen.
- Mitarbeiter, die sagen: „Dafür bin ich nicht zuständig."
- Mitarbeiter, die unserer Sprache nicht mächtig sind und keine Ahnung von der Region haben – nicht einmal den Namen des nächsten Berges kennen.
- Hotelküchen, die fabrikmäßig vorgefertigte Speisen („Convenience-Food") verwenden.
- Luxushotels – die ganz besonders –, wenn sie ungelernte Mitarbeiter beschäftigen.
- Hoteliers, die uns über die Herkunft ihrer Küchenzutaten belügen.
- Üppige Buffets ohne ernährungsphysiologische Qualität und ohne guten Geschmack.
- Dresscodes – weil man in einem Relax-Urlaub ohne Kleidungszwang entspannen können sollte.
- Ein Management, das das Wort Sozialkompetenz für marxistisches Vokabular hält.

Was wir mögen, aber eher selten erleben ...

> Ruhe, Ruhe, Ruhe: Denn an der Straße oder gar an der Eisenbahnlinie ist's nicht wirklich zum Entspannen geeignet. Auch Fluglärm oder Events im Haus kommen nicht gut.
> Eine Rezeption, die uns schon bei der Buchung auf Engpässe bei den Behandlungsterminen hinweist und natürlich auch das Spa-Menü zu erklären weiß.
> Wenn man beim Check-in gleich über die gebuchten Behandlungen informiert wird.
> Mitarbeiter, die aufs Zimmer begleiten und dabei auch mit dem Gepäck behilflich sind.
> Stimmige Beleuchtung, die Atmosphäre schafft. Im Wellnessbereich, im Restaurant und auch überall sonst.
> Eine Küche für Gourmets, nicht für Gourmands: weniger, aber besser. Vornehmlich mit Zutaten aus biologischer Landwirtschaft. Sonnengereifte Früchte, saisonales Gemüse.
> Am Frühstückstisch: Sauerteigbrot (echtes!), frische, regionale Produkte, nichts aus der Fabrik.
> Lange Frühstückszeiten: Ab 10.30 Uhr wird's gemütlich.
> Das Frühstücksei aus biologischer Freilandhaltung – Käfighaltung ist leider keine Ausnahme, besonders bei Kettenhotels.
> Ein winziges, federleichtes Häppchen als Light Lunch im Preis inkludiert, beispielsweise gute Süppchen oder Salate.
> Etwas frisches Obst sowie Quellwasser im Zimmer, täglich ergänzt.
> In der Sauna: einen ordentlichen Frischluftraum sowie ein möglichst großes Kaltwasserbecken. Auch ein dicker Kneippschlauch gehört dazu.
> Ruheliegen für alle, sowohl im Innen- als auch im Außenbereich.
> Wenn die Behandlung vorher erklärt wird oder – besonders bei umfangreicheren Beauty-Treatments – eine Beratung stattfindet.
> Musik im Behandlungsraum, die man sich selbst aussuchen kann. Auf jeden Fall sollte zumindest die Lautstärke regulierbar – oder die Berieselung abschaltbar – sein.
> Eine kleine Auswahl an feinen Tees und an frischem, gewaschenem (!) Obst im Spa.
> Hallenbad rund um die Uhr (gerne auch bei kleiner Beleuchtung), Sauna bis 23.30 Uhr.
> Kleine Badetücher vor dem Dampfbad (Sitztücher).
> Wohltemperierte Therapieräume, speziell bei Anwendungen, die abkühlen, also etwa bei Lomi Lomi Nui oder ayurvedischen Massagen und Güssen.
> Nicht nur im Spa: echte Pflanzen und Blumen. Plastik ist unwürdig und stillos.
> Ein helles Leselicht am Bett, aber auch im Ruheraum.
> Ausreichende Zahl an Kleiderhaken, Hosenbügeln und Ablageflächen im Badezimmer.
> Ein stilles Örtchen, das auch still ist. Und uneinsehbar sowieso.
> Gratisgarage für alle: Ein Parkplatz im Freien ist für Fahrer von teuren Limousinen eine Zumutung, dafür noch Geld zu verlangen Abzocke.
> Mitarbeiter, die das Wort Dienstleistung verstanden haben: als Dienen plus Leistung.
> Mitarbeiter, die genau daran Freude haben und am Umgang mit dem Gast wachsen.
> Wenn unsere Beschwerden ernst genommen werden und entsprechend reagiert wird.
> Wenn Kritik nicht bis zur Abreise mit reservierten Blicken geahndet, sondern mit einem Dankeschön als wertvoller Beitrag zur Produktverbesserung aufgefasst wird.
> Strahlende Sauberkeit im ganzen Haus.
> Im Spa und in der Lobby: statt Boulevard und Werbeprospekten eine Auswahl an niveauvollen Zeitungen und Magazinen.
> Wenn uns anstelle von dressiertem Personal menschliche Persönlichkeiten bedienen.

Mehr über die Bewertungskriterien

Zur Bewertung der Hotels in den Kategorien Wellness („ohne Arzt"), Kur („Arzt für chronisch Kranke"), Gesundheit (Prävention – „Arzt für Gesunde") und Beauty (Schönheitsfarmen) haben wir die „RELAX-Guide-Lilie" geschaffen. In alten Zeiten und in vielen Kulturen galt die Lilie als Symbol der Reinheit, aber auch der Erneuerung. Seit Herbst 1999 schmücken unsere Lilien die besten Hotels – als Symbol für die überdurchschnittlich gute Befindlichkeit ihrer Gäste.

Lilien als Qualitätsgütesiegel
Das gesamte Angebot wird im RELAX Guide in die vier Kategorien Kur, Gesundheit, Wellness und Beauty eingeteilt. Kur bedeutet dabei einen zumindest einwöchigen Aufenthalt und inkludiert ärztliche Diagnostik sowie überwachte Therapieabläufe. Wellness heißt im Regelfall „ohne Arzt".

Die Leistungen von Gesundheitshotels richten sich an Gesunde, reichen von Prävention über medizinische Check-ups bis hin zur Therapie von Stressfolgen und eher harmloseren Gesundheitsstörungen – unter ärztlicher Aufsicht. Typische Vertreter dieser Kategorie sind Heilfasten-, Mayr- und Ayurvedakurhäuser sowie auf Traditionelle Chinesische Medizin spezialisierte Hotels.

Wellness, Gesundheit, Kur und Beauty
Unter der Kategorie Beauty sind im RELAX Guide nur „echte" Schönheitsfarmen gelistet. Diese nehmen keine normalen Feriengäste auf und offerieren nur Wochenarrangements.

Bitte beachten Sie, dass Kurhotels keine Wellness-Oasen sind, sondern völlig andere Gäste – nämlich chronisch Kranke – sowie andere Ziele haben als Wellnesshotels. Daher gelten für diese Betriebe auch geringfügig modifizierte Bewertungskriterien; zudem werden Kurhotels natürlich nur mit anderen Kurhotels verglichen. Ergeben sich dann hohe Lilien-Anzahlen, bedeutet dies natürlich nicht, dass ein solches Haus mit einem Top-Wellnesshotel vergleichbar wäre.

Kriterien für einen Spa-Urlaub
Alle Hotels werden ausschließlich nach unseren Wellness- oder Kururlaubskriterien beurteilt. Das bringt mit sich, dass luxuriöse Stadthotels, perfekte „Tagungspaläste" oder auch exklusive Fünfsternhäuser mit kleinem Spa nicht hoch bewertet werden können, selbst wenn sie im normalen Beherbergungsbereich eine regionale Spitzenstellung innehaben.

Daher kann ein luxuriöses Stadthotel mit perfektem Service und gutem Spa beispielsweise nur mit maximal 16 Punkten beurteilt werden. Für unsere Bewertung maßgeblich ist jedenfalls stets unser persönliches Wohlfühlerlebnis, das sich auf die folgenden Kriterien bezieht.

Natur & Lage
Besonders für Großstadtbewohner – übrigens der weitaus größte Anteil an der Bevölkerung – ist die Lage in belebender Natur einer der wichtigsten Relax-Faktoren überhaupt. Blumenübersäte Almwiesen, stille Bergseen oder ein herrlicher Fernblick können sowohl psychisch als auch somatisch bereits kleine Wunder bewirken. Und das nicht nur beim ganz normalen „Stresspatienten".

Eine schöne Lage ist uns daher sehr wichtig, deswegen gilt: Auch das allerschönste Wellnesshotel mit sauberen Dienstleistungen wird, wenn es in einem Gewerbegebiet oder direkt an der Autobahn liegt, kaum über 12 Punkte hinauskommen, also keine Lilie erhalten können.

Ambiente

Nicht jeder notdürftig adaptierte Kellerraum eignet sich zum Wohlfühlen. Wenn Sie auf Körper und Sinne hören wollen, dann finden Sie sich in niedrigen, verwinkelten und unharmonisch gestalteten Räumen in einer paradoxen Situation gefangen. Der Erholungseffekt bleibt aus, der Spa-Urlaub geht an Ihren Bedürfnissen vorbei! Die höchsten Bewertungen vergeben wir jedenfalls für ein stilvolles Ambiente mit reduzierten visuellen Reizen, das es dem (ohnedies reizüberfluteten) Entspannungssuchenden ermöglicht, wieder ein bisschen zu sich selbst zu finden. Sagenhaft inszenierte „Erlebniswelten" gehören nach Disneyland, in die Ordner „Freizeitstress" oder „Kollektive Verdummung" und punkten im RELAX Guide nur schlecht – oder gar nicht!

Ausstattung & Dienstleistung

Ähnlich ist das bei Wellnesszonen, die mit allerlei überflüssigem Schnickschnack aufgemotzt wurden. Auf Dinge wie Massagemaschinen, künstliche „Strände" oder gar einen Klimaapparat, der „einen dreistündigen Spaziergang am Strand ersetzt", wollen wir liebend gerne verzichten. Fazit: Qualität geht vor Quantität, Schmonzes drückt die Bewertung nach unten. Die Ausstattung muss aber dem heutigen Standard entsprechen. Und Sie dürfen nicht für jede Kleinigkeit extra zur Kasse gebeten werden.

Besonderes Augenmerk legen wir auf die Anzahl der Ruheliegen im Spa. Die vor der Bettenanzahl angeführte Liegenanzahl bezieht sich stets nur auf den Innenbereich, abhängig von der Jahreszeit kann sie abweichen, da im Sommer häufig Liegen nach draußen gestellt werden.

Mehr noch als die harten Fakten zählt für uns aber die Dienstleistungsqualität, die wesentlich von Ausbildung und Motivation abhängt. Bei den Mitarbeitern eine echte Wohlfühlatmosphäre von Freundlichkeit und ungekünsteltem Gut-drauf-Sein entstehen zu lassen, zählt zu den wichtigsten Aufgaben in der Gesundheitshotellerie. Wer sie beherrscht, kommt im RELAX Guide auch mit einer weniger guten Ausstattung auf respektable Lilien-Werte. Familienbetriebe haben es hier übrigens leichter als große Bettenburgen und zentral verwaltete Kettenhotels.

Weiters wichtig sind kompetente Therapeuten und nicht zuletzt die Küchenleistung. Auch bei ihr gilt für uns: Qualität vor Quantität, möglichst aus biologischer Herkunft, frisch zubereitet und für höchste Ansprüche. Bewertet wird – so angeboten – die Halbpensionsküche. Denn zahlreiche Hotels haben neben dem regulären Beherbergungsbetrieb noch ein À-la-carte-Restaurant, das nicht selten mit einer ausgezeichneten Küche aufwartet. Aber immer wieder erleben wir, dass man als Halbpensionsgast mit deutlich geringeren Speisenqualitäten konfrontiert wird.

Locker & Easy

Nach unserer Auffassung verträgt sich ein Relax-Urlaub kaum mit Seminar-, Veranstaltungs- oder Bustourismus. Das Frühstück im Bademantel neben einer Gruppe von businessmäßigen Krawattenträgern empfinden wir nicht als angenehm, außerdem ist es in derartigen Häusern meist auch gar nicht gestattet. Wer sich auf die Zielgruppe Wellnessurlauber spezialisiert und nicht zusätzlich in alle Geschäftsrichtungen gleichzeitig losläuft, der hat es viel leichter, auf eine hohe Anzahl von Lilien zu kommen. Dasselbe gilt für Hoteliers, die ihren Gästen beispielsweise das Frühstück bis 13 Uhr oder den Zugang zum Hallenbad 24 Stunden am Tag gewähren – also einen völlig zwanglosen Aufenthalt garantieren.

Beratung & Verkauf

Sie werden kaum frohlocken, wenn Ihnen ständig irgendwelche Schönheitsbehandlungen aufgedrängt werden. Speziell im Kosmetikbereich sollte vor jedem Treatment eine Beratung mit Behandlungsplan erfolgen, bevor man mit unkoordinierten Therapieabläufen beginnt. Gute Verkäufer sind oft schlechte Berater, und

Letztere müssen bei uns mit einem Punkteabzug rechnen.

Preis & Wert
Alle Hotels können ihre Einstufung durch besonders preiswürdige Angebote verbessern. Betriebe mit schlechtem Preis-Leistungs-Verhältnis erhalten dagegen einen Punkteabzug. Die Anzahl der Lilien ist übrigens nicht unbedingt von einer luxuriösen Ausstattung abhängig.

Achtung: Auch die teuersten Luxushotels unterliegen den allgemeinen Bewertungsrichtlinien. Umgekehrt ist es deshalb auch möglich, dass Dreisternhotels hohe Bewertungen erhalten.

Preisangaben
Die angeführten Preise beziehen sich im Regelfall auf den Tagespreis pro Person im Doppelzimmer mit Halbpension (HP, einfachste Zimmerkategorie, günstigste Saison). Häufig gibt es bereits ab zwei bis vier Nächtigungen Rabatte. Immer mehr Hotels veröffentlichen keine Preislisten mehr, sondern setzen – ähnlich wie Fluglinien – auf einen sogenannten Flex-Tarif, der von der Auslastung abhängig ist und einer Buchungsmaschine zu entnehmen ist. Einerseits erschwert uns das die genaue Preisermittlung ungemein, andererseits wird dann oft mit Preisen geworben, die in der Praxis fast niemals erzielbar sind – wir können's leider nicht ändern!

Auch Packages, also mehrtägige Arrangements mit Behandlungen und anderen Zusatzangeboten, werden als Ab-Preis in der günstigsten Zimmervariante (pro Person im Doppelzimmer) angegeben.

Achtung: In Alpinregionen können die Winterpreise ganz beträchtlich über denen des Sommers liegen, genau umgekehrt ist das in den Seengebieten des Flachlandes.

Zur Beachtung
Alle Preise wurden im Juli 2023 erhoben. Bei Betrieben, die keine Angaben für das Jahr 2024 machen konnten, haben wir die zum Erhebungszeitpunkt gültigen Preise herangezogen. Für die abgedruckten Ab-Preise können wir jedenfalls keine Gewähr übernehmen.

Hotelsterne
Hotelnamen tragen jene Sterneanzahl, mit der sie von der Dehoga eingestuft wurden. Bei Hotels, die sich nicht kategorisieren ließen, fehlen daher die Sterne neben dem Hotelnamen.

Hundefreundlich, kinderfreundlich, familienfreundlich, Adults only
Die Attribute „hundefreundlich", „kinderfreundlich" und „familienfreundlich" sollen schon beim „Überfliegen" der Texte ins Auge springen. Sie stehen daher jeweils am Beginn des Kommentars. „Hundefreundlich" meint ein Hotel, das Ihrem Vierbeiner Extras bietet. „Familienfreundlich" bezeichnet ein Hotel, das eine gewisse Infrastruktur für Kinder zur Verfügung stellen kann. „Kinderfreundlich" ist mehr, nämlich das gleichzeitige Vorhandensein von Infrastruktur und (im Logispreis inkludierter) Kinderbetreuung, dies ganzjährig.

„Kinderhotels" hingegen sind reine Spezialisten und ohne Kids gar nicht buchbar. Sie bieten Betreuung und häufig große Spielareale, im Regelfall aber ein kleineres Spa.

Adults only: Hier werden Kinder unter 16 Jahren nicht als Gäste akzeptiert.

Mogelpackung Spa-Fläche
Immer mehr Hotels werben mit geradezu phantastischen Spa-Flächen, 5.000 m² und mehr werden da nicht selten vollmundig genannt. Man erwartet sich dann diese Fläche für Pools, Sauna- und Ruhezonen – und wundert sich über unwürdig enge Raumverhältnisse!

Wir haben jedenfalls nachgemessen. Und fanden Wellnessbereiche, die um vieles kleiner waren als beworben – „Schrumpfungen" um mehr als drei Viertel fanden sich auch darunter!

E-Mail- und www-Adressen, Info & Buchen
Die Web- und E-Mail-Adressen aller Wellnesshotels finden Sie auf www.relax-guide.com. Alle Hotels können außerdem zum Bestpreis (!) über das Portal gebucht werden, ohne dass für Sie oder das Hotel irgendwelche Gebühren oder Provisionen anfallen.

Auch die Anforderung von Prospekten und Angeboten funktioniert für alle Hotels schnell und problemlos.

Die Bewertungsmathematik

Die Bewertungen im RELAX Guide werden dynamisch durchgeführt, das heißt, dass wir Punkte und Lilien alljährlich am Branchenniveau ausrichten. Denn wir wollen für Sie jene Hotels „herausfiltern", deren Niveau den Durchschnitt übertrifft, Ihnen Hotels empfehlen, die zu den besten gehören – Hotels mit Lilien.

Das Punkteminimum im Guide sind 9 Punkte, es wird für ungepflegte Häuser oder solche vergeben, die nur über ein höchst bescheidenes Wellnessangebot verfügen. Durchschnittliche Wellnesshotels liegen bei 11 bis 12 Punkten (keine Lilie). Hotels ohne eigenen Wellnessbereich – mit Anbindung an eine öffentliche Therme – punkten mit etwa 12, können aber durch eine gute Küche, entsprechende Service- oder Ausstattungsqualitäten um etwa 1 bis 2 Punkte besser abschneiden.

Das Maximum sind 20 Punkte, es wird nur an Häuser vergeben, die, von kleineren „Ausrutschern" abgesehen, in allen Bereichen – vor allem auch in der Küche – Höchstleistungen erbringen. Für das Bewertungssystem sind folgende Faktoren maßgeblich: Lage (max. 3,5 von 20 Punkten), Software (Ambiente, Dienstleistung, Küche; max. 8 von 20 Punkten), Hardware (Architektur, Infrastruktur, Ausstattung; max. 4,5 von 20 Punkten), „Locker & Easy" (Wohlfühlkriterien; max. 3 von 20 Punkten), Preis-Leistungs-Verhältnis (max. 1 von 20 Punkten).

Das Bewertungsbeispiel

Aktuelle Bewertung eines Hotels mit 13 Punkten (eine Lilie):

> **Lage:** Grünruhelage am Ortsrand, mit Fernblick

3 Punkte

> **Software:** Ambiente besser als regionaltypischer Durchschnitt, sehr sauberes Haus, dezente Dekoration, freundliche Mitarbeiter mit höherer Aufmerksamkeit, sehr gute Küche, kaum industriell vorgefertigte Speisen, hochkompetent durchgeführte Treatments

6 Punkte

> **Hardware:** zeitgemäße Zimmer, Spa-Fläche etwa 30 m² pro Zimmer, Freibecken (ganzjährig), Hallenbad, Sauna, Dampfbad, Massagen, Kosmetik, moderne Fitnessgeräte mit Laufband, Ruheliegen im Indoorbereich mindestens 30 Prozent der Bettenanzahl

2,5 Punkte

> **Locker & Easy:** kein Bus- oder Tagungstourismus, angenehme Frühstückszeiten

1,5 Punkte

> **Preis-Leistungs-Verhältnis:** regionaler Durchschnitt plus maximal fünf Prozent

0 Punkte

> **Summe Punkte:** 13 Punkte

Seezeitlodge

Gonnesweiler (Saarland), Seite 112

17 von 20 Punkten

Jagdhaus Eiden Romantik-Hotel ****S

Bad Zwischenahn (Niedersachsen), Seite 40

15 von 20 Punkten

Seehotel am Neuklostersee ****

Nakenstorf (Mecklenburg-Vorpommern), Seite 78

15 von 20 Punkten

TOP 15 AM WASSER

	Hotelname	Kategorie	PLZ	Ort	Seite
1.	**Weissenhaus Private Nature Luxury Resort**	Wellness	23758	Wangels-Weissenhaus	55
2.	**Badhotel Sternhagen** *****S	Wellness	27476	Cuxhaven-Duhnen	45
	Dünenmeer Strandhotel *****	Wellness	18347	Dierhagen	72
	Seezeitlodge	Wellness	66625	Gonnesweiler	112
	Söl'ring Hof *****	Wellness	25980	Rantum	57
3.	**Das Ahlbeck** ****S	Wellness	17419	Ahlbeck	70
	Georgshöhe Strandhotel ****S	Wellness	26548	Norderney	41
	Jagdhaus Eiden Romantik-Hotel ****S	Wellness	26160	Bad Zwischenahn	40
	Ostseeblick Strandhotel ****S	Wellness	17424	Heringsdorf	71
	Seehotel am Neuklostersee ****	Wellness	23992	Nakenstorf	78
	Wiesler Seehotel ****S	Wellness	79822	Titisee-Neustadt	144
4.	**Moselschlösschen Spa & Resort** ****S	Wellness	56841	Traben-Trarbach	111
	Treschers Schwarzwaldhotel am See ****S	Wellness	79822	Titisee-Neustadt	143
5.	**Atlantic Grandhotel Travemünde**	Wellness	23570	Lübeck-Travemünde	54
	Strandhotel Juist ****S	Wellness	26571	Juist	42

Seehotel am Neuklostersee ****

Nakenstorf (Mecklenburg-Vorpommern), Seite 78

15 von 20 Punkten

Haubers Naturresort ****S

Oberstaufen-Kalzhofen (Bayern), Seite 173

18 von 20 Punkten

Fritz Lauterbad ****

Freudenstadt (Baden-Württemberg), Seite 128

14 von 20 Punkten

Bollants Spa im Park

Bad Sobernheim (Rheinland-Pfalz), Seite 107

16 von 20 Punkten

Menschels Vitalresort ****

Bad Sobernheim-Meddersheim (Rheinland-Pfalz), Seite 109

15 von 20 Punkten

Elztalhotel ****S

Winden im Elztal (Baden-Württemberg), Seite 143

16 von 20 Punkten

Reischlhof ****S

Wegscheid (Bayern), Seite 189

17 von 20 Punkten

TOP 15 NATURLAGE

	Hotelname	Kategorie	PLZ	Ort	Seite
1.	**Das Kranzbach**	Wellness	82493	Krün	153
	Schloss Elmau *****S	Wellness	82493	Elmau	154
2.	**Riedlberg** ****S	Wellness	94256	Drachselsried	196
	Seehotel am Neuklostersee ****	Wellness	23992	Nakenstorf	78
	Seezeitlodge	Wellness	66625	Gonnesweiler	112
	Waldhaus Ohlenbach ****S	Wellness	57392	Schmallenberg-Ohlenbach	87
3.	**Schindelbruch Naturresort** ****S	Wellness	06536	Südharz-Stolberg	124
4.	**Alpenhof Alm- & Wellnesshotel** ****S	Wellness	83471	Berchtesgaden-Schönau	160
	Haubers Naturresort ****S	Wellness/Gesundheit	87534	Oberstaufen-Kalzhofen	173
5.	**Fritz Lauterbad** ****	Wellness	72250	Freudenstadt	128
	Klosterhof Alpine Hideaway ****S	Wellness/Gesundheit	83457	Bayerisch Gmain	156
6.	**Bollants Spa im Park**	Wellness/Gesundheit	55566	Bad Sobernheim	107
	Menschels Vitalresort ****	Gesundheit/Wellness	55566	Bad Sobernheim-Meddersheim	109
7.	**Elztalhotel** ****S	Wellness	79297	Winden im Elztal	143
	Reischlhof ****S	Wellness	94110	Wegscheid	189

Bareiss *****S

Baiersbronn-Mitteltal (Baden-Württemberg), Seite 130

19 von 20 Punkten

Jagdhof Röhrnbach *****

Röhrnbach (Bayern), Seite 191

19 von 20 Punkten

Mooshof ****S

Bodenmais (Bayern), Seite 199

15 von 20 Punkten

TOP 15 NATURBADETEICH

Hotelname	Kategorie	PLZ	Ort	Seite
1. **Haubers Naturresort** ****S	Wellness/Gesundheit	87534	Oberstaufen-Kalzhofen	173
Schlossanger Alp	Wellness	87459	Pfronten	170
2. **Bareiss** *****S	Wellness	72270	Baiersbronn-Mitteltal	130
Seezeitlodge	Wellness	66625	Gonnesweiler	112
3. **Das König Ludwig** ****S	Wellness	87645	Schwangau	179
Gut Steinbach ****S	Wellness	83242	Reit im Winkl	155
4. **Bayerwaldhof**	Wellness	93444	Bad Kötzting	183
Hubertus Mountain Refugio	Wellness	87538	Balderschwang	175
Jagdhof Röhrnbach *****	Wellness	94133	Röhrnbach	191
Mooshof ****S	Wellness	94249	Bodenmais	199
Sonnenalp Resort *****S	Wellness	87527	Ofterschwang	171
5. **Der Birkenhof Neunburg** *****	Wellness	92431	Neunburg vorm Wald	181
Heselbacher Hof ****	Wellness	72270	Baiersbronn	130
Jammertal Resort ****S	Wellness	45711	Datteln-Ahsen	84
Reischlhof ****S	Wellness	94110	Wegscheid	189

Voshövel Landhotel ****s

Schermbeck (Nordrhein-Westfalen), Seite 85

16 von 20 Punkten

Prinz-Luitpold-Bad ****

Bad Hindelang-Bad Oberdorf (Bayern), Seite 176

13 von 20 Punkten

Rosenalp Gesundheitsresort & Spa ****S

Oberstaufen (Bayern), Seite 171 — 16 von 20 Punkten

TOP 15 WANDERN

	Hotelname	Kategorie	PLZ	Ort	Seite
1.	**Das Kranzbach**	Wellness	82493	Krün	153
	Haubers Naturresort ****S	Wellness/Gesundheit	87534	Oberstaufen-Kalzhofen	173
2.	**Reischlhof** ****S	Wellness	94110	Wegscheid	189
	Schindelbruch Naturresort ****S	Wellness	06536	Südharz-Stolberg	124
	Seezeitlodge	Wellness	66625	Gonnesweiler	112
	Sterr Hotel & Chalets ****	Wellness	94234	Viechtach	195
	Waldhaus Ohlenbach ****S	Wellness	57392	Schmallenberg-Ohlenbach	87
3.	**Alpenhof Alm- & Wellnesshotel** ****S	Wellness	83471	Berchtesgaden-Schönau	160
	Gut Steinbach ****S	Wellness	83242	Reit im Winkl	155
	Mooshof ****S	Wellness	94249	Bodenmais	199
	Riedlberg ****S	Wellness	94256	Drachselsried	196
	Voshövel Landhotel ****S	Wellness	46514	Schermbeck	85
4.	**Prinz-Luitpold-Bad** ****	Wellness/Kur	87541	Bad Hindelang-Bad Oberdorf	176
	Reppert ****S	Wellness	79856	Hinterzarten	146
	Rosenalp Gesundheitsresort & Spa ****S	Gesundheit/Wellness	87534	Oberstaufen	171

Lauterbad ****S

Freudenstadt-Lauterbad (Baden-Württemberg), Seite 129

15 von 20 Punkten

Alpenhof Alm- & Wellnesshotel ****S

Berchtesgaden-Schönau (Bayern), Seite 160

15 von 20 Punkten

Jordan's Untermühle ****S

Köngernheim (Rheinland-Pfalz), Seite 106

14 von 20 Punkten

TOP 15 SMALL HOTELS

Hotelname	Kategorie	PLZ	Ort	Seite
1. **Söl'ring Hof** *****	Wellness	25980	Rantum	57
2. **Alpenloge Scheffau**	Wellness	88175	Scheffau	181
Villino	Wellness	88131	Lindau-Bodolz	179
3. **Seehotel am Neuklostersee** ****	Wellness	23992	Nakenstorf	78
Strandhaus Spreewald ****S	Wellness	15907	Lübben	98
4. **Der Birkenhof Oberstaufen** ****	Wellness/Gesundheit	87534	Oberstaufen-Steibis	174
Hofgut Hafnerleiten	Wellness	84364	Bad Birnbach	166
Lundenbergsand ****S	Wellness	25813	Husum-Simonsberg	57
Neumühle Resort & Spa ****S	Wellness	97797	Wartmannsroth	202
Reppert ****S	Wellness	79856	Hinterzarten	146
5. **Chiemsee Chalet**	Wellness	83112	Frasdorf	155
Die Mittelburg Vitalhotel ****	Wellness	87466	Oy-Mittelberg	167
Lauterbad ****S	Wellness	72250	Freudenstadt-Lauterbad	129
6. **Alpenhof Alm- & Wellnesshotel** ****S	Wellness	83471	Berchtesgaden-Schönau	160
Jordan's Untermühle ****S	Wellness	55278	Köngernheim	106

Jagdhof Röhrnbach *****

Röhrnbach (Bayern), Seite 191

19 von 20 Punkten

Klosterhof Alpine Hideaway ****s

Bayerisch Gmain (Bayern), Seite 156

16 von 20 Punkten

Sterr Hotel & Chalets ****

Viechtach (Bayern), Seite 195

16 von 20 Punkten

TOP 15 ZIMMER MIT SPA

	Hotelname	Kategorie	PLZ	Ort	Seite
1.	**Bareiss** *****S	Wellness	72270	Baiersbronn-Mitteltal	130
	Friedrichsruhe Wald & Schlosshotel *****S	Wellness	74639	Zweiflingen-Friedrichsruhe	134
	Jagdhof Röhrnbach *****	Wellness	94133	Röhrnbach	191
2.	**Bergkristall Resort Allgäu** ****S	Wellness/Gesundheit	87534	Oberstaufen-Willis	174
	Reischlhof ****S	Wellness	94110	Wegscheid	189
	Schindelbruch Naturresort ****S	Wellness	06536	Südharz-Stolberg	124
	Weimarer Land Spa & Golf Resort *****S	Wellness	99444	Blankenhain	93
3.	**Badhotel Sternhagen** *****S	Wellness	27476	Cuxhaven-Duhnen	45
	Das König Ludwig ****S	Wellness	87645	Schwangau	179
	Hüttenhof ****S	Wellness	94143	Grainet	192
	Klosterhof Alpine Hideaway ****S	Wellness/Gesundheit	83457	Bayerisch Gmain	156
	Sterr Hotel & Chalets ****	Wellness	94234	Viechtach	195
4.	**Der Birkenhof Neunburg** *****	Wellness	92431	Neunburg vorm Wald	181
	Schlossanger Alp	Wellness	87459	Pfronten	170
5.	**Brunner Hof** ****	Wellness	93473	Arnschwang	182

Exquisit ****S

Oberstdorf (Bayern), Seite 177

14 von 20 Punkten

Neumühle Resort & Spa ****S

Wartmannsroth (Bayern), Seite 202

16 von 20 Punkten

Berlins Kronelamm ****S

Bad Teinach-Zavelstein (Baden-Württemberg), Seite 136

15 von 20 Punkten

TOP 15 GOURMET

Hotelname	Kategorie	PLZ	Ort	Seite
1. **Söl'ring Hof** *****	Wellness	25980	Rantum	57
2. **Villino**	Wellness	88131	Lindau-Bodolz	179
3. **Alpenloge Scheffau**	Wellness	88175	Scheffau	181
Badhotel Sternhagen *****S	Wellness	27476	Cuxhaven-Duhnen	45
Bareiss *****S	Wellness	72270	Baiersbronn-Mitteltal	130
4. **Exquisit** ****S	Wellness	87561	Oberstdorf	177
5. **Friedrichsruhe Wald & Schlosshotel** *****S	Wellness	74639	Zweiflingen-Friedrichsruhe	134
Moselschlösschen Spa & Resort ****S	Wellness	56841	Traben-Trarbach	111
Weissenhaus Private Nature Luxury Resort	Wellness	23758	Wangels-Weissenhaus	55
6. **Achterdiek Romantik-Hotel** ****S	Wellness	26571	Juist	41
Haubers Naturresort ****S	Wellness/Gesundheit	87534	Oberstaufen-Kalzhofen	173
Neumühle Resort & Spa ****S	Wellness	97797	Wartmannsroth	202
Strandhaus Spreewald ****S	Wellness	15907	Lübben	98
7. **Der Öschberghof** *****S	Wellness	78166	Donaueschingen-Aasen	139
8. **Berlins Kronelamm** ****S	Wellness	75385	Bad Teinach-Zavelstein	136

VIER LILIEN

Hotelname	Kategorie	Punkte	PLZ	Ort	Seite
Das Kranzbach	Wellness	20	82493	Krün	153
Lanserhof Tegernsee	Gesundheit	20	83666	Waakirchen-Marienstein	162
Schloss Elmau *****S	Wellness	20	82493	Elmau	154
Bareiss *****S	Wellness	19	72270	Baiersbronn-Mitteltal	130
Friedrichsruhe Wald & Schlosshotel *****S	Wellness	19	74639	Zweiflingen-Friedrichsruhe	134
Jagdhof Röhrnbach *****	Wellness	19	94133	Röhrnbach	191
Weissenhaus Private Nature Luxury Resort	Wellness	19	23758	Wangels-Weissenhaus	55

DREI LILIEN

Hotelname	Kategorie	Punkte	PLZ	Ort	Seite
Haubers Naturresort ****S	Wellness/Gesundheit	18	87534	Oberstaufen-Kalzhofen	173
Lanserhof Sylt	Gesundheit	18	25992	List	64
Bergkristall Resort Allgäu ****S	Wellness/Gesundheit	17	87534	Oberstaufen-Willis	174
Der Öschberghof *****S	Wellness	17	78166	Donaueschingen-Aasen	139
Gut Varendorf Schönheitsfarm	Beauty	17	49597	Rieste	49
Hubertus Mountain Refugio	Wellness	17	87538	Balderschwang	175
Reischlhof ****S	Wellness	17	94110	Wegscheid	189
Reppert ****S	Wellness	17	79856	Hinterzarten	146
Roewers Privathotel *****S	Wellness	17	18586	Sellin	76
Schindelbruch Naturresort ****S	Wellness	17	06536	Südharz-Stolberg	124
Seezeitlodge	Wellness	17	66625	Gonnesweiler	112
Weimarer Land Spa & Golf Resort *****S	Wellness	17	99444	Blankenhain	93

ZWEI LILIEN

Hotelname	Kategorie	Punkte	PLZ	Ort	Seite
Bad Clevers Kneipp-Sanatorium	Kur/Gesundheit	16	87730	Bad Grönenbach	180
Badhotel Sternhagen *****S	Wellness	16	27476	Cuxhaven-Duhnen	45
Bayerwaldhof	Wellness	16	93444	Bad Kötzting	183
Bollants Spa im Park	Wellness/Gesundheit	16	55566	Bad Sobernheim	107
Das Ahlbeck ****S	Wellness	16	17419	Ahlbeck	70
Das König Ludwig ****S	Wellness	16	87645	Schwangau	179
Das Tegernsee	Wellness	16	83684	Tegernsee	162
Der Birkenhof Neunburg *****	Wellness	16	92431	Neunburg vorm Wald	181
Dünenmeer Strandhotel *****	Wellness	16	18347	Dierhagen	72
Elztalhotel ****S	Wellness	16	79297	Winden im Elztal	143
Georgshöhe Strandhotel ****S	Wellness	16	26548	Norderney	41
Gräflicher Park Health & Balance Resort ****S	Wellness/Gesundheit	16	33014	Bad Driburg	83

Hüttenhof ****S	Wellness	16	94143	Grainet	192
Klosterhof Alpine Hideaway ****S	Wellness/Gesundheit	16	83457	Bayerisch Gmain	156
Mawell Resort	Wellness	16	74595	Langenburg	133
Neumühle Resort & Spa ****S	Wellness	16	97797	Wartmannsroth	202
Rosenalp Gesundheitsresort & Spa ****S	Gesundheit/Wellness	16	87534	Oberstaufen	171
Söl'ring Hof *****	Wellness	16	25980	Rantum	57
Sonnenalp Resort *****S	Wellness	16	87527	Ofterschwang	171
Sterr Hotel & Chalets ****	Wellness	16	94234	Viechtach	195
Tannerhof	Gesundheit	16	83735	Bayrischzell	164
Voshövel Landhotel ****S	Wellness	16	46514	Schermbeck	85
Alpenhof Alm- & Wellnesshotel ****S	Wellness	15	83471	Berchtesgaden-Schönau	160
Bei Schumann *****S	Wellness	15	02681	Schirgiswalde-Kirschau	124
Berlins Kronelamm ****S	Wellness	15	75385	Bad Teinach-Zavelstein	136
Bleiche Resort & Spa	Wellness	15	03096	Burg im Spreewald	98
Budersand *****S	Wellness	15	25997	Hörnum	65
Casa Medica	Gesundheit	15	74834	Elztal-Dallau	135
Das Graseck	Wellness	15	82467	Garmisch-Partenkirchen	152
Das James *****S	Wellness	15	24944	Flensburg-Sonwik	54
Deimann Romantik-Hotel *****	Wellness	15	57392	Schmallenberg-Winkhausen	88
Erfurths Bergfried ****S	Wellness	15	79856	Hinterzarten	145
Falkenhof Bio Thermalhotel ****	Wellness	15	94072	Bad Füssing	185
Forsthaus Auerhahn ****	Wellness	15	72270	Baiersbronn	129
Gertraud Gruber Schönheitsfarm	Beauty	15	83700	Rottach-Egern	164
Gut Steinbach ****S	Wellness	15	83242	Reit im Winkl	155
Heselbacher Hof ****	Wellness	15	72270	Baiersbronn	130
Holzapfel ****S	Wellness/Kur	15	94072	Bad Füssing	187
Jagdhaus Eiden Romantik-Hotel ****S	Wellness	15	26160	Bad Zwischenahn	40
Jammertal Resort ****S	Wellness	15	45711	Datteln-Ahsen	84
Lauterbad ****S	Wellness	15	72250	Freudenstadt-Lauterbad	129
Lindenwirt ****S	Wellness	15	94256	Drachselsried	197
Maharishi Ayurveda Privatklinik	Gesundheit	15	56130	Bad Ems	110
Meerlust ****S	Wellness	15	18374	Zingst	75
Menschels Vitalresort ****	Gesundheit/Wellness	15	55566	Bad Sobernheim-Meddersheim	109
Michels Wohlfühlhotel ****S	Wellness	15	54552	Schalkenmehren	107
Mooshof ****S	Wellness	15	94249	Bodenmais	199
Moselschlösschen Spa & Resort ****S	Wellness	15	56841	Traben-Trarbach	111
Ostseeblick Strandhotel ****S	Wellness	15	17424	Heringsdorf	71
Riedlberg ****S	Wellness	15	94256	Drachselsried	196
Seehotel am Neuklostersee ****	Wellness	15	23992	Nakenstorf	78
St. Wolfgang *****	Kur/Wellness	15	94086	Bad Griesbach-Therme	188
Traube Tonbach *****S	Wellness	15	72270	Baiersbronn-Tonbach	132
Wachtelhof Landhaus *****S	Wellness	15	27356	Rotenburg an der Wümme	48
Waldhaus Ohlenbach ****S	Wellness	15	57392	Schmallenberg-Ohlenbach	87
Wiesler Seehotel ****S	Wellness	15	79822	Titisee-Neustadt	144
Zechmeisterlehen Alpenhotel ****S	Wellness	15	83471	Berchtesgaden-Schönau	161

EINE LILIE

Hotelname	Kategorie	Punkte	PLZ	Ort	Seite
Alpenloge Scheffau	Wellness	14	88175	Scheffau	181
Ayurveda Garden	Gesundheit	14	74906	Bad Rappenau	135
Ayurveda Parkschlösschen *****	Gesundheit	14	56841	Traben-Trarbach	111
Birkenhof am Elfenhain ****	Wellness	14	93479	Grafenwiesen	184
Brenners Park-Hotel & Spa *****S	Wellness	14	76530	Baden-Baden	137
Buchinger Wilhelmi	Gesundheit	14	88662	Überlingen	147
Chiemsee Chalet	Wellness	14	83112	Frasdorf	155
Das Stemp ****S	Wellness	14	94124	Büchlberg	193
Die Halde	Wellness	14	79254	Oberried-Hofsgrund	142
Die Mittelburg Vitalhotel ****	Wellness	14	87466	Oy-Mittelberg	167
Die Sonne Frankenberg	Wellness	14	35066	Frankenberg	116
Engel Obertal *****S	Wellness	14	72270	Baiersbronn-Obertal	131
Exquisit ****S	Wellness	14	87561	Oberstdorf	177
F. X. Mayr Zentrum Bodensee	Gesundheit	14	88662	Überlingen-Hödingen	147
Fischland Strandhotel ****S	Wellness	14	18347	Dierhagen	74
Fritz Lauterbad ****	Wellness	14	72250	Freudenstadt	128
Hanusel Hof ****S	Wellness	14	87480	Weitnau-Hellengerst	170
Jordan's Untermühle ****S	Wellness	14	55278	Köngernheim	106
Kempinski Gravenbruch *****S	Business/Wellness	14	63263	Neu-Isenburg	117
Kesslermühle ****S	Wellness	14	79856	Hinterzarten	145
Neue Post Bodenmais ****	Wellness	14	94249	Bodenmais	200
Ortner's Resort ****S	Wellness	14	94072	Bad Füssing	185
Oswald Landromantik ****S	Wellness	14	94244	Kaikenried	195
Pabst ****S	Wellness	14	26571	Juist	42
Panoramahotel Oberjoch ****S	Wellness	14	87541	Bad Hindelang-Oberjoch	177
Rimberg ****	Wellness	14	57392	Schmallenberg	88
Ritter Durbach ****S	Wellness	14	77770	Durbach	138
Santulan Aum-Kurzentrum	Gesundheit	14	74629	Pfedelbach-Gleichen	133
Schlossanger Alp	Wellness	14	87459	Pfronten	170
Schüle's Gesundheitsresort & Spa ****S	Kur/Wellness	14	87561	Oberstdorf	178
Severin's Resort & Spa *****S	Wellness	14	25980	Sylt-Ost, Keitum	60
Sonnengut ****S	Wellness	14	84364	Bad Birnbach	166
Strandhotel Heringsdorf ****	Wellness	14	17424	Heringsdorf	71
Stromberg Land- & Golfhotel ****S	Wellness	14	55442	Stromberg-Bingen	107
The Grand Ahrenshoop	Wellness	14	18347	Ahrenshoop	74
Therme Bad Teinach ****S	Wellness	14	75385	Bad Teinach	137
Treschers Schwarzwaldhotel am See ****S	Wellness	14	79822	Titisee-Neustadt	143
Villino	Wellness	14	88131	Lindau-Bodolz	179
Werdenfelserei	Wellness	14	82467	Garmisch-Partenkirchen	152

Zum Bräu ****	Wellness	14	94262	Kollnburg	201
A-Rosa Sylt *****S	Wellness	13	25992	List	61
Achterdiek Romantik-Hotel ****S	Wellness	13	26571	Juist	41
Adler Häusern ****S	Wellness	13	79837	Häusern	144
Adler Naturparkhotel ****S	Wellness	13	77709	Wolfach-St. Roman	138
Alte Rebschule ****	Wellness	13	76835	Rhodt unter Rietburg	112
Althoff Seehotel Überfahrt *****S	Wellness	13	83700	Rottach-Egern	163
Atlantic Grandhotel Travemünde	Wellness	13	23570	Lübeck-Travemünde	54
Bodenmaiser Hof ****S	Wellness	13	94249	Bodenmais	199
Breitenburg ****S	Wellness	13	25524	Breitenburg	56
Brunner Hof ****	Wellness	13	93473	Arnschwang	182
Der Birkenhof Oberstaufen ****	Wellness/Gesundheit	13	87534	Oberstaufen-Steibis	174
Eibl-Brunner ****	Wellness	13	94258	Frauenau	201
Fährhaus Sylt *****S	Wellness	13	25980	Sylt-Ost, Munkmarsch	60
Falkenstein Grand *****S	Business/Wellness	13	61462	Königstein im Taunus	117
Freund ****S	Wellness	13	34516	Vöhl-Oberorke	116
Göbel's Schlosshotel *****	Wellness	13	36289	Friedewald	116
Gut Ising ****S	Wellness	13	83339	Chieming-Ising	156
Gutshaus Stolpe	Wellness	13	17391	Stolpe	70
Häcker's Grandhotel ****S	Wellness/Gesundheit	13	56130	Bad Ems	109
Haferland	Wellness	13	18375	Wieck auf dem Darß	76
Hofgut Hafnerleiten	Wellness	13	84364	Bad Birnbach	166
Kempinski Berchtesgaden *****S	Wellness	13	83471	Berchtesgaden	157
Kloster Arenberg	Gesundheit	13	56077	Koblenz	109
Köhlers Forsthaus ****	Wellness	13	26605	Aurich	43
Lundenbergsand ****S	Wellness	13	25813	Husum-Simonsberg	57
Mühlbach Romantik-Hotel ****S	Wellness/Kur	13	94072	Bad Füssing	187
Neptun *****	Wellness	13	18119	Rostock-Warnemünde	72
Prinz-Luitpold-Bad ****	Wellness/Kur	13	87541	Bad Hindelang-Bad Oberdorf	176
Reibener Hof ****	Wellness	13	94357	Konzell	202
Robenstein ****S	Wellness	13	94227	Zwiesel	193
Salinensee	Wellness	13	78073	Bad Dürrheim	142
Schloss Leitheim ****S	Wellness	13	86687	Leitheim	166
Seeschlösschen Grandhotel	Wellness	13	23669	Timmendorfer Strand	54
Seetelhotel Ahlbecker Hof *****	Wellness	13	17419	Ahlbeck	71
Siegfriedbrunnen ****S	Wellness	13	64689	Grasellenbach	118
Sommerfeld ****S	Wellness	13	16766	Kremmen-Sommerfeld	98
Stadt Hamburg	Wellness	13	25980	Westerland	61
Strandhaus Spreewald ****S	Wellness	13	15907	Lübben	98
Strandhotel Juist ****S	Wellness	13	26571	Juist	42
Stricker Landhaus *****S	Wellness	13	25980	Tinnum	60
Travel Charme Kurhaus Binz	Wellness	13	18609	Binz	77
Wellnessgarten ****	Wellness	13	83329	Waging am See	156

NIEDER-SACHSEN

ALLE LILIEN-HOTELS IN **NIEDERSACHSEN**

WEISSENHOF
★★★★ Superior

3 LILIEN

So fühlt sich Urlaub bei Familie Habersatter am Gut Weissenhof an: Sonne, frische Luft, Freiheit, viel Natur, eine Abkühlung im Pool und wohltuende Massagen. Mit einem Schlag am Green und das Glück am Pferderücken erleben.

www.weissenhof.at
5550 Radstadt
Salzburg, Österreich
T. +43 6452 7001

Jagdhaus Eiden Romantik-Hotel

WELLNESS

15 PUNKTE – 2 LILLIEN

Jagdhaus Eiden Romantik-Hotel ****s

Grünruhelage am See – 65 km westlich von Bremen

Familienfreundlich. In wunderbar ruhiger Lage direkt am Seeufer: Ein in vierter Generation geführtes Traditionshaus, es befindet sich in einem 10 Hektar großen Park und beherbergt auch ein Spielcasino. Inwendig ist es in gediegenem Landhausstil gestaltet – mit einer Prise historischem Flair, die wohl der über 120-jährigen Geschichte des Hauses geschuldet ist.

Die Zimmer (DZ von 29 bis 100 m^2) präsentieren sich recht unterschiedlich, einige sind etwas in die Jahre gekommen, so gut wie alle haben kräftig grüne Teppichböden, viele bieten einen schönen Ausblick in den Garten oder auf den See. Besonders fein sind die beiden Wellnesssuiten mit Sauna und Whirlwanne, die Bademäntel sind aus reiner Baumwolle.

Das Spa ist öffentlich zugänglich, es bietet unter anderem einen 12 m langen Innenpool sowie einen schönen Außenbereich mit 10 m langem Außenpool, kleinem Solepool, Whirlpool und großer Liegewiese mit alten Bäumen und Hängekörben. Insgesamt stehen sechs Saunen zur Auswahl, die nach dem Vorbild der fahrenden Umkleidekabinen an den Nordseestränden zu Beginn des 20. Jahrhunderts gebaute „Strandwagensauna" ist originell, allerdings nur an zwei Tagen der Woche gegen Voranmeldung nutzbar – oder privat für zwei Personen um 40 Euro. Zumeist gute Massagen, die bei gutem Wetter auch im Freien zu genießen sind.

Reichhaltiges Frühstücksbuffet mit Eiern von eigenen Hühnern sowie Gemüse und Kräutern aus Garten und Gewächshaus, gute Küche bei feiner Tischkultur, wie immer bezieht sich die Bewertung auf die Halbpension und nicht auf das À-la-carte-Restaurant Apicius, das vom Guide Michelin mit einem Stern ausgezeichnet wurde. Große Weinkarte mit über 650 Positionen. Ausgesprochen freundliches Team, viele langjährige Stammgäste. Achtung: Die Hotelwebseite zeigt tagesaktuelle Zimmerpreise, die nur Frühstück beinhalten, für die Halbpension zahlt man pro Person einen Aufpreis von 33 Euro. Am See gibt es einen hoteleigenen Badestrand, dort stehen auch Tretboote und SUP-Boards gratis zur Verfügung, Segways gibt's gegen einen Aufpreis von 20 Euro pro Stunde. Garage gegen 15 Euro pro Tag. Hunde erlaubt. 97 Liegen, 200 Betten.

Freibecken, Solefreibecken, Hallenbad, Außensauna, Sauna, Dampfbad, Massagen, Kosmetik, Fitnessgeräte.
18-Loch-Parcours in 6 und 15 km, 25 und 30 % Greenfee-Rabatt.

26160 Bad Zwischenahn, Eiden 9, 04403-698-000
HP ab € 129,-

WELLNESS

16 PUNKTE – 2 LILLIEN

Georgshöhe Strandhotel ****S

An der Strandpromenade in Norderney – Ostfriesland

Familienfreundlich. Direkt am Strand am Rande des beschaulichen Ortes Norderney liegt dieses große, familiengeführte Haus. Von außen ähnelt es einer noblen Kuranstalt aus den 90er-Jahren, innen ist es hell und elegant, der Grundriss allerdings durch mehrere Anbauten mehr oder weniger verwinkelt. Zimmer kann man aus nicht weniger als 21 Varianten (DZ von 26 bis 72 m²) wählen, sie sind mehrheitlich bestens ausgestattet, alle haben eine Nespresso-Maschine, viele Holzböden sowie Balkon oder Terrasse. Unsere Empfehlung: Buchen Sie eines der seeseitigen Zimmer mit bodentiefen Fenstern, denn der Ausblick zur Landseite hin ist nur bedingt erquickend.

Der auch Externen offenstehende Wellnessbereich ist auf Original-Thalasso spezialisiert, also auf Behandlungen mit Algen, Meersalz und Seewasser, zu finden sind hier auch noch sechs Saunen, schöne Ruhezonen, eine Schneekabine, ein bestens ausgestattetes Fitnessstudio, Liegendecks sowie drei Pools, darunter ein 22 m langer Außenpool (im Sommer, ein knapp halb so großer ist ganzjährig nutzbar) und ein 16 m langer Innenpool. Etwas seltsam erschien uns der Hausbrauch, dass man sich den Bademantel (aus Polyesterfaser) und die Saunatücher selbst an der Spa-Rezeption abholen muss, nach Vorlage der Bademantel- und der Handtuchkarte, die man beim Check-in erhält – etwas mühsam, das! Befremdlich fanden wir auch die Überwachungskamera im Nacktbereich – wie immer und überall natürlich nur „zu Ihrer Sicherheit". Das verstehen wir freilich, denn die Al-Qaida lauert ja schließlich auch unter dem Bademantel!

Reichhaltiges Frühstücksbuffet bis 11 Uhr, bei der Küche gibt es noch etwas Luft nach oben, für das Abendessen gibt es mehrere Seatings zu fixen Zeiten, auf Wunsch kann man das Halbpensionsmenü allerdings auch mittags einnehmen – gute Idee! Stimmungsvolle Bar, in Sachen Service und Freundlichkeit gibt es noch ein klein wenig Luft nach oben. Keine Tagungen, keine Events. Parkplatz gegen 6,50 Euro pro Tag. 54 Liegen, 260 Betten.

Meerwasserfreibecken, Meerwasserfreibecken (Sommer), Meerwasserhallenbad, Sauna, Dampfbad, Massagen, Kosmetik, Fitnessstudio, Personal Trainer.
9-Loch-Parcours in 6 km, 20 % Greenfee-Rabatt.

26548 Norderney, Kaiserstraße 24, 04932-898-0
HP ab € 118,50

WELLNESS

13 PUNKTE – 1 LILLIE

Achterdiek Romantik-Hotel ****S

Ruhelage am Ortsrand in Juist (autofrei!) – Ostfriesland

Familienfreundlich. Dieser sympathische Familienbetrieb auf der autofreien Insel Juist liegt ruhig auf der dem Wattenmeer zugewandten Seite unweit eines kleinen Yacht- und Fährhafens, er punktet mit seiner angenehmen, familiären Größe, die ganz wunderbar zu dem entspannten Insel-Feeling passt, das wir schon auf der überaus gemächlichen Kutschenfahrt vom Flughafen bis zum Hotel erlebt haben. Das Haus teilt sich auf ein Stammhaus und ein gegenüberliegendes Nebengebäude auf, beide haben – ganz im regionalen Baustil – Backsteinfassaden und rote Dächer.

Das Ambiente zeigt sich charmant (und charmant verwinkelt), es verströmt Gemütlichkeit nach ostfriesischer Art – sehr schön! Zimmer stehen in 10 Kategorien zur Wahl (DZ von 17 bis 67 m²), sie haben Teppich- oder Vinylböden in Holzoptik, viele auch Balkon, von zahlreichen genießt man den Ausblick aufs Meer.

Das Spa ist klein und schlicht, jedoch nur den Hotelgästen zugänglich, es umfasst unter anderem einen 10 m langen Innenpool sowie vier Saunen, eine ist im Freien, und auch eine Liegewiese gibt es, Massagen, Kosmetik und Aktivprogramm werden aber neuerdings nicht mehr angeboten. Restaurantterrasse mit Blick auf den Deich, reichhaltiges Frühstück, sehr gute Küche, die Tischkultur ist fairly casual. Eine süße Nachmittagsjause und Early Morning Coffee (ab 6.15 Uhr) sind inkludiert. Freundliche Mitarbeiter, präsente Gastgeber, viele Stammgäste. Zum Badestrand gelangt man in wenigen Gehminuten. Hunde sind im Nebengebäude erlaubt. 36 Liegen, 120 Betten.

Solehallenbad, Außensauna, Dampfbad.

26571 Juist, Wilhelmstraße 36, 04935-804-0
HP ab € 155,-

WELLNESS

14 PUNKTE – 1 LILLIE

Pabst ****S

Zentrale Ortslage in Juist (autofrei!) – Ostfriesland

Familienfreundlich. Die Geschichte dieses aufmerksam geführten Familienbetriebs begann in den 1880er-Jahren: Mittlerweile in der vierten Generation geführt, liegt er ganz nah am Strand, ebenso aber auch am Beginn der Flaniermeile des schönen Inseldorfes. Hinter einer regionaltypischen Backsteinfassade empfängt ein familiäres, bodenständiges Ambiente.

*Was wir gar nicht mögen,
aber häufig erleben:
unpassende Hintergrundmusik.
Pop zum Abendessen etwa,
Techno in der Lobby.
Radio mit Werbung und
Nachrichten in der Bar.
Zillertaler Schürzenjäger
im Asia-Spa
zur Balimassage.*

***Christian Werner,
Herausgeber RELAX Guide***

Die öffentlichen Räume zeigen sich gemütlich und, so wie die Zimmer, auffallend sauber. Diese sind aus 10 Kategorien (DZ von 22 bis 60 m²) wählbar, sie wirken mitunter nicht hochmodisch, aber allemal sehr akzeptabel. Viele haben Teppichböden, manche Vinylböden mit Holzoptik, einige auch Balkon oder Terrasse.

Der ausschließlich für Hotelgäste zugängliche Wellnessbereich bietet unter anderem drei Saunen sowie einen knapp 12 m langen Innenpool und eine Sonnenterrasse. Grundsätzlich wäre man auf Thalasso-Anwendungen spezialisiert, Massagen und Kosmetik sind aber zurzeit nur stark eingeschränkt buchbar – vom gegenwärtigen Arbeitskräftemangel ist man auch auf der Insel Juist nicht verschont geblieben.

Reichhaltiges Frühstück bis 12 Uhr, sehr gute Küche, stimmungsvolle Bar. Ausgesprochen freundliche und zuvorkommende Mitarbeiter, präsente Gastgeber. Das abendliche Turn-down-Service ist hier inkludiert, das wäre erst ab fünf Sternen verpflichtend, macht das Haus aber umso einnehmender. 16 Liegen, 135 Betten.

Solehallenbad, Sauna, Dampfbad, Massagen, Kosmetik.

26571 Juist, Strandstraße 15-16, 04935-805-0
HP ab € 164,50

WELLNESS

13 PUNKTE – 1 LILLIE

Strandhotel Juist ****S

Ruhige Strandlage in Juist (autofrei!) – Ostfriesland

Kinderfreundlich. Einfach wunderschön anzusehen, dazu nahezu direkt am Strand: Ein im Grandhotelstil des späten 19. Jahrhunderts errichtetes „weißes Schloss am Meer", mit prächtigem Treppenhaus, mit hohen Räumen und viel baulichem Charme. Schon die Lobby beeindruckt: lichtdurchflutet, mit einer im Boden eingelassenen Windrose aus rotem Granit, mit offenen Galerien über drei Geschoße. Weiter geht es mit schönen Salons und historischen Sälen, beeindruckt waren wir auch vom Panoramaausblick aus der Glaskuppel auf dem Dach – und von den berührenden Sonnenuntergängen, die man hier verfolgen kann.

Zimmer stehen in neun Kategorien (DZ von 20 bis 83 m²) zur Auswahl, sie zeigen sich in hellem, nordischem Stil, sind jedoch mitunter ziemlich klein. Alle haben Holzböden, einige herrliche Raumhöhen, viele wurden in den letzten Jahren modernisiert.

Der inwendig gefühlt nur mikroskopisch kleine Wellnessbereich bietet unter anderem einen knapp 11 m langen Innenpool und vier Saunen, der Schwerpunkt bei den Anwendungen liegt auf Thalasso. Kleines Aktivpro-

Köhlers Forsthaus

gramm, Yoga-Retreats werden mehrmals pro Jahr abgehalten.

Frühstück bis 11 Uhr, stimmungsvolle Bar, freundliche Mitarbeiter. Tägliche Kinderbetreuung, Hunde erlaubt. 9 Liegen, 150 Betten.

Hallenbad, Sauna, Dampfbad, Massagen, Kosmetik, Fitnessgeräte, Personal Trainer.

26571 Juist, Strandpromenade 1, 04935-916-0
HP ab € 140,-

WELLNESS

13 PUNKTE – 1 LILLIE

Köhlers Forsthaus ****

Grünruhelage am Ortsrand in Aurich – Ostfriesland

Hunde- und familienfreundlich. Dieser gepflegte Familienbetrieb befindet sich unmittelbar neben einem Wäldchen an einem Weiher in eher ruhiger Lage, er verströmt ländliche Gemütlichkeit.

Zimmer können aus sechs stark unterschiedlichen Kategorien gewählt werden (DZ von 18 bis 54 m^2), sie haben zumeist Teppichböden, manche Laminatböden mit Holzparkett-Optik. Viele wurden vor kurzem modernisiert, am schönsten fanden wir aber jene im neuen Zubau.

Das inwendig eher kleine Spa bietet einen ebensolchen Innenpool, sehr gute Massagen und eine hübsche Saunazone mit drei Saunen, eine befindet sich im Garten, wo wir auch eine mit Sträuchern und Blumen umsäumte Liegewiese fanden.

Nette Restaurantterrasse an einem Goldfischteich, außerordentlich reichhaltiges Frühstück, gute bis sehr gute Küche mit regionalem Fokus und Kräutern aus dem eigenen Garten. Präsente Gastgeber, freundliche Mitarbeiter. Fahrräder und E-Bikes erhält man gegen eine kleine Leihgebühr. Spazier- und Radwege finden sich in der Nähe, eine 2,5 km lange Jogging-Strecke wartet im nahegelegenen Wald.

Der Liebe des Gastgeberehepaares zu historischen Fahrzeugen geschuldet ist das Haus übrigens auch ein Treff für Automobil-Enthusiasten, auch geführte Oldtimer-Touren gehören zum Angebot. 28 Liegen, 122 Betten.

Hallenbad, Außensauna, Sauna, Dampfbad, Massagen, Kosmetik.
27-Loch-Parcours in 27 km.

26605 Aurich, Hoheberger Weg 192, 04941-1792-0
HP ab € 125,-

Badhotel Sternhagen

WELLNESS

16 PUNKTE – 2 LILLIEN

Badhotel Sternhagen *****s

An der Strandpromenade in Duhnen – Nähe Cuxhaven

Ein liebenswertes Kleinhotel, es mag vielleicht an der ein oder anderen Stelle so wirken, als wäre es aus der Zeit gefallen, begeistert uns aber gerade deshalb: die Ölgemälde von Dreimastern in sturmgepeitschter See, die detailgetreuen Schiffsmodelle hinter Glas und die alten Eichenbalken. Auch die Hoteltugenden scheinen noch aus einer anderen Zeit zu sein, und zwar aus jener, in der der Gast wirklich noch König war: Abholservice des Hotelchauffeurs mit dem Auto aus ganz Deutschland, der herbeieilende Page, kaum dass man das Auto geparkt hat, frische Blumen auf großen Tischen, die in würdigem Abstand zueinander stehen, die hauseigene Confiserie oder Mitarbeiter, die bei Sonderwünschen nicht die Augen zum Himmel verdrehen.

Zimmer wählt man aus 17 Kategorien (DZ von 38 bis 80 m²), diese sind zwar bestens gepflegt, erinnern mitunter aber an die späten 1990er Jahre. Mehr als die Hälfte wurden jedoch bereits renoviert, sie sind fabelhaft in Look und Feel, nun gibt es sogar auch solche mit eigener Sauna oder Whirlpool – und die Bademantelschnur ist bereits eingefädelt! Unbedingt raten wir zu einem seeseitigen Zimmer, sie faszinieren mit ihrem Ausblick auf das Wattenmeer und den Schiffsverkehr an der Elbeinfahrt sowie ganz generell mit dem grandiosen Schauspiel von Licht und Wolken, an dem wir uns all die Jahre niemals sattsehen konnten.

Der nicht allzu große, aber exklusiv Hotelgästen zur Verfügung stehende Wellnessbereich bietet unter anderem einen knapp 13 m langen Meerwasserpool, eine Liegewiese, drei Saunen und gute Treatments. Das Haus ist zudem auf Original-Thalasso, also auf Behandlungen mit Seewasser, Algen und Meersalz, spezialisiert.

Beim Frühstücksbuffet erfreuten wir uns besonders an den Nordseekrabben und dem herrlichen Ausblick. Die Küche ist ausgezeichnet, die vegetarischen Speisen sind gut, die Weinberatung hervorragend – so wie die Tischkultur. Wie immer bezieht sich unsere Küchenbewertung auf die Halbpension und nicht etwa auf das À-la-carte-Restaurant Sterneck, das vom Guide Michelin mit einem Stern ausgezeichnet wurde. Weine und Getränke zu fairen Preisen, das ist für ein Haus mit fünfeinhalb Sternen geradezu eine Rarität und daher natürlich umso einnehmender. Heimelige Bar mit reicher Auswahl an Digestifs und Malts.

Gut geschulte, höfliche und zuvorkommende Mitarbeiter, viele langjährige finden sich unter ihnen. Stets präsente Gastgeberin, die auch angesichts größter Herausforderungen mit Sonne im Herzen agiert. Keine Tagungen, keine Events. Viele Stammgäste, eher ungeeignet für Kinder. Hunde erlaubt. 32 Liegen, 86 Betten.

Meerwasserhallenbad, Sauna, Dampfbad, Massagen, Kosmetik, Fitnessgeräte, Personal Trainer.
18-Loch-Parcours in 10 km, 20 % Greenfee-Rabatt.

27476 Cuxhaven-Duhnen, Cuxhavener Straße 86, 04721-434-0
HP ab € 201,-

Das Badhotel Sternhagen
ist kein Ort
für Schnösel und
Gefühlslegasthenikerinnen,
sondern ein Haus der leisen Töne.
Ein liebenswertes Kleinhotel,
in dem die guten
alten Hoteltugenden
noch gelebt werden.
Und das uns vor allem
für jene geeignet
erscheint, die
nicht Oberfläche,
sondern Substanz suchen.

Christian Werner,
Herausgeber RELAX Guide

3 LILIEN

Exklusiver Traumurlaub im 5-Sterne-superior-Tophotel von Serfaus. Gönnen Sie sich etwas Besonderes! Ein einzigartiges Ferienresort mit einem grandiosen Ausblick in die Tiroler Bergwelt.

www.schalber.com
6534 Serfaus
Tirol, Österreich
T. +43 5476 6770

SCHALBER WELLNESS-RESIDENZ *****S

Wachtelhof Landhaus

WELLNESS

15 PUNKTE – 2 LILLIEN

Wachtelhof Landhaus *****S

Grünlage am Ortsrand – 50 km östlich von Bremen

Familienfreundlich. Boutiquehotel mit fünfeinhalb Sternen: Ein niveauvolles Haus mit efeubewachsener Fassade und schlösschenähnlichen Türmchen, es liegt in einem schönen Garten mit altem Baumbestand und fokussiert auf Tagungen, Events und Hochzeiten. In konservativer Eleganz präsentiert es sich inwendig, alles ist von stilsicherer Hand gestaltet, frische Blumen und liebevoll platzierte Details sorgen für ein stimmungsvolles Ambiente.

Die Zimmer (DZ von 20 bis 54 m²) sind mit Teppichböden ausgelegt, die meisten haben Marmorbäder sowie Interieurs aus Pinienholz, einige auch Kaffeemaschine.

Das kleine, auch Tagesgästen offenstehende Spa ist ansprechend arrangiert, es bietet unter anderem einen rund um die Uhr nutzbaren, 12 m langen Innenpool, der uns aber etwas zu frisch war. Insgesamt gibt es drei Saunen, die Öffnungszeiten wurden aber „aufgrund der aktuellen Energiethemen" etwas eingeschränkt. Gute Massagen, im Freien gibt's eine Liegewiese und flauschige Nischen zum Entspannen.

Fabelhafte Restaurantterrasse, wunderbares Frühstück (samstags bis 12 Uhr), im Thermenbereich wird täglich bis Mittag ein süßes Frühstück aufgetischt – mit Müsli, Obstsalat, Croissants und Brötchen. Sehr gute, saisonal und regional ausgerichtete Küche mit Zutaten höchster Güte. Feine Tischkultur, großartige Weinkarte mit kompetenter Beratung, stimmungsvolle Bar. Freundliche Mitarbeiter, wobei wir dieses Mal nicht das lupenreine Fünfstern-superior-Feeling erlebt haben, das wir von diesem Haus gewöhnt waren. Achtung: In den Zimmerpreisen auf der Hotelwebseite ist nur die Übernachtung inkludiert, Frühstück und Spa sind gegen 29 Euro pro Tag zubuchbar, für ein dreigängiges Abendmenü gilt ein zusätzlicher Aufpreis von 50 Euro, bei fünf Gängen sind es 70 Euro. Das Spa kann am Abreisetag ganztägig genutzt werden – sofern man es dazugebucht hat. Garage gegen 15 Euro pro Tag. Für Kinder ungeeignet, Hunde erlaubt. 18 Liegen, 76 Betten.

Hallenbad, Sauna, Dampfbad, Massagen, Kosmetik, Fitnessgeräte. 18-Loch-Parcours in 11, 18, 24 und 28 km, bis zu 20 % Greenfee-Rabatt.

27356 Rotenburg an der Wümme, Gerberstraße 6, 04261-853-0
HP ab € 174,–

Gut Varendorf Schönheitsfarm

BEAUTY

17 PUNKTE – 3 LILLIEN

Gut Varendorf Schönheitsfarm

Grünruhelage am Ortsrand – nördlich von Osnabrück

Wohlfühlen for Ladys only: Ein historisches Nur-23-Gäste-Refugium inmitten einer zweieinhalb Hektar großen Parklandschaft mit prachtvollen Blumenbeeten, es bezeichnet sich als „Rückzugsort ohne Kleiderzwang und Make-up" und ist einzigartig in Deutschland – ein ganz besonderes Kleinod nämlich, mit ebensolcher Ausstrahlung! Hier gibt es ausschließlich einwöchige Programme, keine Events, keine Tagesgäste oder Kurzaufenthalte – und keine Männer, dafür Ruhe und Geborgenheit, und das in inspirierendem Ambiente. Schon beim Ankommen freut man sich, alles wirkt harmonisch und stimmig, zahlreiche Rückzugsorte laden zum Zu-sich-Kommen ein, auch im Garten, wo ein Holzhäuschen mit offenem Kamin und Veranda steht.

Jedes Zimmer hat seinen eigenen Charakter, stilsicher gestaltet und mit liebevollen Details versehen sind sie jedenfalls alle, in einem gibt es sogar einen Wintergarten mit Blick in ein Wildgehege.

Das Spa wurde vor nicht allzu langer Zeit umfassend modernisiert, es ist nun ebenso stimmig und schön wie alles andere auch und offeriert unter anderem einen Innenpool und drei Saunen, die Massagen sind ausgezeichnet. Beachtlich ist das Pflege- und Therapieangebot, das kosmetische Treatments enthält (unter anderem wurden dafür neue Hightech-Geräte angeschafft), aber freilich nicht nur, denn es gibt auf Wunsch auch medizinische Check-ups sowie Regeneration für Immunsystem und Psyche, dafür arbeitet man mit externen Medizinern zusammen.

Vollpension ist hier Standard, nachmittags wird selbstgebackener Kuchen zu Tee oder Kaffee kredenzt, zu Abend speist man in einem romantischen Gewölbe, die Küche ist sehr gut. Freundliches Umfeld, präsente und herzliche Gastgeberin. Kostenlose Abholung vom Bahnhof, Anreise immer montags, Abreise samstags. Sehr gutes Preis-Leistungs-Verhältnis. Turn-down-Service auf Wunsch, eine kleine hauseigene Golfanlage ist vorhanden. 40 Mitarbeiter, 13 Liegen, 23 Betten.

Hallenbad, Sauna, Dampfbad, Massagen, Kosmetik, Ayurveda, Fitnessgeräte, Personal Trainer.
Putting Green und Abschlagplatz, 18-Loch-Parcours in 17 km, Tennisplätze und Badesee ganz in der Nähe.

49597 Rieste, Varendorf 123, 05464-9205-0
Pauschalen, etwa „Derma-Vital" (Mo bis Sa) inkl. VP ab € 1.400,–

SCHLESWIG-HOLSTEIN

ALLE LILIEN-HOTELS IN **SCHLESWIG-HOLSTEIN**

	Hotel	Seite
1	**A-Rosa Sylt** *****S	61
2	**Atlantic Grandhotel Travemünde**	54
3	**Breitenburg** ****S	56
4	**Budersand** *****S	65
5	**Das James** *****S	54
6	**Fährhaus Sylt** *****S	60
7	**Lanserhof Sylt**	64
8	**Lundenbergsand** ****S	57
9	**Seeschlösschen Grandhotel**	54
10	**Severin's Resort & Spa** *****S	60
11	**Söl'ring Hof** *****	57
12	**Stadt Hamburg**	61
13	**Stricker Landhaus** *****S	60
14	**Weissenhaus Private Nature Luxury Resort**	55

POSTHOTEL
ACHENKIRCH

4 LILIEN

Das Erwachsenen-Resort in Tirol. Spielraum für das Ich. Hier steht die Welt für einen Augenblick still. Reichlich Raum für das Ich und wohltuende Wellness bringen Körper und Geist in Einklang.

www.posthotel.at
6215 Achenkirch am Achensee
Tirol, Österreich
T. +43 5246 6522

WELLNESS

13 PUNKTE – 1 LILLIE

Atlantic Grandhotel Travemünde

An der Strandpromenade in Travemünde – Nähe Lübeck

Denkmalgeschütztes Traditionshaus in direkter Strandlage: In strandmäßiger Pole Position ist man in diesem angenehm überschaubaren Haus, der Ausblick geht hinaus in die Lübecker Bucht. Es handelt sich um das ehemalige Hotel Columbia Casino, das nun schon vor geraumer Zeit von einem neuen Betreiber übernommen wurde, das einst namensgebende Casino ist längst Geschichte, ein prunkvoller Ballsaal aus 1914 wurde daraus.

Inwendig herrscht dezentes Grandhotelflair, sehr saubere Zimmer wählt man aus 10 Kategorien (DZ von 25 bis 45 m²) und drei Interieurvarianten (klassisch, Landhaus, modern), alle haben Klimaanlage, Holzböden und Leysieffer-Kaffeemaschinen, die Minibar ist inkludiert, bietet allerdings nur Alkoholfreies.

Das Spa liegt beinahe zur Gänze im Untergeschoß, es umfasst einen 20 m langen Innenpool und vier Saunen.

Kleines Aktivprogramm, auch Yoga und Pilates. Fabelhafte Restaurantterrasse, reichhaltiges Frühstück, zumeist gute bis sehr gute Küche. Stimmungsvolle Bar, Raucherlounge, freundliche und bemühte Mitarbeiter, in Sachen Service besteht jedoch noch ein klein wenig Luft nach oben. Ein schlichter Parkplatz gegen 15 Euro pro Tag. Ungeeignet für Kinder, Hunde erlaubt. 14 Liegen, 174 Betten.

Hallenbad, Sauna, Dampfbad, Massagen, Kosmetik, Fitnessgeräte, Personal Trainer.
27-Loch-Parcours in 3 und 5 km, 36-Loch-Parcours in 13 km, 20 % Greenfee-Rabatt.

23570 Lübeck-Travemünde, Kaiserallee 2, 04502-308-0
HP ab € 155,-

WELLNESS

13 PUNKTE – 1 LILLIE

Seeschlösschen Grandhotel

An der Strandpromenade – Timmendorfer Strand

Familienfreundlich. Konkurrenzlose Strandlage mit Blick auf die Ostsee: Die Geschichte dieses Familienbetriebs reicht zurück bis in die 1910er Jahre. Das „Seeschlösschen" zeigt sich von außen etwas weniger lieblich, als es der Name verheißen möchte, nämlich als zehnstöckige „Platte" aus den 1970ern. Überraschend ist aber dann das inwendig liebevoll-konservative Interieur. Maritime Farbtöne, frische Akzente und verschiedene Sandfarben beherrschen Stoffe, Möbel und Dekorationen.

Auch die Zimmer zeigen sich hell und freundlich, sie sind aus 10 Kategorien (DZ von 25 bis 95 m²) wählbar. Längst nicht alle haben Klimaanlage, manche Balkon, die höheren Etagen ab dem siebten Stock bieten einen wundervollen Ausblick auf die Lübecker Bucht.

Das Spa wurde kürzlich modernisiert, allerdings erst nach unserem Redaktionsschluss, es bietet unter anderem einen 17 m langen Innenpool, einen im Sommer nutzbaren Salzwasseraußenpool mit 13 m Länge sowie eine kleine Saunazone mit drei Saunen. Yoga gibt es gegen Gebühr, auch Heilfastenkuren nach Buchinger werden angeboten.

Fabelhafte Restaurantterrasse mit Meerblick und Morgensonne, zumeist gute Küche, in puncto Service gibt es noch ein klein wenig Luft nach oben. Ruhesuchenden empfehlen wir, sich vor der Buchung über etwaige Veranstaltungen und Hochzeiten im Haus zu informieren. Viele langjährige Stammgäste. Parkplatz gegen 12 Euro pro Nacht, Garage (fortgeschrittene Einparkkünste sind hier von Vorteil) gegen 18 Euro pro Nacht. Hunde erlaubt. 43 Liegen, 240 Betten.

Meerwasserfreibecken (Sommer), Hallenbad, Sauna, Dampfbad, Massagen, Kosmetik, Ayurveda, Fitnessgeräte, Personal Trainer.
36-Loch-Parcours in 4 km, 27-Loch-Parcours in 8 und 10 km, bis zu 25 % Greenfee-Rabatt.

23669 Timmendorfer Strand, Strandallee 141, 04503-601-334
NF ab € 104,50

WELLNESS

15 PUNKTE – 2 LILLIEN

Das James *****s

An der Uferpromenade am Yachthafen von Flensburg

Familienfreundlich. Hip und urban: Ein neues, direkt an der Uferpromenade gelegenes Hotel, das früher eine Marinekaserne war. Vieles hier ist als Blickfang gestaltet, die öffentlichen Räume verströmen eine Mischung aus farbenfrohem Boho-Flair, Industrial Style und einem Hauch von britischem Charme – mit Seide umhüllte Kronleuchter inklusive.

Zimmer kann man aus 15 Kategorien (DZ von 23 bis 60 m²) wählen, viele bieten Ausblick über den Yachthafen auf die gegenüberliegende dänische Küste, und den Schiffsverkehr zu

Das James

beobachten gerät zum Erlebnis. Highlights sind das Harbour Loft und das Penthouse, das eine Badewanne mit Fördeblick bietet, jedoch eine recht bescheidene Größe aufweist.

Der auch Tagesgästen zugängliche, im Stil des Hauses gestaltete Wellnessbereich verteilt sich in einem neu erbauten Badehaus auf drei Ebenen, er bietet unter anderem eine Familienzone mit Pool und Textilbiosauna, ansprechend designte Ruhezonen und einen 16 m langen Indoorpool (ab 12 Jahren), der mit einem kleineren Außenpool auf der Dachterrasse verbunden ist. Weiters gibt es vier Saunen, eine davon ist für Ladys only (ab 16 Jahren). Kleines Aktivprogramm mit Yoga-Schwerpunkt (gegen Aufpreis, auch Aerial Yoga), regelmäßig werden auch Yoga-Retreats angeboten.

Wunderbares Frühstücksbuffet bis 11 Uhr, abends stehen neben dem Hauptrestaurant („Farmhouse"), wo man für ein dreigängiges Menu 49 Euro Aufpreis zahlt, auch noch ein Japaner sowie das vom Guide Michelin mit einem Stern ausgezeichnete „Grace" zur Auswahl. Die Tischkultur ist fairly casual, sehr ernst nimmt man hingegen die Herkunft der Produkte: Eier, Milch, Käse und Fleisch von Rind, Huhn und Schwein kommen von der hauseigenen Farm. Raucherlounge, stimmungsvolle Bar. Ausgesprochen freundliche und zuvorkommende Mitarbeiter, die gerne auf Sonderwünsche eingehen, lockeres Umfeld. Check-in erst ab 16 Uhr, Check-out dafür um 12 Uhr. 15 Euro Parkgebühr pro Tag. Hunde erlaubt. 53 Liegen, 160 Betten.

Freibecken, Hallenbad, Kinderbecken, Sauna, Dampfbad, Massagen, Kosmetik, Fitnessgeräte.

24944 Flensburg-Sonwik, Fördepromenade 30, 0461-167236-0
HP ab € 151,–

WELLNESS

19 PUNKTE – 4 LILLIEN

Weissenhaus Private Nature Luxury Resort

Grünruhelage am Strand – 65 km nördlich von Lübeck

Adults preferred (ab 12). Hideaway von außergewöhnlicher Schönheit: „Private Nature Luxury Resort" lautet der neue Namenszusatz des familiengeführten Anwesens, das seinesgleichen sucht – in ganz Deutschland gibt es keinen vergleichbaren Ort! Das Resort liegt inmitten eines 75 Hektar großen Parks mit Schlossteich sowie vor einem zwei Kilometer langen, naturbelassenen Sandstrand. Der einstige Sommersitz einer Rügener Adelsfamilie ist heute im Besitz des Hamburger Internet-Tycons Jan Henric Büttner, er hat es nach fast 10 Jahre dauernder Renovierung 2014 eröffnet und erweitert das weitläufige Areal seitdem sukzessive. 11 Gebäude gibt es hier mittlerweile, darunter ein aufwendig restauriertes kleines Schloss im neobarocken Stil und zahlreiche historische Nebengebäude.

Zimmer sind nun bereits aus 16 Kategorien (DZ von 25 bis 150 m^2) wählbar, zudem gibt es noch Bungalows und Villen, alles verteilt sich hier bestens, sodass überall Privacy in überaus reizvollen Dimensionen gegeben ist, selbst dann, wenn ein Event stattfinden sollte, das Resort versteht sich nämlich auch bestens auf Hochzeiten und rauschende Feste. Unser Favorit ist das „Badehäuschen", es liegt fast direkt am Strand, hat einen großen Garten, Außensauna, Kamin und eine freistehende Badewanne im Wintergarten – besser geht's wohl kaum.

Einnehmend schön ist das Spa gestaltet, das auch Tagesgästen offensteht, es offeriert fünf Saunen, eine Schneegrotte und einen Gradierraum, im Freien warten ein knapp 13 m langer, auch im Winter nutzbarer Pool, ein großer Solewhirlpool und lauschige Ruheplätze. Täglich kleines Aktivprogramm, auch Stretching und Besuche beim örtlichen Falkner.

Gefrühstückt wird im Schloss oder auf der zugehörigen Terrasse, das Frühstücksbuffet ist großartig und eine Freude für Langschläfer, man kann dort bis Mittag ausgiebig schlemmen. Halbpension steht keine im Angebot, man diniert in einem der drei À-la-carte-Restaurants, die sich gegenseitig übertreffen: Es gibt einen Japaner, das mit zwei Michelin-Sternen dekorierte Fine-Dining-Lokal Courtier – vor dem Hintergrund von Schlachtengemäldeoriginalen des Malers Jacques Courtier genießt man hier bei feinster Tischkultur die Kreationen von Christian Scharrer und den Ausblick auf das farbenprächtige Naturparadies – sowie das sogenannte Bootshaus mit fabelhafter Terrasse direkt am Strand. Die Küche ist ausgezeichnet, die Tischkultur fairly casual, wegen der externen Gästen gibt es allerdings zwei Seatings.

Präsente Gastgeber, engagierte und sehr zuvorkommende Mitarbeiter, ein Turn-down-Service hätten wir aber schon erwartet. E-Bikes und Strandkörbe (gegen Gebühr) sowie Fahrräder stehen zur Verfügung, auch ein Privatkino ist vorhanden. Ungeeignet für Kinder. Check-in ab 16 Uhr, Check-out um 12 Uhr, das Spa kann am Abreisetag bis 14 Uhr genutzt werden. Valet Parking, Hunde erlaubt. 58 Liegen, 168 Betten.

Freibecken, Solefreibecken, Hallenbad, Sauna, Dampfbad, Massagen, Kosmetik, Fitnessgeräte, Personal Trainer. Driving Range, 18-Loch-Parcours in 15 km.

23758 Wangels-Weissenhaus, Parkallee 1, 04382-9262-0
NF ab € 225,-

WELLNESS

13 PUNKTE – 1 LILLIE

Breitenburg ****S

Grünruhelage – 55 km nordwestlich von Hamburg

Am 27-Loch-Golfplatz Schloss Breitenburg: Im Vorjahr eröffnetes Haus, es handelt sich um die ehemaligen Stallungen des gräflichen Gutshofes Osterholz, deren Backsteinfassaden erhalten blieben, ein moderner Neubau ergänzt das Ensemble, zu dem auch der Golfclub gehört. Alt und Neu wurden stilvoll miteinander verwoben, außen wie innen zeigt sich der Charme einer nordischen Schönheit.

Zimmer kann man aus fünf Kategorien (DZ von 22 bis 40 m^2) wählen, sie zelebrieren gut durchdachte und gefällig-schlichte Modernität, haben feine Holzböden und bodentiefe Fenster, der Bademantel ist aus reiner Baumwolle.

Der ebenfalls schlicht und geradlinig gestaltete Wellnessbereich steht auch externen Gästen offen, er bietet unter anderem außerordentlich großzügige Öffnungszeiten, einen 15 langen Innenpool, drei Saunen, Ruheräume mit Blick ins Grüne sowie sehr gute Massagen.

Caféterrasse (morgens und abends ohne Sonne), reichhaltiges Frühstücksbuffet bis 11 Uhr, auch das Abendessen erfolgt in Buffetform, die Produkte werden mit Fokus auf Regionalität gewählt, die Küche ist aber verbesserungsfähig, die Tischkultur fairly casual. Eine Besonderheit ist die mit großer Expertise zusammengestellte Weinkarte, eine weitere das abendliche Käsebuffet, hier werden ausschließlich regionale (und völlig unbekannte) Sorten einer nahen Käserei gereicht – wunderbar!

Freundliche und zuvorkommende, mitunter aber überforderte Mitarbeiter. Ruhesuchende sollten sich vor der Buchung über bevorstehende Veranstaltungen informieren, das Haus versteht sich auch auf Hochzeiten und rauschende Events. Das Spa kann an An- und Abreisetag ohne Aufpreis ganztägig genutzt werden. Ambitionierte Getränkepreise, und ein schlichter Parkplatz kostet 10 Euro pro Nacht. Ungeeignet für Kinder. 74 Liegen, 160 Betten.

Hallenbad, Sauna, Dampfbad, Massagen, Kosmetik, Ayurveda, Fitnessgeräte.
27-Loch-Parcours.

25524 Breitenburg, Gut Osterholz 1, 04828-7843-0
NF ab € 175,-

WELLNESS
13 PUNKTE – 1 LILLIE

Lundenbergsand ****S

Grünruhelage bei Husum – 130 km von Hamburg

Adults only (ab 18). Ein kleiner Familienbetrieb hinter dem Deich am Wattenmeer, beinahe solitär liegt er, idyllisch zwischen Feldern, Wiesen und im Angesicht der Nordsee. Die Zielsetzung lautet, einen Ruheort zu schaffen, ganz wie es der Namenszusatz Hideaway nahelegt. Das Haus zeigt sich mit Reetdach, weißer Fassade und einem charakteristischen Turm, der einem Leuchtturm ähnelt, tatsächlich aber einen Teil des Wellnessbereichs darstellt. Das Ambiente präsentiert sich freundlich und urgemütlich, helle, gedeckte Farben und eine nordfriesische Atmosphäre regieren.

Zimmer stehen aus fünf Kategorien (DZ von 18 bis 52 m²) zur Auswahl, sie haben meist Teppichböden, sind durchwegs sauber, mitunter jedoch etwas in die Jahre gekommen.
Das Spa ist schlicht gestaltet, es bietet unter anderem einen kleinen Innenpool und drei Saunen, im Freien wartet ein 15 m langes Schwimmbecken, das von einem künstlichen Sandstrand umgeben ist. Im „Leuchtturm" mit seinen vier Geschoßen finden sich Fitness-, Ruhe- und Yogazonen mit Ausblick auf das Wattenmeer.

Reichhaltiges Frühstücksbuffet bis 11 Uhr, zumeist gute Küche, freundliche und zuvorkommende Mitarbeiter, eine Bar haben wir nicht gefunden – leider. Geführte Barfuß-Wattwanderungen und Fahrrad- sowie E-Bike-Verleih gegen Gebühr. Joggingstrecken und Spazierwege ab der Hoteltüre. 17 Liegen, 48 Betten.

Freibecken, Hallenbad, Sauna, Dampfbad, Massagen, Kosmetik, Fitnessgeräte, Personal Trainer.
18-Loch-Parcours in 8 km.

25813 Husum-Simonsberg, Lundenbergweg 3, 04841-8393-0
HP ab € 126,50

WELLNESS
16 PUNKTE – 2 LILLIEN

Söl'ring Hof *****

Grünruhelage am Strand in Rantum – Sylt

Sylt at its best: Nirgendwo erlebten wir die Insel syltiger als hier, in diesem weißgetünchten Kleinhotel in solitärer Lage an der Düne. Sandstrand, soweit das Auge reicht, und der Seewind singt betörend. Es handelt sich um unseren Liebling auf der Insel, ein Ausnahmehotel, das zwei Jahrzehnte von Johannes King, einem Herdvirtuosen par excellence, geführt wurde, bis er die Leitung vor kurzem an zwei seiner Mitarbeiter übergeben hat: Sommelière Bärbel Ring und Koch Jan-Philipp Berner, beide sind wunderbare Gastgeber, Berner zudem ein mehr als würdiger Nachfolger in der Küche.

Vor wenigen Monaten wurde groß renoviert, nun ist das Reetdach wieder frisch gedeckt und erstrahlt das Foyer in neuem Glanz. Alles zeigt sich wie aus einem Guss, stilvoll, zeitlos und maritim. Nur 15 Zimmer gibt es (DZ von 26 bis 70 m²), sie verströmen höchst einnehmende friesische Wohnlichkeit, auch solche mit Ausblick aufs Meer und offenem Kamin sind zu haben. Fabelhafte Terrasse, wunderbares Frühstück, es wird serviert, und zwar wann immer man möchte.

Für das Mittagessen gibt's das neue „Lunch-Wohnzimmer", das Gourmetrestaurant wurde erneut mit zwei Sternen vom Guide Michelin ausgezeichnet. Allerfeinste Tischkultur, großartiger Weinkeller, stimmungsvolle Kaminbar, unter anderem mit exquisiten Malts. Gastgeber und Mitarbeiter agieren mit einer Freude, die aus dem Herzen kommt, die Stimmung ist genial locker und entspannt.
Eigentlich wäre das Haus demnach ein Kandidat für vier Lilien, wäre da nicht das nur winzige Spa, und auch die guten Massagen vermögen es rein rechnerisch nicht, die Bewertung für das „Gesamtprodukt" zu heben.

Aber es ist ein herrlicher Ort, und bei geeigneter Witterung kann man zudem einen wunderschönen Tag am Meer verbringen – auf dem privaten Strandabschnitt im Strandkorb (im Zimmerpreis inkludiert). Fahrräder gibt's zur Gratisleihe. Ungeeignet für Kinder. 5 Liegen, 30 Betten.

Sauna, Dampfbad, Massagen, Fitnessgeräte, Personal Trainer.
18-Loch-Parcours in 11 und 19 km.

25980 Rantum, Am Sandwall 1, 04651-83620-0
NF ab € 297,50

JUFFING

3 LILIEN

Mittendrin im satten Grün zeigen wir einen naturverbundenen Weg zu Ausgeglichenheit und frohem Sinn. Sie erfahren Ganzheitlichkeit und ein besonderes Wohlgefühl im Erleben von Wellness.

—

www.juffing.at
6335 Hinterthiersee
Tirol, Österreich
T. +43 5376 5585-0

WELLNESS

14 PUNKTE – 1 LILLIE

Severin's Resort & Spa *****S

Grünlage am Ortsrand in Keitum – Sylt

Hunde- und kinderfreundlich. Luxusanlage am Wattenmeer, also an der zum Baden nicht geeigneten Ostseite der Insel: Beinahe wie ein schmuckes Dörfchen liegt dieses schöne, reetgedeckte Häuserensemble auf einem drei Hektar großen Areal. Anlässlich seiner Eröffnung vor neun Jahren formulierte man vollmundig das Ziel, das „beste und teuerste Hotel auf Sylt" zu sein. Nun, aus unserer bescheidenen Sicht ist das nicht so wirklich ganz gelungen, zumindest bei den Preisen nicht einmal im Ansatz. Für unsere Bewertung spielen die freilich keine dominante Rolle, aber uns mangelt es ein bisschen an Seele, hinzu kommt die Lage (Einflugschneise in Flughafennähe, Wattenmeerseite), sie spielt da natürlich auch mit. Das Ambiente zeigt sich qualitätsvoll und gediegen, mit Leinen, Eichenholz und edlem Naturstein wird ein nordfriesisches Ambiente der gehobenen Art stilisiert.

Die Zimmer (13 Kategorien, DZ von 38 bis 120 m^2) sind so großzügig wie fein gestaltet, haben überlange Betten und feine Bäder, zudem gibt es Apartments für bis zu 10 Personen, jene der höheren Kategorien haben eine eigene Sauna und Terrasse. Tageszeitungen und Turn-down-Service sind – in dieser Sternekategorie verpflichtend – inkludiert, eine Klimaanlage ist aber nur in zwei Zimmervarianten zu haben.

Das stilvoll gestaltete Spa steht auch externen Gästen offen, obwohl es für die Größe des Resorts ohnedies etwas unterdimensioniert ist. Unter anderem bietet es einen 16 m langen Innenpool, drei Saunen und ein kleines Aktivprogramm mit Yoga, Meditation und Pilates.

Restaurantterrassen, Frühstücksbuffet (bis 13 Uhr), gute bis sehr gute Küche, umfangreiche Weinkarte, Raucherlounge, atmosphärische Bar. Freundliche und zuvorkommende Mitarbeiter. Garage gegen 20 Euro pro Nacht. Betreuung für Kinder ab drei Jahren neuerdings nur mehr 6,5 Stunden täglich. 47 Liegen, 294 Betten.

Hallenbad, Sauna, Dampfbad, Massagen, Kosmetik, Ayurveda, Fitnessgeräte, Personal Trainer.
18-Loch-Parcours in 9 und 22 km.

25980 Sylt-Ost, Keitum, Am Tipkenhoog 18, 04651-46066-0
NF ab € 195,-

WELLNESS

13 PUNKTE – 1 LILLIE

Fährhaus Sylt *****S

Grünruhelage bei Munkmarsch – Sylt

Hunde- und familienfreundlich. Wunderbares Haus, jedoch mit wenig Wellness: Am Wattenmeer und nur wenige Schritte von einem Yachthafen entfernt liegt dieses Hideaway, dessen Geschichte bereits beinahe beachtliche 150 Jahre zurückreicht. Die Fassade des Haupthauses zeigt sich im hellen viktorianischen Baustil – weiße Fassade, viele Fenster und Veranda prägen das Äußere –, daneben befinden sich zwei neuere Zubauten. Das Interieur der öffentlichen Räumlichkeiten ist hell und frisch: Holzmöbel, cremefarbene Vorhänge und Deckenverkleidungen aus Holz tragen zu dem elegant-nordfriesischen Interieur mit einem Hauch von ländlichem Flair bei.

Zimmer sind aus mehreren Kategorien wählbar (DZ von 32 bis 96 m^2) und präsentieren sich allesamt in freundlichen maritimen sowie sandfarbenen Tönen, manche haben Balkon oder Terrasse, die Böden sind oftmals aus Eichenholz. Es gibt Zimmer mit eigener Sauna, Tageszeitungen werden täglich bereitgestellt.

Der inwendig eher kleine Spa-Bereich umfasst einen etwa 9 m langen Innenpool, vier Saunen – darunter eine feine Außensauna mit danebenliegender Liegewiese – sowie einen Whirlpool. Ruhezonen gibt es jedoch leider nur wenige.

Schöne Restaurantterrasse, reichhaltiges Frühstücksbuffet, sehr gute Küche, durchwegs freundliche und zuvorkommende Mitarbeiter. 7 Liegen, 110 Betten.

Hallenbad, Außensauna, Sauna, Dampfbad, Massagen, Kosmetik, Fitnessgeräte.
18-Loch-Parcours in 6 und 14 km, bis zu 10 % Greenfee-Rabatt.

25980 Sylt-Ost, Munkmarsch, Bi Heef 1, 04651-9397-0
HP ab € 258,-

WELLNESS

13 PUNKTE – 1 LILLIE

Stricker Landhaus *****S

Grünlage in Tinnum – Sylt

Familienfreundlich. Ein freundliches Luxushaus im Herzen der Insel Sylt, seine angenehm überschaubare Größe und seine familiäre Atmosphäre charakterisieren es, eine hörbar verkehrsgünstige Lage (Flughafen, Straßen, Eisenbahn) allerdings auch. Große Teile des Hauses erhielten vor wenigen Monaten ein porentiefes Makeover, leider erst nach unserem Besuch, unsere Aussage über das Ergebnis muss daher entfallen. Vertrauensleute aus der Hamburger Lower Upper Class versichern uns aber, dass alles wieder sehr schön geworden ist, so, wie es dem Charakter des Hotels entspricht.

Zimmer sind aus sechs Kategorien wählbar (DZ von 28 bis 80 m²), viele haben Balkon oder Terrasse, alle einen Dyson-Föhn im Bad! Letzterer soll übrigens für manche Damen ein Buchungsmotiv sein.

Der nicht allzu große Wellnessbereich ist atmosphärisch gestaltet und umfasst unter anderem einen 14 m langen Innenpool und vier Saunen.

Feine Restaurantterrasse, wunderbares Frühstücksbuffet bis 14 Uhr, sehr gute Küche, die Bewertung bezieht sich auf das Siebzehn84 und nicht auf das mit einem Stern vom Guide Michelin ausgezeichnete Gourmetrestaurant Bodendorf's. Toller Weinkeller, famose Champagnerkarte (das finden wir in Deutschland nur selten – warum?), atmosphärische Bar, Mini-Kino mit Snacks und Getränken. Ausgesprochen freundliche Mitarbeiter. Hunde erlaubt. 16 Liegen, 94 Betten.

Hallenbad, Außensauna, Sauna, Dampfbad, Massagen, Kosmetik, Fitnessgeräte, Personal Trainer.
18-Loch-Parcours in 8 und 14 km.

25980 Tinnum, Boy-Nielsen-Straße 10, 04651-8899-0
NF ab € 135,-

WELLNESS
13 PUNKTE – 1 LILLIE

Stadt Hamburg

Ruhige Zentrumslage in Westerland – Sylt

Mit der Errichtung im Jahr 1869 ist dieses Luxushaus eines der ältesten Hotels auf Sylt. Etwa 10 Gehminuten vom Weststrand entfernt ist es gelegen, inwendig erfreut es mit ruhevoller Ausstrahlung und dem Flair eines altenglischen Herrenhauses, was wir, nach zahllosen Hotels mit der Anmutung widerborstiger Mainstream-Modernität, immer als höchst erfrischende Abwechslung empfinden – Antiquitäten, Gemälde und stets frische Blumen verströmen eben einen ganz besonderen Reiz.

Zimmer sind aus 10 Kategorien (DZ von 33 bis 80 m²) wählbar, sie haben oftmals Teppichböden und zeigen sich in sehr unterschiedlichem Design, etwa ein Drittel davon wurde vor kurzem renoviert, was den von uns so geliebten altbritischen Charme doch sehr verändert hat.

Der Wellnessbereich ist klein, aber hell und schön gestaltet, er bietet einen 11 m langen Innenpool, zwei Saunen und ein Tauchbecken, die Massagen sind sehr gut.

Liebevoll zubereitetes Frühstück bis 14 Uhr, sonntags kann man ab Mittag brunchen, am Nachmittag gibt es Afternoon Tea nach englischer Tradition. Zumeist sehr gute Küche, feine Patisserie, umfangreicher Weinkeller, stimmungsvolle Bar, Raucherlounge. Freundliche und sehr zuvorkommende Mitarbeiter. Valet Parking, Tiefgarage gegen 20 Euro pro Tag. Ungeeignet für Kinder. 10 Liegen, 120 Betten.

Hallenbad, Sauna, Dampfbad, Massagen, Kosmetik, Ayurveda, Fitnessgeräte, Personal Trainer.
18-Loch-Parcours in 6 und 16 km, 10 % Greenfee-Ermäßigung.

25980 Westerland, Strandstraße 2, 04651-858-0
HP ab € 234,50

WELLNESS
13 PUNKTE – 1 LILLIE

A-Rosa Sylt *****S

An der Strandpromenade in List – Sylt

Kinderfreundlich. Großes Kettenhotel mit fünfeinhalb Sternen und der bemerkenswerten Absenz von Fünfeinhalbsternflair, es wurde vor 14 Jahren eröffnet und liegt an der Nordspitze der Insel auf der zum Baden nicht geeigneten Wattenmeerseite. Fassadenmäßig gibt es keinen Bezug zur Region, inwendig herrscht gehobene Kettenanmutung urbaner Prägung, ein Friesland- oder gar Sylt-Bezug ist auch hier nicht auszumachen – das Hotel könnte wohl genauso gut in Frankfurt stehen.

Zimmer gibt es in 10 Varianten (DZ von 30 bis 90 m²), die meisten haben Teppichböden und sind schlicht gestaltet, viele haben eine Terrasse oder einen Balkon,, aber auch hier vermissen wir ein maritimes Flair.

Das Spa verfügt über einen 20 m langen Innenpool und einen 11 m langen Außenpool, der auch in den Wintermonaten nutzbar ist.

DAS KRANZBACH

4 LILIEN

Erholsame Wellness-Tage in Bayern inmitten unberührter Natur mit Blick auf die Bergwelt genießen. Durch die ungestörte Ruhelage ohne Nachbarn neue Kraft tanken und sich verwöhnen lassen.

www.daskranzbach.de
82493 Krün/Klais
Bayern, Deutschland
T. +49 8823 928000

DAS KRANZBACH

Lanserhof Sylt

Zudem gibt es sechs Saunen, darunter eine Eventsauna und ein Dampfbad. Hatte das Haus vor wenigen Jahren noch mit der Nominierung zum besten Resort-Spa Deutschlands geworben, zeigt sich der werbliche Ton nun um einiges bescheidener, was der Größe und dem Niveau des Wellnessbereichs auch weit besser entspricht.

Sowohl beim Service als auch bei der Küche (Abendessen in Buffetform) sehen wir noch etwas Luft nach oben, eine Fünfsternsuperior-Kategorisierung erscheint uns nicht ganz nachvollziehbar – selbst das (verbindlich vorgeschriebene) Turn-down-Service gibt es nur auf Anfrage. Fahrräder und E-Bikes werden gegen Gebühr (15 Euro für Fahrräder, 30 Euro für E-Bikes) verliehen. Für einen Parkplatz in der Tiefgarage werden 20 Euro pro Tag, für einen schlichten Parkplatz 15 Euro verrechnet. Hunde erlaubt. 70 Liegen, 360 Betten.

Meerwasserfreibecken, Meerwasserhallenbad, Massagen, Kosmetik, Ayurveda, Fitnessgeräte, Personal Trainer. 18-Loch-Parcours in 12 und 15 km, bis zu 15 % Greenfee-Rabatt.

25992 List, Listlandstraße 11, 04651-96750-0
HP ab € 144,-

GESUNDHEIT

18 PUNKTE – 3 LILLIEN

Lanserhof Sylt

Grünlage in List – Sylt

Adults only (ab 16). Ein High-End-Resort für ganzheitliche Regeneration, es liegt auf einer kleinen Anhöhe an der Nordostspitze der Insel mit Ausblick auf das Watt und ist Teil der renommierten Lanserhof Health Resorts, von denen es noch eines in Tirol und eines am Tegernsee gibt. Projektkosten von 130 Millionen Euro und eine Bauzeit von fünf Jahren lassen erahnen, womit man es hier zu tun hat, nämlich mit einer Anlage von besonderer Ästhetik, die zenartige Reduktion mit architektonischem Sylt-Bezug meisterhaft verwoben hat – ein riesiges und tief heruntergezogenes Reetdach inklusive!

Nicht weniger beeindruckend präsentiert sich das Innenleben, beim Betreten fanden wir uns in einem weitläufigen, luftigen Atrium mit runder Freitreppe über fünf Etagen wieder, überall erfreuen Naturmaterialien und sagenhafte Verarbeitungsqualität – was auch für die Zimmer gilt (acht Kategorien, DZ von 29 bis 75 m^2): Bodentiefe Glasflächen lassen ganz viel Licht hinein, alle haben Balkon oder Terrasse sowie Klimaanlage, unser Favorit trägt den klingenden Namen „Elysium Loft Suite Dune“ und erstreckt sich auf zwei Ebenen, der Schlafbereich ist direkt unter dem Reetdach, auch eine private Sauna ist vorhanden.

Der Wellnessbereich bietet unter anderem ein 20 m langes, auch im Winter nutzbares Freibecken, das mit einem 12 m langen Innenpool verbunden ist, und einen Fitnessbereich auf zwei Ebenen, Boulderwand inklusive. Tägliches Aktivprogramm, auch Nordic Walking, Meditation und Yoga, abends gibt es unter anderem Vorträge zu medizinischen Themen – worauf das Haus schließlich spezialisiert ist. Man bietet insbesondere Detox auf der Basis von Mayrkuren an, aber auch diagnostische und therapeutische Verfahren, Rehabilitation nach schweren Erkrankungen und operativen Eingriffen, Burnout-Prävention sowie medizinische Kosmetik (etwa Botox und Fadenlifting).

Sehr gute Diätküche, die Tischkultur ist aber fairly casual. Außerordentlich freundliche und zuvorkommende Mitarbeiter. Kleiner Wermutstropfen: Die Lage ist bei weitem nicht so atemberaubend, wie wir sie von den anderen Häusern in Tirol und in Bayern kennen. Und noch einer: Der Mindestaufenthalt beträgt eine Woche, das schlägt im günstigsten Zimmer mit etwa 9.500 und im teuersten Zimmer mit rund 27.500 Euro zu Buche, dieser Basiskurpreis lässt sich durch verwöhnende und therapeutische Extras freilich noch beträchtlich steigern. E-Bikes gibt es zur Gratisleihe. Gratisgarage für alle. 10 Liegen, 100 Betten.

Freibecken, Hallenbad, Sauna, Dampfbad, Massagen, Kosmetik, Fitnessstudio, Personal Trainer.
18-Loch-Parcours in 12 und 15 km.

25992 List, Am Lanserhof 1-8, 04651-995957-0
Pauschalen, etwa „Classic Woche“ inkl. Diät-VP, Arzt und Therapien ab € 9.653,-

WELLNESS
15 PUNKTE – 2 LILLIEN

Budersand *****S

Strandnähe in Hörnum – Sylt

Am Südende der Insel, direkt am Wattenmeer sowie auch am Golfplatz, der wegen seiner Windverhältnisse vor allem für Könner geeignet ist, gelegen: Ein gutes Stück moderner Architektur, im Inneren herrscht virtuos durchdachte und geschmackvoll arrangierte, nahezu zeitlos anmutende Eleganz.

Die Zimmer (DZ von 26 bis 65 m^2) haben überlange Betten und feine Eichenböden, zudem Kaffeemaschine sowie Balkon oder Terrasse, auch eine Minibar mit Softdrinks und Bier ist inkludiert, die Suiten verfügen zudem über einen eigenen Strandkorb – wir empfehlen die Zimmerkategorie mit Meerblick.

Den nicht allzu weitläufigen Wellnessbereich teilt man sich mit Tagesgästen, er bietet unter anderem drei Saunen (ab 16 Jahren) und einen knapp 13 m langen Innenpool mit großzügigen Öffnungszeiten von 7 bis 22 Uhr, die Massagen sind sehr gut. Herrliche Terrassen, großartiges Frühstücksbuffet bis 12 Uhr. In den Zimmerpreisen auf der Hotelwebseite ist nur das Frühstück inkludiert, für die Halbpension mit Drei-Gänge-Menü zahlt man einen Aufpreis von 37 Euro pro Person oder bekommt eine 50-Euro-Gutschrift für das À-la-carte-Restaurant Kai 3, das auf norddeutsche sowie skandinavische Zutaten höchster Güte setzt und mit einem Stern vom Guide Michelin ausgezeichnet wurde. Sieben Gänge mit Weinbegleitung kommen dabei auf knapp 350 Euro pro Person. Gemütliche Bibliothek, wo auch Lesungen stattfinden, stimmungsvolle Bar, feiner Weinkeller, große Auswahl an offenen Weinen.

Präsenter Gastgeber, freundliches Service, Check-out bis 12 Uhr. Garage gegen 10 Euro pro Tag. Kinder bis sechs Jahre nächtigen gratis, dennoch ist das Haus für Kids eher ungeeignet. 32 Liegen, 150 Betten.

Hallenbad, Sauna, Dampfbad, Massagen, Kosmetik, Fitnessgeräte.
18-Loch-Parcours, 20 % Greenfee-Rabatt.

25997 Hörnum, Am Kai 3, 04651-4607-0
HP ab € 195,-

MECKLENBURG-VORPOMMERN

ALLE LILIEN-HOTELS IN **MECKLENBURG-VORPOMMERN**

	Hotel	Seite
1	**Das Ahlbeck** ****S	70
2	**Dünenmeer Strandhotel** *****	72
3	**Fischland Strandhotel** ****S	74
4	**Gutshaus Stolpe**	70
5	**Haferland**	76
6	**Meerlust** ****S	75
7	**Neptun** *****	72
8	**Ostseeblick Strandhotel** ****S	71
9	**Roewers Privathotel** *****S	76
10	**Seehotel am Neuklostersee** ****	78
11	**Seetelhotel Ahlbecker Hof** *****	71
12	**Strandhotel Heringsdorf** ****	71
13	**The Grand Ahrenshoop**	74
14	**Travel Charme Kurhaus Binz**	77

EGGER
WIRT

3 LILIEN

In sonniger Lage im UNESCO-Biosphärenpark Salzburger Lungau bieten wir unseren Gästen die höchstmögliche Qualität und individuellen Freiraum, um Kraft für Körper und Seele zu schöpfen.

---

www.eggerwirt.at
5582 St. Michael im Lungau
Salzburg, Österreich
T. +43 6477 8224-0

WELLNESS

13 PUNKTE – 1 LILLIE

Gutshaus Stolpe

Grünruhelage am Ortsrand bei Anklam

Ruhevoll und sympathisch abseits vom Mainstream-Einheitsbrei: Eine charmante Anlage inmitten eines großen Parks mit uralten Bäumen, es handelt sich um ein etwa 150 Jahre altes Herrenhaus mit Nebengebäuden, unter anderem einem liebevoll renovierten ehemaligen Pferdestall. Schon die Zufahrt ist verheißungsvoll: Über Buckelpflaster geht es durch eine herrliche Kastanienallee bis knapp vor den Hoteleingang, die Gästeautos werden hinter efeuumwachsenen Mauern geparkt – nichts darf die Idylle stören! Im Inneren zeigt sich wunderbare Ländlichkeit, nämlich so gehoben wie zeitlos und unaufgeregt. Auch die Zimmer folgen diesem Gestaltungswillen, es gibt sie in vier Kategorien (DZ von 20 bis 50 m²).

Das Spa ist mini und würde nie und nimmer zu einer Lilien-Auszeichnung reichen, doch wie immer bewerten wir im RELAX Guide das „Gesamtprodukt" in allen seinen Qualitäten für alltagsabgewandtes Wohlgefühl. Es gibt einen 13 m langen, auch in der kalten Jahreszeit nutzbaren Außenpool, drei kleine Saunen, einen ebensolchen Ruheraum sowie sehr gute Massagen.

Fabelhafte Restaurantterrasse mit Morgensonne, reichhaltiges Frühstück, gegessen wird entweder in der „Gutsherrenküche", die sozusagen seit Menschengedenken vom Guide Michelin mit einem Stern prämiert wird, oder im „Fährkrug", einem historischen, denkmalgeschützten Wirtshaus, welches, ein paar Schritte entfernt, am Ufer der Peene steht und Deftiges aus der Mecklenburger Kochtradition bietet – und einen Besuch allemal wert ist. Wunderbar freundliche und aufmerksame Mitarbeiter, familiäres Umfeld, das uns für Schnösel, Nassforsche und Gefühlslegasthenikerinnen aber als nur bedingt geeignet erscheint. Ruhesuchenden raten wir, vor der Buchung die Situation abzuklären, das Haus versteht sich nämlich auch auf Hochzeiten und rauschende Events. Fahrräder gibt's zur Gratisleihe, Ruder- und Motorboote gegen eine kleine Gebühr. 8 Liegen, 76 Betten.

Freibecken, Sauna, Dampfbad, Massagen.

17391 Stolpe, Peenstraße 33, 039721-550-0
NF ab € 140,-

WELLNESS

16 PUNKTE – 2 LILLIEN

Das Ahlbeck ****S

An der Strandpromenade in Ahlbeck – Usedom

Familienfreundlich. Weißer Standstrand, soweit das Auge reicht: In erster Reihe vor dem Meer, direkt an der Strandpromenade liegt dieses Hotel auf der Ostseeinsel Usedom, die historische Seebrücke hat man hier im Blick. Seit der Eröffnung vor 18 Jahren ist das Haus um einige Zubauten erweitert worden, auf eine stimmige Fassadenästhetik dürfte man dabei nicht wirklich geachtet haben. Anders das Innenleben, es zeigt sich angenehm und hell. Zimmer sind aus 26 stark unterschiedlichen Kategorien wählbar (DZ von 25 bis 82 m²), viele haben Holzböden, bodentiefe Fenster sowie Balkon oder Terrasse, von einigen genießt man einen tollen Ausblick aufs Meer, von den fünf fabelhaften Penthouse-Suiten (zwei davon mit eigener Sauna) sowieso.

Das etwas nüchtern gestaltete Spa teilt sich in einen Bereich für Familien und einen separaten für Erwachsene auf, insgesamt gibt es sechs Saunen, einen 20 m langen Innenpool mit viel Tageslicht sowie einen kleinen Außenbereich mit Sonnendeck. Unser Highlight war der Infinity-Außenpool: Er liegt im ersten Stock über der Caféterrasse und ist zur Seeseite hin ausgerichtet – zwar ist er nicht groß genug zum Schwimmen, aber perfekt, um die Menschen auf der Strandpromenade zu beobachten und den Ausblick über das Meer zu genießen! Täglich kleines Aktivprogramm, darunter Aqua-Fitness, Gymnastik, Jogging oder Wassertreten im Meer.

Fabelhafte Terrasse, stimmungsvolle Hotelbar, reichhaltiges Frühstücksbuffet, das Brot kommt aus der hauseigenen Bäckerei, die Küche ist gut, ein Early-Bird-Frühstück im Wellnessbereich ist inkludiert. Die rührige Direktorin ist stets präsent, viele Mitarbeiter sind sehr freundlich, beim Service gibt es allerdings noch ein klein wenig Luft nach oben. Garage gegen 15 Euro pro Tag. Die Preise auf der Hotelwebseite beziehen sich auf NF, der Aufpreis für die Halbpension beträgt 43 Euro. Hunde erlaubt, von Oktober bis April auch am Strand. 46 Liegen, 200 Betten.

Freibecken, Hallenbad, Außensauna, Sauna, Dampfbad, Massagen, Kosmetik, Fitnessgeräte, Personal Trainer. 18-Loch-Parcours in 4 km, 45-Loch-Parcours in 14 km, bis zu 30 % Greenfee-Rabatt.

17419 Ahlbeck, Dünenstraße 48, 038378-4994-0
HP ab € 135,50

WELLNESS
13 PUNKTE – 1 LILLIE

Seetelhotel Ahlbecker Hof *****

An der Strandpromenade in Ahlbeck – Usedom

Hundefreundlich. Wo einst Kaiser residierten: Das Flaggschiff der regional tätigen Seetel-Kette punktet mit prominenter Lage und Ausblick auf die Seebrücke. Das 1890 eröffnete „kleine Grandhotel" ist Mitglied der Marketingvereinigung „Pearls by Romantik-Hotels", baulich teilt es sich in das Hauptgebäude an der Strandpromenade und zwei daran angebundene Logierhäuser in der zweiten Bebauungsreihe auf. Charakteristisch sind das Haupthaus im wilhelminischen Kaiserbäder-Baustil sowie prunkvoll-nostalgische Interieurs, so etwas ist heutzutage beinahe schon einzigartig und muss natürlich bei uns auch entsprechend punkten.

Zimmer stehen in neun verschiedenen Kategorien zur Auswahl (DZ von 18 bis 80 m²), viele davon wurden in den letzten Jahren erneuert, längst nicht alle gewähren einen Ausblick aufs Meer. Der Wellnessbereich umfasst unter anderem einen 9 m langen Innenpool, fünf Saunen und ein Dampfbad, an Ruheliegen und ganz generell an großzügigen Raumverhältnissen mangelt es jedoch ein wenig.

Reichhaltiges Frühstücksbuffet, freundliche und zuvorkommende Mitarbeiter, beim Service orten wir noch etwas Verbesserungsbedarf. Stimmungsvolle Bar, Valet Parking, Parken gegen 19 Euro pro Nacht. Für Kinder eher ungeeignet. 28 Liegen, 225 Betten.

Hallenbad, Sauna, Dampfbad, Massagen, Kosmetik, Ayurveda, Fitnessgeräte.
18-Loch-Parcours in 4 km, 45-Loch-Parcours in 14 km, bis zu 30 % Greenfee-Rabatt.

17419 Ahlbeck, Dünenstraße 47, 038378-62-0
HP ab € 127,–

WELLNESS
15 PUNKTE – 2 LILLIEN

Ostseeblick Strandhotel ****S

Strandnahe Ruhelage in Heringsdorf – Usedom

Sehr schön auf einem Hügelchen über dem Strand: Ein sympathischer Familienbetrieb, vom Meer trennen ihn nur die Uferpromenade und 140 m Luftlinie, aber auch das Ortszentrum ist nicht weit. Der namensgebende Ausblick auf die Ostsee ist wohl einer der besten an der Küste, er ist aus Spa, Restaurant, von der Terrasse und aus vielen Zimmern (DZ von 20 bis 80 m²) zu genießen. Letztere präsentieren sich gepflegt, zeitgemäß und stimmig, überall gibt's eine Minibar mit Saft und Mineralwasser, auch wahre Wohnträume mit viel Tageslicht, Kamin und großzügiger Terrasse sind zu haben. Einige Zimmer sind recht klein, darum sollte man sich vor der Buchung nach den Größenverhältnissen erkundigen, wenn man Wert auf Raum legt – und die ruhige Meerseite ist den Aufpreis wert.

Das überschaubar große, aber dennoch auch Tagesgästen zugängliche Spa ist mit warmen Farben atmosphärisch gestaltet, man findet darin einen 8 m langen, für Kinder nur eingeschränkt nutzbaren Innenpool, eine feine Terrasse auf dem Dach und sechs Saunen, die auch Kindern nicht verwehrt werden, sofern diese in Begleitung Erwachsener sind. Zusätzliche Handtücher wären aber noch fein, weitere Ruhezonen ebenso. Die Treatments fokussieren auf dem, was das Meer und die Region hergeben: Es gibt welche mit Algen, Meerschlamm, Jodsole, Sanddorn und Heilkreide. Kleines Aktivprogramm, darunter Waldbaden, gegen Aufpreis auch Nordic Beach Walking und Fahrradtouren. Alternativ kann man mit einem Porsche 911 Carrera Cabrio die Küste erkunden, das Auto gibt es nämlich als Teil eines Vier-Tage-Packages – freilich nur leihweise.

Fabelhafte Restaurantterrasse mit herrlichem Ausblick, reichhaltiges Frühstücksbuffet bis 11 Uhr, gute bis sehr gute Küche, das HP-Menü umfasst aber nur drei Gänge. Stimmungsvolle Strandlounge mit Live-Musik am Freitag, gemütliches Umfeld. Garage gegen 15 Euro pro Tag. Eher ungeeignet für Kinder. Hunde erlaubt. 24 Liegen, 114 Betten.

Hallenbad, Sauna, Dampfbad, Massagen, Kosmetik, Fitnessgeräte.
18-Loch-Parcours in 7 km, 45-Loch-Parcours in 10 km.

17424 Heringsdorf, Kulmstraße 28, 038378-54-0
HP ab € 124,–

WELLNESS
14 PUNKTE – 1 LILLIE

Strandhotel Heringsdorf ****

An der Strandpromenade in Heringsdorf – Usedom

Direkte Strandlage nahe der Ahlbecker

Seebrücke: Dieses Haus ist an der längsten Strandpromenade Europas gelegen und besteht aus einem Hauptgebäude und zwei damit über einen unterirdischen Gang verbundenen Neubauten, welche dahinter in der zweiten Bebauungsreihe liegen.

Zimmer können aus neun Kategorien gewählt werden (DZ von 18 bis 70 m²), sie sind hinsichtlich Interieurs und Größe oftmals sehr unterschiedlich. Alle sind mit Nespresso-Maschinen bestückt, viele haben Teppichböden oder Parkett, manche auch eine freistehende Badewanne. Alle Zimmer bieten Balkon, eine Glasschiebetür oder Terrasse, den Ausblick auf die Ostsee kann man freilich nur aus jenen an der Seeseite genießen. Wer es gerne ruhig hat, sollte zudem ein Zimmer, das dem Pool abgewandt liegt, wählen.

Das inwendig eher kleine Spa teilt sich auf drei auseinanderliegende Bereiche auf, es offeriert unter anderem einen 7 m langen Innenpool, einen 12 m langen, auch im Winter nutzbaren Soleaußenpool und als Highlight eine kleine Saunazone mit Ruheoase und Terrasse auf dem Dach. Ebendort genießt man einen herrlichen Ausblick auf die Ostsee, nur über die Plastikbecher waren wir nicht so erfreut. Muss das sein? Angenehme Restaurantterrasse, umfassendes Frühstücksbuffet, gute bis sehr gute Küche, freundliche Mitarbeiter. Garage gegen 15 Euro pro Tag. Hunde erlaubt. 32 Liegen, 184 Betten.

Solefreibecken, Hallenbad, Sauna, Dampfbad, Massagen, Kosmetik, Fitnessgeräte, Personal Trainer.
18-Loch-Parcours in 7 km, 45-Loch-Parcours in 10 km, bis zu 30 % Greenfee-Rabatt.

17424 Heringsdorf, Liehrstraße 10, 038378-232-0
HP ab € 112,50

WELLNESS

13 PUNKTE – 1 LILLIE

Neptun *****

An der Strandpromenade in Warnemünde – Rostock

Familienfreundlich. Mit großem Nostalgiebonus ganz knapp zu einer Lilie: Ein Riese, oder besser eine „Platte" mit 19 Etagen, sie wurde vor mehr als fünf Jahrzehnten eröffnet und zählte damals zum Exklusivsten, mit dem das kommunistische Regime seine Bürger verhöhnte – sie durften da nämlich gar nicht rein! Vor der Wende waren hier übrigens weit mehr als 100 Stasi-Spitzel beschäftigt. Auch heute noch verharrt das Haus in einer Art von gehobenem DDR-Charme. Diese Stilrichtung ist indes von der vollständigen Ausrottung akut bedroht, sie verdient aus unserer Sicht daher eine besonders wohlwollende Betrachtung, auch wenn das Haus durch eine höchst bemerkenswerte Absenz von Fünfstern-Feeling auffällt. Zumeist kleine, zweckmäßige und mitunter hellhörige Zimmer gibt es in sieben Kategorien (DZ von 21 bis 60 m²), die meisten haben winzige Bäder, alle Balkon und einen konkurrenzlosen Ausblick auf Ostsee und Schiffsverkehr, der natürlich immer berauschender wird, je höher man wohnt.

Der Wellnessbereich ist öffentlich zugänglich, aber nicht allzu groß, erwähnenswert sind der Schwerpunkt Original-Thalasso (mit entsprechenden Therapien) sowie der Meeresblick aus Sauna, Behandlungsräumen und Fitnessstudio. Zudem gibt es einen 15 m langen Salzwasser-Innenpool und verschiedene Saunen, darunter eine für Ladys only und ein Dampfbad. Kleines Aktivprogramm, auch Yoga, Pilates, Muskelentspannung und Brandungswanderungen (teilweise jedoch kostenpflichtig).

Zu Küche und Service: „Das Neptun ist ein Leuchtfeuer der Gastlichkeit" (werblicher O-Ton). Das tönt ein bisschen nach der Propaganda des Regimes von ehedem, jedenfalls können wir die Aussage nicht wirklich bestätigen. Beeindruckender Ausblick aus dem Café und der Skybar der 19. Etage. Ein schlichter Parkplatz schlägt mit 23 Euronen pro Nacht zu Buche! Hunde erlaubt. 55 Liegen, 680 Betten.

Meerwasserhallenbad, Sauna, Dampfbad, Massagen, Kosmetik, Fitnessstudio, Personal Trainer.
27-Loch-Parcours in 4 km.

18119 Rostock-Warnemünde, Seestraße 19, 0381-777-0
HP ab € 164,20

WELLNESS

16 PUNKTE – 2 LILLIEN

Dünenmeer Strandhotel *****

Grünruhelage an der Düne – 34 km von Rostock

Adults only (ab 16). Es gibt Ausblicke, die in Erinnerung bleiben, dieser hier ist einer davon: Den schier endlosen weißen Strand

Dünenmeer Strandhotel

zwischen Düne und Meer kann man von Zimmer, Restaurantterrasse oder Wellnessbereich aus sehen. 2007 eröffnete das Hotel, im Vorjahr übernahm es ein neuer Direktor, der für frischen Wind sorgt und nach dem gemächlichen Sinkflug der letzten Jahre wieder für Auftrieb sorgt.

Die ausnahmslos großzügig geschnittenen Zimmer (sechs Kategorien, DZ von 35 bis 90 m²) haben alle Teppichböden, gute Betten, Kaffeemaschine sowie Balkon oder Terrasse, nicht wenige offerieren einen herrlichen Ausblick aufs Meer, manchen stünde aber eine kleine Auffrischung nicht schlecht.

Der Wellnessbereich ist sehr schön, und er wäre ausreichend dimensioniert, stünde er nicht auch den Gästen aus dem anliegenden, aber hier nicht in die Bewertung miteinbezogenen Ferienwohnungsdörfchen mit 19 reetgedeckten Häuschen offen, was die Raumverhältnisse vor allem während der kälteren Jahreszeiten schnell wieder relativiert. Unter anderem geboten werden drei Saunen, ein 12 m langer Innenpool und ein superfeiner Ruhebereich. Wunderbar übrigens die „Dünensauna" im Freien – ein riesiges FKK-„Tauchbecken" inklusive, viele Gäste springen nämlich – wie wir – danach nackt in die Ostsee, vor allem morgens und abends gibt es kaum ungebetene Zuseher, ist doch der Strandabschnitt ziemlich ruhig. Alles sehr sauber, bei den Massagen sollte man aber wieder zur Qualität von früher zurückkommen. Täglich Aktivprogramm, auch Yoga, Wassergymnastik, Zirkeltraining und Stretching, als Hausgast kann man übrigens auch das Sportzentrum des Schwesterhotels Fischland nutzen, dieses ist ein paar gute Schritte entfernt und bietet ein bestens ausgestattetes Fitnessstudio sowie zahlreiche Bewegungskurse.

Fabelhafte Restaurantterrasse, reichhaltiges Frühstück (im Bistro kann es leger im Bademantel eingenommen werden), gute Küche, freundliche, aber bisweilen etwas überforderte Mitarbeiter. Stimmungsvolle Bar, Gratisgarage für alle. Hunde erlaubt. 44 Liegen, 130 Betten (im Hotel, weitere 250 in Ferienwohnungen).

Hallenbad, Außensauna, Dampfbad, Massagen, Kosmetik, Fitnessgeräte.
9-Loch-Parcours in 12 km.

18347 Dierhagen, Birkenallee 20, 038226-501-0
HP ab € 194,50

Fischland Strandhotel

WELLNESS
14 PUNKTE – 1 LILLIE

Fischland Strandhotel ****s

Grünruhelage an der Düne – 35 km von Rostock

Familienfreundlich. Dieses am Strand gelegene Schwesterhotel des Adults-only-Hauses Dünenmeer hat seinen ganz eigenen Fokus: Sport- und Familienurlaub auf gehobenem Niveau – und das direkt am Meer, oder zumindest hinter dem Kieferwäldchen, das auf der Düne wächst. Zum Hotel, das vor dem Kollaps des Regimes ein Gästehaus des DDR-Ministerrates war, gehören auch Bungalows mit zahlreichen Ferienwohnungen, auf die wir hier aber nicht eingehen. Die öffentlichen Räume sind in gedeckten Blau- und Türkistönen gehalten, sie zeigen sich in unaufgeregter, gemütlicher Modernität – abstrakte Kunst an den Wänden inklusive. Helle Zimmer sind aus vier Kategorien wählbar (DZ von 19 bis 75 m²), alle haben Teppichböden und bodentiefe Fenster, einen Balkon oder eine Terrasse.

Das Spa umfasst neben einem 20 m langen Innenpool vier verschiedene Saunen, darunter ein Dampfbad und eine Außensauna in Strandnähe. Sehr gut ausgestattetes Fitnessstudio, täglich Aktivprogramm, auch Yoga und Pilates. Zum umfangreichen Sportangebot zählen Reiten, Fußball, Beachvolleyball sowie Kiten, Surfen und Wasserski (gegen Gebühr).

Die Küche ist gut, dabei beziehen wir uns wie immer auf die Halbpension und nicht auf das À-la-carte-Restaurant Ostseelounge, das vom Guide Michelin – als einziges auf der Halbinsel – mit einem Stern ausgezeichnet wurde. Für Kinder gibt's einen Indoor-Spielplatz, Betreuung wird jedoch nicht angeboten. Hunde erlaubt. 48 Liegen, 150 Betten (im Hotel, weitere 350 in Ferienwohnungen).

Hallenbad, Außensauna, Sauna, Dampfbad, Massagen, Kosmetik, Ayurveda, Fitnessstudio, Personal Trainer.
9-Loch-Parcours in 12 km, Tennishalle, Tennisplätze, Leihfahrräder.

18347 Dierhagen, Ernst-Moritz-Arndt-Straße 6, 038226-52-0
HP ab € 184,–

WELLNESS
14 PUNKTE – 1 LILLIE

The Grand Ahrenshoop

Strandnähe in Ahrenshoop – 40 km von Rostock

Hundefreundlich. Ein unkonventionelles Haus mit inspirierendem Flair, es liegt in einem ruhigen 700-Seelen-Dörfchen und ist nur ein paar gute Schritte entfernt vom endlos erscheinenden Sandstrand, der zu ausgiebigen Spaziergängen einlädt. Die öffentlichen Räume präsentieren Schlichtheit und wohldosierte zeitgenössische Kunst, die Lobby mit der Glasfront – Ausblick auf die Ostsee inklusive – bietet Raum zum Atmen und Entspannen in Ohrensesseln mit Fußhocker. Auch die großzügig geschnittenen Zimmer (DZ von 32 bis 150 m²) sind einladend puristisch gestaltet, alle haben Klimaanlage und bodentiefe Fenster sowie Balkon oder Terrasse, ein bisschen mehr Sauberkeit könnte aber nicht schaden. Wir buchen immer direkten Meerblick, denn bei entsprechendem Seegang kann man die Brandung nicht nur sehen, sondern auch riechen, hören und schmecken. Alle Zimmer haben helle Teppichböden, eine Ausnahme bildet die Zimmerkategorie „Loft" in der fünften Etage – ein Wohn-Highlight mit 150 m² Wohnraum, freistehender Badewanne, Daybed und großen Fensterfronten sowie 200 m² Terrasse mit Strandkorb und Essbereich – besser geht's wohl nicht!

Das Spa teilt man mit externen Gästen, es bietet unter anderem einen 20 m langen, für Kinder zeitlich eingeschränkt nutzbaren Innenpool, ein gut ausgestattetes Fitnessstudio und insgesamt drei Saunen (ab 16 Jahren). Gute Massagen, zahlreiche Yoga-Retreats, Private-Yoga-Sessions (60 Minuten) gegen einen Aufpreis von 75 Euro.

Reichhaltiges Frühstücksbuffet bis 12 Uhr, umfangreiche Weinkarte mit ambitionierten Preisen, ein Highlight ist das Restaurant samt Bar mit beachtlicher Ginkarte im Dachgeschoß des Westflügels, wo man sich auf der Terrasse den Sonnenuntergang nicht entgehen lassen sollte – it's magic! Viele junge Mitarbeiter, gewöhnungsbedürftiges „per Du"-Umfeld, in puncto Professionalität gibt es noch Luft nach oben.

Strandkorb, SUP-Boards und Babybett gegen Aufpreis, Check-in erst ab 16 Uhr – all das nagt am Preis-Leistungs-Verhältnis, auch dass in den Zimmerpreisen bei Onlinebuchung nur das Frühstück inkludiert ist, man abends nur à la carte essen kann und bereits beim Check-in vorab bezahlt werden muss. Valet Parking, Garage gegen 15 Euro pro Tag. Ungeeignet für Kinder. Für Hunde gibt es einen Hunde-Shop, ebendort etwa gegen 20 Euro einen Hundebademantel fürs Relaxen nach den Spaziergängen in der Meeresbrise – o tempora, o mores! 33 Liegen, 160 Betten.

Hallenbad, Sauna, Dampfbad, Massagen, Kosmetik, Fitnessstudio, Personal Trainer.
9-Loch-Parcours in 23 km.

WELLNESS
15 PUNKTE – 2 LILLIEN

Meerlust ****S

An der Düne am Ortsrand – 65 km von Rostock

Ganz nah am endlosen Sandstrand: Ein freundlicher Familienbetrieb mit sehr persönlicher Note, er ist nach dem südafrikanischen Weingut „Meerlust" benannt und schenkt auch dessen Weine aus. Nur ein Dünenwäldchen und eine schmale, wenig befahrene Straße (insgesamt 145 m) trennen das Haus vom Strand, der stundenlange Spaziergänge in beide Richtungen ermöglicht, auch in den Nationalpark Vorpommersche Boddenlandschaft ist's nicht weit.

Das Anwesen setzt sich aus drei miteinander verbundenen Gebäuden zusammen, inwendig findet man ein liebevoll dekoriertes Interieur vor, das traditionelle Behaglichkeit und angenehme Unaufgeregtheit ausstrahlt, zur Begrüßung gibt's Sekt oder einen erfrischenden Sanddornsaft – sehr nett! Die Zimmer (23 Kategorien, DZ von 22 bis 80 m²) präsentieren sich recht unterschiedlich, fast alle haben Balkon oder Terrasse, viele mit schönem Ausblick – vor allem jene in den oberen Stockwerken, von wo aus man auf die Ostsee blicken kann. Die neueren sind mit feinen Holzböden ausgelegt, auch wahre Wohnträume mit begehbarem Kleiderschrank stehen zur Wahl, ein bisschen mehr Sauberkeit hätten wir uns aber gewünscht.

Das Spa offeriert unter anderem einen gut 12 m langen Innenpool mit großzügigen Öffnungszeiten bis 22 Uhr, einen ebenso großen, auch im Winter nutzbaren Außenpool und fünf Saunen, zusätzliche Handtücher wären noch fein. Sehr gute Massagen, kleiner Fitnessraum mit Getränken, ein Mini-Aktivprogramm beginnt jeweils um 8 Uhr früh und dauert 25 Minuten, unter anderem mit Wassergymnastik, Qi Gong und Muskelkräftigung.

Fabelhafte Terrasse, Standard-Frühstück bis 11 Uhr, gute Küche bei netter Tischkultur, faire Getränkepreise, die bislang wunderbare Nachmittagsjause ist neuerdings nicht mehr inkludiert. Ruhevolles Ambiente, auch weil keine Events und Tagungen stattfinden und sowohl Spa als auch Restaurant nur Hotelgästen vorbehalten sind. Freundliche Mitarbeiter, präsente Gastgeber, viele langjährige Stammgäste. Gratisgarage für alle. Ungeeignet für Kinder, Hunde erlaubt. 29 Liegen, 105 Betten plus 13 Ferienwohnungen.

Solefreibecken, Solehallenbad, Sauna, Dampfbad, Massagen, Kosmetik, Fitnessgeräte.
9-Loch-Parcours in 44 km.

18374 Zingst, Seestraße 72, 038232-885-0
HP ab € 130,-

WELLNESS
13 PUNKTE – 1 LILLIE

Haferland

Grünruhelage am Ortsrand – 57 km von Rostock

Idylle wie im Bilderbuch: Inmitten eines naturbelassenen Gartens mit Kräuterbeeten befindet sich dieses Hideaway, es besteht aus drei miteinander verbundenen Häusern mit Reetdächern und liegt dabei nur wenige Schritte von einem Sportboothafen am Bodden entfernt. Auch der Weststrand sowie der Oststrand der Ostsee sind zu Fuß über ein Wegenetz, mit dem Rad oder mit dem Auto in wenigen Minuten erreichbar.

Zimmer kann man aus sechs Kategorien wählen (DZ von 25 bis 55 m²), sie zeigen sich durchwegs in schlichter Gemütlichkeit, warme Farbtöne, Vollholzmöbel und Fliesenböden charakterisieren sie, die Zimmer im Erdgeschoß haben Terrassen. Das nur den Hotelgästen vorbehaltene Spa zeigt sich inwendig recht klein, es bietet unter anderem einen 13 m langen Indoorpool, welcher an eine Elektrolyse- und Ozonanlage angeschlossen ist und daher gänzlich ohne chlorhaltige Substanzen gereinigt wird. Es gibt zudem drei Saunen und gute Massagen.

Reichhaltiges Frühstück bis 12 Uhr mit ausschließlich biologischen Produkten und hausgemachten Marmeladen sowie selbstgebackenem Brot. Sehr gute Küche mit veganen Speisen und biologischer sowie regionaler Ausrichtung, so manches kommt aus dem eigenen Biogarten. Schöne Terrasse, freundliches Service, friedvolles Umfeld. Angebunden an Rad- und Wanderwege. Ungeeignet für Kinder, Hunde erlaubt. 12 Liegen, 98 Betten.

Hallenbad, Sauna, Dampfbad, Massagen, Kosmetik.
9-Loch-Parcours in 36 km.

18375 Wieck auf dem Darß, Bauernreihe 5a, 038233-68-0
HP ab € 119,-

WELLNESS
17 PUNKTE – 3 LILLIEN

Roewers Privathotel *****S

Ruhige Zentrumslage in Sellin – Rügen

Denkmalgeschütztes Juwel im Stil der Bäderarchitektur des 19. Jahrhunderts, mit kunstvollen Ornamenten über den Balkonen und schmucken weißen Dreicksgiebeln: Das einzige Haus mit fünfeinhalb Sternen in Mecklenburg-Vorpommern, es handelt sich um ein außergewöhnlich schönes Ensemble aus fünf kleinen, unterirdisch miteinander verbundenen Villen, die schön um einen Garten mit Liegewiese angeordnet sind.

Das Anwesen liegt zwar nicht am Meer, aber an der Flaniermeile des Orts, und es ist nur ein paar gute Schritte von Seebrücke und Strand entfernt. Stilvoll und charmant präsentiert es sich inwendig, die Zimmer (DZ von 20 bis 70 m²) verströmen erfrischende klassische Eleganz, alle haben Teppichböden und schnelles W-Lan, die meisten Balkon, Loggia oder Terrasse – wer bei offenem Fenster schlafen möchte, sollte den parkseitig gelegenen den Vorzug geben.

Im Spa, das auch Tagesgästen zugänglich ist, fanden wir unter anderem drei Saunen und einen 8 m langen, bis 22 Uhr abends nutzbaren Innenpool sowie eine Adults-only-Zone mit Finnsauna und einem knapp 13 m langen Dachterrassen-Außenpool in Infinity-Bauweise, unsere Massagen waren ausgezeichnet.

Restaurantterrasse mit Morgensonne, reichhaltiges Frühstücksbuffet bis 12 Uhr, gute Küche, interessante Weinkarte mit moderaten Preisen. Präsente Gastgeber, freundliche, sehr bemühte Mitarbeiter, beim Service gibt es noch ein bisschen Luft nach oben. Stimmungsvolle Bar, das Turn-down-Service ist inkludiert.

In den Zimmerpreisen auf der Hotelwebseite ist nur das Frühstück enthalten, für die Halbpension gilt ein Aufpreis von 54 Euro pro Person. Kinder bis fünf Jahre nächtigen kostenfrei, dennoch ist das Haus für sie eher ungeeignet. Hunde erlaubt. 19 Liegen, 106 Betten.

Freibecken, Hallenbad, Sauna, Dampfbad, Massagen, Kosmetik, Ayurveda, Fitnessgeräte, Personal Trainer.
18-Loch-Parcours in 24 km, 20 % Greenfee-Rabatt.

18586 Sellin, Wilhelmstraße 34, 038303-122-0
HP ab € 151,-

Roewers Privathotel

*Was wir mögen,
aber eher selten erleben:
am Frühstückstisch
echtes Sauerteigbrot,
nur frische, regionale Produkte,
Bio-Freilandeier,
nichts aus der Fabrik,
auch keine billigen
Marmeladen
oder gar „Multivitaminsäfte".*

***Christian Werner,
Herausgeber RELAX Guide***

WELLNESS

13 PUNKTE – 1 LILLIE

Travel Charme Kurhaus Binz

Grünruhelage an der Strandpromenade in Binz – Rügen

In schöner Lage: kein Kurhotel, wie der Name vermuten ließe, aber direkt am Strand gelegen und nicht weit von der Seebrücke entfernt. Ein Haus der Travel-Charme-Kette. Seine „111-jährige Geschichte" (werblicher O-Ton) beginnt vor 22 Jahren als kompletter Neubau – ein Nachbau eines berühmten Hotels aus der Zeit Wilhelms II.

Die öffentlichen Räume präsentieren sich in klassischer Modernität – helle, ostseeaffine Farben herrschen vor. Auch die Zimmer folgen diesem Gestaltungskonzept, sie stehen in 16 Kategorien (DZ ab 23 m^2) zur Auswahl. Alle haben Klimaanlage, die meisten Teppichböden, viele Balkon, manche bieten Blick aufs Meer, schön anzusehen sind auch die weißen Sprossenfenster. Die alkoholfreien Getränke der Minibar sind inkludiert und werden täglich aufgefüllt, Kaffeemaschinen gibt es allerdings nur in den Suiten, Wasserkocher nirgendwo. Eine Hotelbeschreibung liegt nicht auf, eine App soll sie ersetzen – na ja! Auch Zimmerte-

Seehotel am Neuklostersee

lefon gibt es keins mehr, das Zimmerservice mussten wir vom Handy anrufen, dass das jetzt fast schon ein Trend wird, macht die Sache freilich nicht besser.

Das Spa ist – ostseeüblich – klein ausgefallen, es erstreckt sich über zwei getrennte Bereiche. Insgesamt gibt es fünf Saunen, weiters ein mit dem Indoorpool verbundenes, 10 m langes Außenbecken, das auch im Winter nutzbar ist. Das Aktivprogramm bietet unter anderem Yoga und Pilates, Fahrräder stehen gegen Gebühr zur Verfügung.

Schöne Terrasse, Frühstück bis 11 Uhr (bei Auswahl und Qualität hat man aber gegen früher etwas an Terrain verloren), die Tischkultur ist fairly casual. Freundliche und bemühte Mitarbeiter. Das Haus versteht sich auch auf Hochzeiten, Ruhesuchende sollten die Situation vor der Buchung abklären. Nicht gerade berauschendes Preis-Leistungs-Verhältnis, ein schlichter Parkplatz kostet 15 Euro pro Tag. Ungeeignet für Kinder. 37 Liegen, 260 Betten.

Freibecken, Hallenbad, Sauna, Dampfbad, Massagen, Kosmetik, Ayurveda, Fitnessgeräte, Personal Trainer.
18-Loch-Parcours in 20 km, 20 % Greenfee-Rabatt.

18609 Binz, Strandpromenade 27, 038393-665-0
HP ab € 132,50

WELLNESS
15 PUNKTE – 2 LILLIEN

Seehotel am Neuklostersee ****

Grünruhelage am Seeufer – 80 km östlich von Lübeck

Hunde- und familienfreundlich. Lebenslust für Naturverbundene und Individualisten: Ein charaktervolles Beherbergungsunikat, es liegt ruhevoll am See und inmitten des Naturschutzgebietes Sternberger Seenland, zur Ostsee und der Hansestadt Wismar sind es 25 Autominuten. Mehrere hübsche Gebäude (darunter auch kleine Ferienhäuser und Zimmer mit Gärtlein) in einem weitgehend naturbelassenen Garten mit Obstbäumen, allerlei Blumen, versteckten Plätzen im Schilf und gemütlichen Strandkörben, mit Katzen, freilaufenden Schafen und erquickendem Vogelgesang bilden den hiesigen Mikrokosmos – Idylle pur!

Alles ist mit Liebe zum Detail und niveauvoll gestaltet, so auch die Zimmer (DZ von 18 bis 80 m²) im Vintage-Look, die sich recht unterschiedlich und perfectly imperfect präsentieren. Das auch Tagesgästen zugängliche, kleine Spa („Badescheune") bietet einen 11 m langen, etwas frischen Innenpool mit offenem Kamin, drei Saunen (eine davon direkt am Strand) und ausgezeichnete Massagen, die man bei gutem Wetter auch im Freien genießen kann, Kosmetikanwendungen werden neuerdings nicht mehr angeboten.

Die Restaurantterrasse mit Morgensonne ist fabelhaft, das Frühstück (bis 11 Uhr) quantitativ überschaubar, aber qualitativ hochwertig, ebenso wie die zumeist sehr gute, regional und biologisch ausgerichtete Küche. Gute Weinkarte mit vielen Österreichern und etwas ambitionierten Preisen (Weißweinschorle um 7,20 Euro), auch feine selbstgemachte Liköre stehen zur Auswahl.

Die Zimmerpreise auf der Hotelwebseite beinhalten nur das Frühstück, für die Halbpension (drei Gänge) zahlt man einen Aufpreis von 41 Euro pro Person. Niveauvolles Flair, ebensolche Zeitungen – und nicht zuletzt auch solche Gäste, Kunst- und Kulturschaffende finden sich zahlreich darunter.

Viel Nettes für Kinder, darunter ein zum „Kinderhotel" umgebauter Backsteinturm, ein übergroßes Vogelnest und viele Tiere zum Streicheln. Die Hauskatze Moneypenny, die wir all die Jahre stets an der Kassa ebenso entspannt wie gleichzeitig die Zahlungen aufmerksam mitverfolgend vorgefunden haben, zählt aber nicht mehr dazu, sie ruht seit wenigen Monaten im Katzenhimmel. Wassersportangebote, auch Ruder-, Segel-, Tretboote und SUP-Boards, teilweise gegen Aufpreis. Wie das Spa ist auch das Restaurant externen Gästen zugänglich, mitunter kann es auch etwas lebhafter werden. Check-out um 12 Uhr. Fazit: Ein inspirierendes Leuchtfeuer abseits des Mainstreams. 22 Liegen, 62 Betten.

Hallenbad, Sauna, Dampfbad, Massagen. Tennisplätze.

23992 Nakenstorf, Seestraße 1, 038422-457-0
HP ab € 141,–

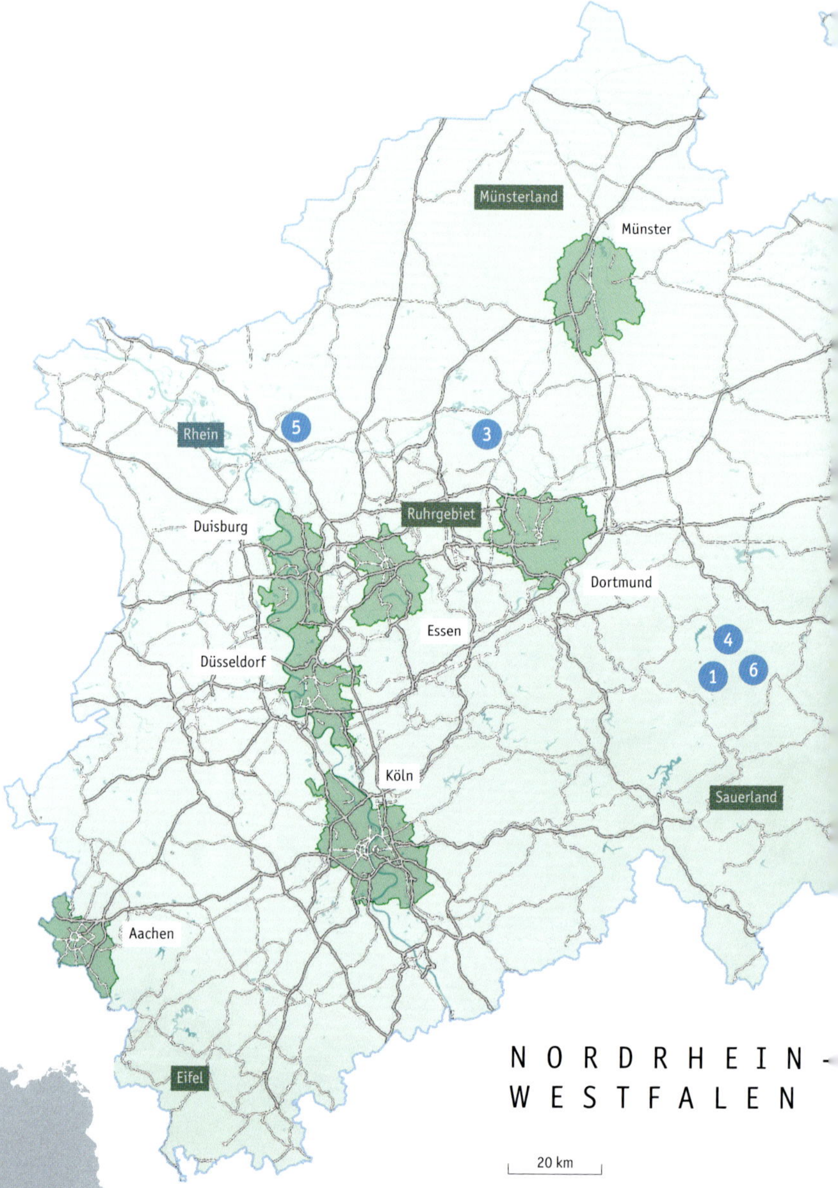

NORDRHEIN-WESTFALEN

ALLE LILIEN-HOTELS IN **NORDRHEIN-WESTFALEN**

Gräflicher Park Health & Balance Resort

WELLNESS/GESUNDHEIT

16 PUNKTE – 2 LILLIEN

Gräflicher Park Health & Balance Resort ****s

Grünruhelage in Bad Driburg – 30 km von Paderborn

Ein bezauberndes Ensemble aus historischen und neuen Gebäuden, es ist von einem außergewöhnlich schönen englischen Landschaftspark umgeben, der nicht weniger als 60 Hektar umfasst und fast ein Vierteljahrtausend alt ist, man findet darin exotische Bäume, Themengärten und prachtvolle Blumenbeete.

Die außergewöhnlich reizvolle Anlage setzt sich aus insgesamt sechs Häusern zusammen, in denen kaum ein Zimmer (fünf Kategorien, DZ von 22 bis 55 m²) dem anderen gleicht, einige sind teilweise etwas in die Jahre gekommen, jene der günstigsten Kategorie sind zudem ziemlich klein und mitunter ein wenig dunkel, ein Pluspunkt wäre dann jedenfalls der Bademantel aus reiner Baumwolle.

Der Wellnessbereich (er ist auch Tagesgästen zugänglich) teilt sich in zwei getrennte Bereiche, das fast schon museal wirkende „historische Badehaus" bietet unter anderem einen 16 m langen Innenpool (der nur gegen Aufpreis genutzt werden kann) sowie therapeutische Einrichtungen, moderner ist das wunderschön designte, indoor allerdings nicht allzu weitläufige „Garten-Spa", wo drei Saunen (die für Ladys only ist nur individuell buchbar), ein großzügiger Außenbereich mit einem 25 m langen, auch im Winter nutzbaren Außenpool sowie ausgezeichnete Treatments warten. Täglich (außer So) kleines Aktivprogramm, auch Qi Gong, Yoga und Pilates.

Ein Schwerpunkt des Hauses sind medizinische Leistungen, man fokussiert auf Fasten- und Mayrkuren, medizinische Check-ups und natürliche Heilvorkommen wie Heilmoor.

Reichhaltiges Frühstücksbuffet (bis 11 Uhr), die Küche serviert auch Vegetarisches und Veganes, in den Zimmerpreisen auf der Hotelwebseite ist allerdings nur das Frühstück enthalten, für die Halbpension gilt ein Aufpreis von 35 Euro. Viele freundliche und zuvorkommende Mitarbeiter. Ruhesuchende sollten vor der Buchung eventuell stattfindende Feste und Großveranstaltungen abklären – diese finden hier nicht selten statt, was bei dieser außergewöhnlichen Atmosphäre auch nur allzu verständlich ist. Parkplatz gegen 6 Euro pro Tag. Ungeeignet für Kinder, Hunde erlaubt. 76 Liegen, 223 Betten.

Freibecken, Hallenbad, Sauna, Dampfbad, Massagen, Kosmetik, Fitnessgeräte, Personal Trainer.
18-Loch-Parcours, Tennisplätze mit Rasen (!), Tennishalle.

33014 Bad Driburg, Brunnenallee 1, 05253-9523-0
HP ab € 134,50

Seit mehr als 240 Jahren steht unser gräfliches Anwesen für Entspannung von Körper, Geist und Seele, für traditionelle Heilkunde und moderne Medizin – und nicht zuletzt für exzellente Kulinarik.

Marcus Graf von Oeynhausen-Sierstorpff
Gräflicher-Park-Gastgeber in siebter Generation

Jammertal Resort

WELLNESS

15 PUNKTE – 2 LILLIEN

Jammertal Resort ****S

Grünruhelage – 30 km nordwestlich von Dortmund

Familienfreundlich. Ruheinsel im Wald: Ein inhabergeführtes Traditionshaus mit hoteleigenem Golfparcours und angeschlossenem Campingplatz, es liegt wunderbar ruhig auf einer Waldlichtung mitten im Nirgendwo und ist umgeben von Natur pur – herrlich! Die Anlage besteht aus Stammhaus, Haupthaus und Sonnenflügel und verfügt über etwas labyrinthische Grundrisse, weshalb der an der Rezeption erhältliche Orientierungsplan auch für uns zum hilfreichen Urlaubsbegleiter wurde.

Gutbürgerlich präsentiert sich das Innenleben, so manches ist hier etwas in die Jahre gekommen, anderes erinnert in puncto Look & Feel an eine öffentliche Therme – auch ein klein wenig mehr Sauberkeit wäre wünschenswert, wovon die Zimmer (DZ von 18 bis 90 m²) nicht ausgenommen sind. Diese sind stark unterschiedlich gestaltet, viele wurden renoviert und sind nun mit Holzböden ausgestattet, wir empfehlen jene im Sonnenflügel, auch die Wellnesssuite hat einiges zu bieten, unter anderem Whirlwanne, eigene Sauna und Kamin – und ab 20 Uhr hat man das Hallenbad vor der Suite ganz für sich allein.

Im Spa (bis 22 Uhr geöffnet!) findet man unter anderem einen kleinen, 8 m langen Innenpool, einen ganzjährig nutzbaren, 16 m langen Außenpool und ein schönes, innen begrüntes Glashaus mit Ruheliegen, wo man sich dank dem Spezialglas bei Sonne sogar bräunen lassen kann. Saunafans kommen bei insgesamt neun Saunen voll auf ihre Kosten, zwei davon befinden sich im Freien, wo zudem ein 17 m langes, beheiztes FKK-Freibecken und ein Schwimmteich mit Sandstrand geboten werden. All das muss man aber mitunter mit vielen Tagesgästen teilen. Gute Massagen, tägliches Aktivprogramm, auch Fünf Tibeter, Meditation, geführte Wanderungen und Bike-Touren.

Üppige Buffets, große Restaurantterrasse für Frühstück und Abendessen, Letzteres kann man übrigens auch im Spa-Bistro bei Kerzenschein im Bademantel einnehmen. In puncto Freundlichkeit (vor allem an der Rezeption), Service und Küche gibt es noch ein

Voshövel Landhotel

klein wenig Luft nach oben. Laufstrecken, Rad- und Wanderwege ohne Zahl. Täglich (Mo bis Fr) sieben Stunden Kinderbetreuung zu NRW-Schulferienzeiten. Garage gegen 10 Euro pro Tag. Hunde (nur ausnahmsweise) erlaubt. 194 Liegen, 250 Betten.

Naturbadeteich, Freibecken, Solehallenbad, Außensauna, Sauna, Dampfbad, Massagen, Kosmetik, Fitnessgeräte, Personal Trainer.
9-Loch-Parcours, Driving Range, Putting Green, Tennisplatz, 18-Loch-Parcours in 16, 31 und 32 km.

45711 Datteln-Ahsen, Redder Straße 421, 02363-377-0
HP ab € 145,-

WELLNESS
16 PUNKTE – 2 LILLIEN

Voshövel Landhotel ****S

Grünruhelage bei Schermbeck – 65 km von Düsseldorf

Wenn Sie nicht nur Wellness, sondern auch Golfen lieben, eine Tagung oder ein rauschendes Fest planen, dann sind Sie in diesem familiengeführten Landhotel richtig. Es wird bereits in sechster Generation geführt, liegt an einer mäßig befahrenen Landstraße im Grünen und gleichzeitig ganz in der Nähe des Golfplatzes Weselerwald. Das Haus und die öffentlichen Räume sind geprägt von Holz, Beton und Stein, die Gastrozone wurde vor kurzem modernisiert und großzügig erweitert, nun gibt es drei Restaurants mit unterschiedlichen Küchenstilen: Fine Dining, ein Wirtshaus mit herzhaften, regionalen Speisen und ein Pop-up-Restaurant mit spannenden Kreationen.

Man wohnt in einem von fünf miteinander verbundenen Logiergebäuden, Zimmer kann man aus 11 stark unterschiedlichen, aber stets zeitgemäßen Kategorien (DZ von 22 bis 60 m^2) wählen, der Großteil ist mit Klimaanlage und Kaffeemaschine ausgestattet, Wohnträume mit Kamin, freistehender Badewanne und Sauna auf der Terrasse sind auch zu haben. Jene im neuen Spa-Trakt und im Haupthaus gefallen uns besonders gut, bei Letzteren sollte man aber die straßenseitigen vermeiden.

Der Wellnessbereich steht auch externen Gästen offen, er ist wunderschön gestaltet und kann auch Saunafans erfreuen. Unter anderem geboten werden eine FKK-Zone mit zwei Außensaunen und einem kleinen Naturpool zum Abkühlen, ein 12 m langer Innenpool und ein 15 m langer, auch im Winter nutzbarer Au-

Waldhaus Ohlenbach

ßenpool. Insgesamt gibt es sieben Saunen, im Fitnessraum Ausblick ins Grüne und Geräte aus Massivholz. Von Tageslicht durchflutet und höchst atmosphärisch arrangiert präsentieren sich die Ruheräume, die mitunter an richtig behagliche Wohnzimmer erinnern – nicht zuletzt wegen der exklusiven Polstermöbel von Bretz, die sich übrigens auch in den Zimmern im Haupthaus finden.

Reichhaltiges Frühstück bis 12 Uhr, das Brot stammt übrigens aus der hauseigenen Biobäckerei, die Küche ist gut und verwendet viele Zutaten in Bioqualität, ein Light Lunch mit Heißgetränken ist inkludiert. Mehrere Jogging-Strecken, ausgedehntes Radtourennetz, Fahrräder gibt es zur Gratisleihe, E-Bikes gegen eine kleine Gebühr. Kleines Aktivprogramm, etwa auch Aquafitness, Pilates und Intensiv-Workout. Freundliche und zuvorkommende Mitarbeiter, stimmungsvolle Bar. Ruhesuchende sollten vor der Buchung die Situation im Hinblick auf etwaige Hochzeiten und Events abklären. Eher ungeeignet für Kinder, Hunde erlaubt. 100 Liegen, 165 Betten.

Freibecken, Hallenbad, Außensauna, Sauna, Dampfbad, Massagen, Kosmetik, Ayurveda, Fitnessgeräte, Personal Trainer. 18-Loch-Parcours in 1 km, 20 % Greenfee-Rabatt, Weitere 18-Loch-Parcours in 34 und 49 km.

46514 Schermbeck, Am Voshövel 1, 02856-91400
HP-Plus ab € 195,–

WELLNESS
15 PUNKTE – 2 LILLIEN

Waldhaus Ohlenbach ****S

Absolute Naturlage bei Schmallenberg – Hochsauerland

Idylle pur: Ein besonders herzlich geführter Familienbetrieb, er ist umgeben von Wäldern und Wiesen und liegt ruhig auf einem Südhang, der Ausblick aus vielen Räumen ist herrlich – diese privilegierte Lage muss bei uns freilich punkten. Die öffentlichen Bereiche wie Lobby und Restaurant sind ansprechend und stimmig gestaltet, bei den Zimmern (DZ von 25 bis 75 m^2), von denen alle Teppichböden haben und die meisten Balkon, zeigt sich mitunter ein anderes Bild, nur die renovierten verströmen besondere Behaglichkeit.

Das Spa ist recht klein, aber ausschließlich Hotelgästen vorbehalten, Highlight ist der 12 m lange, auch im Winter nutzbare Infinity-Außenpool, in dem man gefühlt in die Natur hinausschwimmt. Allerdings ist das Wasser recht frisch, und bei Schlechtwetter ist er nur eingeschränkt nutzbar. Außerdem geboten werden unter anderem ein Innenpool und zwei rustikale, kleine (gegenwärtig ebenfalls zeitlich sehr eingeschränkt nutzbare) Saunen, die Massagen sind sehr gut.

Ein anderes Highlight des Hauses ist das Essen, das Frühstück (bis 11 Uhr) ist außerordentlich reichhaltig, die Küche sehr gut – und die Tischkultur mit Stoffservietten, feinem Porzellan und frischen Blumen machte uns richtig Freude. Umfangreiche Weinkarte mit kompetenter Beratung, auch zahlreiche Offene stehen zur Auswahl, die Preise sind fair. Viele herzliche und authentische Mitarbeiter, präsenter Gastgeber, wunderbare Atmosphäre. Hilfe beim Gepäck wird hier als Selbstverständlichkeit angesehen.

Ringsum Wanderwege ohne Zahl. Kinder bis sechs Jahre nächtigen gratis, dennoch ist das Haus für diese eher ungeeignet. Hunde erlaubt. 16 Liegen, 94 Betten.

Freibecken, Hallenbad, Außensauna, Massagen, Kosmetik. 27-Loch-Parcours in 11 km, 25 % Greenfee-Rabatt.

57392 Schmallenberg-Ohlenbach, Ohlenbach 10, 02975-84-0
HP ab € 147,50

Was wir mögen,
aber eher selten erleben:
Ruhe, Ruhe, Ruhe: Denn
an der Straße oder gar
an der Eisenbahnlinie ist's nicht wirklich
zum Entspannen geeignet.
Auch Fluglärm oder Events im Haus
kommen nicht gut.

Christian Werner,
Herausgeber RELAX Guide

Rimberg

WELLNESS

14 PUNKTE – 1 LILLIE

Rimberg ****

Grünruhelage bei Schmallenberg – Hochsauerland

Ruhelage abseits vom Trubel: Nahezu solitär inmitten von Wäldern und Wiesen sowie praktisch im Handyfunkloch liegt dieses Haus, ein vor neun Jahren eröffneter Offshoot des Jammertal Resorts. Er thront auf 713 m Seehöhe, präsentiert sich mit übersichtlichen Grundrissen und strahlt eine Atmosphäre zeitgemäßer Ländlichkeit aus. Das Interieur zeigt sich gemütlich-rustikal, warme Töne, Vollholzmöbel und Karomuster – sowie die eine oder andere Jagdtrophäe – zeichnen ein stimmiges Bild. Zimmer stehen aus 10 Kategorien (DZ von 19 bis 115 m²) zur Auswahl. Alle haben Holzböden und gute Betten, die meisten Balkon und bodentiefe Fenster, in den Genuss einer passablen Internetverbindung kommt man allerdings nur im Bereich der Lobby.

Das Spa ist nur Hotelgästen zugänglich, es bietet unter anderem einen 15 m langen Naturbadeteich, einen 18 m langen Innenpool sowie fünf Saunen. Weiters dazu gehören Liegewiese und eine FKK-Zone mit Nacktliegebereich und holzbeheizter Außensauna neben einem Naturbadeteich, der auch textilfrei genutzt werden kann – wunderbar! Der Wellnessbereich wurde vor kurzem vor allem um schöne Behandlungsräume erweitert, die Massagen sind auch weiterhin sehr gut. Kleines Aktivprogramm mit Wanderungen und E-Bike-Touren, mehrmals pro Jahr werden Yoga-Wochenenden abgehalten.

Gutes Frühstück, Light Lunch und süße Nachmittagsjause mit Heißgetränken sind inkludiert. Freundliches Team. Ringsum zahllose Wanderwege, E-Bikes kann man gegen eine kleine Gebühr nutzen, in den Wintermonaten den danebenliegenden Skihang mit Schlepplift. Hunde erlaubt. 46 Liegen, 110 Betten.

Naturbadeteich, Hallenbad, Außensauna, Sauna, Dampfbad, Massagen, Kosmetik, Ayurveda, Fitnessgeräte. 27-Loch-Parcours in 12 km.

57392 Schmallenberg, Rimberg 1, 02974-777-0

WELLNESS

15 PUNKTE – 2 LILLIEN

Deimann Romantik-Hotel *****

Grünlage bei Schmallenberg – Hochsauerland

Luxus, Golf und Wellness im Sauerland: Ein traditionsreiches Fünfsternhotel, es wird bereits in

Deimann Romantik-Hotel

der vierten Generation betrieben und liegt an der Bundesstraße, was in so manchem Zimmer auch nicht zu überhören ist, so das Fenster geöffnet ist. Das Haus im Stil der Sauerländer Fachwerkklassik ist durch zahlreiche Anbauten geradezu labyrinthisch verwinkelt, das Innenleben zelebriert gehobene Interieurs aus mehreren Jahrzehnten. Zimmer wählt man aus sechs Kategorien (DZ von 23 bis 120 m²) und zahllosen Untervarianten, neben etwas angejahrten finden sich auch viele ansprechende darunter. Alle haben Teppichböden sowie Balkon oder Terrasse, die höheren Kategorien sind auf die straßenabgewandte Parkseite ausgerichtet. Alles ist bestens sauber, sehr schön sind die neuen Suiten, sie haben feine Eichenböden, teilweise Kamin, private Sauna sowie Dachterrasse (mit Rauchverbot).

Das auch Tagesgästen offenstehende Spa ist weitläufig und soll bis zum Erscheinen dieser Ausgabe um einen Adults-only-Bereich erweitert werden: großzügige und wunderschön gestaltete Ruhezonen, weitere Saunen sowie ein Infinity-Pool – all das kann freilich erst in der nächsten Ausgabe bewertet werden. Bislang bietet der Wellnessbereich unter anderem fünf Saunen (zwei geführte Aufgüsse pro Tag) und ein knapp 15 m langes, auch im Winter nutzbares Soleaußenbecken sowie eine Liegewiese in einem schönen Park mit alten Bäumen und Zierteich. Abwechslungsreiches Aktivprogramm, auch Wassergymnastik, Qi Gong und Yogilates, zu bestimmten Zeiten gibt's zudem Yoga-Retreats.

Feine Restaurantterrassen, ebensolche Tischkultur, das Frühstücksbuffet (bis 11 Uhr) ist reichhaltig, die Küche sehr gut – die Bewertung bezieht sich dabei wie immer auf die Halbpension und nicht auf das vom Guide Michelin mit einem Stern bewertete À-la-carte-Restaurant Hofstube. Freundliche und bemühte Mitarbeiter, präsente Gastgeber, viele langjährige Stammgäste. Gute Laufstrecken, Wanderwege ohne Zahl, breites Service für Golfer, ein neuer Spielplatz ist am Entstehen, dennoch ist das Haus eher ungeeignet für Kinder. Fahrräder gibt es zur Gratisleihe, E-Bikes gegen eine kleine Gebühr. Garage (mit Waschanlage) gegen 15 Euro pro Tag. Hunde erlaubt. 135 Liegen, 220 Betten.

Solefreibecken, Hallenbad, Sauna, Dampfbad, Massagen, Kosmetik, Ayurveda, Fitnessstudio, Personal Trainer.
27-Loch-Parcours in 0,5 km, 25 bis 50 % Greenfee-Rabatt, 6-Loch-Übungsplatz, Tennisplatz.

57392 Schmallenberg-Winkhausen, Alte Handelsstraße 5
02975-81-0
HP ab € 180,–

Harz
Eisenach
Erfurt
Weimar
Gotha
Jena
1
Saaleland
Thüringer Wald

T H Ü R I N G E N

10 km

ALLE LILIEN-HOTELS IN **THÜRINGEN**

Weimarer Land Spa & Golf Resort

WELLNESS

17 PUNKTE – 3 LILLIEN

Weimarer Land Spa & Golf Resort *****s

Grünruhelage am Ortsrand – 20 km von Weimar

Familienfreundlich. Neuerdings nicht mehr mit viereinhalb, sondern mit fünfeinhalb Sternen kategorisiert: Ein ruhig gelegener Familienbetrieb mit dem außergewöhnlichen Erscheinungsbild eines gepflegten Edelgutshofs und dem Fokus auf Golf, Events und Tagungen.

Hinter restaurierten Fachwerkfassaden zeigt sich ein Ambiente rustikal stilisierter Modernität, alles ist sehr gemütlich und man fühlt sich augenblicklich wohl – auch in den Zimmern (DZ von 27 bis 121 m^2), sie sind mit wunderschönen Altholzinterieurs, guten Betten und Teppichböden ausgestattet, einige verfügen auch über freistehende Badewanne und Sauna.

Rundum gut fühlt man sich auch im Spa, es steht zwar auch externen Gästen offen, ist aber einnehmend atmosphärisch gestaltet. Unter anderem fanden wir einen 12 m langen Innenpool, einen auch im Winter nutzbaren, 16 m langen und beinahe ebenso breiten Außenpool sowie feine Ruheräume. Ganz neu ist die – durch die Lockdowns immer wieder verschobene – Erweiterung des Saunabereichs, nun gibt es insgesamt sieben Saunen, unter anderem auch ein Gradierwerk, einen Salzruheraum und einen Whirlpool. Sehr gute Massagen, täglich (außer Samstag) kleines Aktivprogramm, auch Yoga, Faszientraining und Progressive Muskelentspannung nach Jacobson.

Restaurantterrassen, reichhaltiges Frühstücksbuffet bis 11 Uhr, zumeist gute Küche. Achtung: In den Zimmerpreisen auf der Hotelwebseite ist nur das Frühstück enthalten, für die Halbpension gilt ein Aufpreis von 55 Euro. Raucherlounge, stimmungsvolle Bar. Viele freundliche und zuvorkommende Mitarbeiter, Hilfe beim Gepäck wäre allerdings schon zu erwarten gewesen.

Täglich sieben Stunden Betreuung für Kinder ab drei Jahren (Di bis So), sehr nett! Breites Service für Golfer. Hunde erlaubt. 75 Liegen, 230 Betten.

Freibecken, Hallenbad, Sauna, Dampfbad, Massagen, Kosmetik, Fitnessgeräte, Personal Trainer.
45-Loch-Parcours, 20 % Greenfee-Rabatt.

99444 Blankenhain, Weimarer Straße 60, 036459-6164-0
HP ab € 249,50

Gerade in Zeiten,
die so unsicher
sind wie seit
langem nicht mehr
und in denen beinahe
täglich neue
Hiobsbotschaften
das Geschehen bestimmen,
braucht es einen
Ort zum Abschalten,
Entspannen
und Erholen.
Wir würden uns freuen,
wenn unser
Spa & Golf Resort
Weimarer Land
dieser Ort für Sie ist.

Matthias Grafe
Gastgeber Weimarer Land
Spa & Golf Resort

B R A N D E N B U R G

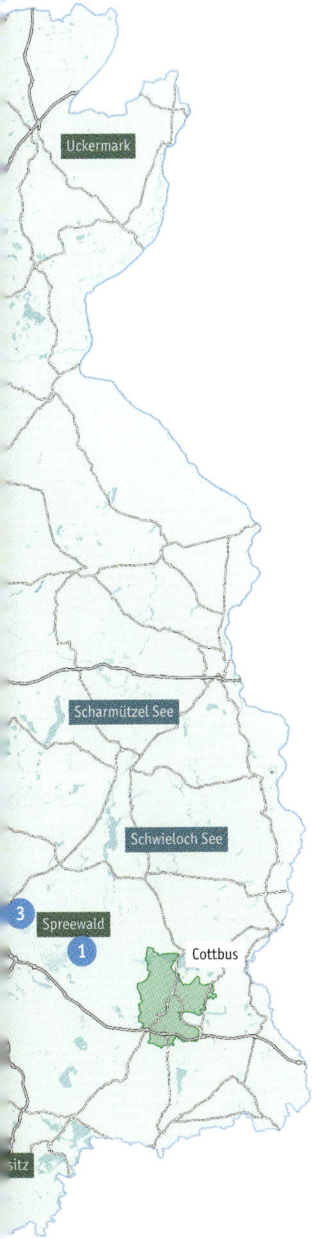

ALLE LILIEN-HOTELS IN **BRANDENBURG**

Quellenhof
Leutasch
★★★★S

3 LILIEN

Unvergleichlich.
So darf Urlaub sein. Wenn die
Tage ein Glücksgefühl hinterlassen.
Unser Q-Spa ist ein Bereich, in dem
Sie vollends entspannen dürfen.
Zurück zum eignen Ich.
Hin zum Sein.

www.quellenhof.at
6105 Leutasch/Weidach
Tirol, Österreich
T. +43 5214 67820

QUELLENHOF LEUTASCH ****S

WELLNESS

15 PUNKTE – 2 LILLIEN

Bleiche Resort & Spa

Grünruhelage bei Burg – 110 km südöstlich von Berlin

Familienfreundlich. Selten so gemischte Gefühle bei uns Testern: Ein Hotel in direkter Lage an einem Spreekanal, es bietet ein unvergleichliches Ambiente und einen ebensolchen Wellnessbereich, all die ganze Pracht jedoch im Verbund mit augenfälligen Schwächen, vor allem in puncto Instandhaltung und Sauberkeit. Seit unserer ersten Ausgabe bis 2012 konnten wir das Haus 10-mal in Folge mit vier Lilien auszeichnen, seither sehen wir es in einer Art Sinkflug, von dem wir freilich hoffen, dass er bald zu Ende ist.

Zimmer können aus vier Hauptkategorien (DZ von 28 bis 240 m^2) und zahllosen, auf der Hotelwebseite allerdings gar nicht angeführten Untervarianten (das macht aber keinen schlanken Fuß!) gewählt werden, sie zeigen sich stark unterschiedlich, mitunter auch ergraut, manche haben eine finnische Sauna, Infrarotkabine oder offene Badewanne, vor allem die untersten Kategorien begeistern nur bedingt, mit kleinen Ärgernissen darf dabei gerechnet werden, das fehlende und nur in der Lobby vorhandene W-Lan zählen wir hier aber gar nicht dazu.

Der Wellnessbereich wäre von seiner Ästhetik grundsätzlich etwas ganz Besonderes, aber auch hier zeigen sich Mängel der erwähnten Art, das wollen wir zu diesen Preisen nicht wirklich erleben. Unter anderem geboten werden ein separater Kinderbereich, ein 25 m langer, auch im Winter nutzbarer Außenpool, Fitnessgeräte auch im Freien sowie zahlreiche lauschige Plätze für den Rückzug innen und außen sowie insgesamt vier Saunen.

Schöne Restaurantterrasse, Light Lunch, gute bis sehr gute Küche, das À-la-carte-Restaurant „17fuffzig" ist bereits seit mehreren Monaten geschlossen. Stimmungsvolle Bar, Raucherlounge, auch externe Gäste in Restaurant und Bar. Bei Service und Freundlichkeit könnte man noch etwas zulegen. Fahrrad- und E-Bike-Verleih gegen Gebühr. Valet Parking. Eine Kinderbetreuung gibt es neuerdings nicht mehr. Hunde erlaubt. 140 Liegen, 210 Betten.

Freibecken, Hallenbad, Kinderhallenbad, Sauna, Dampfbad, Massagen, Kosmetik, Fitnessstudio, Personal Trainer.

03096 Burg im Spreewald, Bleichestraße 16, 035603-620
HP ab € 324,-

WELLNESS

13 PUNKTE – 1 LILLIE

Sommerfeld ****s

Grünruhelage am Beetzer See – 55 km von Berlin

Adults only (ab 14). Ein solider Familienbetrieb mit sauberem Preis-Leistungs-Verhältnis, er wurde vor mehr als einem Vierteljahrhundert eröffnet und liegt ruhig am Ortsrand – dort, wo der Wald beginnt und der kleine Beetzer See ganz nah ist. Das Erscheinungsbild des auch auf Tagungen fokussierten Hotels verströmt zumindest weitgehend die Gemütlichkeit der 1990er Jahre, handelte es sich um ein Auto, würde man es vielleicht als bestens gepflegten Oldtimer bezeichnen können.

Zimmer stehen in sieben Varianten (DZ von 20 bis 54 m^2) zur Auswahl, sie zeigen sich sehr unterschiedlich gestaltet und sind mitunter etwas hellhörig, viele Interieurs präsentieren sich unaufgeregt bis nüchtern und unprätentiös. Alle Zimmer haben Teppichböden, viele Balkon oder Terrasse. Der indoor nicht allzu große Wellnessbereich steht auch Tagesgästen offen, er bietet unter anderem einen Innenpool, einen 14 m langen, ganzjährig nutzbaren Außenpool mit angrenzender Liegewiese, gute Massagen sowie drei Saunen.

Hübsche Restaurantterrasse, reichhaltiges Frühstück, freundliches Umfeld. Ringsum Rad- und Spazierwege, ein schöner führt um den See, er dauert eine knappe Dreiviertelstunde. Hunde erlaubt. 39 Liegen, 145 Betten.

Freibecken, Hallenbad, Sauna, Dampfbad, Massagen, Kosmetik, Fitnessgeräte.
9-Loch-Parcours in 5 km, 36-Loch-Parcours in 25 km.

16766 Kremmen-Sommerfeld, Beetzer Straße 1a, 033055-97-0
HP ab € 125,50

WELLNESS

13 PUNKTE – 1 LILLIE

Strandhaus Spreewald ****s

Grünlage am Ortsrand in Lübben – Spreewald

Kleinod an der Spree: Ein entzückendes, familiengeführtes Kleinsthotel, es liegt auf einem Halbinselchen direkt am Wasser, einen Steinwurf entfernt sind Marktplatz und Naturbadestelle. Das Ambiente verströmt niveauvolle Ästhetik, alles zeigt sich hell, in warmen Farben, stimmig und skandinavisch inspiriert, was auch für die Zimmer (sechs Kategorien, DZ von 30 bis 90 m^2) gilt. Sie präsentieren sich ausgesprochen

Strandhaus Spreewald

schön und wohnlich, alle haben feine Holzböden sowie Balkon oder Terrasse, in den spreeseitigen Zimmern sorgen bodentiefe Fenster für einen wohltuenden Ausblick aufs Wasser und ins Grüne, zudem sind Suiten mit eigener Sauna und freistehender Badewanne zu haben.

Das Spa ist klein und würde einem durchschnittlichen Hotel nie und nimmer zu einer Lilien-Auszeichnung verhelfen, doch wie immer geht es um das „Gesamtprodukt", und das ist hier einfach hinreißend. Es gibt einen idyllischen Außenbereich samt Liegewiese am Fluss mit zwei sogenannten Ruhewürfeln, in die man sich zu zweit oder mit der ganzen Familie zurückziehen kann. Die Massagen sind ausgezeichnet, die zwei Saunen schließen nach eher bescheidenen Öffnungszeiten um 21.30 Uhr. Anmerkung: Die bereits vor mehr als vier Jahren angekündigte bauliche Erweiterung des Wellnessbereichs harrt auch weiterhin der Genehmigung durch die lokalen Behörden.

Restaurantterrasse mit Abendsonne, reichhaltiges Frühstück bis 11 Uhr, sehr gute Küche mit veganen Optionen. Die original Spreewaldgurken gibt es frisch aus dem Fass vom hauseigenen „Gurkenstand". Freundliche und kompetente Mitarbeiter, präsente Gastgeber. Ringsum schöne Laufstrecken und Radwege. Hunde erlaubt. 10 Liegen, 40 Betten.

Außensauna, Sauna, Massagen, Kosmetik, Personal Trainer.

15907 Lübben, Ernst-von-Houwald-Damm 16, 03546-7364
HP ab € 127,–

Was wir mögen, aber eher selten erleben: Hotelmitarbeiter, die das Wort Dienstleistung verstanden haben – als Dienen plus Leistung.

Christian Werner,
Herausgeber RELAX Guide

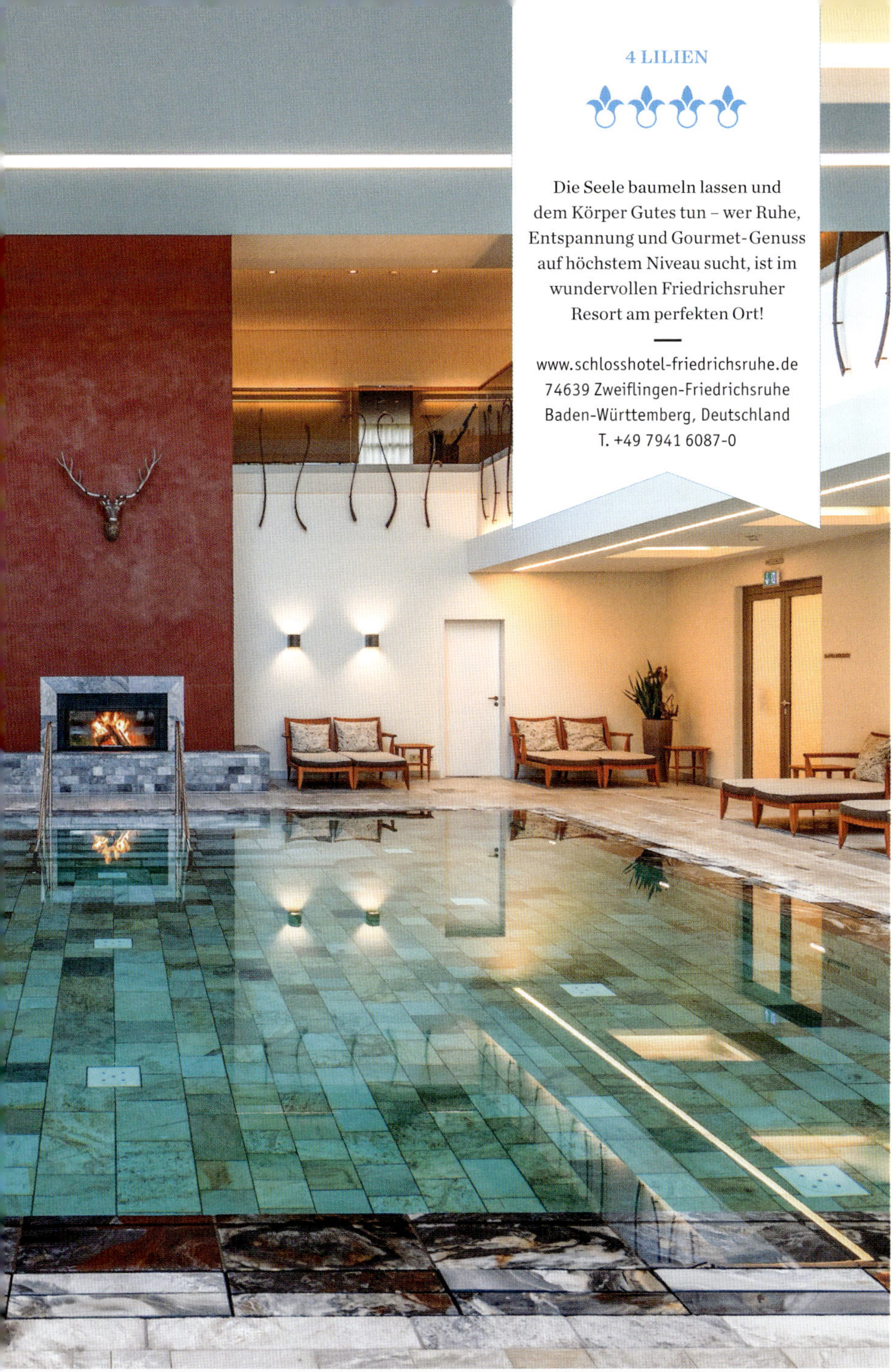

4 LILIEN

Die Seele baumeln lassen und dem Körper Gutes tun – wer Ruhe, Entspannung und Gourmet-Genuss auf höchstem Niveau sucht, ist im wundervollen Friedrichsruher Resort am perfekten Ort!

www.schlosshotel-friedrichsruhe.de
74639 Zweiflingen-Friedrichsruhe
Baden-Württemberg, Deutschland
T. +49 7941 6087-0

FRIEDRICHSRUHE WALD & SCHLOSSHOTEL *****S

RHEINLAND-PFALZ
10 km
Rhein
6
4
7
Koblenz
9
10
2
11
Mainz
5
Mosel
Trier
8
3
12
Ludwigshafen
Merzig
Saarlouis
1
Pfälzer Wald
Saarbrücken
SAARLAND

ALLE LILIEN-HOTELS IN **RHEINLAND-PFALZ**

ALLE LILIEN-HOTELS IM **SAARLAND**

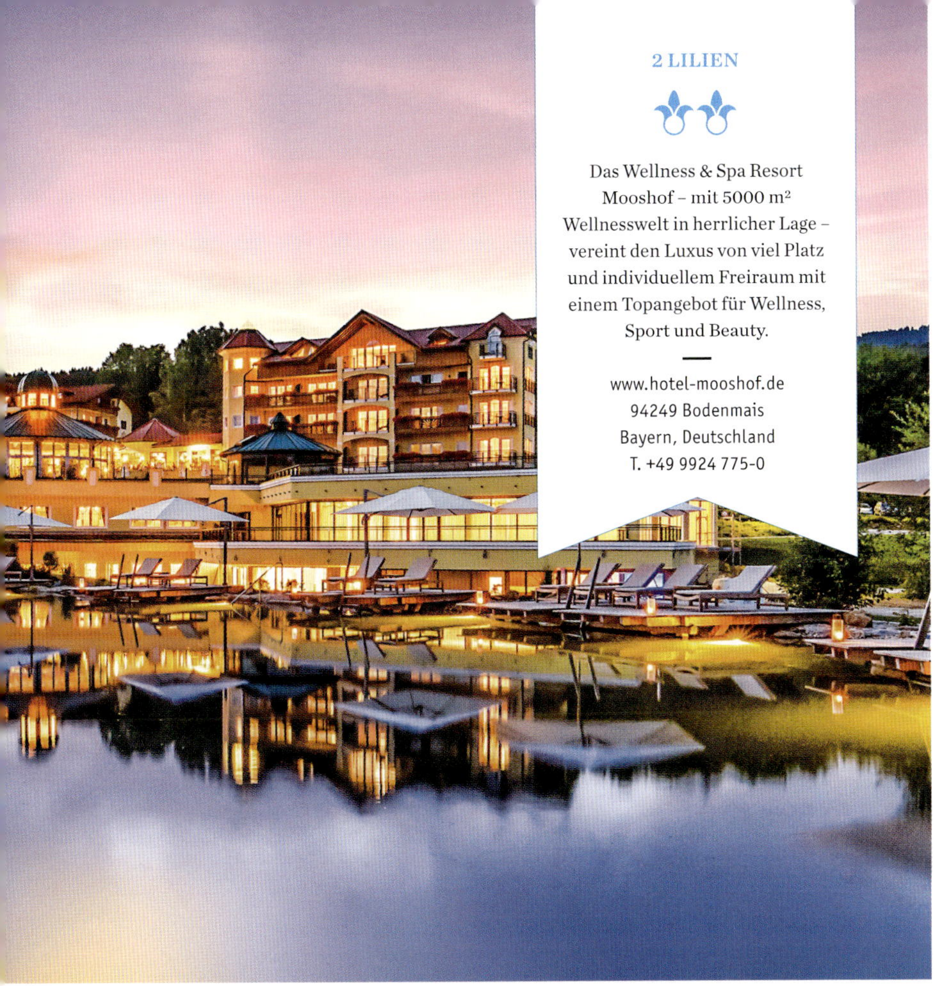

2 LILIEN

Das Wellness & Spa Resort Mooshof – mit 5000 m² Wellnesswelt in herrlicher Lage – vereint den Luxus von viel Platz und individuellem Freiraum mit einem Topangebot für Wellness, Sport und Beauty.

www.hotel-mooshof.de
94249 Bodenmais
Bayern, Deutschland
T. +49 9924 775-0

Jordan's Untermühle

WELLNESS

14 PUNKTE – 1 LILLIE

Jordan's Untermühle ****S

Grünruhelage 25 km südlich von Mainz

Etwa 30 Autominuten von Mainz entfernt, im größten Weinanbaugebiet Deutschlands, befindet sich dieser kleine Familienbetrieb inmitten von Äckern und Wiesen. Die gepflegte Anlage besteht aus einer Reihe von Gebäuden, manche davon im Stil von historischen Fachwerk- und Bruchsteinhäusern, sowie einem modernen Zubau, in dem auch der Wellnessbereich untergebracht ist.

Zimmer sind aus 13 Kategorien wählbar (DZ von 14 bis 40 m²), sie zeigen sich mit sehr unterschiedlichen Interieurs, sind aber durchwegs eher hell und frisch gehalten, manche haben Parkettböden, manche Vinylböden, auch einnehmend schöne mit Sauna, Weinkühlschrank und Balkon finden sich darunter.

Das inwendig eher kleine Spa verströmt Harmonie und umfasst unter anderem drei Saunen und einen 13 m langen, auch im Winter nutzbaren Außenpool. Das Aktivprogramm fokussiert auf Yoga – auch Aerial Yoga, bei welchem man die Asanas in einem Tuch hängend einnimmt. Dafür steht ein schöner lichtdurchfluteter Yogaraum zur Verfügung. Regelmäßig werden auch Yoga-Retreats abgehalten.

Wohl der rheinhessischen Weingegend ringsum verpflichtet heißt es hier „Wein, Wellness und Yoga“, und so gibt es auch Vinotherapie, freilich nur zur äußeren Anwendung – es handelt sich also leider weder um eine Riesling-Trinkkur noch um ein ausschweifendes Rotweinbad im Eichenfass, sondern „nur“ um Hautbehandlungen mit Extrakten aus Weintrauben und deren Derivaten.

Reichhaltiges Frühstücksbuffet, zumeist gute Küche, eine Nachmittagsjause ist inkludiert. Freundliche Mitarbeiter, präsente Gastgeber. Ruhesuchende sollten vor der Buchung die Situation im Hinblick auf etwaig stattfindende Events abklären. Ungeeignet für Kinder, Hunde erlaubt. 26 Liegen, 100 Betten.

Freibecken, Sauna, Dampfbad, Massagen, Kosmetik, Fitnessgeräte.
18-Loch-Parcours in 7 und 22 km.

55278 Köngernheim, Außerhalb 1, 06737-7100-0
HP-plus ab € 166,–

WELLNESS
15 PUNKTE – 2 LILLIEN

Michels Wohlfühlhotel ****S

Ruhige Ortslage in Schalkenmehren – 70 km von Koblenz

Hundefreundlich. Ländliche Idylle inmitten des Unesco Global Geoparks: Ein in vierter Generation familiengeführtes Haus mit langer Geschichte, es liegt in einem 600-Seelen-Dorf, auf der Hinterseite des Hauses erstreckt sich eine schöne Gartenanlage. Hinter einer typischen Landgasthoffassade findet man ein behagliches Ambiente vor, das durch die in buntem, floralem Look neu gestalteten Hotelflure und Treppenhäuser erfrischend wirkt.

Neu sind auch die Naturholztüren zu den schönen und gemütlichen Zimmern (DZ von 20 bis 50 m²), diese haben Eichenholzinterieurs, Teppich- oder Holzböden, mehrere auch Balkon, Ruhesuchenden empfehlen wir jene, die nicht auf der Straßenseite liegen.

Der Wellnessbereich steht auch Tagesgästen offen, er bietet indoor unter anderem einen gut 12 m langen Innenpool, ansprechende Ruhezonen und insgesamt sieben Saunen (drei davon textil) mit Aufgüssen von Montag bis Samstag sowie ein klitzekleines Ladys-Spa, das im Sommer nur auf Nachfrage öffnet, im Freien warten ein kleiner FKK-Außenbereich und ein knapp 12 m langer, auch im Winter nutzbarer Außenpool. Die Massagen sind sehr gut, das kleine Aktivprogramm findet an drei bis vier Tagen pro Woche statt und beinhaltet unter anderem auch Yoga und geführte Wanderungen.

Reichhaltiges Frühstücksbuffet, gute, regional ausgerichtete Küche, beim Abendessen werden alle Vorlieben bedient: Es gibt stets zwei Fleischgerichte, eines mit Fisch und ein vegetarisches – sehr fein! Faire Getränkepreise, Nachmittagsjause ist keine inkludiert. Präsente Gastgeber, viele freundliche und zuvorkommende Mitarbeiter, stimmungsvolle Bar mit Pianomusik, viele, viele Stammgäste. Zum öffentlichen Freibad im Maar, dem örtlichen Kratersee, sind es etwa 10 Gehminuten. Ringsum Wander- und Radwege ohne Zahl. Das Spa kann am Abreisetag ohne Aufpreis ganztägig genutzt werden. Fazit: Das Hotel wird seinem Namenszusatz „Wohfühlhotel" auf viele Arten gerecht, wir fühlen uns hier immer sehr gut aufgehoben. Garage gegen 8 Euro pro Tag. Eher ungeeignet für Kinder. 67 Liegen, 140 Betten.

Solefreibecken, Hallenbad, Sauna, Dampfbad, Massagen, Kosmetik, Ayurveda, Fitnessgeräte.
18-Loch-Parcours in 33 km, € 10 Greenfee-Rabatt.

54552 Schalkenmehren, Sankt-Martin-Straße 9, 06592-928-0
HP ab € 124,-

WELLNESS
14 PUNKTE – 1 LILLIE

Stromberg Land- & Golfhotel ****S

Grünruhelage am Ortsrand – 50 km westlich von Mainz

Direkt am Golfplatz: Ein sauber geführtes Tagungs- und Golfhotel, es liegt am Waldrand, von Bingen am Rhein ist man hier etwa 30 Autominuten entfernt. Die öffentlichen Bereiche zeigen sich in nahezu schon glamourösem Landhausstil, die Zimmer wurden in den letzten Jahren renoviert, sie verströmen hingegen eher unaufgeregte Urbanität.

Sie stehen in sechs Kategorien (DZ von 23 bis 50 m²) zur Auswahl, haben Teppichböden, dekorative Tapeten und mit dunklem Holz furnierte Interieurs, und alles blitzt vor Sauberkeit.

Das Spa ist indoor kleiner als beworben, es bietet unter anderem einen 12 m langen Innenpool, einen 15 m langen, ganzjährig nutzbaren Außenpool, eine ihn umgebende Rasenfläche und geschmackvoll gestaltete Ruheräume. Kleines Aktivprogramm mit Yoga und geführten Wanderungen.

Reichhaltiges Frühstücksbuffet bis 11 Uhr, gute Küche, präsente Gastgeber, freundliches Umfeld. Restaurantterrasse vor dem Parkplatz, elegant-stimmungsvolle Bar, hoteleigenes Kino. Laufstrecken und Wanderwege beginnen beim Hotel, Mountainbikes gibt's zur Gratisleihe. Eher ungeeignet für Kinder, Hunde erlaubt. 75 Liegen, 365 Betten.

Freibecken, Hallenbad, Außensauna, Sauna, Dampfbad, Massagen, Kosmetik, Fitnessgeräte.
18-Loch-Parcours, weitere 18-Loch-Parcours in 29 und 32 km.

55442 Stromberg-Bingen, Am Buchenring 6, 06724-600-0
HP ab € 180,-

WELLNESS/GESUNDHEIT
16 PUNKTE – 2 LILLIEN

Bollants Spa im Park

Grünruhelage in Bad Sobernheim – 60 km von Mainz

Inmitten eines herrlichen Parks mit uralten Bäumen steht dieses Resort, es handelt sich um ein Ensemble aus historischen und neuen

Menschels Vitalresort

Gebäuden. Außen wie innen zeigt sich vieles geradezu hinreißend atmosphärisch und von stilsicherer Hand gestaltet, die Grundrisse sind allerdings bisweilen geheimnisvoll verwinkelt, und auch Sauberkeit und Instandhaltung sind verbesserungsfähig.

Es gibt nicht weniger als 17 unterschiedlich große Logiergebäude mit Zimmern aus neun Kategorien (DZ von 23 bis 74 m²) und zahllosen Untervarianten, sie unterscheiden sich stark in Interieur, Ausstattung und Zustand. Ein paar gute Schritte entfernt am Hang liegen die Spa-Lodges – urige Holzhäuschen mit offenen „Wohnzimmern" und Außenwhirlpool sowie die sogenannten Heimat-Lodges – mit offenem Kamin und Weinkühlschrank. Das Landhaus empfehlen wir nicht, weil es vom Haupthaus viel zu weit entfernt liegt.

Der wochentags auch externen Gästen offenstehende Wellnessbereich ist ein kleines Labyrinth und indoor nicht allzu groß. Insgesamt gibt es sechs Saunen, im Freien warten unter anderem ein auch im Winter nutzbarer, 20 m langer Außenpool und eine Sauna im Hirschgehege, die allerdings nur über einen längeren Fußmarsch zu erreichen ist, was mit Badeslippern herausfordernd geraten kann. Die Ruhezone auf der Dachebene, die Yogaterrasse sowie die FKK-Zone am Fluss gefielen uns hingegen besser. Geboten wird ein breites Spektrum an Anwendungen, darunter die regionale Spezialität der Lehmbäder nach Felke, medizinische Check-ups, kinesiologische Diagnostik sowie Akupunktur und Heilfasten. Täglich breites Aktivprogramm, auch Yoga, Pilates, Faszientraining und geführte Wanderungen.

Fabelhafte Restaurantterrasse (mit Morgen- und Abendsonne), reichhaltiges Frühstücksbuffet, zumeist gute Küche – diese Bewertung bezieht sich wie immer auf die Halbpension und nicht auf das À-la-carte-Restaurant Jungborn, das vom Guide Michelin mit einem Stern prämiert wurde. Stimmungsvolle Bar, ambitionierte Getränkepreise, eine süße Nachmittagsjause ist inkludiert. Viele freundliche Mitarbeiter, manche erschienen uns allerdings etwas überfordert. Spa am Anreisetag ab 10 Uhr nutzbar. Ungeeignet für Kinder. Hunde erlaubt. 135 Liegen, 260 Betten.

Freibecken, Hallenbad, Außensauna, Sauna, Dampfbad, Massagen, Kosmetik, Ayurveda, Fitnessgeräte, Personal Trainer. 18-Loch-Parcours in 4 und 29 km, Greenfee-Rabatt.

55566 Bad Sobernheim, Zum Freilichtmuseum, 06751-9339-0
HP ab € 175,–

GESUNDHEIT/WELLNESS

15 PUNKTE – 2 LILLIEN

Menschels Vitalresort ****

Grünruhelage am Ortsrand – 60 km von Mainz

Schön gelegen: Ein solider und herzlich geführter Familienbetrieb in angenehmer Größe, seit vielen Jahrzehnten ist man hier auf sogenannte Lehmkuren nach Felke sowie auf Fastenkuren nach Buchinger spezialisiert, seit geraumer Zeit wirbt man auch mit Wellness und Day-Spa-Angeboten, was dazu führt, dass wir das Haus für die Bewertung nicht nur mit anderen Kuranbietern, sondern auch mit anderen Wellnesshotels vergleichen müssen, und da schneidet es weniger brillant ab als im Bereich Kur und Gesundheit.

Das sauber geführte Resort ist in einem dreieinhalb Hektar großen Privatpark mit saftigen Wiesen und prächtigen Bäumen gelegen, es umfasst vier Logiergebäude, das Haupthaus steht übrigens unter Denkmalschutz. Sehr saubere Zimmer sind aus acht sehr unterschiedlichen Kategorien (DZ von 18 bis 58 m^2) wählbar, manche haben Teppichböden, andere Parkettböden aus Eichenholz, jene im neuesten Gebäudetrakt Lehmputzwände, Vollholzparkett sowie Balkon oder Terrasse –direkter Zugang zum Spa inklusive.

Dieses bietet unter anderem einen 12 m langen Innenpool, einen Naturbadeteich mit angrenzender Außensauna plus Liegewiese sowie drei weitere Saunen im Innenbereich. Ausgezeichnete Massagen, täglich Aktivprogramm, auch Yoga, Qi Gong, Pilates und geführte Wanderungen. Die Gastgeber sind beide Ärzte, das Spektrum an Diagnose- und Therapieverfahren ist beträchtlich, Schwerpunkte sind Burnout-Prävention, Detox und medizinische Check-ups, hinzu kommt freilich die Arbeit mit den von dem bedeutenden Naturheilkundler Pastor Felke favorisierten Naturheilmitteln Licht, Luft, Wasser und Lehm.

Schöne Restaurantterrasse mit Blick in den Park, die Speisen sind mehrheitlich vegetarisch und ausschließlich mit Bioprodukten zubereitet, nur viermal pro Woche gibt es Fisch oder Fleisch, auch Gluten- und Tiereiweißfreies kommt auf den Tisch. Sehr gute Küche, wunderbar respektvolles und hilfsbereites Umfeld. Ungeeignet für Kinder. 22 Liegen, 84 Betten.

Naturbadeteich, Hallenbad, Außensauna, Sauna, Dampfbad, Massagen, Kosmetik, Fitnessgeräte, Personal Trainer. 18-Loch-Parcours in 5 und 26 km.

55566 Bad Sobernheim-Meddersheim, Naheweinstraße 65
06751-85-0

VP ab € 148,–

GESUNDHEIT

13 PUNKTE – 1 LILLIE

Kloster Arenberg

Grünruhelage am Stadtrand in Koblenz

Ein Platz für innere Einkehr: Das Gästehaus des Klosters der Arenberger Dominikanerinnen ist alles andere als eine herkömmliche Wellnessoase und zudem vom Mainstream Lichtjahre entfernt. Aber es braucht weder Bibeltreue noch übertriebenes Misstrauen gegen Pillen und technische Apparate, um in der klösterlichen Medizin Schätze uralten Gesundheitswissens zu entdecken.

Das Haus liegt ruhig auf einer Anhöhe über der Stadt in einem weitläufigen Park mit Streuobstwiesen, Kräutergärten, Bienenstöcken und Kastanienbäumen. Hinter Backsteinfassaden zeigen sich Schlichtheit und Reduktion mit viel Licht, die Zimmer sind einfach, aber freundlich gestaltet, warme Farben und Vollholzmöbel herrschen vor. Manche Zimmer haben Parkett-, manche Teppichböden, alle eine W-Lan-Verbindung.

Das Spa bietet einen etwa 10 m langen Innenpool, Tret- und Armbecken für Kneippbehandlungen, eine Sauna mit zeitlich gestaffelter Geschlechtertrennung sowie eine Infrarotkabine. Das Aktivprogramm bietet unter anderem Yoga, Qi Gong sowie Meditation und autogenes Training. Atemtherapien, spirituelle Angebote und Biodanza sind zudem buchbar.

Gute Küche mit vegetarischem Schwerpunkt, ausgesprochen freundliches und ruhevolles Umfeld. Kein Luxus im weltlichen Sinne, aber für innere Einschau bestens geeignet. Viele langjährige Stammgäste, sie sind zumeist weiblich. E-Bike-Verleih gegen Gebühr. 17 Liegen, 100 Betten.

Hallenbad, Sauna, Massagen, Fitnessgeräte.

56077 Koblenz, Cherubine-Williman-Weg 1, 0261-6401-0
VP ab € 144,–

WELLNESS/GESUNDHEIT

13 PUNKTE – 1 LILLIE

Häcker's Grandhotel ****s

Zentrumslage in Bad Ems – 10 km östlich von Koblenz

Familiengeführtes Grandhotel in zentraler Lage an der Lahnpromenade, es handelt sich um einen eindrucksvollen, schlossähnlichen Barockbau mit wilhelminischen Zügen und ebenso charmantem wie beträchtlichem Nos-

Maharishi Ayurveda Privatklinik

talgiefaktor. Der werbliche Claim „Wohlfühlen und erholen in einer anderen Zeit“ beschreibt das Ambiente sehr treffend, beim Ankommen begrüßt eine goldverbrämte Lobby – Marmor, Stuck und Kronleuchter –, fast wähnt man sich in einem Film aus der guten alten Zeit. Auch die Zimmer verströmen plüschige Anmutung, sie sind aus sechs Kategorien (DZ von 30 bis 71 m²) wählbar. Polstersessel, Teppichböden, mit Stoff bespannte Wände und Täfelungen aus Kirsch- und Zedernholz herrschen vor, Badewannen sind selten, die meisten Zimmer haben lediglich Duschen. Nur wenige haben einen Balkon mit Blick auf die Lahn, Ruhesuchenden ist ein von der Straße (und somit der Lahn) abgewandtes Zimmer zu empfehlen, dort wiederum ist der Ausblick aber nicht allzu charmant.

Das Spa ist klein, unter anderem verfügt es über vier Saunen, einen aus der Emser Thermalquelle gespeisten, 8 m langen Innenpool, eine Eisgrotte sowie einen Whirlpool im Freien.

Im sogenannten Kaiserflügel des Hauses befindet sich zudem eine Ayurveda-Klinik, die sich durch ihr erstklassiges Niveau auszeichnet, die Ayurveda-Kurgäste speisen in einem abgetrennten Restaurantbereich. Feine Terrasse mit Blick auf die Lahn, sehr freundliche Mitarbeiter. Stimmungsvolle Bar, ungeeignet für Kinder. 15 Euro pro Nacht für einen Parkplatz vorm Haus. Hunde erlaubt. 25 Liegen, 160 Betten.

Thermalhallenbad, Außensauna, Sauna, Dampfbad, Massagen, Kosmetik, Fitnessgeräte.

56130 Bad Ems, Römerstraße 1-3, 02603-799-0
HP ab € 147,-

GESUNDHEIT
15 PUNKTE – 2 LILLIEN

Maharishi Ayurveda Privatklinik

Zentrumslage in Bad Ems – 10 km östlich von Koblenz

Authentische Ayurveda-Kuren: Seit mehr als drei Jahrzehnten ein Spezialist für ayurvedische Entgiftungskuren („Panchakarma“) und gleichzeitig die letzte Bastion der Maharishi-Organisation in Deutschland. Ihr Gründer, der 2008 verstorbene Geistliche Maharishi Mahesh Yogi war übrigens an der weltweiten Bekanntmachung des jahrtausendealten indischen Medizinsystems maßgeblich beteiligt. Das Zentrum hat sich mittlerweile zu einem führenden Ayurveda-Anbieter in Europa entwickelt, es unterliegt strengen Qualitätskriterien, wird als staatlich anerkannte Privatklinik geführt und kann es auch mit den besten seiner Pendants in Indien oder Sri Lanka durchaus aufnehmen.

Untergebracht ist es im Ostflügel von Häcker's Grandhotel, wo den Kurgästen Zimmer in fünf Kategorien zur Verfügung stehen, die sich in den oberen Etagen befinden und alle hochwertig ausgestattet sind. Ebendort ist auch das für Kurgäste separate Restaurant zu finden, die Ayurveda-Küche ist biologisch orientiert und sehr gut.

Das kleine Hotel-Spa mit Thermalbad und zwei Saunen kann ebenso genutzt werden. Domäne des Hauses sind klassische Kuren zur Entgiftung, Revitalisierung sowie zur Therapie schwer behandelbarer chronischer Erkrankungen, neben 10-, 14- und 21-tägigen Panchakarmakuren stehen auch ein- bis siebentägige Schnupper-Packages im Angebot, zudem sind Diagnose und Behandlungen auch ambulant möglich. Sehr gute Anwendungen, darunter sechs unterschiedliche Einläufe, Ganzkörper-Synchron-Ölmassagen sowie Tinnitus- und Schmerztherapien mit hochwertigen Ölen und ausgezeichneten Arzneien – es sind die besten, die wir in den letzten 25 Jahren kennengelernt haben.

Einfühlsames und erfahrenes Ärzteteam, angenehmes Umfeld, herzliche Mitarbeiter. Internationale Gästeschar, die Kapazität der Klinik liegt bei etwa 50 Gästen.

Thermalhallenbad, Außensauna, Sauna, Dampfbad, Massagen, Ayurveda, Fitnessgeräte.

56130 Bad Ems, Römerstraße 1-3, 02603-9407-0
Pauschalen, etwa 14-tägige Panchakarmakur inkl. Diät-VP, Arzt und 21 Therapien ab € 7.707,-

GESUNDHEIT

14 PUNKTE – 1 LILLIE

Ayurveda Parkschlösschen *****

Grünruhelage bei Traben-Trarbach – Moseltal

Auf Ayurveda spezialisiertes Haus mit einer Tradition, die bis in die frühen 1990er Jahre und damit sozusagen zu den Anfängen des Aufgreifens der uralten indischen Lehre in Europa zurückreicht, es wird heute von der Tochter des damaligen Gründers geleitet.

Eigentlich handelt es sich gar nicht um ein Schlösschen, sondern um ein ehemaliges Badehaus mit Jugendstilfachwerkfassade, das um mehrere Zubauten erweitert wurde, all das in einem kleinen Park mit alten Bäumen, in einem engen, von der Sonne spärlich bedachten Seitental der Mosel. Die öffentlichen Räume sind nach Vastu, der vedischen Architekturlehre, gestaltet und verströmen außergewöhnliche Harmonie.

Die Zimmer (fünf Kategorien, die Größen werden jedoch nicht kommuniziert, seltsam!) zeigen sich sehr sauber, sie haben alle Teppichböden, zumeist wenig Tageslicht, der Ausblick ist bescheiden. Internetzugang gibt es – ganz im Sinne von Digital Detox – nur in einem Internetraum.

Der Wellnessbereich präsentiert sich bezüglich der Größe weitaus bescheidener als beworben, eine „2.000 m² große Therme" (werblicher O-Ton) haben wir jedenfalls nicht gefunden. Unter anderem gibt es einen etwa 8 m langen Thermalinnenpool sowie zwei Saunen. Die Behandlungsräume sind ansprechend und freundlich gestaltet, liegen jedoch im Kellergeschoß, das wiederum wäre nach dem energetischen Verständnis von Vastu ein lupenreiner „Baufehler". Ausgezeichnete Behandlungen, mindestens zweimal täglich Yoga und Meditation.

Sehr gute Küche, alle Speisen werden vegetarisch oder vegan zubereitet. Wunderbar freundliche und hilfsbereite Mitarbeiter. Im Angebot stehen 10-, 14-, 21- und 35-tägige Panchakarmakuren, Leber-Detox- und Anti-Stress-Kuren sowie ayurvedische Yoga- sowie Resilienz-Retreats mit Fokus auf die mentale Stärke. Erholsames Umfeld mit ambitionierten Preisen. Ungeeignet für Kinder. 14 Liegen, 100 Betten.

Thermalhallenbad, Sauna, Dampfbad, Massagen, Kosmetik, Ayurveda, Fitnessgeräte, Personal Trainer.

56841 Traben-Trarbach, Wildbadstraße 201, 06541-705-0
Pauschalen, etwa 14-tägige Panchakarmakur inkl. Diät-VP, Arzt und 17 Therapien ab € 7.800,-

WELLNESS

15 PUNKTE – 2 LILLIEN

Moselschlösschen Spa & Resort ****S

Am Moselufer in Traben-Trarbach – Moseltal

Adults only (ab 16). Reizvoll gelegen, schön für's Auge: Ein freundlicher Familienbetrieb, er liegt – nicht unbedingt besonders ruhig – vor der Schiffsanlegestelle und an der Moselbrücke, welche die Stadtteile Traben und Trarbach verbindet, und auch die Anflugschneise zum Flughafen Hahn ist mitunter hörbar. Das schmucke Anwesen besteht aus Jugendstilhaupthaus, Villa und Neubau, die Gebäude sind jedoch nicht direkt miteinander verbunden und erfordern mitunter einen kleinen Umweg durch die Tiefgarage. Diese ist allerdings eine Besonderheit, nämlich eigentlich ein Weinkeller aus dem 18. Jahrhundert. Inwendig zeigt sich solider, zeitgemäßer Landhausstil, der Wärme und stilistische Ruhe verströmt.

Zimmer stehen in nicht weniger als 17 unterschiedlichen Kategorien (DZ von 20 bis 70 m²) zur Auswahl, viele haben Balkon oder Terrasse, nicht wenige (hochflorige) Teppichböden, allesamt zeigen sie sich in urbaner Modernität, eine Yogamatte ist auf Wunsch dabei.

Der auch externen Gästen offenstehende Wellnessbereich ist großzügig und gut durchdacht angelegt, er ist auf zwei Ebenen aufgeteilt, dazu gehören unter anderem sechs Saunen (keine textil – bravo!) ein Schneeraum mit minus 5 Grad, Ladys-Spa, Yogasaal und ein sehr gut ausgestattetes Fitnessstudio. Unsere Massage war nicht wirklich zufriedenstellend, täglich gibt es ein kleines Aktivprogramm, auch Yoga und Faszientraining. Der Innenpool ist 12 m lang, er ist mit einem knapp 7 m langen Außenpool verbunden, von dort aus genießt man den Ausblick auf die pittoreske Häuserzeile an anderen Ufer – so schön! Im Freien erfreut ein großer Garten mit zahlreichen Liegeplätzen auf mehreren Ebenen.

Fabelhafte Terrasse, sehr gute bis ausgezeichnete Küche bei netter Tischkultur, auf Wunsch bietet sie auch Vegetarisches und Veganes (wir haben es allerdings nicht ausprobiert). Ein vergleichsweise eher bescheidener Light Lunch und eine süße Nachmittagsjause (beides im Spa-Bistro) sind im Preis inkludiert. Präsente Gastgeber, sehr freundliches Umfeld. Gemütliche Bar. Gratisgarage für alle. 29 Liegen, 150 Betten.

Freibecken, Hallenbad, Sauna, Dampfbad, Massagen, Kosmetik, Fitnessstudio, Personal Trainer.
9-Loch-Parcours in 22 km.

56841 Traben-Trarbach, An der Mosel 15, 06541-832-0
HP ab € 171,-

WELLNESS

13 PUNKTE – 1 LILLIE

Alte Rebschule ****

Grünruhelage mit Fernblick – 110 km von Mainz

Idyllische Lage im „Rebenmeer": Ein schöner Familienbetrieb, er liegt solitär auf einer Anhöhe und bietet einen weiten Ausblick in die pfälzische Rheinebene – und auf Weingärten, fast bis zum Horizont. Hinter dem Haus weiden Schafe, und mit ein paar guten Schritten ist man im Pfälzer Wald. Vor knapp 100 Jahren entstand hier eine Forschungsanstalt zur Bekämpfung der Reblaus, heute ist's ein nettes Hotel, das auch auf Tagungen fokussiert und vor kurzem sein Spa substanziell aufgerüstet hat.

Die öffentlichen Räume präsentieren sich in dezent ländlicher Anmutung, Zimmer sind aus fünf Kategorien (DZ von 35 bis 93 m²) wählbar. Sie haben Teppich- oder Laminatböden, alle Balkon oder Terrasse, einige auch Infrarotkabine oder freistehende Badewanne.

Zum recht angenehm gestalteten Spa gehören unter anderem ein 10 m langer Innenpool, vier Saunen – aus der finnischen genießt man den Blick auf die Weingärten – und ein atmosphärisch gestalteter Ruheraum. Die Wellnessbehandlungen sind inspiriert von der umliegenden Weingegend und umfassen Vinotherapieanwendungen mit Traubenkernöl und Traubenkernbutter – hier geht das „Weinbeißen" also nicht nur über den Gaumen, sondern auch über die Haut.

Fabelhafte Restaurantterrasse mit Fernblick, reichhaltiges Frühstück mit dem Fokus auf saisonale und regionale Produkte direkt aus der Umgebung, zumeist gute Küche, eine nachmittägliche Winzerjause ist inkludiert. Stimmungsvolle Bar, freundliche Mitarbeiter, viele Stammgäste. Zahlreiche Wander- und Radwege in der Umgebung sowie Veranstaltungen für Weinliebhaber, darunter Verkostungen in Winzerhöfen und Vinotheken. Ungeeignet für Kinder. 33 Liegen, 74 Betten.

Hallenbad, Sauna, Dampfbad, Massagen, Kosmetik, Fitnessgeräte.
27-Loch-Parcours in 13 km.

76835 Rhodt unter Rietburg, Theresienstraße 200
06323-7044-0

HP-plus ab € 134,50

WELLNESS

17 PUNKTE – 3 LILLIEN

Seezeitlodge

Grünruhelage am Bostalsee – Nähe St. Wendel

Hundefreundlich. Gute Architektur: Ein vor sieben Jahren eröffnetes Haus, es liegt auf einer Anhöhe über dem Bostalsee und verströmt eine durchwegs einnehmende Atmosphäre, alles ist wohl durchdacht, lichtdurchflutet und wunderschön mit Naturmaterialien

Seezeitlodge

gestaltet – schon beim Betreten stellt sich ein Gefühl der Leichtigkeit ein.

Dieses verspürt man auch in den hochwertig anmutenden Zimmern (DZ von 30 bis 80 m²), alle haben feine Eichenholzböden und Balkon, viele eine Nespresso-Maschine und Minibar, die meisten bieten zudem Ausblick auf den See, und die Bademantelschnur ist schon eingefädelt! Klimatisiert wird mithilfe eines eigenen Blockheizkraftwerks, und die Zimmer werden nur jeden zweiten Tag gereinigt, es sei denn, man äußert den Wunsch nach täglichem Service.

Geradezu stimmungsaufhellend ist das Spa, es bietet unter anderem acht Saunen (davon zwei für Ladys only), in denen es täglich vier bis fünf Aufgüsse gibt, darunter auch solche mit Lavendel, Birke oder Gin. Außerdem einen knapp 9 m langen, auch im Winter nutzbaren Außenpool, der mit einem 15 m langen Innenpool verbunden ist – und als Highlight im Freien einen großen Saunabereich mit Ritualplatz, Räucher- und Feuerstelle. Ganz neu ist ein Naturbadeteich, er wurde allerdings erst nach Redaktionsschluss fertiggestellt und kann daher naturgemäß erst in der nächsten Ausgabe bewertungsmäßig berücksichtigt werden. Kleines Aktivprogramm, auch Yoga, Räucherrituale und geführte Wanderungen, zu fixen Terminen werden auch mehrtägige Yoga-Retreats angeboten.

Fabelhafte Restaurantterrasse mit Abendsonne, tolles Frühstücksbuffet bis 11 Uhr (mit selbstgebackenem Brot und vielem aus der Region), zumeist sehr gute Küche, die auch auf Allergien und Unverträglichkeiten Rücksicht nimmt, ein Smoothie mittags und eine süße Nachmittagsjause mit Tee und Kaffee sind inkludiert. Die Tischkultur ist fairly casual, die Tische sind etwas knapp bemessen, der Ausblick auf den See wunderbar. Umfangreiche Weinkarte, gemütliche Bar mit außerordentlich großer Gin-Auswahl, auch ein hausgemachter ist dabei. Viele freundliche und zuvorkommende Mitarbeiter. Wanderwege ohne Zahl, viermal die Woche gibt's abends Live-Musik. Valet Parking. Eher ungeeignet für Kinder. 101 Liegen, 200 Betten.

Naturbadeteich, Freibecken, Hallenbad, Außensauna, Sauna, Dampfbad, Massagen, Kosmetik, Fitnessgeräte, Personal Trainer.
Putting Green, 18-Loch-Parcours in 12 km.

66625 Gonnesweiler, Am Bostalsee 1, 06852-8098-0
HP ab € 219,–

HESSEN
10 km
Kassel
3
1
4
Giessen
Rhon
Vogelsberg
Spessart
Frankfurt am Main
Taunus
2
Wiesbaden
5
Main
Darmstadt
6

ALLE LILIEN-HOTELS IN **HESSEN**

WELLNESS
13 PUNKTE – 1 LILLIE

Freund ****S

Grünruhelage Nähe Edersee – 70 km von Kassel

Hunde- und familienfreundlich. Eine große Anlage mit labyrinthischen Grundrissen, sie liegt inmitten eines 100-Seelen-Dörfchens und gehört seit zweieinhalb Jahren zur (stark wachsenden) Kette der Privathotels Dr. Lohbeck (mehr als 20 Hotels in Deutschland und Österreich), man ist gleichzeitig auf Wellness, Familien, Events, Reiturlaub auch mit kindergeeigneten Finnpferden (Gastpferdeboxen vorhanden), Tagungen, langjährige Stammgäste, Hochzeiten und Kuschelromantik für Paare – also schlechthin auf fast alle Zielgruppen dieser Welt – spezialisiert!

Auch das Ambiente will viel, es lässt sich annähernd als ungebremste Kollision aus versuchter Trendigkeit und provinzieller Zeitreise durch Jahrzehnte beschreiben, was auch für die Zimmer gilt. Sie sind aus 10 Kategorien wählbar (DZ von 22 bis 70 m^2) und haben zumeist Teppich- oder Laminatböden, manche einen Balkon, einige auch Infrarotkabine, Whirlwanne oder freistehende Badewanne.

Der Wellnessbereich bietet unter anderem einen ganzjährig nutzbaren Außenpool in einer Länge von 10 m, einen 12 m langen Innenpool, eine Liegewiese und sechs Saunen. Die Massagen sind sehr gut, Yogakurse werden fünfmal wöchentlich angeboten, regelmäßig gibt es auch Yoga-Retreats.

Frühstück bis 11 Uhr, aber nur am Wochenende! Freundliche und bemühte Mitarbeiter, in puncto Service sehen wir jedoch noch ein klein wenig Luft nach oben. Leihfahrräder gibt's zur Gratisleihe, E-Bikes gegen eine geringe Gebühr. Ringsum schöne Jogging-Strecken und Wanderwege ohne Zahl. 73 Liegen, 210 Betten.

Freibecken, Hallenbad, Außensauna, Sauna, Dampfbad, Massagen, Kosmetik, Ayurveda, Fitnessgeräte, Personal Trainer.
18-Loch-Parcours in 28 km, Reitstall.

34516 Vöhl-Oberorke, Sauerlandstraße 6, 06454-709-0
HP ab € 166,-

WELLNESS
14 PUNKTE – 1 LILLIE

Die Sonne Frankenberg

Ruhige Altstadtlage – 75 km südwestlich von Kassel

In der historischen Altstadt: Ein niveauvolles Haus mit romantischem Flair, es liegt am Marktplatz neben dem mehr als 500 Jahre alten Rathaus und besteht aus einem Ensemble aus höchst aufwendig restaurierten Fachwerkhäusern. Alle Räume sind geschmackvoll arrangiert und verströmen eine hochwertige und sehr wohnliche Anmutung, was auch für die Zimmer (sieben Kategorien, DZ von 21 bis 62 m^2) gilt.

Sie zeigen sich mit Stoffen in Rot- und Orangetönen, auch die für den Fachwerkbau typischen Balken aus dunklem Holz sind in dem ein oder anderen Raum zu finden. Manche Suiten haben Whirlwanne, Kamin und Himmelbett.

Das Spa ist recht klein und würde einem normalen Hotel nie und nimmer zu einer Lilien-Auszeichnung verhelfen können, aber wie immer bewerten wir ja das „Gesamtprodukt" mit allen seinen Wohlfühlqualitäten. Es gibt einen kleinen, auf 34 Grad aufgeheizten Pool, drei Saunen und ein Tauchbecken, all das ist stilvoll arrangiert und verströmt mit seinen Ornamenten und warmen Farbtönen einen Hauch von 1001 Nacht. Die Massagen sind sehr gut, Personal Trainer gibt es aber neuerdings keinen mehr.

Freundliche und zuvorkommende Mitarbeiter, hervorragendes Frühstück, sehr gute Küche – die Bewertung bezieht sich dabei wie immer auf die Halbpension und nicht auf das vom Guide Michelin mit einem Stern prämierte À-la-carte-Restaurant Philipp Soldan. Raucherlounge, atmosphärische Bar, umfangreicher Weinkeller. Regelmäßig werden Kochkurse angeboten. Garagenplätze sind kostenlos, Hunde erlaubt. 15 Liegen, 120 Betten.

Sauna, Dampfbad, Massagen, Kosmetik, Ayurveda, Fitnessgeräte.
18-Loch-Parcours in 27 und 28 km, 50 % Greenfee-Rabatt.

35066 Frankenberg, Marktplatz 2-4, 06451-750-0
HP ab € 153,50

WELLNESS
13 PUNKTE – 1 LILLIE

Göbel's Schlosshotel *****

Grünlage in Friedewald – 90 km südlich von Kassel

Familienfreundlich. Das „Schlosshotel" mit dem verheißungsvollen Namenszusatz „Prinz von Hessen" ist zwar vis-à-vis historischer Bauten sowie einer Burgruine, die einst als Festung diente, gelegen, jedoch lässt sich im Baustil des Hauses aus 1997 kaum historischer Liebreiz erkennen.

Weitgehend im Stil der 1990er Jahre gehalten, erstrecken sich auch die öffentlichen Räume über einen Neubau, der sich zwischen zwei historischen Gebäuden befindet. Die Zimmer präsentieren sich in ihrem Einrichtungsstil stark unterschiedlich, sind aus 14 Kategorien (DZ von 20 bis 79 m²) wählbar und zumeist mit Teppichböden ausgestattet. Aufgrund der naheliegenden Bundesstraße ist für Ruhesuchende ein Zimmer mit Fenstern zum Hof empfehlenswert.

Der nicht allzu weitläufige Spa-Bereich umfasst unter anderem einen 10 m langen Innenpool und einen ebenso langen Außenpool mit Liegeterrasse, der auch im Winter nutzbar ist, allerdings zeitlich eingeschränkt. Die Behandlungsräume beeindrucken mit ihrem achönen Interieur, und auch die Ruhezonen sind fein gestaltet. Insgesamt vier verschiedene Saunen gibt es, darunter eine finnische Sauna und ein Dampfbad. Ein kleines Aktivprogramm, etwa Pilates- und Yogakurse, wird täglich angeboten.

Umfangreicher Weinkeller, bei Küche und Service ist jedoch noch ein wenig Luft nach oben. In den Genuss von Turn-down-Service und frischen Schnittblumen sind wir niemals gekommen, die Fünfsternklassifizierung ist für uns nicht ganz nachvollziehbar. Aufgrund häufiger Veranstaltungen im Haus sollte man sich vor der Buchung über bevorstehende Tagungen und Events erkundigen. Hunde erlaubt. 64 Liegen, 150 Betten.

Freibecken, Hallenbad, Sauna, Dampfbad, Massagen, Kosmetik, Fitnessgeräte, Personal Trainer.

36289 Friedewald, Schlossplatz 1, 06674-9224-0
HP ab € 150,-

BUSINESS/WELLNESS
13 PUNKTE – 1 LILLIE

Falkenstein Grand *****S

Grünruhelage bei Königstein – nordwestlich von Frankfurt

Charmanter wilhelminischer Grandhotelklassiker: Ruhig und gefühlt nahezu abgeschieden liegt dieses 1909 von Kaiser Wilhelm erbaute Haus am Südhang des Taunusgebirges, der Ausblick geht auf die Frankfurter Skyline und auf den sechs Hektar großen Park.

Das Haupthaus des nunmehr von der Marriott-Kette betriebenen Hotels ist durch unterirdische historische Tunnel mit den sieben Nebengebäuden („Villen“) verbunden. Im Inneren der denkmalgeschützten Villen treffen teils elegant-moderne auf teils in höhere Reife gekommene Interieurs. Zimmer sind aus 15 Varianten (DZ ab 20 m²) wählbar, wobei einige davon erst kürzlich neu gestaltet wurden. Das Interieur mutet durchaus hochwertig an und ist mit oftmals feinen Parkettböden ausgestattet. Einige Zimmer sind mit Balkon buchbar und in jedem findet man eine Yogamatte. Einen eigenen Outdoor-Whirlpool und eine Sauna kann man in den Suiten des Penthouse genießen.

Auf zwei Bereiche aufgeteilt erstreckt sich das flächenmäßig recht kleine Spa, dazu gehören ein 15 m langer, ganzjährig nutzbarer Außenpool, vier kleine Saunen, eine ebensolche Ruhezone sowie eine Liegewiese. Das Aktivprogramm bietet eine kleine Auswahl an Sportkursen wie auch einen täglichen Atemzirkel, welcher im Sommer draußen im Parkgelände stattfindet. Zusätzlich werden medizinische Check-ups, Personal Training und Programme zur Verbesserung der Schlafqualität angeboten.

Reichhaltiges Frühstücksbuffet, zumeist gute Küche bei gehobener Tischkultur, das Service könnte jedoch etwas mehr beeindrucken, zumals es sich ja um ein Haus mit fünfeinhalb Sternen handelt. Fabelhafte Restaurantterrasse mit Ausblick auf die Mainmetropole Frankfurt, stimmungsvolle Bar. Ein Wegenetz für Laufstrecken oder Spaziergänge findet man im nahen Wald. Hunde erlaubt. 14 Liegen, 193 Betten.

Freibecken, Sauna, Massagen, Kosmetik, Fitnessgeräte, Personal Trainer.
18-Loch-Parcours in 25 km.

61462 Königstein im Taunus, Debusweg 6–18, 06174-90-0
NF ab € 116,-

BUSINESS/WELLNESS
14 PUNKTE – 1 LILLIE

Kempinski Gravenbruch *****S

Grünlage an der B459 – Airport-Nähe bei Frankfurt

Familien- und hundefreundlich. Unweit des Flughafens, inmitten eines 15 Hektar großen Parks mit Teich: Eine weitläufige Anlage mit der Anmutung eines gehobenen Country-Clubs, es fehlt nicht mehr viel, um sich fast in Beverly Hills zu wähnen – edle Zufahrt inklusive. Die mit viel Blattgold akzentuierten öffentlichen Räume verströmen eine hochwertige und edle Anmutung, in der Lobby findet sich neben gemütlichen Sitzgelegenheiten ein Brunnen aus Naturstein. Die Zimmer (DZ von 25 bis 180 m²) verströmen klassische Eleganz, sie sind in neun Varianten wählbar, zumeist bieten sie einen Ausblick auf den Teich oder die Parkanlage. Alle haben Klimaanlage, manche Böden aus geöltem Eichenholz.

Im Spa fanden wir unter anderem einen kleinen Innenpool, dessen Mosaikfliesen durch Blattgold verziert sind, sowie einen ganzjährig nutzbaren, 19 m langen Außenpool mit Liegewiese. Raum im Überfluss ist indoor nicht vorhanden, eine größere Anzahl an Ruheliegen wäre wünschenswert, schließlich steht der Wellnessbereich ja auch externen Gästen offen. Insgesamt sieben Saunen befinden sich im Spa-Bereich, darunter Dampfbäder, eine Bio-Sauna und Außensauna, und auch im Ladys-Spa fanden wir Dampfbad und Biosauna. Die Massagen sind ausgezeichnet, zudem werden medizinische Kosmetikbehandlungen in Kooperation mit einem Dermatologen im Haus angeboten.

Reichhaltiges Frühstücksbuffet, zumeist gute Küche, stimmungsvolle Bar, Raucherlounge, kleine Restaurantterrasse, feine hausgemachte Patisserie zum englischen Tee. Die Mitarbeiter sind freundlich, jedoch sollte man beim Service noch etwas zulegen, um den fünfeinhalb Sternen auch voll und ganz zu entsprechen. 52 Liegen, 550 Betten.

Freibecken, Hallenbad, Außensauna, Sauna, Dampfbad, Massagen, Kosmetik, Fitnessgeräte, Personal Trainer. Tennisplätze.

63263 Neu-Isenburg, Graf zu Ysenburg und Büdingen Platz 1
06102-505-0
HP ab € 163,50

WELLNESS

13 PUNKTE – 1 LILLIE

Siegfriedbrunnen ****s

Grünruhelage am Ortsrand – 85 km von Frankfurt

Hunde- und familienfreundlich. Ein liebenswertes, in vierter Generation geführtes Landhotel, es liegt im Odenwald und gleichzeitig fernab vom Mainstream. Besondere Kennzeichen sind geheimnisvoll verwinkelte Grundrisse, große Sauberkeit und ein stets gemütliches Flair, das immer wieder an vergangene Zeiten erinnert.

Wählbar aus sechs unterschiedlichen Kategorien zeigen sich die Zimmer (DZ von 16 bis 44 m²). Durchwegs sehr unterschiedlich gehalten, präsentieren sich manche renoviert mit Laminatböden, andere wiederum mit einem etwas in die Jahre gekommenen Interieur, mitunter sind die Wände etwas hellhörig.

Das von der Größe her gut überschaubare Spa umfasst ein kleines Hallenbad mit 13 m langem Pool, sechs (kleinteilige) Saunen und ein Dampfbad, während der Sommermonate steht ein richtig großer Soleaußenpool mit Liegewiese zur Verfügung.

Nette Terrassen und Stuben, reichhaltiges Frühstücksbuffet, gute bis sehr gute Küche mit vorwiegend saisonaler und regionaler Orientierung – das Biorindfleisch kommt vom familieneigenen Hof –, erfreulich schöne Tischkultur. Aufmerksame und durchwegs freundliche Mitarbeiter, präsente Gastgeber. Ringsum Wanderwege und Laufstrecken ohne Zahl. Spa-Nutzung auch am ganzen An- und Abreisetag ohne Aufpreis. 24 Liegen, 160 Betten.

Solefreibecken (Sommer), Hallenbad, Außensauna, Sauna, Dampfbad, Massagen, Kosmetik, Ayurveda, Fitnessgeräte. Tennisplatz.

64689 Grasellenbach, Hammelbacher Straße 7, 06207-608-0
HP ab € 102,50

Was wir mögen,
aber eher selten erleben:
ein winziges,
federleichtes Häppchen
als Light Lunch
im Preis inkludiert,
beispielsweise
gute Süppchen
oder Salate.

Christian Werner,
Herausgeber RELAX Guide

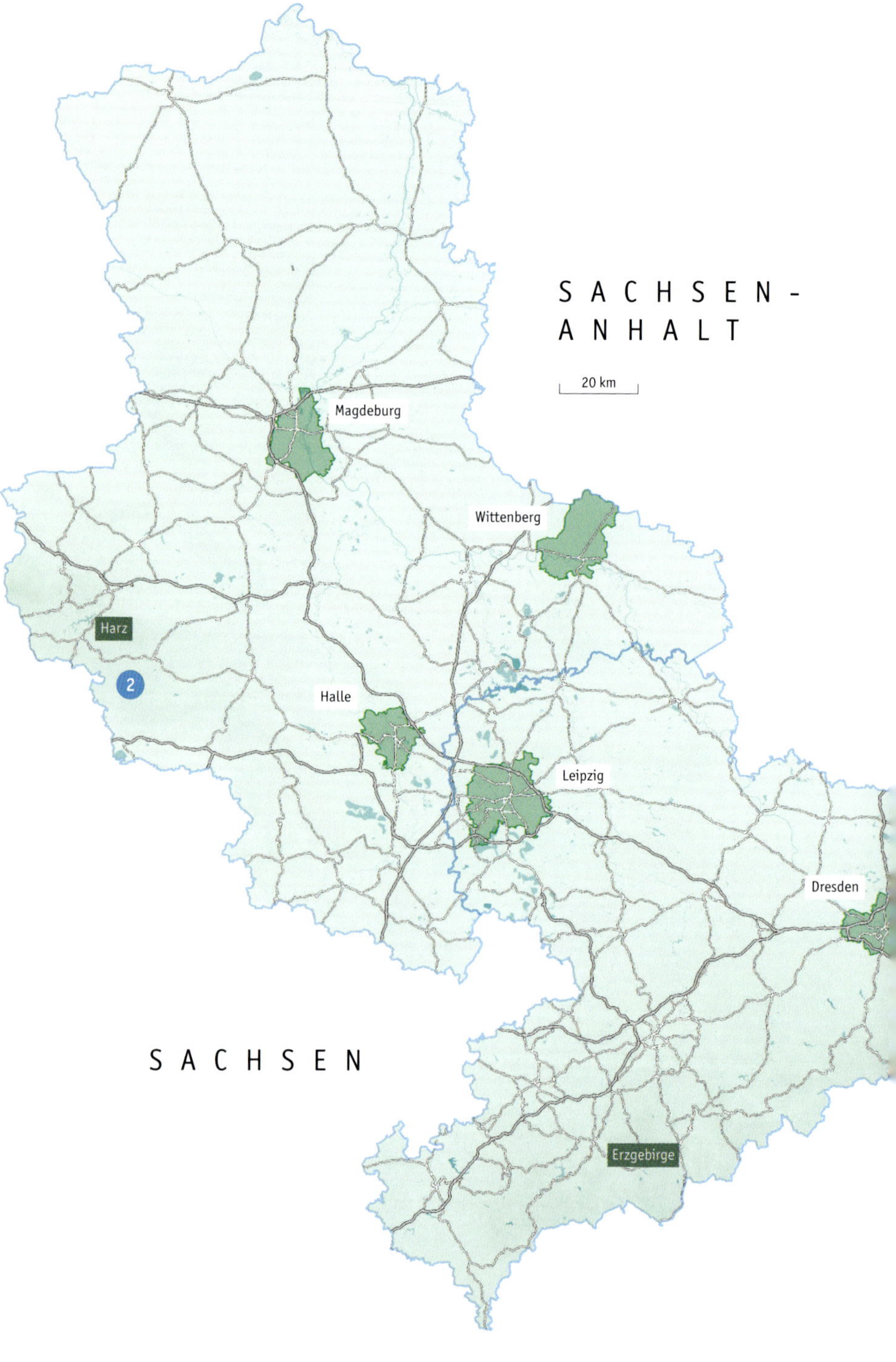
SACHSEN-ANHALT
20 km
Magdeburg
Wittenberg
Harz
2
Halle
Leipzig
Dresden
SACHSEN
Erzgebirge

ALLE LILIEN-HOTELS IN **SACHSEN**

	Hotel	Seite
1	**Bei Schumann** *****S	124

ALLE LILIEN-HOTELS IN **SACHSEN-ANHALT**

	Hotel	Seite
2	**Schindelbruch Naturresort** ****S	124

Hüttenhof

WELLNESS, KUSCHELN & GLÜCKSMOMENTE

★★★★S

2 LILIEN

Entfliehe dem Alltag und entdecke das Glück im Erwachsenenhotel sowie in den dazugehörigen Luxus-Chalets. Die perfekte Auszeit für dich und deinen Lieblingsmenschen!

---

www.hotel-huettenhof.de
94143 Grainet, Bayerischer Wald
Bayern, Deutschland
T. +49 8585 9605-0

HÜTTENHOF ****S

WELLNESS
15 PUNKTE – 2 LILLIEN

Bei Schumann *****s

Ortsrandlage in Kirschau – 10 km südlich von Bautzen

Adults only (ab 16). Vielleicht beschreibbar als eine Art von sächsischem Paradiesvogel: Ein familiengeführtes Hotel mit bunt-schillerndem Erscheinungsbild und unterschiedlichsten Einrichtungsstilen, es plustert sich auch auf (seit kurzem mit fünfeinhalb Sternen), aber offengestanden gibt es schönere Residenzen, und in seiner Umgebung wirkt es etwas deplatziert – zwischen Tankstelle, Gewerbegebiet, Fußballplatz und einer viel befahrenen Hauptstraße. Zimmer stehen in einem etwas verwinkelten und in die Jahre gekommenen Bestandsbau sowie in einem Neubau, der vor drei Jahren eröffnet wurde, zur Auswahl. Insgesamt gibt es acht Kategorien und zahlreiche Untervarianten (DZ von 21 bis 147 m²), sie zeigen sich in puncto Interieur und Größe extrem unterschiedlich, das Spektrum reicht von klein und recht durchschnittlich über aufreizend plüschig bis hin zu geradliniger Modernität. Unsere Empfehlung gilt den Spa-Suiten mit eigener Sauna, die in der Nähe des rund um die Uhr geöffneten Innenpools liegen.

Es gibt zwei Wellnessbereiche: Einer befindet sich im neuen Seeflügel-Trakt und ist nur jenen Gästen zugänglich, die auch in diesem Anbau wohnen, hier gibt es einen kleinen Pool, drei Saunen und einen Ruhebereich. Das größere Spa befindet sich im alten Gebäude, es ist in weiten Teilen einem spätrömischen Tempel sehr frei nachempfunden, geboten wird hier viel, unter anderem neun Saunen, ein netter Außenbereich mit Liegewiese, ein 20 m langer Pool und ein Badeteich, in dem aber weder wir noch andere Gäste während unseres Aufenthalts schwammen – besonders einladend kam er uns nicht vor. Dieses Spa steht auch Externen offen, was zur Folge hat, dass es sehr voll werden kann und man im Kampf um die Liegen so endet wie General Custer 1876 im Kampf gegen die Sioux am Little Bighorn.

Reichhaltiges Frühstücksbuffet bis 12 Uhr, das Haus ist nur mit Nächtigung und Frühstück buchbar. Zur Auswahl stehen vier À-la-carte-Restaurants, eines davon mit einem Michelin-Stern, allerdings sind sie mehrheitlich nicht täglich geöffnet. Beim Service gibt es noch etwas Luft nach oben. Raucherlounge, stimmungsvolle Bar im arabischen Stil – abends aber nicht immer geöffnet. Hunde erlaubt. Valet Parking. 62 Liegen, 130 Betten.

Naturbadeteich, Freibecken, Hallenbad, Sauna, Dampfbad, Massagen, Kosmetik, Fitnessgeräte, Personal Trainer.

02681 Schirgiswalde-Kirschau, Bautzener Str. 74, 03592-5200
NF ab € 157,-

Was wir mögen,
aber eher selten erleben:
eine Hotelküche
für Gourmets,
nicht für Gourmands.
Also weniger,
aber besser.
Eine Küche, die
nicht satt macht, sondern
Körper und Seele nährt.
Vornehmlich mit Zutaten
aus biologischer Landwirtschaft.
Sonnengereifte Früchte,
saisonales Gemüse.

Christian Werner,
Herausgeber RELAX Guide

WELLNESS
17 PUNKTE – 3 LILLIEN

Schindelbruch Naturresort ****s

Absolute Naturlage Nähe Harzgerode – Südharz

Familienfreundlich. Mitten im Wald: Ein Haus mit eindrucksvollem äußeren Erscheinungsbild, es wirkt auf eine sympathische Art und Weise elitär und lässt schon beim Anblick Rückschlüsse ziehen auf das, was einen

Schindelbruch Naturresort

inwendig erwartet, nämlich ein niveauvolles Ambiente mit Charme und Esprit. Beim Betreten erfreuen große Fensterflächen, Fauteuils mit Leselampen und zeitgenössische Gemälde das Auge, alles ist stilvoll arrangiert und bestens aufeinander abgestimmt – eine Atmosphäre, die auch zu den Tagungen passt, auf die man hier neben Wellness fokussiert.

Das Resort, das aus zwei Logiergebäuden besteht (das kleinere wurde erst vor zwei Jahren neu errichtet), ist übrigens das erste klimaneutrale Hotel Deutschlands, hier wird das Abwasser selbst gereinigt und es gibt eine Geothermieanlage – Nachhaltigkeit ist hier alles andere als ein leeres Marketingversprechen.

Die Zimmer (DZ von 20 bis 77 m^2) sind ansprechend gestaltet, geradezu meditativ wirken die puristisch designten im Neubau, einige sind sogar mit eigener Finnsauna und Whirlpool ausgestattet.

Das ausschließlich Hausgästen zugängliche Spa ist eine Augenweide, es bietet unter anderem fünf Saunen (eine davon textil und auch für Kinder geeignet), eine Außenliegeterrasse in luftiger Höhe, einen Außensaunabereich mit Feuerstelle, mehrere kleinteilige Ruheräume sowie zwei Innenpools – der kleinere ist für Familien mit Kindern, der knapp dreimal so große Adults only vorbehalten. Einen Außenpool gibt es übrigens nicht, so will es das umweltverträgliche Konzept. Sehr gute Massagen, tägliches Aktivprogramm, auch Yoga, Pilates und Waldbaden.

Fabelhafte Terrasse, hochwertiges Frühstücksbuffet bis 11 Uhr, zumeist sehr gute, regional und biologisch ausgerichtete Küche bei feiner Tischkultur, auch Wild aus eigener Jagd wird serviert. Schöne Weinkarte, eine Nachmittagsjause ist aber neuerdings nicht mehr inkludiert, das nagt ein klein wenig am Preis-Leistungs-Verhältnis. Ausgesprochen herzlicher und sympathischer Gastgeber, freundliche und sehr bemühte Mitarbeiter, denen es mitunter aber noch an Professionalität mangelt. Raucherlounge, Vinothek, gemütliche Bar. Laufstrecken und Wanderwege ohne Zahl. Herrliche Luft, bester Schlaf. Hunde erlaubt. 91 Liegen, 200 Betten.

Hallenbad, Außensauna, Dampfbad, Massagen, Kosmetik, Fitnessstudio, Personal Trainer.
18-Loch-Parcours in 34 km, Tennisplätze.

06536 Südharz-Stolberg, Schindelbruch 1, 034654-808-0
HP ab € 200,–

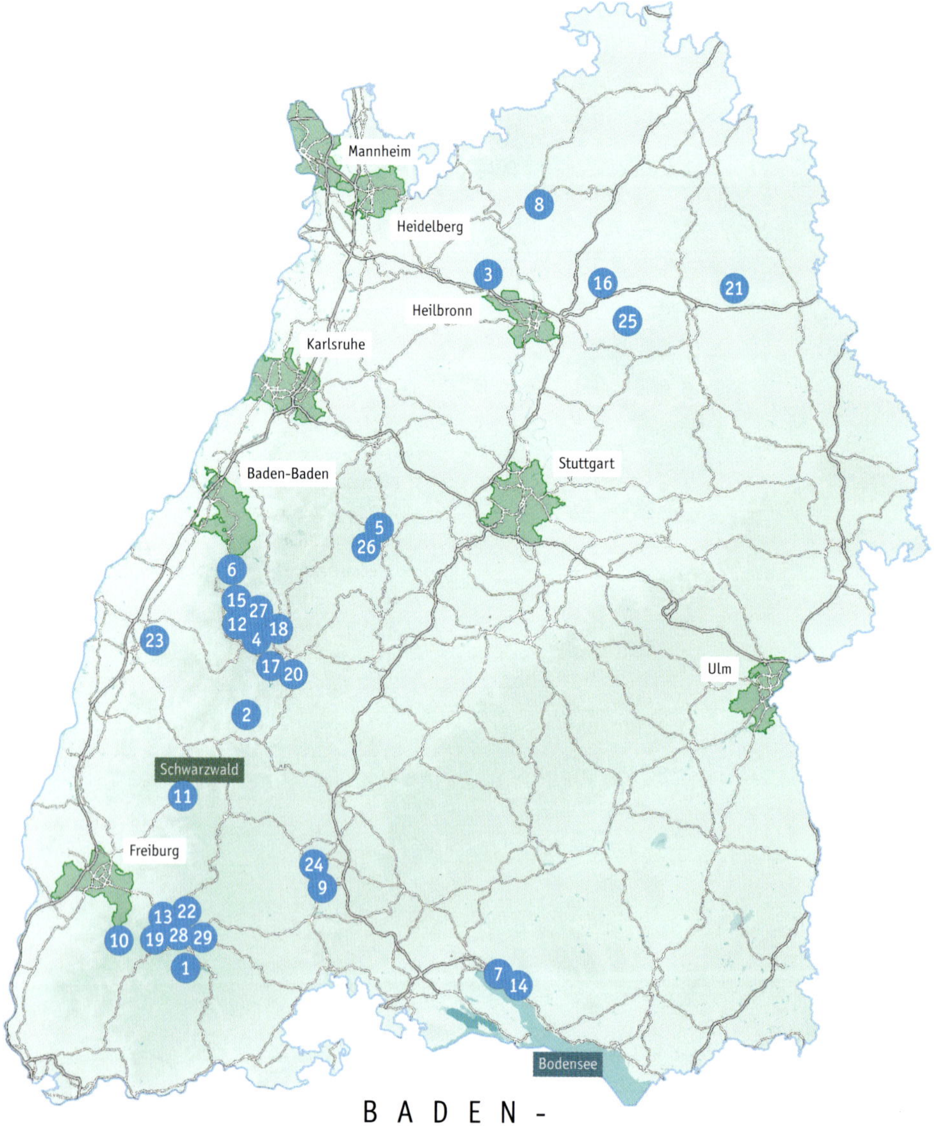

B A D E N -
W Ü R T T E M B E R G

ALLE LILIEN-HOTELS IN **BADEN-WÜRTTEMBERG**

	Hotel	Seite
1	**Adler Häusern** ****S	144
2	**Adler Naturparkhotel** ****S	138
3	**Ayurveda Garden**	135
4	**Bareiss** *****S	130
5	**Berlins Kronelamm** ****S	136
6	**Brenners Park-Hotel & Spa** *****S	137
7	**Buchinger Wilhelmi**	147
8	**Casa Medica**	135
9	**Der Öschberghof** *****S	139
10	**Die Halde**	142
11	**Elztalhotel** ****S	143
12	**Engel Obertal** *****S	131
13	**Erfurths Bergfried** ****S	145
14	**F. X. Mayr Zentrum Bodensee**	147
15	**Forsthaus Auerhahn** ****	129
16	**Friedrichsruhe Wald & Schlosshotel** *****S	134
17	**Fritz Lauterbad** ****	128
18	**Heselbacher Hof** ****	130
19	**Kesslermühle** ****S	145
20	**Lauterbad** ****S	129
21	**Mawell Resort**	133
22	**Reppert** ****S	146
23	**Ritter Durbach** ****S	138
24	**Salinensee**	142
25	**Santulan Aum-Kurzentrum**	133
26	**Therme Bad Teinach** ****S	137
27	**Traube Tonbach** *****S	132
28	**Treschers Schwarzwaldhotel am See** ****S	143
29	**Wiesler Seehotel** ****S	144

Fritz Lauterbad

WELLNESS

14 PUNKTE – 1 LILLIE

Fritz Lauterbad ****

Grünruhelage bei Freudenstadt – Schwarzwald

In idyllischer Lage am Waldrand: Auf einer kleinen Anhöhe oberhalb des Orts liegt dieses vor vier Jahren eröffnete Haus mit Ausblick auf die Hügellandschaft der schwäbischen Alb, das ebenfalls mit Lilien ausgezeichnete Schwesterhotel Lauterbad liegt nur etwa einen Kilometer entfernt. Es gibt zwei Gebäude, das ehemalige Waldhotel Hohenzollern und einen modernen, urban und fast ein bisschen futuristisch anmutenden Zubau, der mehrere Lounges und viel Open Space bietet. Im gesamten Haus werden dunkle Farben ausgiebig zelebriert, was die Räume aber keineswegs ungemütlich, sondern atmosphärisch macht.

Zimmer können aus neun Kategorien (DZ von 20 bis 88 m^2) gewählt werden, viele bieten einen Balkon samt herrlichem Ausblick. Die moderne Gestaltung des Hotels spiegelt sich auch in den Zimmern wider, besonders die höheren Kategorien im Neubau geben sich stylisch: Möbel von Rolf Benz, unverputzte Betondecken, Holzböden und bodentiefe, große Fensterflächen. Wer es extravagant mag, kann eine Suite im Urban-Jungle-Stil buchen, optische Safari-Akzente, eigene Bar und Plattenspieler inklusive.

Im Wellnessbereich werden unter anderem drei Saunen, ein Fitnessraum und ein Ruheraum geboten, von Letzterem aus kann man nicht nur den schönen Ausblick genießen, sondern hat auch das Highlight des Wellnessbereichs im Auge: einen 18 m langen, ganzjährig nutzbaren Infinity-Außenpool. Neben Yoga-Retreats werden auch Gesundheits- und Gewichtsreduktionsseminare angeboten. Wer Lust auf einen kurzen Spaziergang hat, kann die in 15 Minuten zu erreichende Berghütte Lauterbad besuchen und traditionelle Speisen genießen.

Frühstück gibt es bis 11 Uhr, viele freundliche Mitarbeiter den ganzen Tag. Garage gegen 8 Euro pro Tag. Hunde erlaubt. 70 Liegen, 135 Betten.

Freibecken, Sauna, Dampfbad, Massagen, Kosmetik, Fitnessgeräte, Personal Trainer.
18-Loch-Parcours in 3 km.

72250 Freudenstadt, Am Zollernblick 1, 07441-95099-0
HP ab € 164,–

WELLNESS

15 PUNKTE – 2 LILLIEN

Lauterbad ****S

Grünruhelage bei Freudenstadt – Schwarzwald

Eines der ältesten und zugleich auch eines der besten Wellnesshotels im Schwarzwald, es handelt sich um ein angenehm überschaubares Haus unter Familienführung, besonderes Kennzeichen ist die gemütliche Atmosphäre über allem. Das Haus liegt vom Stadtrand etwas entfernt im Grünen und besteht aus Haupthaus und zwei kleinen Dependancen in kurzer Gehdistanz. Hinter einer Fassade mit viel Stein und Glas zeigt sich ein bunt-froher Mix aus Farben und Stilen in verschiedenen Reifestadien, auch die mehrheitlich recht großzügig geschnittenen Zimmer (DZ von 20 bis 80 m²) sind recht farbenfroh gestaltet, manche haben feine Holzböden, alle Loggia, Balkon oder Terrasse, mitunter zeigen sich kleine Instandhaltungsdefizite.

Das Spa, das sich Hotelgäste mit eventuellen Tagesgästen teilen, könnte langsam ein kleines Makeover vertragen, man findet darin unter anderem einen 10 m langen Innenpool, in dem man auch textilfrei baden kann, einen auch im Winter nutzbaren, 13 m langen Außenpool, bei dem uns das Wasser (wieder einmal) zu kalt war, und einen gut ausgestatteten Fitnessraum. Wunderbar fanden wir die großzügigen Saunaöffnungszeiten, die Massagen sind sehr gut, das kleine Aktivprogramm (Mo bis Sa) umfasst unter anderem Tai Chi, Qi Gong, autogenes Training und geführte Wanderungen. Auch siebentägige Fastenkuren nach Buchinger und Lützner sowie medizinische Kosmetikbehandlungen stehen im Angebot.

Die Restaurantterrasse ist fabelhaft, das Frühstück (von 7 bis 11 Uhr) reichhaltig, die Küche sehr gut, ein Light Lunch (reichlich) im Zimmerpreis inkludiert – neuerdings aber nicht mehr am Abreisetag, wenn man trotzdem einen will, zahlt man einen Aufpreis von 20 Euro. Präsente Gastgeber, sehr freundliche und authentische Mitarbeiter, keine Tagungen, keine Events, entschleunigendes Umfeld – wir fühlen uns immer sehr wohl hier, auch wenn wir für unsere Tests nur zwei Nächte bleiben. E-Bikes gibt es zur Gratisleihe, samstags wird die Lobby zur Schmuckausstellung. Herrliche Wanderwege ohne Zahl – besonders schön ist der etwa 20-minütige Spaziergang zur hauseigenen Berghütte. Ungeeignet für Kinder, Hunde erlaubt. 46 Liegen, 90 Betten.

Freibecken, Hallenbad, Sauna, Dampfbad, Massagen, Kosmetik, Fitnessgeräte.
18-Loch-Parcours in 1 km.

72250 Freudenstadt-Lauterbad, Amselweg 5, 07441-86017-0
HP-plus ab € 163,-

WELLNESS

15 PUNKTE – 2 LILLIEN

Forsthaus Auerhahn ****

Grünruhelage bei Baiersbronn – Schwarzwald

Familienfreundlich. Wo sich Fuchs und Hase gute Nacht sagen: vor 200 Jahren als Forsthaus errichtet, heute ein sympathischer Familienbetrieb in Solitärlage jenseits von Handyempfang und brauchbarem W-Lan. Die aus sechs kleineren Gebäuden bestehende Anlage (vier sind miteinander verbunden, zwei sind ein paar gute Schritte abseits gelegen) liegt tief im Wald und empfängt mit blumengeschmückten Fassaden. Dahinter zeigt sich ein rustikales Ambiente in unterschiedlichen Reifestadien, die Stuben wurde vor nicht allzu langer Zeit modernisiert, mehr als die Hälfte der Zimmer ebenso. Insgesamt sind sie nun stark unterschiedlich (20 Kategorien, DZ von 17 bis 55 m²), viele haben Balkon, die Kategorien tragen zur Fauna des Waldes passende Namen wie Fuchs, Hase oder Hirsch. Nicht unbedingt jedermanns Sache, schon gar nicht für notorische Schwarzseher: Bei Kurzaufenthalten von weniger als drei Nächten wird ein „Glückszimmer" zugeteilt, eine fixe Variante kann nicht gebucht werden! Auch gut zu wissen: Schnelles W-Lan gibt es nur gegen Aufpreis.

Das auch Tagesgästen zugängliche Spa bietet unter anderem eine 20 m lange Kombination aus Innen- und Außenpool, fünf Saunen sowie eine Liegewiese und feine Ruhezonen, bis 15.30 Uhr ist Familienzeit, danach dürfen Adults only rein und es gibt auch den täglichen Aufguss, Handtücher zur freien Entnahme stehen bereit. Umfangreiches Aktivprogramm mit Qi Gong, Yoga, Waldbaden und geführten Wanderungen (täglicher Wandertransfer inklusive).

Die Restaurantterrasse ist nett, die Bar mit offenem Kamin gemütlich, ein Light Lunch mit verbundener Nachmittagsjause ist im Preis enthalten. Wie das Spa steht auch das Restaurant externen Gästen offen, da muss man mitunter talentiert im Warten sein. Freundliche Mitarbeiter, Stammgäste werden freilich bevorzugt behandelt. Hauseigenes Wildgehege, Schneeschuhe gibt's zur Gratisleihe. Kinder bis drei Jahre nächtigen kostenfrei, Ruhesuchenden empfehlen wir, außerhalb der Ferienzeiten einzuchecken. Die ganztägige Spa-Nutzung am Abreisetag ist inkludiert. Hunde erlaubt. 85 Liegen, 134 Betten.

Freibecken, Hallenbad, Außensauna, Sauna, Dampfbad, Massagen, Kosmetik, Ayurveda, Fitnessgeräte.
18-Loch-Parcours in 32 km, Tennisplatz.

72270 Baiersbronn, Hinterlangenbach 108, 07447-934-0
HP-plus ab € 160,-

WELLNESS
15 PUNKTE – 2 LILLIEN

Heselbacher Hof ****

Grünruhelage am Ortsrand in Baiersbronn – Schwarzwald

Adults preferred (ab 12). Mit schönem Ausblick ins Murgtal: ein sauberer und gepflegter Familienbetrieb in ruhiger, sonnenseitiger Hanglage und angenehm überschaubarer Größe. Inwendig fallen vor allem die zahlreichen Hirschmotive auf, die sich durchs ganze Haus ziehen, ansonsten ist der Interieurstil eher uneinheitlich, was auch für die Zimmer (DZ von 22 bis 61 m²) gilt. Fast alle haben Teppichböden, die meisten sind zeitgemäß-ländlich gestaltet, so wie die beiden neu renovierten Varianten Grundwald und Waldblick, da ist das Bett allerdings nur 1,40 m breit.

Der Wellnessbereich ist auch Tagesgästen zugänglich, er bietet unter anderem einen Whirlpool im Freien, viele Liegemöglichkeiten in- und outdoor sowie sechs Saunen (ab 16) mit täglichen Aufgüssen, nach denen man sich im textilfreien Naturbadeteich abkühlen kann, dieser liegt allerdings gleich neben dem Außenpool (13 m, im Winter zeitlich eingeschränkt nutzbar), was den einen oder anderen verschrecken könnte. Bescheidenes Aktivprogramm (zweimal Yoga pro Woche sowie geführte Wanderungen gegen Aufpreis).

Wunderbar reichhaltiges Frühstück ab 8 Uhr, ein Light Lunch mit verbundener Nachmittagsjause im Bademantel-Bistro ist im Preis inkludiert. Nette Restaurantterrasse und Hotelbar, freundliche Mitarbeiter und Gastgeber – vorausgesetzt, die Chemie stimmt, Kritik wird nicht in jeder Stimmungslage professionell begegnet. Wanderwege ohne Zahl, für die E-Bikes zahlt man neuerdings 20 bis 30 Euro pro Tag. Check-out um 10.30 Uhr. Garage gegen 10 Euro pro Tag, kostenfreies Shuttle von der S-Bahn-Station Heselbach. 70 Liegen, 90 Betten.

Naturbadeteich, Freibecken, Hallenbad, Außensauna, Sauna, Dampfbad, Massagen, Kosmetik, Fitnessgeräte, Personal Trainer.
18-Loch-Parcours in 13 km.

72270 Baiersbronn, Heselbacher Weg 72, 07442-838-0
HP-plus ab € 129,-

WELLNESS
19 PUNKTE – 4 LILLIEN

Bareiss *****S

Grünruhelage bei Baiersbronn – Schwarzwald

Kinderfreundlich. Schwarzwald-Luxushotellegende mit mehr als 70 Jahren Historie und absolut herausragenden gastgeberischen Qualitäten: Ein familiengeführtes Haus der Extraklasse, es liegt auf einem weitläufigen Areal mit Gärten, Park, Wildgehege und Forellenteich, für Kinder gibt es ein eigenes Dörfchen mit allerlei Attraktionen. Inwendig findet man ein äußerst gepflegtes und hochwertig anmutendes Ambiente vor, das bisweilen recht üppig romantisiert ist, aber nie ins stilistisch Unbedarfte abgleitet. Besonders erfreulich für die Sinne sind frische Blumen in Form von aufwendigen Gestecken, die hier immer wieder vorzufinden sind.

Die Zimmer (28 Varianten, DZ von 36 bis 120 m²) präsentieren sich in erfrischend konservativer Klassik, alle haben Balkon oder Terrasse, einige sind mit Holzböden ausgestattet, ein wahrer Wohntraum ist die Penthouse Suite III mit Marmorbad und Whirlwanne, eigener Sauna und schönem Wintergarten. Turn-down-Service ist hier übrigens, so wie es sich in dieser Klasse gehört, Standard.

Das Spa ist eine richtige Augenweide, es ist zwar nicht unbedingt riesig, aber dafür auch nur Hotelgästen vorbehalten – und vom anderswo um sich greifenden Textilsauna-Unwesen bleibt man hier verschont! Geboten werden unter anderem fünf Saunen, ein 16 m langer Innenpool und ein ebenso langer Außenpool, herrlich feine Ruhezonen, ein Ladys-Spa sowie ein erquickender Außenbereich mit Whirlpools und Liegendecks. Sehr gute Massagen, tägliches Aktivprogramm, auch mit geführten Wanderungen und E-Bike-Touren (gegen Aufpreis).

Bareiss

Fabelhafte Restaurantterrasse, fulminantes Frühstücksbuffet bis 11.30 Uhr, sehr gute bis ausgezeichnete Küche bei feiner Tischkultur (die Wertung bezieht sich wie immer auf die Halbpension und nicht auf das À-la-carte-Restaurant von Claus-Peter Lumpp, das vom Guide Michelin mit drei Sternen ausgezeichnet wurde), auch frische Forellen aus eigener Zucht werden serviert. Eine süße Nachmittagsjause mit feinsten Mehlspeisen sowie ein herzhafter Mitternachtsimbiss in der Hotelbar sind inkludiert – da verzichtet man gerne temporär auf etwaige Diätvorsätze. Mit großer Expertise zusammengestellte Weinkarte, wunderbar stimmungsvolle Bar, Raucherlounge mit respektabler Auswahl an Rums, Malts und Puros.

Präsente Gastgeber, herzlich und professionell agierende Mitarbeiter. Vieles für Kinder, darunter ein großer Abenteuerspielplatz mit Piratenschiff, Grillplatz, Indianerzelt und Blockhütte, auch Zirkuswagen, Streichelzoo und Baumhaus sind vorhanden, für Teenager stehen Internetstationen, Billardtisch, X-Box und Dart bereit, für Erwachsene auch Billard, Roulette und Bridge. Garage gegen 22 Euro pro Tag. Täglich Betreuung für Kinder ab drei Jahren in drei Altersgruppen (9 bis 18 Uhr, zu Ferienzeiten bis 23 Uhr, sehr nett). Hunde erlaubt. 85 Liegen, 230 Betten.

Naturbadeteich, Solefreibecken, Freibecken (Sommer), Solehallenbad, Hallenbad, Kinderbecken, Sauna, Dampfbad, Massagen, Kosmetik, Ayurveda, Fitnessgeräte, Personal Trainer. 18-Loch-Parcours in 12 km, Tennisplatz.

72270 Baiersbronn-Mitteltal, Hermine-Bareiss-Weg 1
07442-47-0
HP-plus ab € 325,–

WELLNESS

14 PUNKTE – 1 LILLIE

Engel Obertal *****s

Grünlage bei Baiersbronn – Schwarzwald

Ein Traditionshaus im Wandel: Hier wird Schritt für Schritt modernisiert, am Ende soll eine Komplettrenovierung aller vier Logiergebäude und des Wellnessbereichs stehen. Zur Anlage zählen auch sechs ziemlich neue Chalets, deren Architektur mit Fichten- und Weißtannenholz an die pittoresken Heuhütten im Murgtal erinnert – sehr schön! Alle haben zwei Schlafzimmer, eigene Terrasse und Infrarotkabine.

Nachdem im Restaurantbereich bereits die Bar modernisiert wurde und eine Showküche gebaut wurde, gibt es nun mit der „Destille“ eine neue Restaurantstube. Das Interieur ist eine zeitgemäße Interpretation der Tradition des Schwarzwaldes – so trifft etwa eine alte Schindelwand auf kontemporäre Gestaltungsakzente. Zimmer stehen in zahlreichen Kategorien zur Verfügung (DZ von 29 bis 120 m²), die jüngst renovierten im Stammhaus sind gut gelungen, auch hier wurde mit viel Holz gearbeitet. Wer bei offenem Fenster schlafen möchte, dem raten wir zu einem Zimmer möglichst weit weg von der Straße.

Das Spa kann indoor nicht gerade mit Weitläufigkeit punkten, hat aber trotzdem einiges zu bieten: neben einem 24 m langen Badeteich, einem kleinen, ganzjährig nutzbaren Außenpool und zwei Innenpools auch acht feine Saunen und einen gut ausgestatteten Fitnesspavillon. Umfangreiches Aktivprogramm, unter anderem Yoga, Qi Gong, autogenes Training und geführte Wanderungen. Ebenso werden Lauf-Workshops, Yoga-Retreats und Wanderwochen angeboten. Fahrräder gibt's zur Gratisleihe, E-Bikes gegen Gebühr.

Restaurrantterrasse, reichhaltiges Frühstück bis 11 Uhr, ein Light Lunch ist inkludiert. Ungeeignet für Kinder, Hunde erlaubt. Garage gegen 12 Euro pro Tag. 70 Liegen, 205 Betten.

Naturbadeteich, Solefreibecken, Solehallenbad, Hallenbad, Außensauna, Sauna, Dampfbad, Massagen, Kosmetik, Fitnessstudio, Personal Trainer.
18-Loch-Parcours in 15 km, bis zu 100 % Greenfee-Rabatt, Tennisplatz, Leihfahrräder gratis.

72270 Baiersbronn-Obertal, Rechtmurgstraße 28, 07449-85-0
HP-plus ab € 229,-

WELLNESS
15 PUNKTE – 2 LILLIEN

Traube Tonbach *****S

Grünruhelage bei Baiersbronn – Schwarzwald

Kinderfreundlich. Schwarzwaldlegende mit fünfeinhalb Sternen: Ein in achter Generation familiengeführtes Luxushotel, nach einem Brand Anfang 2020 ist es vollständig wiederhergestellt worden, und die berühmte Schwarzwaldstube glänzt nun mit einer verglasten Fensterfront und feinen Materialien wie Naturstein und Samt. Das Haus besteht aus drei Gebäuden, von denen allerdings zwei durch eine verkehrsarme Straße abgetrennt sind.

Im etwas angejahrt anmutenden Haupthaus herrschen geheimnisvoll verwinkelte Strukturen, hier befindet sich der Großteil der Zimmer (DZ von 36 bis 100 m²). Sie haben stark unterschiedliche Interieurs, die meisten Teppichböden, alle Balkon oder Terrasse, manche auch ihre beste Zeit bereits längst hinter sich.

Das auch Tagesgästen zugängliche Spa bietet unter anderem einen 23 m langen, ganzjährig nutzbaren Außenpool, eine Liegewiese in einem gepflegten Garten, drei Whirlpools und insgesamt sieben Saunen, wo auch Kinder unter 14 Jahren mitschwitzen dürfen, wenn sie in Begleitung von Erwachsenen sind – das finden wir gut! In der Dependance („Haus Kohlwald“) geht es weiter in Sachen Spa – man findet dort eine Familiensauna, Dampfbad und Whirlpool. Umfangreiches Aktivprogramm, darunter geführte Wanderungen und Yoga, mehrmals pro Jahr werden Yoga-Retreats veranstaltet.

Großartiges Frühstück bis 11.30 Uhr, gute Küche (diese Wertung bezieht sich wie immer auf die Halbpension, nicht auf das À-la-carte-Restaurant Schwarzwaldstube), edle Tischkultur, eine Nachmittagsjause ist im Preis inkludiert, unsere Schwarzwälder Kirschtorte war ein wahrer Genuss und wird uns noch lange in Erinnerung bleiben. Achtung: In den Zimmerpreisen ist nur das Frühstück enthalten, für die Halbpension gilt ein Aufpreis von bis zu 97 Euro.

Viele freundliche junge Mitarbeiter, beim Service gibt es für ein Fünfstern-superior-Haus noch Luft nach oben – das nagt etwas am Preis-Leistungs-Verhältnis. Zahlreiche langjährige Stammgäste, für viele ist die mehrmals pro Woche stattfindende abendliche Live-Musik Pflichtprogramm. Wanderwege und Laufstrecken ohne Zahl, E-Bikes gibt es zur Gratisleihe. Valet Parking, Check-out zuvorkommend, nämlich bis 12 Uhr mittags.

Täglich 12 Stunden Betreuung (mit saisonalen Einschränkungen) sowie abwechslungsreiches Programm für Kinder ab drei Jahren, Ruhesuchenden empfehlen wir eher einen Aufenthalt außerhalb der Ferienzeiten. Garage gegen 10 Euro, Parkhaus gegen 17 Euro pro Tag. Hunde erlaubt. 97 Liegen, 350 Betten.

Solefreibecken, Hallenbad, Kinderbecken, Sauna, Dampfbad, Massagen, Kosmetik, Ayurveda, Fitnessstudio, Personal Trainer.
18-Loch-Parcours in 14 km, 20 % Greenfee-Rabatt, Tennisplätze.

72270 Baiersbronn-Tonbach, Tonbachstraße 237, 07442-492-0
HP-plus ab € 221,50

WELLNESS
16 PUNKTE – 2 LILLIEN

Mawell Resort

Grünruhelage mit Fernblick – 105 km von Stuttgart

Ungewöhnlich in vielerlei Hinsicht: Ein architektonisch höchst bemerkenswertes Haus, es liegt im Hohenloher Land, oder ganz genau gesagt in the middle of nowhere. Beim Reinkommen waren wir ziemlich überrascht, denn einen Chevy-Pick-up Baujahr 1950 als Lobby-Dekoration hatten wir im „Naturresort Deutschland“, wie sich das Hotel im Namenszusatz bezeichnet, wirklich nicht erwartet, die grelle Deckenbeleuchtung ebenso nicht. Aber das sind nicht die einzigen Widersprüchlichkeiten im Charakter dieses Hotels, das sich in seiner fabelhaften Erscheinung überdeutlich vom Mainstream abhebt, in puncto Zielpublikum aber genau diesen bedient. Alles hier ist weitläufig und mit einer Art bodenständiger Phantasie geplant, die ihresgleichen sucht. Charaktervoll, naturnah und mit zahlreichen gestalterischen Stärken.

Die Zimmer (DZ von 29 bis 92 m^2) sind großzügig geschnitten und wohnlich arrangiert, man findet darin praktisch verschiebbare Wände, gute Betten, feine Holzböden und Terrassen sowie teilweise auch Whirlpools.

Highlight des Hauses ist das auf vier Zonen aufgeteilte Spa mit dem schon von weitem erkennbaren, 30 m hohen Turm, in dem sich ganz oben eine Sauna und ein Außenpool befinden. Weiters fanden wir einen atmosphärischen Felsenbereich inmitten riesiger, uralter Kalksteinblöcke mit vier Saunen, einen Naturteich mit zwei weiteren Saunen sowie ein ganzjährig nutzbares und buchstäblich in die Baumwipfel hineingebautes, 18 m langes und auch im Winter nutzbares Freibecken. Brandneu ist ein 50 m langer Innenpool, dessen Glasfassade im Sommer geöffnet werden kann. Vieles ist absolut beeindruckend, schade nur, dass auch Tagesgäste willkommen sind und diese mitunter buchstäblich in Scharen hereingelassen werden. Das nervt, und die Wahrscheinlichkeit ist groß, dass man beim Kampf um eine freie Liege so endet wie General Custer 1876 am Little Bighorn in der Schlacht gegen die Sioux.

Frühstück bis 11 Uhr, ein Light Lunch mit verbundener Nachmittagsjause ist inkludiert, das Abendessen („Vital-Buffet“) kann man auch im Bademantel zu sich nehmen, auch das ist – bei all unserem Enthusiasmus für alltagsabgewandtes Relaxen – etwas irritierend, um es mal höflich zu formulieren. Viele freundliche Mitarbeiter, mitunter Diskussionsbedarf an der Rezeption, an Professionalität und Küchenqualitäten sollte noch etwas gefeilt werden. Check-out bereits um 10 Uhr, das Spa kann am Anreisetag ab 11 und am Abreisetag noch bis 17 Uhr ohne Aufpreis genutzt werden. Wanderwege ohne Zahl. Ungeeignet für Kinder. 179 Liegen, 290 Betten.

Naturbadeteich, Freibecken, Freibecken (Sommer), Solehallenbad, Außensauna, Sauna, Dampfbad, Massagen, Kosmetik, Fitnessgeräte.

74595 Langenburg, Roseneck 5, 07905-9414-0
HP-plus ab € 160,–

GESUNDHEIT
14 PUNKTE – 1 LILLIE

Santulan Aum-Kurzentrum

Grünruhelage – 70 km nordöstlich von Stuttgart

Eines der ältesten Ayurveda-Zentren Europas: Es wurde bereits vor drei Jahrzehnten gegründet, und zwar unter der Schirmherrschaft des 2021 verstorbenen Ayurveda-Arztes und spirituellen Meisters Shriguru Dr. Balaji També, der an der weltweiten Bekanntmachung des ayurvedischen Medizinsystems maßgeblich beteiligt war. Das kleine Haus liegt am Ortsrand inmitten eines naturbelassenen Gartens, es ist nach den Prinzipien des Vastu Shastra gestaltet, was vereinfacht gesagt die indische Variante des chinesischen Feng Shui ist.

Santulan-Ayurveda bedeutet Balance auf körperlicher, geistiger und seelischer Ebene, und genau das soll mit den angebotenen Ayurveda-Kuren erreicht werden. Das Atmosphäre ist gelassen und freundlich, zudem von lebendiger Spiritualität durchwoben.

Die Zimmer sind recht einfach eingerich-

Friedrichsruhe Wald & Schlosshotel

tet, auch auf W-Lan und TV muss verzichtet werden, was im Rahmen jeglicher Regenerationskuren aber ohnehin gewollt ist – und auch erforderlich ist. Angeboten wird Panchakarma für zwei oder drei Wochen, zudem Kurzaufenthalte und ambulante Therapien. Sechsmal die Woche finden vor dem Frühstück Atem- und Yogaübungen statt, vor dem Abendessen gibt es täglich Musiktherapie und Meditation.

Für die Ayurveda-Therapien werden selbsthergestellte, überdurchschnittlich gute Öle verwendet – so mancher höherpreisige Konkurrent könnte sich hier noch etwas abschauen!

Die vegetarische Küche ist nach sattvischen Kriterien ausgerichtet und gut. Alle zwei bis drei Wochen findet ein ayurvedischer Kochkurs statt. Gutes Preis-Leistungs-Verhältnis, es handelt sich immerhin um eines der preisgünstigsten Ayurveda-Kurzentren Europas. Nichts für Schnösel, aber ein ruhevolles, zu innerer Einkehr wunderbar geeignetes Umfeld. Ungeeignet für Kinder. 22 Betten.

Dampfbad, Massagen, Ayurveda.

74629 Pfedelbach-Gleichen, Römerstraße 1-3, 07949-590
Pauschalen, etwa 14-tägige Ayurveda-Kur inkl. Diät-VP, Arzt und Therapien ab € 3.290,–. Tagessatz mit VP inklusive Anwendungen ab € 250,–

WELLNESS

19 PUNKTE – 4 LILLIEN

Friedrichsruhe Wald & Schlosshotel *****S

Grünruhelage – 75 km nordöstlich von Stuttgart

Hideaway für Anspruchsvolle: Ein ruhevolles Schlosshotel in angenehmer Größe, es liegt inmitten einer viereinhalb Hektar großen Parklandschaft, diese ist von Kieswegen durchzogen und vermag es, die Sinne zu erfreuen, sei es mit prachtvollen Rosenbeeten oder mit einem belebenden Springbrunnen. Ein kleines Jagdschloss aus dem 18. Jahrhundert und vier weitere Gebäude bilden den hiesigen Mikrokosmos, dessen öffentliche Räume eine Aura hochwertiger Zeitlosigkeit verströmen, wenn auch die einzelnen Häuser sehr unterschiedlich gestaltet sind. Das Stilspektrum reicht vom Typ englisches Landhaus bis hin zu geradlinig-schlichter Modernität, in der sich das jüngste Gebäude, das sogenannte Spa-Haus, präsentiert.

Die Zimmer (17 Kategorien, DZ von 28 bis 180 m²) sind mehrheitlich außerordentlich großzügig geschnitten und haben alle Minibar, jene im Haupthaus wurden vor kurzem renoviert, wer auf 180 m² residieren will, wähle die Präsidentensuite im Spa-Haus, dort gibt es auch Kamin, eigene Sauna und Frühstücksbalkon. Unsere Favoriten sind freilich auch weiterhin die Zimmer im Jagdschloss, auch wenn sie ein paar Schritte von Restaurant und Spa entfernt sind, denn alles hier fühlt sich so wunderbar schlossig an.

Der Wellnessbereich steht auch Tagesgästen offen, er ist nicht unbedingt rasend groß und bietet auch keine außergewöhnlichen Attraktionen, dafür ist er jedoch ein wahrer Ort zum Wohlfühlen. Wir fanden dort unter anderem fünf Saunen, einen 13 m langen, auch im Winter nutzbaren Außenpool (der für unseren Geschmack gerne ein, zwei Grad wärmer sein könnte), traumhafte Ruheräume, ein kleines Lady-Spa und eine Liegewiese, die schier unendlich wirkt, so weitläufig ist sie.

Schöne Restaurantterrasse mit Morgensonne, reichhaltiges Frühstücksbuffet bis 11 Uhr, sehr gute Küche bei feiner Tischkultur – wie immer beziehen wir uns dabei auf die Halbpension und nicht auf das vom Guide Michelin mit zwei Sternen prämierte À-la-carte-Restaurant Le Cerf unter der Führung des virtuosen Boris Rommel –, schade nur, dass Light Lunch und Nachmittagsjause nicht inkludiert sind. Präsenter Gastgeber, freundliche und zuvorkommende Mitarbeiter, kompetente Weinberatung, stimmungsvolle Bar, edle Zigarrenlounge mit großer Auswahl an Puros. Valet Parking. Garage gegen 20 Euro pro Tag. Hunde erlaubt, gegen einen Aufpreis von 30 Euro pro Tag. Ungeeignet für Kinder. 88 Liegen, 132 Betten.

Freibecken, Hallenbad, Außensauna, Sauna, Dampfbad, Massagen, Kosmetik, Fitnessstudio, Personal Trainer. 27-Loch-Parcours in 0,2 km, Tennisplatz.

74639 Zweiflingen-Friedrichsruhe, Kärcherstraße 11
07941-6087-0

HP ab € 275,-

GESUNDHEIT

15 PUNKTE – 2 LILLIEN

Casa Medica

Grünruhelage am Ortsrand – 90 km von Stuttgart

Kein Kaffee, kein Alkohol und keine Zigaretten: Ein kleines, von der Arztfamilie Leser geführtes Naturheilsanatorium, es liegt schön ruhig am Waldrand und ist die ideale Adresse für Ausgebrannte und Stressgeplagte, die hier von allerlei Anwendungen profitieren können – von Osteopathie über Coaching bis hin zu cranio-sacraler Therapie ist vieles zu haben. Spezialität des Hauses ist die Dauerbrause mit frischem Quellwasser, eine spezielle Form der Hydrotherapie. Sie wurde von einem Schüler Kneipps entdeckt, findet bei zahlreichen Gesundheitsproblemen Einsatz und ist vor allem bei Erschöpfungszuständen ungemein hilfreich.

Die Zimmer sind einfach und zweckmäßig arrangiert, sie sind mit Vollholzmöbeln ausgestattet, einige haben Holzböden, andere Teppichböden, allerdings verfügen nur zwei Apartments über Balkon oder Terrasse, und auch Fernseher gibt es nicht – oder nur für Süchtige im TV-Zimmer.

Der nur Hausgästen zugängliche Wellnessbereich hat nahezu musealen Charakter, geboten werden ein Innenpool und zwei Saunen, die allerdings nur dienstags und freitags von 14 bis 18 Uhr beheizt werden und, wie Salzgrotte und Infrarotkabine, nur gegen eine geringe Gebühr zu haben sind. Kleines Aktivprogramm von Montag bis Freitag, darunter Yoga, Meditation und „Vitalisierendes Tanzen“, auch Yoga-Retreats werden angeboten.

(Kaffeefreies) Frühstück erst ab 8.30 Uhr, die Küche verarbeitet Zutaten aus eigenem biologischen Anbau und verzichtet auf Zucker, Koffein, Alkohol und Weißmehl, auch tierisches Eiweiß wird weitgehend vermieden – und auf Wunsch wird eine vegane Variante geboten sowie auf Nahrungsunverträglichkeiten eingegangen. Weitläufiger Garten, sehr herzliche, authentische Mitarbeiter, freundliches Umfeld mit sauberem Preis-Leistungs-Verhältnis. Abholung vom Bahnhof Elztal-Dallau gratis. Ungeeignet für Kinder, Hunde sind nur in einem Zimmer erlaubt. 9 Liegen, 45 Betten.

Hallenbad, Sauna, Dampfbad, Massagen.

74834 Elztal-Dallau, Obere Augartenstraße 36, 06261-8000-0

VP ab € 111,-

GESUNDHEIT

14 PUNKTE – 1 LILLIE

Ayurveda Garden

Grünruhelage – 75 km nördlich von Stuttgart

Regeneration nach den Grundsätzen des ältesten Medizinsystems der Welt: Ein authentisches, familiär geführtes Mini-Ayurveda-Kurzentrum, es befindet sich am Rand des

Berlins Kronelamm

ruhevollen Kurparks, an den Wiesen und Wälder angrenzen. Zwei Ayurveda-Ärzte aus Kerala bieten hier seit mehr als zwei Jahrzehnten ganzheitliche Regeneration nach dem ältesten Medizinsystem der Welt. Das Kurzentrum ist in drei ehemaligen Salinengebäuden untergebracht, die durch einen parkähnlichen Garten verbunden sind. Im Vorjahr wurden die 200 Jahre alten Häuser umfangreich renoviert, die 16 Zimmer haben nun Vinylböden in Holzoptik und sind angenehm schlicht gestaltet. TV und W-Lan erfreuen weiterhin durch ihre Abwesenheit, Yoga ist fixer Bestandteil des Tagesablaufs. Die Therapien sind sehr gut, eine Panchakarmakur wird in 10-, 14- oder 21-tägigen Packages angeboten, zudem stehen Schnuppertage und Kurzprogramme im Angebot.

Stets inkludiert sind drei frisch gekochte vegetarische Mahlzeiten, die für jeden Konstitutionstyp geeignet sind. Herzliches Umfeld, familiäre Atmosphäre, viele Stammgäste. Ungeeignet für Kinder. 22 Betten.

74906 Bad Rappenau, Saline 1–3, 07264-8905-95
Pauschalen, etwa 14-tägige Panchakarmakur inkl. Diät-VP, Arzt und Therapien ab € 4.405,–. Tagessatz mit VP zzgl. Behandlungen ab € 130,–

WELLNESS

15 PUNKTE – 2 LILLIEN

Berlins Kronelamm ****S

Grünlage bei Bad Teinach – 50 km von Stuttgart

Hundefreundlich. Berlin ist hier nicht die Hauptstadt, sondern der Familienname: Ein in zweiter Generation familiengeführter Traditionsbetrieb, gleich fünf Familienmitglieder packen hier tüchtig mit an. Er besteht aus dem Stammhaus namens Krone und dem Haupthaus namens Lamm, in Letzterem befinden sich Halbpensionsrestaurant, Bar und Wellnessbereich, vom einen kommt man über einen „Gassenhüpfer“ zum anderen. Das Ambiente zelebriert unterschiedlichste Stile und Mut zu Dekoration.

Die Zimmer (DZ von 22 bis 90 m^2) zeigen sich mehrheitlich schön und hell, viele sind zeitgemäß und reduziert gestaltet und verfügen über Vinylböden in Holzoptik, andere haben Teppichböden und bodentiefe Fenster, die Badezimmer sind mitunter recht klein, aber alles ist blitzsauber – und täglich wird ein Fläschchen Teinacher Mineralwasser bereitgestellt.

Das Spa ist nur Hotelgästen vorbehalten und ausnahmslos erst ab 14 Jahren zugänglich. Es verteilt sich auf vier Etagen und bietet unter anderem sechs Saunen, ein ganzjährig nutzbares, 14 m langes Freibecken und eine FKK-Zone. Ein Highlight im Freien ist die „Hochsitzsauna" mit schönem Ausblick über das Teinachtal. Abwechslungsreiches Aktivprogramm, darunter Meditation, Yoga, progressive Muskelentspannung und geführte Wanderungen, auch Retreats rund um Tai Chi, Qi Gong und Yoga stehen immer wieder auf dem Programm.

Reichhaltiges Frühstücksbuffet bis 11 Uhr, gute Küche (die Bewertung bezieht sich wie immer auf die Halbpension und nicht auf das À-la-carte-Restaurant Krone, das mit einem Stern vom Guide Michelin ausgezeichnet wurde), eine Nachmittagsjause im Spa-Bistro ist ebenso inkludiert. Ausgesprochen freundliche Mitarbeiter, präsente Gastgeber. Restaurantterrasse mit Abendsonne, stimmungsvolle Bar. Wanderwege ab der Haustüre. Garage gegen 7 Euro pro Tag. Ungeeignet für Kinder. 69 Liegen, 145 Betten.

Freibecken, Außensauna, Sauna, Dampfbad, Massagen, Kosmetik, Ayurveda, Fitnessgeräte, Personal Trainer.

75385 Bad Teinach-Zavelstein, Marktplatz 1-3, 07053-9294-0
HP-plus ab € 135,-

WELLNESS

14 PUNKTE – 1 LILLIE

Therme Bad Teinach ****S

Grünruhelage in Bad Teinach – 50 km von Stuttgart

Die ehemalige Sommerresidenz der Könige von Württemberg: Diese am Rande eines Parks befindliche Anlage besteht aus der öffentlichen Therme und drei miteinander verbundenen Logiergebäuden, das älteste hat eine klassizistische Fassade und stammt aus dem 19. Jahrhundert, der sogenannte Thermenflügel ist der jüngste, in dem sich die schöne Lobby und auch die besten Zimmer befinden.

Insgesamt kann man aus sieben Zimmerkategorien (DZ von 21 bis 79 m²) wählen, jene im neuen Trakt haben ansprechende Interieurs, schöne Holzböden und sensibel platzierte Lichtquellen. Die Zimmer in den alten Bereichen („Haupthaus" und „Fürstenflügel") sowie die Restaurants können da nicht ganz mithalten.

Angenehm gestaltet ist die öffentliche Therme, geboten werden etwa ein ganzjährig nutzbarer, 23 m langer Außenpool, ein Whirlpool und eine feine Außensauna. Ein weiterer separater Wellnessbereich befindet sich im Dachgeschoß und ist nur Hotelgästen vorbehalten, hier gibt es fünf Saunen und ein Ladys-Spa, Ausblick in den Park inklusive.

Reichhaltiges Frühstücksbuffet, bei Küche und Service gibt es noch etwas Luft nach oben. Viele Seminargäste, Garage gegen 7,50 Euro pro Tag, E-Bikes können gegen Gebühr ausgeliehen werden. Ungeeignet für Kinder. Hunde erlaubt. 90 Liegen, 240 Betten.

Freibecken, Kinderfreibecken, Thermalhallenbad, Außensauna, Sauna, Dampfbad, Massagen, Kosmetik, Fitnessgeräte, Personal Trainer.
18-Loch-Parcours in 21 km.

75385 Bad Teinach, Otto-Neidhart-Allee 5, 07053-29-0
HP ab € 141,-

WELLNESS

14 PUNKTE – 1 LILLIE

Brenners Park-Hotel & Spa *****S

Grünruhelage in Baden-Baden

Hunde- und kinderfreundlich. Vor drei Jahrzehnten Deutschlands führende Spa-Adresse: Eine Grandhotellegende mit unvergleichlich fabelhaftem Flair, sie liegt mitten in der Stadt inmitten eines herrlichen Parks, durch den das Flüsschen Oos rauscht. Die öffentlichen Räume werden dem luxuriösen Charakter des Hauses spielend gerecht, sie sind großzügig gestaltet und zeigen sich in niveauvoller Gediegenheit.

Zimmer können aus zahlreichen Kategorien (DZ von 30 bis 200 m²) ausgewählt werden, einige sind schon etwas in die Jahre gekommen, aber auch wahre Wohnträume sind zu haben – so etwa die Spa-Suite, die eine Sauna und sogar eine kleine Fitnesszone hat.

Der Wellnessbereich ist für heutige Verhältnisse äußerst bescheiden ausgestattet, wer etwa Naturbadeteich, Außensauna oder auch nur ein Freibecken sucht, wird hier nicht fündig, selbst der Fitnessraum ist vergleichsweise nur brustschwach bestückt. Unter anderem gibt es etwa ein 16 m langes Hallenbad im pseudorömischen Stil und vier kleine Saunen, die Behandlungsräume hingegen sind überaus großzügig und luxuriös arrangiert – sie sind freilich kein Wellnessbereich. Kleines Aktivprogramm mit Yoga und Pilates, zum Angebot zählen auch Packages für Detox, Abnehmen und Stärkung des Immunsystems.

Fabelhafte Restaurantterrassen, wunderbares Frühstück bis 11 Uhr, gute Küche, die

Tischkultur ist leider fairly casual (das passt hier gar nicht!) und im Service gibt es noch etwas Luft nach oben. Generell bietet das Haus ein ruhevolles Umfeld, allerdings versteht es sich auch auf große Tagungen, Hochzeiten und rauschende Events, Ruhesuchende sollten die Situation vor der Buchung abklären. Für Kinder ab drei Jahren gibt es an Wochenenden Betreuung. Valet Parking, Garage gegen 39 Euro pro Tag. Und die Hauskatze heißt Kleopatra. 16 Liegen, 210 Betten.

Hallenbad, Sauna, Dampfbad, Massagen, Kosmetik, Fitnessgeräte, Personal Trainer.
18-Loch-Parcours in 3 und 17 km.

76530 Baden-Baden, Schillerstraße 4-6, 07221-900-0
NF ab € 275,-

WELLNESS
13 PUNKTE – 1 LILLIE

Adler Naturparkhotel ****S

Grünruhelage am Ortsrand bei Wolfach – Schwarzwald

Familienfreundlich. Das nette Haus inmitten der Natur wurde im Vorjahr (nach unserem Redaktionsschluss) von einer kleinen Kette (Dr. Lohbeck Privathotels) übernommen. Es liegt idyllisch im Handyfunkloch eines entzückenden 15-Häuser-Dörfchens – das ist eine ideale Voraussetzung für entspannende Tage! Im Inneren der vier Logiertrakte unterschiedlichen Alters findet man geheimnisvolle Grundrisse ebenso wie bodenständige Gemütlichkeit.

Zimmer sind in 14 sehr unterschiedlichen Varianten (DZ von 21 bis 75 m²) zu haben, sie sind gemütlich in warmen Farben eingerichtet und mit Vollholzmöbeln und Vinylböden in Holzoptik ausgestattet. Das Spa bietet unter anderem einen 15 m langen, ganzjährig nutzbaren Außenpool, fünf Saunen (eine davon textil), Ruhezonen auf vier Ebenen und eine Liegewiese mit herrlichem Ausblick. Umfangreiches Aktivprogramm, unter anderem Yoga und geführte Wanderungen (im Winter auch mit Schneeschuhen), zu bestimmten Terminen werden auch fünftägige Yoga- und E-Bike-Schwerpunkte angeboten.

Restaurantterrasse, bei Küche und Service hat man etwas an Terrain verloren, im Preis inkludiert sind Light Lunch, eine süße Nachmittagsjause sowie ganztägig alkoholfreie Getränke im Spa-Bistro. Viele freundliche Mitarbeiter (die meisten kennen wir noch von früher), auch weiterhin große Weinkarte mit fairen Preisen und vielen Offenen; Raucherlounge. Mountainbikes gibt es zur Gratisleihe, E-Bikes gegen eine kleine Gebühr. Das Spa kann am Abreisetag kostenfrei genutzt werden. Im Winter ist man direkt an der Loipe. Hunde erlaubt. Garage gegen 6 Euro pro Tag. 58 Liegen, 135 Betten.

Freibecken, Hallenbad, Sauna, Dampfbad, Massagen, Kosmetik, Fitnessgeräte, Personal Trainer.
18-Loch-Parcours in 25, 32 und 42 km, bis zu 50 % Greenfee-Rabatt, Tennisplatz.

77709 Wolfach-St. Roman, St. Roman 14, 07836-9378-0
HP-plus ab € 142,-

WELLNESS
14 PUNKTE – 1 LILLIE

Ritter Durbach ****S

Zentrale Ortslage in Durbach – Schwarzwald

Etwas ganz Besonderes: Ein wunderschöner Familienbetrieb, er liegt mitten im Ort an der Badischen Weinstraße und besteht aus einem entzückenden Fachwerkhaus sowie modernen Zubauten. Geheimnisvoll verwinkelte Grundrisse und ein liebevoll gestaltetes Ambiente sind Kennzeichen dieses Hauses. Zimmer sind in 11 wunderbar wohnlichen Varianten (DZ von 17 bis 70 m²) wählbar, viele bieten Ausblick auf die Weinberge – hier kann man auch bei offenem Fenster schlafen, was auf der straßenzugewandten Seite eher nicht gut möglich ist. Besonders fein sind die Suiten mit eigener Sauna.

Genauso verwinkelt wie das übrige Haus zeigt sich der Wellnessbereich, er zieht sich über drei Ebenen und bietet unter anderem einen 11 m langen Innenpool (ohne Tageslicht), vier Saunen, ein Sonnendeck mit fabelhaftem Ausblick über den Ort und wohlig gestaltete Ruhebereiche. Die Massagen sind außergewöhnlich gut, auch Vinotherapie wird angeboten. Freilich auch hier nicht etwa als den uralten Männertraum im mit Rotwein gefüllten Eichenfass, sondern wie überall als kosmetische Hautbehandlung mit Traubenkernextrakten. Kleines Aktivprogramm, unter anderem mit Yoga und Meditation.

Herrliches Frühstücksbuffet von 6.30 bis 11 Uhr, zumeist gute bis sehr gute Küche. Großartiger Weinkeller, kompetente Beratung – es gibt auch Weindegustationen. Präsente Gastgeber und sehr freundliche Mitarbeiter. Dem

Der Öschberghof

Oldtimer-Enthusiasmus des Hausherrn ist die Vermietung von historischen Fahrzeugen sowie die umfassende Hilfestellung für Gäste mit Oldtimern zu verdanken. Neu im Fuhrpark ist ein Porsche 911 Carrera 4 GTS Cabriolet – was für ein Fahrerlebnis! Fahrräder und E-Bikes gegen Gebühr. Garage gegen 15 Euro pro Tag. Eher ungeeignet für Kinder, Hunde erlaubt. 35 Liegen, 175 Betten.

Hallenbad, Sauna, Dampfbad, Massagen, Kosmetik, Fitnessgeräte, Personal Trainer.
18-Loch-Parcours in 13 und 30 km.

77770 Durbach, Im Tal 1, 0781-9323-0
HP ab € 172,-

WELLNESS
17 PUNKTE – 3 LILLIEN

Der Öschberghof *****S

Grünruhelage – 65 km östlich von Freiburg

Fünfeinhalbstern-Paradies für Golfer: Ein Großhotel, das neben Golf auch auf Events und Wellness setzt, es wurde in den 1970er Jahren vom Aldi-Süd-Gründer Karl Albrecht erbaut und vor kurzem dem Zeitgeist entsprechend umfassend modernisiert – die Architektur ist durchdacht, alles wirkt stimmig und wie aus einem Guss, was gar nicht so leicht war, besteht das Haus doch aus zahlreichen Gebäuden und einer ein paar gute Schritte entfernten Dependance, die Gästen mit vierbeinigen Begleitern gewidmet ist. 127 wunderbar wohnlich gestaltete Zimmer (DZ von 36 bis 111 m²) stehen zur Auswahl, sie sind mit hochwertigen Betten, schmeichelnder Bettwäsche, recht gut sortierter Minibar und Soundboxen sehr gut ausgestattet, ein ausgeklügeltes Lichtkonzept sorgt für die richtige Stimmung – und fast alle haben Balkon oder Terrasse.

Das Spa ist in vier stilvoll gestaltete Bereiche aufgeteilt, es offeriert unter anderem neun Saunen, einen 25 m langen Innenpool sowie einen schmalen, knapp 20 m langen, auch im Winter nutzbaren Außenpool, außerdem ein Asia-Spa mit Onsen, einen Friseursalon sowie ein bestens ausgestattetes Gym mit Outdoor-Zone. Mit unserer Massage waren wir hingegen weniger zufrieden, und auch die Ruhezonen erscheinen uns etwas knapp dimensioniert, außerdem steht der Wellnessbereich ja auch externen Gästen offen. Täglich breites Aktivprogramm, darunter Pilates, Meditation und Yoga.

Kaiserhof
★★★★★
superior

4 LILIEN

Genießen Sie alpines Wellnessflair in unserem familiengeführten Luxushotel in privilegierter Lage auf einem Sonnenplateau hoch über Ellmau mit atemberaubendem Blick auf den Wilden Kaiser.

www.kaiserhof-ellmau.at
6352 Ellmau
Tirol, Österreich
T. +43 5358 2022

KAISERHOF ELLMAU *****S

Fabelhafte Restaurantterrasse mit Morgensonne, tolles Frühstücksbuffet bis 11 Uhr (am Wochenende gar bis 12 Uhr), die Tischkultur ist recht casual, die Küche sehr gut und optisch ansprechend präsentiert – wie immer beziehen wir uns dabei auf die Halbpension und nicht auf das À-la-carte-Restaurant Ösch Noir des fabelhaften Zwei-Sterne-Chefs Manuel Ulrich oder auf den hauseigenen À-la-carte-Italiener, in dem (bravissimo!) authentische traditionelle Gerichte serviert werden, wie man sie sonst nur mehr in den besten Häusern in Italien bekommt.

Viele freundliche und zuvorkommende Mitarbeiter, die in Sachen Kompetenz und Herzlichkeit allerdings nicht immer ganz auf Fünfstern-superior-Level agieren. Niveauvolles Publikum, viele Gäste aus der Schweiz, mitunter checken auch ganze Fußballmannschaften ein. Stimmungsvolle Bar mit vielen Rums und Malts, Zigarrenlounge mit riesiger Auswahl an Puros, Turn-down-Service, Gratisgarage für alle. Das Spa kann am Anreisetag ab 10 Uhr ohne Aufpreis genutzt werden, am Abreisetag sogar bis 22 Uhr. Check-in erst ab 16 Uhr, Check-out dafür bis 12 Uhr. Ungeeignet für Kinder, Hunde erlaubt. 77 Liegen, 300 Betten.

Solefreibecken, Hallenbad, Außensauna, Sauna, Dampfbad, Massagen, Kosmetik, Ayurveda, Fitnessstudio, Personal Trainer.
45-Loch-Parcours, 30 % Greenfee-Rabatt.

78166 Donaueschingen-Aasen, Golfplatz 1, 0771-84-0
NF ab € 260,50

WELLNESS
13 PUNKTE – 1 LILLIE

Salinensee

Grünruhelage in Bad Dürrheim – 70 km von Freiburg

Hundefreundlich. Ein einfaches, ruhevoll am Seeufer gelegenes Kleinhotel, es wurde vor knapp einem Jahrhundert von den Großeltern des heutigen Gastgebers eröffnet.

Die Zimmer (sieben Kategorien, DZ von 20 bis 48 m²) sind zeitgemäß gestaltet, alle haben Teppichböden, fast alle Balkon, viele bieten einen schönen Ausblick auf den See und das umliegende Wäldchen.

In einem modernen Zubau befindet sich das Spa, es verfügt unter anderem über einen 12 m langen Innenpool – der für unseren Geschmack gerne etwas wärmer hätte sein dürfen –, zwei Saunen und eine Liegewiese.

Reichhaltiges Frühstück, eine Halbpension wird neuerdings nicht mehr angeboten, das Restaurant hat zudem mittwochs und donnerstags geschlossen. Nette Restaurantterrasse mit Blick auf den See. In der Umgebung gibt es gut beschilderte Strecken zum Radfahren, Joggen und für Nordic Walking. Freundliches Umfeld, viele Stammgäste, sauberes Preis-Leistungs-Verhältnis. Ungeeignet für Kinder. 16 Liegen, 42 Betten.

Hallenbad, Sauna, Massagen, Kosmetik, Ayurveda, Personal Trainer.

78073 Bad Dürrheim, Am Salinensee 1, 07726-3705-0
HP ab € 115,-

WELLNESS
14 PUNKTE – 1 LILLIE

Die Halde

Grünruhelage 25 km von Freiburg – Schwarzwald

Familienfreundlich. Ein sympathisches Kleinhotel, es liegt auf 1.150 m Seehöhe auf dem Freiburger Hausberg Schauinsland, und dieser Name ist Programm, das Panorama ist wunderschön. Hinter den mit Holzschindeln gedeckten Fassaden herrscht eine heimelige Atmosphäre. Zimmer sind aus acht Kategorien (DZ von 25 bis 120 m²) wählbar, laut Werbung dominieren „heimisches Lärchenholz, frische Farben und behagliche Stoffe", und das stimmt. Dank der großen Fensterflächen genießt man einen schönen Ausblick in die Natur, Balkon findet man jedoch nur selten.

Das Spa ist auf zwei Ebenen aufgeteilt, geboten werden unter anderem vier Saunen, Ruheräume mit Panoramablick sowie ein 10 m langer Innenpool, im Außenbereich wartet ein etwa ebenso großer Naturbadeteich mit Sonnendecks und Liegewiese. Umfangreiches Aktivprogramm, neben Yoga, Pilates und Meditation gibt es im Sommer wie im Winter geführte Wanderungen mit den Gastgebern.

Im atmosphärisch gestalteten Restaurant trifft man mitunter auf viele Tagesgäste, das gilt auch für den Wellnessbereich. Wunderbares Frühstücksbuffet bis 12 Uhr, zumeist gute Küche mit Fokus auf Saison und Region, ein Light Lunch ist im Zimmerpreis inkludiert. Freundliche Mitarbeiter, bester Schlaf, der Weckruf erfolgt ganz sanft – durch das Schnauben der Pferde auf der angrenzenden Koppel. Ringsum Wanderwege ohne Zahl. Im Winter ist man hier direkt an der Loipe. Fahrräder und E-Bikes gibt's gegen eine kleine Gebühr, Garage gegen 10 Euro pro Tag. 42 Liegen, 78 Betten.

Naturbadeteich, Hallenbad, Sauna, Dampfbad, Massagen, Kosmetik, Ayurveda, Fitnessgeräte.

79254 Oberried-Hofsgrund, Halde 2, 07602-9447-0
HP-plus ab € 176,-

WELLNESS
16 PUNKTE – 2 LILLIEN

Elztalhotel ****S

Grünruhelage mit Fernblick bei Winden – Schwarzwald

Familienfreundlich. Auf einer kleinen Anhöhe über dem Ort gelegener, ehrgeizig geführter Familienbetrieb mit bäuerlichen Wurzeln, er besteht mittlerweile aus sechs ineinandergeschachtelten Logiergebäuden unterschiedlichen Alters – wohl nirgendwo anders wurde in den letzten Jahren so viel modernisiert und zugebaut wie hier. Geheimnisvoll verwinkelt und in romantisierend arrangierter Ländlichkeit präsentiert sich das Innenleben, Zimmer (DZ von 35 bis 100 m²) stehen in unterschiedlichsten Reifestadien zur Auswahl, nicht alle begeistern. Manche bieten einen schönen Ausblick, die neueren auch feine Holzböden und Klimaanlage, ein wenig seltsam ist nur, dass man für kürzere Aufenthalte keine fixe Kategorie zugesichert erhält.

Das Spa bietet nicht nur Hotelgästen, sondern auch Tagesgästen eine Fülle an Einrichtungen, besonders hervorzuheben ist der ansprechende Saunabereich im Stil eines Schwarzwälder Bauernhofs, er erfreut mit sieben Saunen und mehreren Aufgüssen pro Tag, guten Abkühl- und Ruhemöglichkeiten sowie entsprechenden Zonen im Freien und versteht sich vollständig als FKK-Areal, vom anderswo fast seuchenartig um sich greifenden Textilsaunen-Unwesen bleibt man hier gottlob verschont – bravo! Wir schätzen es, wenn Hoteliers in Zeiten kollektiver Verwirrung in dieser Frage standhaft bleiben. Seit Menschengedenken gibt es unsere Saunakultur, und es wurde bereits genug Entfremdendes aus US-Amerika übernommen!

Weiters geboten wird unter anderem ein 25 m langer Pool in einem feinen Außenbereich mit saisonal unterschiedlichen Öffnungszeiten – und stets erquickendem Ausblick.

Fabelhafte Restaurantterrasse mit Morgensonne, reichhaltiges Frühstücksbuffet bis 11 Uhr, aus der Küche kommt auch Wild aus heimischen Wäldern, ein Light Lunch mit verbundener Nachmittagsjause, bei der Getränke nicht fehlen, ist im Preis enthalten. Gemütliche Bar, freundliche Mitarbeiter, zahlreiche langjährige Stammgäste. Gratisgarage für alle. Hunde erlaubt. 163 Liegen, 240 Betten.

Solefreibecken, Freibecken, Freibecken (Sommer), Hallenbad, Außensauna, Sauna, Dampfbad, Massagen, Kosmetik, Ayurveda, Fitnessstudio.
9-Loch-Parcours in 7 km, 20 % Greenfee-Rabatt, Tennisplatz, Volleyballplatz.

79297 Winden im Elztal, Am Rüttlersberg 5, 07682-9114-0
HP-plus ab € 198,-

WELLNESS
14 PUNKTE – 1 LILLIE

Treschers Schwarzwaldhotel am See ****S

Ortslage am Seeufer in Titisee – Schwarzwald

Idyllisch am Seeufer gelegen: Ein familiengeführtes Traditionshaus, es empfängt romantisch mit schwarzwaldtypischen Holzschindelfassaden, grünen Fensterläden und blumengeschmückten Balkonen. Im Inneren der drei Gebäudeteile wird diese lupenreine Sommerfrischenostalgie allerdings nicht weitergeführt.

Zimmer sind aus 14 Kategorien wählbar (DZ von 25 bis 60 m²), sie sind klassisch-elegant eingerichtet, die meisten haben Balkon oder Terrasse mit Seeblick, viele wurden vor kurzem gefällig renoviert.

Der Wellnessbereich zeigt sich nicht besonders weitläufig, ist jedoch mit verschiedenartig grob behauenem Stein ungemein stilvoll gestaltet, erfreulich auch die völlige Absenz von überbordender Deko, auf die man anderswo im Schwarzwald auch heute noch häufig trifft. Unter anderem fanden wir einen ganzjährig nutzbaren Außenpool (12 m Länge), einen Innenpool (16 m Länge) sowie vier Saunen, der Saunabereich ist W-Lan-frei – so, wie es sich gehört. Ein Highlight ist der Seezugang mit Badesteg, Strandkörben und kleiner Liegewiese am Ufer, ist dort doch Ruhe garantiert, denn auf dem Titisee sind keine Motorboote erlaubt.

Herrliche Restaurantterrasse, tolles Frühstücksbuffet, gemütliche Kaminbar, bei Küche und Service gibt es noch etwas Luft nach oben. Eine süße Nachmittagsjause sowie die Minibar mit alkoholfreien Getränken sind im Preis inkludiert. Wanderwege ohne Zahl (im Winter auch mit Schneeschuhen). Moutainbikes gibt es zur Gratisleihe, eine Garage gegen 15 Euro pro Tag. Ungeeignet für Kinder. 44 Liegen, 150 Betten.

Freibecken, Hallenbad, Sauna, Dampfbad, Massagen, Kosmetik, Ayurveda, Fitnessgeräte.
18-Loch-Parcours in 2 km, 100 % Greenfee-Rabatt, Tennisplatz, Bootsverleih.

79822 Titisee-Neustadt, Seestraße 10, 07651-805-0
HP ab € 212,-

WELLNESS
15 PUNKTE – 2 LILLIEN

Wiesler Seehotel ****S

Ortslage am Seeufer in Titisee – Schwarzwald

Vorreiter in Sachen Nachhaltigkeit: Ein familiengeführtes Hotel in herrlicher Lage am Titisee, von dem es nur durch die Uferpromenade getrennt ist, eine Brücke führt zum hoteleigenen Badesteg. Es ist übrigens das einzige Hotel vor Ort mit einer Emas-Umweltzertifizierung, ein Aufenthalt in der aus Haupthaus und Sechs-Zimmer-Dependance (knapp 100 m entfernt) bestehenden Anlage wäre demnach beinahe zur Gänze CO_2- und emissionsfrei.

Inwendig präsentiert sich alles in geradliniger und wohldosierter Modernität, was auch für die großzügig geschnittenen Zimmer (DZ von 33 bis 54 m^2) gilt: Die meisten haben Parkettböden aus heimischer Fichte oder Weißtanne, viele Balkon mit Seeblick, der wahrlich wunderbar ist und den Aufpreis wert.

Das auch Tagesgästen zugängliche Spa ist unter anderem mit einer 20 m langen Kombination aus Innen- und Außenpool (die, wie das gesamte Haus, mit regionalen Hackschnitzeln beheizt wird) sowie einem großen Außenbereich mit Whirlpool und Saunen ausgestattet, ein schöner Ausblick auf den See ist hier sozusagen aufpreisfrei inkludiert. Statt einem „analogen" Aktivprogramm wird neuerdings ein Novum geboten, nämlich ein Online-Fitnessprogramm, das man zwischen 7 und 21 Uhr „in Eigenregie" absolvieren kann, das muss man freilich mögen.

Fabelhafte Restaurantterrasse mit Morgensonne, reichhaltiges Frühstücksbuffet ab 8 Uhr, bodenständige und gute Küche, in der viele regionale, saisonale und biologische Produkte verarbeitet werden (wie Wild aus der eigenen Jagd für den „Naturpark Rehburger") sowie auch kreativ Veganes auf den Tisch kommt, unser „Klimateller" mit Süßkartoffelstampf, Kokos-Tomatensud, Tofu und Granatapfel war jedenfalls ein Genuss, ein Nachmittagssnack im Spa-Bistro ist inkludiert. Viele freundliche und zuvorkommende Mitarbeiter. Mitunter auch Tagungs- und Reisegruppen. SUP-Boards gibt's zur Gratisleihe. Achtung: In den Zimmerpreisen auf der Hotelwebseite ist nur das Frühstück inkludiert, für die Halbpension gilt ein Aufpreis von 34 Euro. Garage gegen 8 Euro pro Tag. Ungeeignet für Kinder, Hunde erlaubt. 49 Liegen, 95 Betten.

Seebadestrand, Freibecken, Hallenbad, Außensauna, Dampfbad, Massagen, Kosmetik, Ayurveda, Fitnessgeräte.
18-Loch-Parcours in 2 und 25 km.

79822 Titisee-Neustadt, Strandbadstraße 5, 07651-9809-0
HP ab € 147,-

WELLNESS
13 PUNKTE – 1 LILLIE

Adler Häusern ****S

Ruhige Ortslage in Häusern – Schwarzwald

Historisches Schwarzwaldhaus: Ein Kleinhotel in ruhiger Ortslage, es wird bereits in sechster Generation geführt. Die öffentlichen Räume wurden vor kurzem modernisiert, hinter einer lieblichen, blumengeschmückten Traditionsfassade fanden wir nun ein neoländliches Ambiente, das mit viel Altholz gefällig gestaltet wurde.

Zimmer wählt man aus 11 Varianten (DZ von 18 bis 70 m^2), sie zeigen sich entweder klassisch (mit Teppichböden) oder modern (mit Holzböden), einige sind mit Kingsize-Betten und freistehender Badewanne ausgestattet, die meisten haben Balkon, und alle sind blitzsauber.

Der neuerdings auch externen Gästen offenstehende Wellnessbereich bietet unter anderem einen 12 m langen Innenpool, einen kleinen Nacktruheraum sowie einen Ruheraum mit Wasserbetten und im schönen Garten Liegewiese und Außensauna, ausgerechnet diese ist allerdings textil! Die Massagen sind sehr gut, die Saunen schließen um 19 Uhr.

Restaurantterrasse, reichhaltiges Frühstück, gute bis sehr gute Küche, sie versteht sich auch auf Vegetarisches und Veganes, die Tischkultur ist fairly casual, eine Nachmittagsjause mit Snack- und Salatbuffet inkludiert. Stimmungsvolle Bar, viele freundliche Mitarbeiter. Leihfahrräder gratis, ringsum Wanderwege ohne Zahl (im Winter gibt's Schneeschuhe zur

Gratisleihe). Ungeeignet für Kinder, Hunde erlaubt. Garage gegen 12 Euro pro Tag. 40 Liegen, 88 Betten.

Hallenbad, Außensauna, Sauna, Dampfbad, Massagen, Kosmetik, Fitnessgeräte.

79837 Häusern, St.-Fridolin-Straße 15, 07672-417-0
HP ab € 168,-

WELLNESS
15 PUNKTE – 2 LILLIEN

Erfurths Bergfried ****s

Grünruhelage in Hinterzarten – Schwarzwald

Adults preferred (ab 14). Klein, nett und familiär: Ein in zweiter Generation familiengeführtes Kleinhotel in einer ruhigen Wohngegend, es legt Augenmerk auf Nachhaltigkeit und Umweltschutz.

Inwendig findet man ein Ambiente stilvoller Traditionalität vor, alles präsentiert sich sehr sauber und gemütlich, was auch für die Zimmer (DZ von 34 bis 65 m^2) gilt: Jedes hat seinen eigenen Charakter, alle sind hell und mit hochwertig anmutenden Landhausinterieurs sowie guten Betten eingerichtet, in einigen Kategorien sind sogar eine eigene Sauna und Whirlpool dabei – auch an „Schnarchnasen" wurde gedacht, für sie gibt es Zimmer mit getrennten Schlafbereichen.

Der nur Hausgästen zugängliche Wellnessbereich bietet insgesamt sechs Saunen und einen 12 m langen Innenpool, der hauptsächlich als Schlechtwettervariante taugt, ist er doch recht klein. Im Freien findet man eine Außensauna mit Liegewiese sowie einen auch im Winter nutzbaren, 10 m langen Außenpool. Nett: Müsliriegel und Obst liegen zur freien Entnahme auf, und morgens wird in der Schwimmbadlandschaft für aktive Early Birds bereits ab 7.15 Uhr ein kleines Pool-Frühstück kredenzt. Kleines Aktivprogramm mit Wassergymnastik, Pilates und geführten Wanderungen durch den Hochschwarzwald.

Sehr gute Küche, feine Tee- und Tischkultur, große Weinkarte mit kompetenter Beratung, ein für Lilien-Hotels bislang üblicher Light Lunch mit verbundener Nachmittagsjause ist neuerdings leider nicht mehr inkludiert, das ist freilich auch anderswo immer öfter der Fall. Ausgesprochen freundliche und zuvorkommende Mitarbeiter, viele Stammgäste, familiäres, ruhevolles Umfeld, und Extrawünsche werden ohne Augenrollen erfüllt! Garage gegen 7 Euro pro Tag. 55 Liegen, 78 Betten.

Freibecken, Hallenbad, Außensauna, Sauna, Dampfbad, Massagen, Kosmetik, Fitnessgeräte, Personal Trainer.
18-Loch-Parcours in 6 km, bis zu 30 % Greenfee-Rabatt.

79856 Hinterzarten, Sickinger Straße 28, 07652-128-0
HP ab € 165,-

WELLNESS
14 PUNKTE – 1 LILLIE

Kesslermühle ****s

Grünruhelage in Hinterzarten – Schwarzwald

Ein freundlicher Familienbetrieb mit jahrhundertelanger bäuerlicher Vergangenheit: Er begrüßt mit holzschindelgedeckten Fassaden und blumengeschmückten Balkonen. Im Inneren warten solide, gehobene Ländlichkeit und ruhevolle Atmosphäre, alles zeigt sich liebevoll gepflegt und sauber.

Zimmer sind aus zahlreichen Kategorien (DZ von 35 bis 72 m^2) wählbar, die meisten haben Vollholzinterieurs, Teppichböden sowie Balkon, auch neue mit Zirbenholzinterieurs und Parkettböden sind zu haben. Bei offenem Fenster hört man aus jenen an der Südwestseite das Murmeln des Zartenbachs, und das fanden wir wunderbar zum Einschlafen!

Der nicht allzu große, jedoch ausschließlich Hausgästen vorbehaltene Wellnessbereich bietet indoor einen 15 m langen Innenpool sowie fünf Saunen und Dampfbäder. Von März bis November ist auch ein Außenpool nutzbar, von der Liegewiese aus genießt man einen schönen Ausblick in die umgebende Natur. Kleines Aktivprogramm, unter anderem mit Yoga, geführten Wanderungen und Nordic-Walking-Touren.

Gemütliche Stuben, wunderbares Frühstücksbuffet bis 11 Uhr, sehr gute Küche mit vielen regionalen Zutaten, feine Tischkultur. Ausgesprochen freundliche Mitarbeiter, präsente und hilfsbereite Gastgeber, stimmungsvolle Bar. Viele langjährige Stammgäste. Wanderwege ohne Zahl (bei entsprechender Witterung auch mit Schneeschuhen), im Winter ist man hier direkt an der Loipe. Mountainbikes gibt es zur Gratisleihe, E-Bikes gegen Gebühr. Garage gegen 12 Euro pro Tag. Eher ungeeignet für Kinder. 30 Liegen, 90 Betten.

Freibecken (Sommer), Hallenbad, Sauna, Dampfbad, Massagen, Kosmetik, Ayurveda, Fitnessgeräte, Personal Trainer.
18-Loch-Parcours in 6 und 23 km, bis zu 20 % Greenfee-Rabatt.

79856 Hinterzarten, Erlenbrucker Straße 45, 07652-129-0
HP ab € 170,-

Reppert

WELLNESS

17 PUNKTE – 3 LILLIEN

Reppert ****S

Grünruhelage in Hinterzarten – Schwarzwald

Adults preferred (ab 10). Charaktervoller Wohlfühlort: Ein ruhiger und gemütlicher Familienbetrieb, in dem die guten alten Hoteltugenden noch hochgehalten werden und man erfrischenderweise nicht auf Lifestyle und instagramtaugliche Hingucker setzt. Fünf Familienmitglieder hegen und pflegen dieses kleine Hotel, das an einem Weiher liegt und von Wanderwegen und Bike-Trails umgeben ist, im Winter sind's nur ein paar gute Schritte zu zahlreichen Loipen. Das Innenleben präsentiert sich heimelig-konservativ, alles wirkt warm und stimmig, man beweist ein Händchen für die leisen Töne und fokussiert auf Details wie gute Zeitungen in der Lobby, die man in gemütlichen Fauteuils mit Blick auf den kleinen Moorsee studieren kann.

Zimmer (DZ von 22 bis 78 m²) wählt man aus nicht weniger als 30 sehr unterschiedlichen Varianten, da hat praktisch jedes seinen eigenen Charakter. Die meisten haben Balkon, viele auch Holzböden und ganz moderne Bäder, gute Betten sind allen gemeinsam. Behaglich geht's auch im Wellnessbereich zu, der auf zwei Etagen mit altrömischen, osmanischen und modernen Akzenten beeindruckt und Hotelgästen exklusiv zur Verfügung steht.

Geboten werden unter anderem acht Saunen (davon vier mit Strahlungswärme) in einer schönen Saunazone mit schwarzwaldgrünen Kacheln, die ein Keramiker aus der Region entworfen hat, ein auch im Winter nutzbarer, 11 m langer Außenpool (der eine Spur wärmer sein könnte), eine Liegewiese mit Ausblick sowie ausgezeichnete Massagen. Kleines Aktivprogramm, darunter Yoga und Wassergymnastik.

Nett ist das kleine Frühstück am Pool für Early Birds, ganz fabelhaft das Frühstücksbuffet bis 11.30 Uhr mit viel frischem Obst und Kaffee, der im Silberkännchen an den Tisch gebracht wird. Solide, sehr gute Küche bei feiner Tischkultur, schöne Auswahl an offenen Weinen. Light Lunch mit verbundener Nachmittagsjause ist inkludiert, nicht nur deshalb kann das Preis-Leistungs-Verhältnis durchaus als sauber bezeichnet werden. Präsente Gastgeber, viele langjährige Mitarbeiter, die herzlich, tüchtig und aufmerksam agieren, viele langjährige Stammgäste. Garage gegen 10 Euro pro Tag. Ungeeignet für Kinder, Hunde erlaubt. 33 Liegen, 76 Betten.

Freibecken, Solehallenbad, Hallenbad, Sauna, Dampfbad, Massagen, Kosmetik, Ayurveda, Fitnessgeräte, Personal Trainer. 18-Loch-Parcours in 5 und 22 km, bis zu 20 % Greenfee-Rabatt.

79856 Hinterzarten, Adlerweg 21-23, 07652-1208-0
HP-plus ab € 159,-

GESUNDHEIT
14 PUNKTE – 1 LILLIE

F. X. Mayr Zentrum Bodensee

Grünruhelage mit Fernblick bei Überlingen – Bodensee

Dieser kleine, sympathische Familienbetrieb liegt hoch über dem Bodensee und hat sich auf Entgiftungs- und Regenerationskuren nach F. X. Mayr spezialisiert. Mayr war jener österreichische Arzt und „Darmdoktor", der wohl als Erster die Bedeutung des Darms für Immunsystem und Gesundheit erkannt hatte, lange Jahrzehnte, bevor die wissenschaftsbasierte Schulmedizin das Biom entdeckt hat.

Das Ambiente zeigt sich so zeitgemäß wie unaufdringlich, Zimmer werden in sechs Varianten (DZ von 23 bis 34 m²) angeboten, alle bieten Netzfreischaltung, große Fensterflächen sowie Balkon oder Terrasse – herrlicher Fernblick inklusive, aus den Zimmern im oberen Stock sieht man sogar vom Bett aus auf den See.

Kompetente Treatments, die Pauschalen enthalten übrigens deutlich mehr der für eine solche Kur essenziellen, medizinischen Bauchbehandlungen als bei der Konkurrenz, auch wenn diese deutlich höhere Preise verlangen sollte. Es gibt zwei Saunen, das Aktivprogramm umfasst unter anderem geführte Wanderungen, Muskelentspannung nach Jacobson und Meditation. Sehr freundliches Team, familiäres Umfeld mit achtsamer, ungezwungener Atmosphäre. Wunderbare Terrasse mit Blick auf den See, bester Schlaf. Fahrräder gibt es zur Gratisleihe. 36 Betten.

Sauna, Dampfbad, Massagen, Kosmetik, Fitnessgeräte. 18-Loch-Parcours in 4 km, Leihfahrräder.

88662 Überlingen-Hödingen, Brunnenstr. 30A, 07551-9177-0
Pauschalen, etwa 13-tägige Mayrkur inkl. Diät-VP, Arzt und Therapien ab € 2.375,-

GESUNDHEIT
14 PUNKTE – 1 LILLIE

Buchinger Wilhelmi

Grünruhelage in Überlingen – Bodensee

Ein Spezialist für integrative Medizin und hochpreisige Fastenkuren, Letztere werden auch gerne als Repräsentationsaskese bezeichnet, freilich nur von unentspannten Zeitgenossen. Das Haus wird von Nachfahren des Fastenpioniers Otto Buchinger geführt. Es liegt etwas erhöht über dem Ort und besteht aus mehreren einzeln stehenden Logiergebäuden, ein paar Schritte muss man in Kauf nehmen, um zu den unterschiedlichen Einrichtungen zu gelangen.

Zimmer können aus neun Kategorien (von 9 bis 100 m²) gewählt werden, sie zeigen sich in gehobener, nahezu sakral anmutender Schlichtheit. Der untenstehende Preis (rund 7.500 Euro für die Drei-Wochen-Pauschale „Classic") bezieht sich auf das kleinste, nämlich auf ein Einzelzimmer mit 9 m². Die größte Suite (mit eigener Sauna) schlägt hingegen mit rund 52.000 Euronen (Classic-Pauschale) zu Buche, das ist für uns Tester freilich far out stuff – preislich zumindest.

Im Wellnessbereich findet man eine finnische Sauna und einen knapp 25 m langen, auch im Winter nutzbaren Außenpool in einem schön angelegten Garten mit Liegewiese. Yoga, autogenes Training und Meditation sind im Preis inkludiert, gegen Aufpreis werden Physiotherapie, Homöopathie, Mental Health Coaching und noch vieles mehr angeboten. Für die Seele gibt es unter anderem Konzerte, Kunstexkursionen und literarische Abende.

Alle Zutaten für die Säfte und Bouillons (sowie die vegetarische Verpflegung im Rahmen des Ernährungsprogramms) sind Demeter-zertifiziert. Gäste aus aller Herren Länder. Garage gegen 19 Euro pro Tag. 8 Liegen, 200 Betten.

Freibecken, Sauna, Massagen, Kosmetik, Fitnessstudio, Personal Trainer. 18-Loch-Parcours in 6 km, Tennisplatz.

88662 Überlingen, Wilhelm-Beck-Straße 27, 07551-807-0
Pauschalen, etwa „Classic" (21 Tage inkl. Arzt und Fastendiät) ab € 7.455,-. Tagessatz inkl. med. Grundversorgung und Buchinger-Programm ab € 320,-

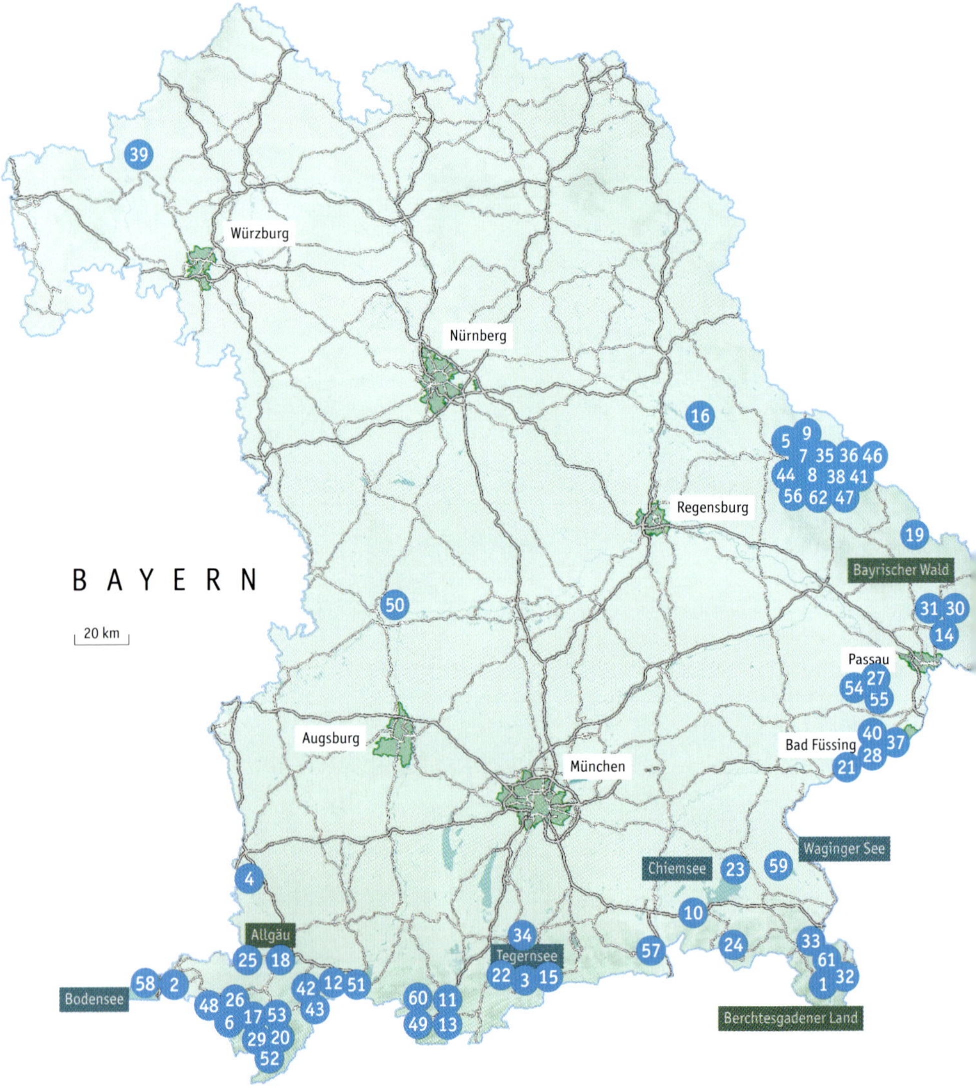
BAYERN
20 km
Würzburg
Nürnberg
Regensburg
Augsburg
München
Passau
Bad Füssing
Bayrischer Wald
Waginger See
Chiemsee
Allgäu
Tegernsee
Bodensee
Berchtesgadener Land
39
16
5 9
7 35 36 46
44 8 38 41
56 62 47
19
31 30
14
50
54 27
55
40 37
28
21
23 59
4
10
34
57
24
33
61
32
1
25 18
58 2
42 12 51
48 26
43
17 53
6
29 20
52
22 3 15
60 11
49 13

ALLE LILIEN-HOTELS IN **BAYERN**

GENUSSDORF
GMACHL
1787

4 LILIEN

Ankommen, wohlfühlen, erfrischen und unvergängliche Genussmomente mit nach Hause nehmen. Ein Dorf der Genüsse in Bergheim bei Salzburg in Österreich.

www.gmachl.at
5101 Bergheim
Salzburg, Österreich
T. +43 662 452124-0

GMACHL GENUSSDORF ****S

WELLNESS

15 PUNKTE – 2 LILLIEN

Das Graseck

Absolute Naturlage bei Garmisch-Partenkirchen

Ringsum nur Bäume und Wiesen, frische Luft und Stille: Ein modernes Kleinhotel, es liegt wunderschön auf 900 m Seehöhe inmitten eines Naturschutzgebiets oberhalb der berühmten Partnachklamm und ist ausschließlich über eine Seilbahn zu erreichen, die die Gäste in ein paar Minuten von der Talstation in eine andere Welt fernab jeden Trubels entführt. Der Namenszusatz „Mountain Hideaway & Health Care" beschreibt die Ausrichtung des Hauses, das sich auf ein breites Spektrum an Gesundheitsprogrammen spezialisiert hat – von Herz-Kreislauf-Check-ups über Burnout-Prävention bis zu Rückengesundheit.

Geradlinig-reduziert gestaltet sich das Innenleben, die Zimmer (DZ von 20 bis 60 m^2) haben elegante Interieurs, offene Bäder, Holzböden sowie Vollholzmöbel und eine inkludierte alkoholfreie Minibar, die täglich aufgefüllt wird, auch eine Auswahl an Espressosorten steht bereit – und Matratzen in unterschiedlichen Härtestufen. Auch feine Spa-Suiten mit Terrasse samt Daybed, freistehender Badewanne und eigener Außensauna sind zu haben. Besonders schön ist der Ausblick auf das Wettersteingebirge, das den südseitig ausgerichteten Zimmern vorbehalten ist.

Im Wellnessbereich (ab 16 Jahren) fanden wir fünf Saunen, einen Outdoor-Whirlpool und einen 15 m langen, auch im Winter nutzbaren Infinity-Außenpool (dieser ist auch Familien mit Kindern zugänglich), von dem aus man das traumhafte Bergpanorama genießen kann – ein Indoor-Pool wäre noch fein, vor allem, wenn das Wetter mal nicht mitspielt, wir schreiben ihn mal auf unsere Wunschliste.

Fabelhafte Restaurantterrasse, Frühstück im Winter erst ab 8.30 Uhr, im Sommer ab 8 Uhr, zumeist gute Küche, eine in Lilien-Hotels übliche Nachmittagsjause ist allerdings nicht inkludiert. Wermutstropfen: Spa und Restaurant sind öffentlich zugänglich und werden vor allem in den Sommermonaten gerne von Wanderern in Anspruch genommen, zudem finden im Haus auch Hochzeiten und Events statt, was nicht so ganz zur Ausrichtung auf Rückzug und Gesundheit passt. Präsente Gastgeberin, sie ist selbst Ärztin, viele freundliche und bemühte Mitarbeiter, Wohlfühl-Atmosphäre. Wanderwege ohne Zahl. Ungeeignet für Kinder, Hunde erlaubt. 34 Liegen, 74 Betten.

Freibecken, Sauna, Dampfbad, Massagen, Kosmetik, Fitnessgeräte, Personal Trainer.

82467 Garmisch-Partenkirchen, Graseck 4, 08821-943240
HP ab € 152,50

WELLNESS

14 PUNKTE – 1 LILLIE

Werdenfelserei

Grünlage am Ortsrand in Garmisch-Partenkirchen

Wunderschönes Boutique-Hotel: Das familiengeführte Haus liegt neben dem Kurpark unweit des Zentrums und ist nahezu komplett aus Holz gebaut. Hinter Fassaden, die entfernt an einen Heustadl erinnern, findet man ein ebenso unkonventionelles wie modernes Ambiente, das die umgebende Natur widerspiegelt: eine am Kopf stehende Fichte in der Lobby, duftendes Heu im ganzen Haus, eine Bibliothek, die wie eine Felswand in die Höhe steigt, und gemütliche Lounges, die ein bisschen wie Berghöhlen anmuten.

Zimmer gibt es in sieben Kategorien (DZ von 28 bis 90 m^2), sie duften nach Zirbenholz, sind harmonisch mit natürlichen Farben gestaltet und haben Balkon oder Terrasse. Auch feine Suiten mit eigener Sauna und Whirlpool, Kamin sowie Dachterrasse sind zu haben. Wer auch bei offenem Fenster ungestört schlafen möchte, sollte sich für ein Zimmer in Richtung Park entscheiden.

Das nicht sehr weitläufige Spa nennt sich „Himmel über Garmisch" – und das ist für uns nachvollziehbar. Neben vier Saunen, sehr schönen Ruhezonen mit Kamin und großzügigen Glasflächen mit Ausblick findet man das Highlight auf der Dachterrasse: einen 12 m langen, ganzjährig nutzbaren Infinity-Außenpool, in dem man gefühlt auf die Zugspitze zuschwimmt. Kleines Aktivprogramm, unter anderem mit Yoga und Faszientraining, auch Yoga-Retreats werden angeboten.

Reichhaltiges Frühstücksbuffet, gegessen wird abends à la carte, eine klassische HP wird nicht angeboten. Freundliche Mitarbeiter, bei manchen gibt es in puncto Professionalität jedoch noch etwas Luft nach oben. Stimmungsvolle Bar mit tollen Getränken. E-Bikes gibt es gegen Gebühr, Kutschenfahrten mit dem Gastgeber ebenso. Das Spa kann am Abreisetag bis 14.30 Uhr ohne Aufpreis genutzt werden. Ungeeignet

Das Kranzbach

für Kinder, Hunde erlaubt. Gratisgarage für (fast) alle. 54 Liegen, 124 Betten.

Freibecken, Sauna, Dampfbad, Massagen, Kosmetik. 18-Loch-Parcours in 3 und 11 km.

82467 Garmisch-Partenkirchen, Alleestraße 28, 08821-686939-0
NF ab € 159,–

WELLNESS
20 PUNKTE – 4 LILLIEN

Das Kranzbach

Absolute Grünruhelage bei Garmisch-Partenkirchen

Hundefreundlich, Adults preferred (ab 12). Umgeben von Wiesen und Wäldern: Ein ruhevolles Hideaway auf 1.030 m Seehöhe, es liegt solitär auf einer 13 Hektar großen Bergwiese. Die Luft hier ist herrlich, der vielstimmige Vogelgesang erquickend, und der Ausblick auf Karwendel, Zugspitze und Wetterstein öffnet selbst chronisch Schlechtgelaunten das Herz. Die öffentlichen Räume des Hauses, das sich aus einem altenglischen Schloss („Mary Portman House") und einem großen, modernen Holzzubau („Gartenflügel") zusammensetzt, sind lichtdurchflutet und weitläufig, sie verströmen bodenständige Extravaganz mit hochwertiger Anmutung, die Schönheit der Salons ist bemerkenswert.

Die Zimmer (DZ von 25 bis 95 m²) bieten alle Ausblick in die Natur ringsum, jene im Gartenflügel sind sehr großzügig geschnitten, haben Eichenholzböden und gelungen reduzierte Vollholzinterieurs, jene im historischen Schloss sind kleiner und verspielt arrangiert. Auch ein romantisches „Baumhaus" ist zu haben: ein einziges Zimmer, das ein paar gute Schritte abseits vom Hotel gelegen ist.

Das ausschließlich Hausgästen zugängliche Spa ist weitläufig, unter anderem bietet es acht verschiedene Saunen (eine textil) sowie vier ganzjährig nutzbare Außenpools vor einer gefühlt unendlich weiten Liegewiese, einer davon ist 21 m lang, ein anderer wurde als großes, heißes Wasserbecken („Onsen") gestaltet. Weiters fanden wir Ruheräume mit Kaminfeuer und schier endlose Liegemöglichkeiten mit Kuscheldecken und Leselämpchen, auch Yoga- und FKK-Terrassen mit 360-Grad-Bergpanorama sowie ein außergewöhnliches Meditation House mitten im Wald, das ein namhafter japanischer Architekt als Skulptur aus Glas und Holz in Szene gesetzt hat. Täglich breites Aktivprogramm (teilweise aufpreispflichtig), darunter Qi Gong,

Meditation und Yoga, mehrmals pro Jahr werden auch Yoga-Retreats abgehalten. Die Treatments (auch TCM) sind ausgezeichnet, bei entsprechender Witterung gibt es Massagen auch im Freien.

Großartiges Frühstücksbuffet, zumeist sehr gute Küche bei feiner Tischkultur, Gemüse und vor allem Kräuter kommen aus dem hoteleigenen Biokräutergarten. Abends tolles Käsebuffet, Light Lunch und süße Nachmittagsjause sind inkludiert. Viele freundliche Mitarbeiter, immer wieder Service-Extras, so waren bei der Abreise die Scheiben unseres Autos frisch geputzt.

Mehrheitlich weibliche Gäste, keine Tagungen, keine Reisegruppen, keine Hochzeiten und Events, Alleinreisende können am Gesellschaftstisch an netten Gesprächen teilhaben. Gratisgarage für alle, das Spa kann nach dem Check-out noch den ganzen Tag genutzt werden, auch Light Lunch und Nachmittagsjause sind dann noch inkludiert, nicht nur deshalb empfinden wir das Preis-Leistungs-Verhältnis als sauber. Wanderwege ohne Zahl, im Winter ist man hier gleich an mehreren Loipen. Breites Service für Biker. 225 Liegen, 250 Betten.

Solefreibecken, Freibecken, Hallenbad, Außensauna, Sauna, Dampfbad, Massagen, Kosmetik, Ayurveda, Fitnessgeräte, Personal Trainer.
9-Loch-Parcours in 11 km, 20 % Greenfee-Rabatt, 18-Loch-Parcours in 24 km.

82493 Krün, Kranzbach 1, 08823-92800-0
HP-plus ab € 225,–

WELLNESS
20 PUNKTE – 4 LILLIEN

Schloss Elmau *****S

Absolute Grünruhelage bei Garmisch-Partenkirchen

Kinderfreundlich. Eine imposante Erscheinung, sie liegt solitär und geradezu atemberaubend inmitten grandioser Natur und ist nur über eine mautpflichtige Privatstraße zu erreichen. Hochkarätige Kulturveranstaltungen sind Teil des Konzepts des Resorts, das aus zwei Häusern besteht: dem Schloss („Hideaway") und dem „Retreat", das 2015 und 2022 den Regierungschefs des G7-Gipfels (also G8 unter Ausschluss von Russland) als Luxusherberge diente. Die weitläufigen öffentlichen Räume sind mit dem Blick fürs Wesentliche und dem feinen Gespür für Ästhetik virtuos arrangiert, alles wirkt unglaublich harmonisch, nahezu perfekt. Die Zimmer (DZ von 25 bis 110 m²) im Schloss präsentieren sich stark unterschiedlich, 29 Varianten stehen zur Auswahl, darunter auch einige recht einfache, jene im Retreat (DZ von 55 bis 212 m²) sind deutlich edler, was natürlich auch seinen Preis hat – ihre zeitlose Wohnlichkeit ist geradezu betörend, die Ausstattung vom Feinsten. Auch das Wellnessangebot ist eines der Superlative, nicht weniger als sechs Spa-Areale stehen zur Verfügung, drei für Familien, drei für Adults only. Sie offerieren unter anderem fünf ganzjährig nutzbare Außenpools mit Längen zwischen 18 und 25 m, insgesamt 16 Saunen (jene im Retreat-Spa sind allerdings allesamt unserer Saunatradition entgegengesetzt, nämlich textil!) sowie ein belebendes Natur-Spa, das ein paar Schritte entfernt ist und neben einem eiskalten Bächlein und 23 m langem Sommerpool auch Daybeds und Massagen zu bieten hat, die man bei guter Witterung auch unter freiem Himmel genießen kann. Ausgezeichnete Treatments, tägliches Aktivprogramm, darunter Yoga (morgens und abends!), Bergtouren und Morning Runs, zu gewissen Terminen stehen auch Yoga-Retreats im Angebot.

Wunderbares Frühstücksbuffet, ausgezeichnete Küche, dabei beziehen wir uns ausnahmsweise einmal nicht auf die HP, weil diese hier schlichtweg nicht angeboten wird, sondern auf die zwei der insgesamt sieben À-la-carte-Restaurants (darunter auch das vom Guide Michelin mit zwei Sternen ausgezeichnete Luce d'Oro), die wir getestet und für ausgezeichnet befunden haben, den Italiener Tutto Mondo und den Asiaten Fidelio.

Niveauvolles Publikum, viele junge und bemühte Mitarbeiter, die allerdings nicht immer so professionell agieren, wie man es in einem Fünfeinhalbsternhaus erwarten würde, mitunter muss man an der Rezeption und in den zwei Bars Geduld beweisen. Wiederum vorbildlich ist, dass bereits vor der Anreise Extrawünsche erfragt und dann entsprechend erfüllt werden. Ruhesuchende sollten wissen, dass auch viele Kinder vor Ort sein können – schließlich ist das Haus auch auf Familien ausgerichtet, Kinderbetreuung gibt es je nach Alter acht bis neun Stunden pro Tag. Check-in konsequent erst ab 16.30 Uhr. Valet Parking, Garage gegen 20 Euro pro Tag. 144 Liegen, 390 Betten.

Solefreibecken, Freibecken, Hallenbad, Außensauna, Sauna, Dampfbad, Massagen, Kosmetik, Ayurveda, Fitnessstudio, Personal Trainer.
18-Loch-Parcours in 26 km, Tennisplätze.

82493 Elmau, Nr. 2, 08823-18-0
NF ab € 300,–

WELLNESS

14 PUNKTE – 1 LILLIE

Chiemsee Chalet

Absolute Grünruhelage mit Fernblick – Nähe Chiemsee

In traumhafter Lage über dem Chiemsee: Ein ehemaliges Bauernhaus auf 800 m Seehöhe, es liegt nahezu solitär auf einer Anhöhe und ist heute ein Hideaway mit Klasse, es wurde mit Herz und Hirn unter der Verwendung von viel Altholz, Naturstein und Glas renoviert – in einer für den Chiemgau traditionellen und ansprechenden Bauweise.

Inwendig findet man erlesene Interieurs vor, es gibt nur neun Suiten (DZ von 40 bis 100 m²), die alle private Sauna und Kamin (Kaminholz, so viel man will, inklusive!) haben, die meisten auch noch Weinkühlschrank und Hot Tub auf Terrasse oder Balkon.

Highlight ist ein 11 m langer Außenpool in Infinity-Bauweise, der einen grandiosen Ausblick auf Chiemsee und Chiemgauer Alpen bietet, er ist von Mai bis Oktober beheizt und quasi rund um die Uhr zugänglich. Am nahen Waldrand befinden sich Barfußpfad sowie eine Yogaplattform für die private Yogaeinheit. Die Massagen sind sehr gut, die Preise stattlich, Kosmetik wird neuerdings nicht mehr angeboten.

Die Restaurantterrasse ist fabelhaft, das Frühstück mit vielen Biozutaten hochwertig und herzhaft, es wird im Zimmer oder auf dem Balkon angerichtet. Abends kann man zwischen Halbpensionsmenü (drei Gänge à 39 Euro) oder selbst zubereitetem Dinner wählen, schließlich hat jedes Zimmer eine gut ausgestattete Küche, einen Grillplatz gibt es obendrein. Feiner Weinkeller, die Bar steht rund um die Uhr offen, man darf sich auch selbst bedienen – eine Notiz über das Konsumierte reicht aus. Stets präsente, wunderbar herzliche und natürliche Gastgeber, ebensolche Mitarbeiter.

Zum namensgebenden Chiemsee sind es 15 Autominuten, ebendort steht Hausgästen (gegen 350 Euro pro Tag) eine Elektroyacht für Ausflüge zur Verfügung. Wanderwege ohne Zahl, Rodeln und Ski für winterliche Ausflüge direkt von der Haustür weg gibt's zur Gratisleihe, das nächste Skigebiet – die Naturskipiste auf der Kampenwand im Nachbarort Hohenauschau – ist etwa 13 Autominuten entfernt. Check-out um 10.30 Uhr. Hunde erlaubt. 29 Betten.

Freibecken (Sommer), Sauna, Massagen.
18-Loch-Parcours in 9 km, 20 % Greenfee-Rabatt.

83112 Frasdorf, Sagberg 2, 08052-620
NF ab € 185,-

WELLNESS

15 PUNKTE – 2 LILLIEN

Gut Steinbach ****S

Grünruhelage am Ortsrand – 110 km von München

Familienfreundlich. Traditionell und heimatverbunden: Ein Haus in wunderschöner Lage auf 750 m Seehöhe, es ist umgeben von Wald und Wiesen, auf denen Ziegen und Kühe grasen, und ist Mitglied der renommierten Marketingvereinigung Relais & Châteaux. Das Resort besteht aus Stammhaus, kleinem Suitengebäude („Steinbacher Hof") und sieben Chalets, die um einen Naturbadeteich angeordnet sind. Inwendig präsentiert es sich in traditioneller Bodenständigkeit, alles wirkt sehr authentisch und heimelig.

Die Zimmer im Stammhaus (DZ von 20 bis 110 m²) haben Teppichböden, die meisten Balkon mit feinem Ausblick, die drei Apartments im Suitengebäude verfügen jeweils über zwei Schlafzimmer, und die besonders stilvoll arrangierten Chalets (von 150 bis 185 m²) hat man jeweils für sich allein, sie sind unter anderem mit eigener Küche und Sauna ausgestattet, gegen Aufpreis gibt's auch noch romantische Deko – und zu Weihnachten gar einen Christbaum. Auch einen Campingplatz gibt es, dort kann man das eigene Wohnmobil parken und findet eine Feuerschale mit Brennholz vor – und darf auch ins Spa!

Dieses ist atmosphärisch gestaltet und bietet einen 16 m langen Innenpool, vier Saunen und ein kleines Gym, Liegen sind allerdings Mangelware – und es ist, wie das Restaurant, auch externen Gästen zugänglich.

Fabelhafte Restaurantterrassen mit Morgensonne, gemütliche Stuben, reichhaltiges Frühstücksbuffet bis 11 Uhr (mit Eiern aus biologischer Freilandhaltung), die regional ausgerichtete Küche ist solide und gut, Nachmittagsjause ist keine inkludiert. Viele freundliche und zuvorkommende Mitarbeiter, die, passend zum Ambiente, in Tracht gekleidet sind. Stimmungsvolle Bar, unsere Cocktails waren großartig.

Check-out bis 12 Uhr. Achtung: Im Zimmerpreis ist nur das Frühstück inkludiert, für die Halbpension zahlt man einen Aufpreis von 49

Euro! Ringsum Wanderwege ohne Zahl, im Winter ist man hier gleich an der Loipe, Skigebiete befinden sich in zwei und sieben Kilometern Entfernung, im Winter gibt's auf dem Areal auch Skisprungschanzen, für Kinder außerdem Tiere zum Streicheln und Füttern und einen Spielplatz. Garage gegen 15 Euro pro Tag. Hunde erlaubt, und die Haushündin ist eine Magyar-Viszla und heißt Coco. 31 Liegen, 150 Betten.

Naturbadeteich, Hallenbad, Außensauna, Sauna, Dampfbad, Massagen, Kosmetik, Fitnessgeräte.
18-Loch-Parcours in 3 und 9 km, Greenfee-Rabatt.

83242 Reit im Winkl, Steinbachweg 10, 08640-807-0
HP ab € 156,90

WELLNESS

13 PUNKTE – 1 LILLIE

Wellnessgarten ****

Grünlage am Ortsrand – 30 km von Salzburg

Nur ein paar gute Schritte vom Ufer des Waginger Sees entfernt liegt dieses familiengeführte Kleinsthotel, zu dem ein relativ großes Day Spa sowie eine Tennisschule mit zwei Tennishallen gehören. Es gibt nur 15 Zimmer (vier Kategorien, DZ mit 30 oder 50 m^2), sie sind großzügig geschnitten und schön gestaltet, jene im Erdgeschoß haben Terrassen mit direktem Zugang zum Badeteich und gemütlichen Daybeds mit beheizbarer Decke, auch an kühleren Abenden schläft man hier schnell zu Froschkonzerten ein.

Im öffentlich zugänglichen Wellnessbereich fanden wir acht verschiedene Saunen sowie zwei nach Feng Shui angelegte Außenbereiche – einer FKK, der andere textil – mit teilweise überdachten und beheizten Ruhezonen. Die Öffnungszeiten der Saunen bis 22.30 Uhr sind erfreulich, die vielen Tagesgäste, mit denen man sich vor allem im Winter das Spa teilt, hingegen eher weniger.

Biergarten, zwei Restaurants mit sehr legerem Ambiente, eines davon ist nur im Bademantel zugänglich – auch abends. Freundliches Team, gute Küche mit regionalen Zutaten, viel bayerische Gemütlichkeit. Die ganztägige Spa-Nutzung an An- und Abreisetag ist im Preis inkludiert. 26 Liegen, 30 Betten.

Naturbadeteich, Außensauna, Sauna, Dampfbad, Massagen, Kosmetik.
Tennishalle, Tennisplätze.

83329 Waging am See, Am See 7–9, 08681-478480
NF ab € 100,-

WELLNESS

13 PUNKTE – 1 LILLIE

Gut Ising ****s

Grünruhelage bei Chieming – 105 km von München

Hunde- und familienfreundlich. Ein großer, traditionell bayerischer Gutshof mit Reithallen, Golfplatz, Festsälen, Tagungszentrum und Biergarten, er liegt auf einem 170 Hektar großen Anwesen unweit des Chiemsees. Zimmer gibt es in 16 Varianten (DZ von 20 bis 100 m^2) und in unterschiedlichsten Reifestadien, jene im sogenannten Petershaus wurden vor kurzem gefällig renoviert, ebenso wie die „Chiemgau-Suiten“, sie haben übergroße Betten, feine Holzböden, Nespresso-Maschine und Whirlwanne, die alkoholfreien Getränke in der Minibar sind im Preis inkludiert. Unser Zimmer war hellhörig, den Weckruf übernahm die katholische Kirche mit ihren Glocken – ungefragt zwar, aber pünktlich um sieben. Danke!

Der Wellnessbereich steht auch externen Gästen offen, er ist inwendig sehr klein, der Liegenmangel sozusagen chronifiziert. Unter anderem gibt es einen 15 m langen Innenpool, einen großen Außenwhirlpool und eine bescheidene Saunazone, die insgesamt drei Saunen schließen nach großzügigen Öffnungszeiten um 22 Uhr.

Restaurantterrasse, reichhaltiges Frühstücksbuffet, zumeist gute Küche, in Sachen Freundlichkeit und Service gibt es noch ein wenig Luft nach oben. Für Ruhesuchende nur bedingt geeignet. 37 Liegen, 250 Betten.

Hallenbad, Sauna, Dampfbad, Massagen, Kosmetik, Ayurveda, Fitnessgeräte, Personal Trainer.
9-Loch-Parcours, Driving Range, Reitsportzentrum mit Reithalle, Außenplätze, Reitschule und Gastboxen, Tennishalle, Tennisplätze.

83339 Chieming-Ising, Kirchberg 3, 08667-79-0
HP ab € 151,90

WELLNESS/GESUNDHEIT

16 PUNKTE – 2 LILLIEN

Klosterhof Alpine Hideaway ****s

Grünruhelage bei Bad Reichenhall – Nähe Salzburg

Adults preferred (ab 12). Entspannen mit Ausblick in die Berge! Schon die Augustinermönche entdeckten im 16. Jahrhundert dieses schöne Fleckchen Erde, errichteten hier ihr Kloster und legten einen Garten für Gemüse, Kräuter und Heilpflanzen an. In dieser Tradition führt der Gastgeber, der selbst Mediziner ist, das Hotel fort und stellt Wellness und Gesundheit (Burnout-Prävention, Mental Coaching, Schmerz- und Psychotherapie) in den Fokus. Die Gebäude – reizend mit traditionellen Lärchenschindelfassaden versehen – stehen auf einer Wiese, der Wald dahinter, davor die Berge.

Die Zimmer sind in schlichtem, edlem Weiß und Grün gehalten, es gibt sie in 11 Varianten (DZ von 25 bis 80 m²), alle haben Interieurs aus Apfel- oder Zirbenvollholz und sind mit feinen Holzböden, überlangen Betten sowie Balkon ausgestattet, von den südseitigen Zimmer hat man einen herrlichen Ausblick in die Berge Richtung Predigtstuhl. Besonders fein fanden wir das „Maisonette Spa Loft" mit Infrarotkabine, Whirlpool und 5 m hohen Decken. Falls Sie zur Dämmerung Rehe beobachten wollen – ein Fernglas liegt im Zimmerschrank bereit.

Der Wellnessbereich, der auch externen Gästen offensteht, ist eher klein, es gibt drei Saunen, einen 17 m langen Innenpool (schwimmbar sind 12 m, der Rest ist Sprudelfläche, Kinder unter 12 dürfen ihn nur bis 15 Uhr nützen) und ein auch im Winter nutzbares Freibecken von 6 m Länge, innen wie außen hätten wir uns ein paar mehr Liegen gewünscht. Die Massage genossen wir sehr, zusätzlich werden Fitnesskurse wie Yoga oder Qi Gong und geführte Wanderungen in den Hausbergen angeboten. Im Winter führt die Langlaufloipe direkt am Hotel vorbei.

Fabelhafte Restaurantterrasse mit Morgensonne, reichhaltiges Frühstück – auch mit Eggs Benedict! –, sehr gute Küche mit dem extravaganten Twist des jungen Küchenchefs Sascha Förster, Freunde der gutbürgerlichen Tradition werden hier aber eher nicht fündig. Unser Highlight war das Winzer-Dinner mit exquisiter Weinbegleitung. Light Lunch und süße Nachmittagsjause sind inkludiert. Stimmungsvolle Bar und – wie es sich für ein bayerisches Haus gehört – ein schattiger Biergarten.

Stets präsente Gastgeber, ausgesprochen freundlich und zuvorkommende Mitarbeiter. Das Hotel setzt auch auf Nachhaltigkeit: begrüntes Dach, energieeffiziente Bauweise, Müllvermeidung sowie Recycling. Gegen Gebühr können E-Autos und E-Bikes ausgeliehen werden. Gratisgarage für Direktbucher. Ungeeignet für Kinder, Hunde erlaubt. 35 Liegen, 130 Betten.

Freibecken, Hallenbad, Sauna, Dampfbad, Massagen, Kosmetik, Fitnessgeräte.
18-Loch-Parcours in 23 km, 30 % Greenfee-Rabatt.

83457 Bayerisch Gmain, Steilhofweg 19, 08651-9825-0
HP-plus ab € 181,-

WELLNESS
13 PUNKTE – 1 LILLIE

Kempinski Berchtesgaden *****S

Grünruhelage bei Berchtesgaden – Nähe Salzburg

Auf dem geschichtsträchtigen Obersalzberg: Ein Luxuskettenhotel, es wurde vor 18 Jahren als Interconti eröffnet und liegt nahezu solitär in 960 m Seehöhe, der Ausblick ist in beinahe alle Richtungen traumhaft, so nicht gerade tagelang dichter Nebel herrscht, was wir hier auch schon erlebt haben.

Die öffentlichen Räume zeigen sich in eindrucksvoller Eleganz, hochwertig ausgestattete Zimmer sind aus acht Kategorien (DZ von 32 bis 175 m²) wählbar, alle haben bodentiefe Fenster und bieten Ausblick auf die Berge.

Das doch etwas unüberlegt angelegte und zudem ziemlich klein geratene Spa – es soll nächstes Jahr erweitert werden – ist auch für externe Gäste zugänglich, es verfügt unter anderem über einen 13 m langen Innenpool sowie ein kleines, rundes Außenbecken, das auch im Winter nutzbar ist, für unseren Geschmack allerdings zu kühl war. Die Massagen sind gut, die Liegen spärlich gesät, die insgesamt drei Saunen schließen um 20 Uhr.

Wunderbares Frühstück bis 12 Uhr (sonntags sogar bis 13 Uhr), die Tischkultur ist fairly casual. Stimmungsvolle Bar mit offenem Kamin, Afternoon Tea. Viele ausgesprochen freundliche und zuvorkommende Mitarbeiter, in Sachen Küche, Service und Kompetenz gibt es aber noch Verbesserungsmöglichkeiten – fünfeinhalb Sterne sollten sich eigentlich anders anfühlen. Schöne Laufstrecken und Wanderwege (im Winter auch mit Schneeschuhen). Garage gegen 20 Euro pro Tag. Hart an der Null-Lilien-Grenze, denn Wellness gibt es in geringer Entfernung besser und viel billiger – aber die Lage punktet allemal. Hunde erlaubt. 68 Liegen, 276 Betten.

Freibecken, Hallenbad, Sauna, Dampfbad, Massagen, Kosmetik, Fitnessstudio, Personal Trainer.
9-Loch-Parcours in 1 km, 30 % Greenfee-Rabatt.

83471 Berchtesgaden, Hintereck 1, 08652-9755-0
NF ab € 160,-

562
MOLLER
5 7 8
578

2 LILIEN

Familiär geführtes 5-Sterne-superior Kleinod mit Wohlfühl-Atmosphäre an der Nordseeküste. Genuss pur: Meerwasser-Wellness, ausgezeichnete Panorama-Restaurants und herzliche Gastfreundschaft.

www.badhotel-sternhagen.de
27476 Cuxhaven-Duhnen
Niedersachsen, Deutschland
T. +49 4721 434-0

BADHOTEL STERNHAGEN *****S

Alpenhof Alm- & Wellnesshotel

WELLNESS

15 PUNKTE – 2 LILLIEN

Alpenhof Alm- & Wellnesshotel ****S

Naturlage bei Berchtesgaden – Nähe Salzburg

Schön und ruhig gelegen: Ein sympathischer Familienbetrieb in angenehmer Größe, er liegt auf 700 m Seehöhe auf einem Hang über Schönau am Königssee und verfügt über ein hoteleigenes, sechs Hektar großes Wald- und Wiesengrundstück – von vielen Räumen aus hat man hier Ausblick auf die Berchtesgadener Bergwelt mit ihrem berühmten Watzmann. Inwendig präsentiert sich das Haus in gepflegter und gemütlicher bayerischer Ländlichkeit, man findet geschnitzte Holzdecken, Kachelofen und offenen Kamin vor, beim Betreten wird man von einem guten Duft begrüßt. Auch der nunmehr renovierte Restaurantbereich verströmt Behaglichkeit.

Die Zimmer (DZ von 21 bis 65 m^2) sind mitunter mit knallroten Teppichböden sowie zumeist mit hellen Vollholzinterieurs ausgestattet, das wirkt für jüngere Leute vielleicht etwas démodé, der Ausblick auf den Watzmann, den man vom Südbalkon aus genießt, entschädigt freilich auch sie.

Das auch Tagesgästen zugängliche Spa bietet unter anderem fünf Saunen (ab 16 Jahren), einen ganzjährig, im Winter und in der Nebensaison aber nur sehr eingeschränkt nutzbaren, 12 m langen Außenpool mit Liegewiese, im Freien zudem einen Whirlpool mit herrlichem Panorama sowie eine urige Saunazone mit Wasserfall und einem uneinsehbaren Nacktbereich, die Massagen sind sehr gut.

Reichhaltiges Frühstück, gute Küche, besonders die neu interpretierten bayrischen Spezialitäten haben es uns angetan, vegetarische und vegane Alternativen gibt's obendrein – genauso wie ein Kuchen- und Jausenbuffet am Nachmittag. Alles in allem hat man hier ein höchst sauberes Preis-Leistungs-Verhältnis, das bei uns natürlich auch punktet. Sehr freundliche und zuvorkommende Mitarbeiter, präsente Gastgeber, viele Stammgäste. Wanderwege ohne Zahl, zum Königssee sind's knapp 40 Minuten zu Fuß, ein Auto ist dennoch empfehlenswert, denn der Bus fährt nur von Mai bis Oktober und selbst dann nicht allzu häufig – was uns an die Antwort des Bahnhofsvorstands auf die Frage des Kaisers, wann denn der Zug käme – „Am Donnerstag kommt er gern" –, in einem Dreiakter von

Zechmeisterlehen Alpenhotel

Herzmanovksy-Orlando erinnerte. Eher ungeeignet für Kinder, Hunde erlaubt. 57 Liegen, 100 Betten.

Freibecken, Hallenbad, Außensauna, Sauna, Dampfbad, Massagen, Kosmetik, Ayurveda, Fitnessgeräte.
9-Loch-Parcours in 11 km, 30 % Greenfee-Rabatt, Tennisplatz.

83471 Berchtesgaden-Schönau, Richard-Voss-Str. 30
08652-6020
HP-plus ab € 105,-

WELLNESS
15 PUNKTE – 2 LILLIEN

Zechmeisterlehen Alpenhotel ****s

Grünruhelage bei Berchtesgaden – Nähe Salzburg

Familienfreundlich. Inmitten der sanften bayerischen Alpenlandschaft, 10 Autominuten vom romantisch-schönen Königssee entfernt liegt dieses Wellnesshotel. Die Balkone sind mit Blumen geschmückt, das Erscheinungsbild ist traditionell, die Grundrisse verwinkelt, das Ambiente spielt mit bayerischer Gemütlichkeit und modernen Akzenten.

Stark unterschiedliche Zimmer kann man aus 14 Varianten (DZ von 27 bis 108 m²) wählen, alle haben überlange Betten sowie einen Balkon oder Terrasse, die meisten sind renoviert und präsentieren sich absolut zeitgemäß – ansprechendes Lichtdesign und schöne Eichenholzböden inklusive.

Der auch externen Gästen offenstehende Wellnessbereich ist auf mehrere Zonen aufgeteilt. Es gibt solche für Familien oder für Ruhesuchende, einen großzügigen Whirlpool im Freien, einen knapp 10 m langen, für uns etwas zu kalten Innenpool, eine Eiskammer und eine tolle Saunalandschaft mit sieben Saunen und einem Tepidarium. Vor kurzem ist der Außenpool Renovierungsmaßnahmen zum Opfer gefallen, ein neuer soll erst 2025 gebaut werden, dafür gibt es einen kleinen Punkteabzug. Im atmosphärisch ausgebauten Dachgeschoß erfreut ein lichtdurchflutetes, gut ausgestattetes Fitnessstudio mit herrlichem Ausblick beim Trainieren. Über die Straße, aber ebenso mittels unterirdischen Verbindungsgangs erreichbar ist das Adults-only-Highlight des Hauses, nämlich ein „FKK-erlaubt"-Areal mit kleinem, glasklarem Naturbadeteich plus Seesauna, Solebecken und Sonnendecks. Der Wellnessbereich wurde im Vorjahr durch einen dreigeschoßigen, tollen „Spa-Turm" erweitert, dort findet man eine „Meditationssauna" und angenehme Ruhezonen mit schönem Ausblick auf die Berchtesgadener Bergwelt. Kleine Übertreibung: Der angepriesene „800 m² Bergsee" (Werbung) entpuppt sich lediglich als kleiner Badeteich inmitten der Anlage.

Schöne Frühstücksterrasse, freundliche und zuvorkommende Mitarbeiter, reichhaltiges Frühstücksbuffet, gute Küche, Light Lunch (reichlich) und süße Nachmittagsjause sind im Preis inkludiert, stimmungsvolle Bar. Viele langjährige Stammgäste. Mountainbikes gratis ausleihbar. Gratisgarage für alle. Hunde erlaubt. 78 Liegen, 110 Betten.

Naturbadeteich, Solefreibecken, Hallenbad, Sauna, Dampfbad, Massagen, Kosmetik, Ayurveda, Fitnessstudio.
9-Loch-Parcours in 11 km, 30 % Greenfee-Rabatt.

83471 Berchtesgaden-Schönau, Wahlstraße 35, 08652-945-0
HP-plus ab € 132,-

GESUNDHEIT

20 PUNKTE – 4 LILLIEN

Lanserhof Tegernsee

Grünruhelage mit Fernblick – 50 km von München

Adults only (ab 16). Detox deluxe: Keine Wellnessoase, sondern ein High-End-Gesundheitsresort der edelsten Sorte, man fokussiert auf entgiftende und entschlackende Fastenkuren nach F. X. Mayr – freilich in luxuriösestem Ambiente. Das auf einem Hochplateau über dem Tegernsee (Seehöhe 860 m) und wunderschön neben einem Golfplatz gelegene Anwesen erinnert in seiner formalen Strenge an ein Zen-Kloster, auch das Innenleben präsentiert sich in schlichter, einnehmender Ästhetik – mit großzügig und luftig gestalteten Räumlichkeiten und Interieurs, die mit bestens verarbeiteten Materialien beeindrucken, was auch für die Zimmer (DZ von 55 bis 250 m²) gilt: Diese sind einnehmend hell und wohnlich gestaltet, alle haben weitläufige Balkone, bodentiefe Glasflächen und allerfeinste Holzböden.

Im ausschließlich Hotelgästen zugänglichen Wellnessbereich gibt es ein eigenes Badehaus mit drei Saunen, einen 20 m langen, auch im Winter nutzbaren Außenpool sowie einen 7 m langen Innenpool, außerdem geboten wird ein weitläufiger medizinischer Bereich mit Behandlungs-, Beratungs- und Bewegungsräumen, die nach modernsten Standards und mit sorgfältigst kuratierten Details eingerichtet sind und ebenso den nahezu sakralen Charme verströmen, der das ganze Haus erfüllt. Neben Mayrkuren werden auch medizinische Check-ups, Coachings und Lifting ohne Skalpell angeboten. Tägliches Aktivprogramm, darunter Yoga, Pilates und Meditation.

Freundliche, zuvorkommende Mitarbeiter, sehr gute Diätküche, die Tischkultur ist rather casual. Kleiner Wermutstropfen: Der Mindestaufenthalt beträgt eine Woche, das schlägt im günstigsten Zimmer mit etwa 6.900 und im zweitteuersten Zimmer mit rund 27.500 Euro zu Buche, dieser Basiskurpreis lässt sich durch verwöhnende und therapeutische Extras noch beträchtlich steigern.

Wer glaubt, dass sich das kaum wer leisten kann, irrt: Das Haus konnte seine Preise innerhalb von neun Jahren um rund 100 Prozent erhöhen, das ist keinem einzigen der in diesem Buch kommentierten Hotels gelungen, auch nicht einmal annähernd – „wea ko, dea ko", sagt man in Bayern zu solchen denkwürdigen Tatsachen. Internationales Publikum. E-Bikes gibt's zur Gratisleihe. Check-out um 12 Uhr. 18 Liegen, 100 Betten.

Solefreibecken, Hallenbad, Sauna, Dampfbad, Massagen, Kosmetik, Fitnessgeräte, Personal Trainer.
18-Loch-Parcours.

83666 Waakirchen-Marienstein, Gut Steinberg 1-4, 08022-1880-0

Pauschalen, etwa „Classic Woche" inkl. Diät-VP, Arzt und Therapien ab € 6.878,-

WELLNESS

16 PUNKTE – 2 LILLIEN

Das Tegernsee

Grünruhelage mit Fernblick – 50 km von München

Eine Schönheit: Ein Resort in fabelhafter Lage, auf einer Anhöhe über dem Tegernsee, der Ausblick ist traumhaft. Das auf Tagungen und rauschende Events spezialisierte Haus besteht aus fünf unterirdisch miteinander verbundenen Gebäuden, die sich alle unterschiedlich präsentieren, besonders charmant ist das denkmalgeschützte Schlösschen aus der Mitte des 19. Jahrhunderts, wo auch Restaurants und Bar zu finden sind.

Die Zimmer (DZ von 21 bis 80 m²) zeigen je nach Haus unterschiedliche Interieurs, die in einem Spektrum von gehoben-eleganter Klassik über erfrischend schlichtes Retrodesign bis hin zu neoalpin interpretierter Ländlichkeit angesiedelt sind. Viele Zimmer haben Balkon, einige

Lanserhof Tegernsee

auch direkten Ausblick auf den See, anderen fehlt es ein wenig an Tageslicht – und in Sachen Sauberkeit und Instandhaltung gibt es mitunter noch etwas Luft nach oben.

Das nicht allzu große Spa steht auch externen Gästen offen, es ist in einem Anbau zum größten Gebäude („Haus Wallberg") angesiedelt und bietet unter anderem fünf Saunen, edle Behandlungsräume und sehr gute Massagen, weiters einen 16 m langen Innenpool und einen 7 m langen, auch im Winter nutzbaren Außenpool, im Freien warten eine FKK-Zone sowie Liegedecks mit Panorama und ganztägiger Sonne, Yoga (gegen Aufpreis) in unterschiedlichen Varianten gibt es nahezu täglich.

Gepflegter Biergarten, fabelhafte Restaurantterrasse, reichhaltiges Frühstücksbuffet bis 11 Uhr, zumeist gute Küche, wobei die Tische im Restaurant etwas knapp bemessen sind. Gut zu wissen: In den Zimmerpreisen auf der Webseite ist nur das Frühstück enthalten, für die Halbpension zahlt man einen Aufpreis von 89 Euro pro Person. Viele freundliche und kompetente Mitarbeiter, in Sachen Service könnte aber ein Update nicht schaden (unsere Koffer mussten wir beispielsweise selbst tragen), zumal die Preise doch recht ambitioniert gestaltet sind.

Check-out spätestens um 12 Uhr, das Spa kann am Abreisetag noch bis 14 Uhr genutzt werden, von Suiten- und Apartmentgästen ganztägig – diese dürfen auch gratis in der Garage parken, für alle anderen fallen pro Tag 18 Euro an. Wander- und Radwege starten direkt am Hotel. Ungeeignet für Kinder, Hunde erlaubt. 68 Liegen, 200 Betten.

Freibecken, Hallenbad, Außensauna, Sauna, Dampfbad, Massagen, Kosmetik, Ayurveda, Fitnessgeräte.
18-Loch-Parcours in 9 und 10 km.

83684 Tegernsee, Neureuthstraße 23, 08022-182-0
HP ab € 284,50

WELLNESS

13 PUNKTE – 1 LILLIE

Althoff Seehotel Überfahrt *****S

Grünruhelage am Tegernsee – 55 km von München

Zwei Jahre jünger als der RELAX Guide: Ein großes Hotel mit starken Kapazitäten für Tagungen und Events, es wurde 2001 als Dorint eröffnet, danach von Sofitel betrieben und segelt nun schon seit vielen Jahren unter der Flagge der luxuriösen Althoff-Kette. Das Haus liegt am Ufer des Tegernsees, ein ganz kleiner Badestrand ist mit ein paar Schritten über die Zufahrtsstraße erreichbar. Ein besonderes Kennzeichen ist die Weitläufigkeit und das elegante Ambiente der öffentlichen Räume. Zimmer stehen in sechs Kategorien (DZ von 35 bis 90 m²) zur Auswahl, alle haben Balkon oder Terrasse, bis auf die Bäder wurden alle gefällig renoviert und in gedeckten Farben arrangiert, das Turn-down-Service ist, wie es sich gehört, Standard.

Der auch externen Gästen offenstehende Wellnessbereich befindet sich fast zur Gänze „unter Tag", er offeriert unter anderem einen 28 m langen Innenpool, sechs Saunen mit großzügigen Öffnungszeiten und luxuriöse Behandlungsräume. Im Freien wartet ein knapp 17 m langer, nur während der warmen Jahreszeit nutzbarer Außenpool plus Liegewiese. Kleines Aktivprogramm, auch Yoga, Rückenfit und fünf Tibeter.

Reichhaltiges Frühstücksbuffet bis 11 Uhr, zumeist sehr gute Küche, dabei beziehen wir uns wie immer auf die Halbpension. Freundliche und zuvorkommende Mitarbeiter. Nur bedingt berauschendes Preis-Leistungs-Verhältnis. Garage (nötig) gegen 22 Euro pro Tag. Eher ungeeignet für Kinder, Hunde erlaubt. 69 Liegen. 376 Betten.

Seebadestrand, Freibecken (Sommer), Hallenbad, Kinderbecken, Sauna, Dampfbad, Massagen, Kosmetik, Fitnessgeräte, Personal Trainer.
18-Loch-Parcours in 7 und 13 km.

83700 Rottach-Egern, Überfahrtstraße 10, 08022-669-0
HP ab € 289,-

BEAUTY

15 PUNKTE – 2 LILLIEN

Gertraud Gruber Schönheitsfarm

Grünruhelage am Ortsrand – 55 km von München

„Ändert sich das Aussehen des Körpers, so ändert dies zugleich auch den Zustand der Seele." Dieser weise Satz stammt von Aristoteles, er gibt aber auch die Grundeinstellung dieses als Beautyfarm ganz besonderen Hauses wieder. Gegründet wurde es vor mehr als 60 Jahren als erste Schönheitsfarm Europas, und zwar von Gertraud Gruber.

Nachhaltige Schönheitspflege basiert demnach nicht nur auf der Aufrechterhaltung des Äußeren, sondern entsteht aus innerer Harmonie und schließt naturgemäß Geist und Seele mit ein. Sohin gehören nicht nur wohltuende Behandlungen mit hochwertigen Präparaten, sondern ebenso gesunde Ernährung, Physiotherapie sowie Impulse zu Stressabbau, seelischer Regeneration und Bewegung wie Yoga, Qi Gong und Meditation dazu – die Begegnung mit sich selbst ist inklusive. Die Grande Dame ganzheitlicher Schönheit ist im Vorjahr verstorben, im 101. Lebensjahr, ihre Philosophie lebt freilich weiter.

Die Anlage besteht aus dem Haupthaus und fünf kleinen Logiergebäuden, sie sind umgeben von einem idyllischen, gepflegten Garten mit Liegewiese und alten Obstbäumen, an den Holzbalkonen hängen Blumentöpfe mit roten Geranien, die grünen Fensterläden verströmen bayerische Gemütlichkeit. Im kleinen Wellnessbereich erfreuen drei Saunen, ein Innenpool sowie ausgezeichnete Behandlungen mit der hauseigenen, renommierten Kosmetiklinie. Neben Schönheitskuren ist auch die „basische Ernährungswoche" ein Fixpunkt im Angebot des Hauses.

Sehr gute Vollwertküche (Fertig- oder Halbfertigprodukte sind tabu), auf Wunsch gibt es Reduktionskost oder Vegetarisches, und das Frühstück kommt jeden Morgen echt nett ans Bett. Blitzsauberes, gemütliches Umfeld mit großem Geborgenheitsfaktor, viele langjährige Mitarbeiter, viele, viele Stammgäste. Übrigens: Gertraud Grubers strahlende Augen werden uns immer in Erinnerung bleiben, sie waren bis zuletzt der beste Beweis der Gültigkeit ihres Konzepts. 12 Liegen, 75 Betten.

Hallenbad, Sauna, Dampfbad, Massagen, Kosmetik, Ayurveda.
18-Loch-Parcours in 8 und 12 km.

83700 Rottach-Egern, Berta-Morena-Weg 1, 08022-274-0
Pauschalen, etwa „Kurwoche" (So bis Sa) inkl. VP und Anwendungen ab € 1.665,-

GESUNDHEIT

16 PUNKTE – 2 LILLIEN

Tannerhof

Grünruhelage bei Bayrischzell – 80 km von München

Urig, lebensfroh und gemütlich: Ein familiengeführtes Gesundheitsresort mit biologischer Orientierung, es beschreibt sich selbst so, wie wir es nicht besser formulieren könnten, und das ist uns offen gestanden auch noch nie passiert: „In mancher Hinsicht provoziert der Tannerhof, wirkt einfach, fast naiv, liebevoll, schrullig, digital verlangsamt. Unsere Gäste, so haben wir das Gefühl, freuen sich schon überwiegend und die meisten wissen, fühlen und verstehen, um was es geht, und nehmen sich

Tannerhof

das, was sie brauchen. Und das freut uns dann auch!" Hier kann man jedenfalls abschalten, runterkommen und entschleunigen. Man wird bald dankbar für das fehlende W-Lan in den Hütten und nimmt eines der zahlreichen Bücher zur Hand, beginnt, die Kühe und Lämmchen auf den Wiesen zu beobachten, oder führt ein anregendes Gespräch mit einem anderen Gast.

Holz, Naturstein und Leinen prägen die Textur des Resorts, Zimmer gibt es in neun Kategorien (DZ von 20 bis 36 m^2): winzige „Kammerl" im Hauptgebäude, rustikale „Lufthütten" und sehr gelungene „Hüttentürme" des Münchner Architekten Florian Nagle. Alle Zimmer haben angenehme Betten, die meisten auch eine Loggia, Balkon oder Terrasse.

Ein bisschen Wellness gibt es auch: einen 12 m langen Innenpool, der dezidiert nur zum Schwimmen verwendet werden soll – planschen und relaxen „verboten" –, weiters findet man einen Ruheraum mit Bollerofen und eine ungewöhnliche Saunahütte, die der Großvater mit seinen eigenen Händen erbaut hat. Die Massagen sind ausgezeichnet, von Montag bis Samstag kann man sich aktiv betätigen: Yoga, Tai Chi, Pilates, autogenes Training oder geführte Wanderungen. Im Winter ist das Skigebiet Sudelfeld nicht weit entfernt. Die Gastgeber – es ist die vierte Ärztegeneration vor Ort, er Internist, sie Allgemeinmedizinerin mit Schwerpunkt Naturheilkunde – fokussieren auf Regeneration nach den Kneipp-Prinzipien, auf Fastenkuren sowie medizinische Checkups (EKG, Ultraschall u. a.). Um die inneren Ressourcen und Potenziale zu wecken, wird ein breites Behandlungsspektrum von Kunsttherapie bis hin zu psychologischem Coaching angeboten.

Nette Restauranterrasse, sehr gute Küche mit biologischer und regionaler Orientierung (an drei Tagen der Woche vegetarisch), ein Light Lunch ist inkludiert. Abends gibt es regelmäßig Lesungen oder Live-Musik. Wir genossen den Tee vor dem Kaminfeuer und den Blick aus dem Wintergarten auf die Enten. Inspirierendes, herzliches Umfeld, ringsum Natur, vielstimmiger Vogelgesang, bester Schlaf. Ungeeignet für Kinder. 80 Mitarbeiter, 9 Liegen, 100 Betten.

Hallenbad, Außensauna, Sauna, Massagen, Kosmetik, Fitnessgeräte, Personal Trainer.

83735 Bayrischzell, Tannerhofstraße 32, 08023-810
HP-plus ab € 175,–

WELLNESS

13 PUNKTE – 1 LILLIE

Hofgut Hafnerleiten

Grünruhelage bei Bad Birnbach – 35 km von Passau

Hundefreundlich. Kein klassisches Wellnesshotel, aber ein lupenreines Hideaway mit hohem Entschleunigungsfaktor. Es handelt sich um ein Minidörfchen auf einem drei Hektar großen Grundstück, das von Wiesen und Wäldern umgeben ist. Zu den Annehmlichkeiten zählt es, hier im wahrsten Sinne des Wortes offline zu sein: Die 10 thematisch unterschiedlichen Häuschen und fünf Suiten haben weder Fernseher noch Handyempfang, allerdings gibt es W-Lan im Haupthaus, das mag für manche die Rettung sein.

Die Zimmer sind thematisch jeweils individuell, aber stets niveauvoll, hochwertig und so ansprechend eingerichtet, dass die Auswahl schwerfällt. So steht etwa das „Wasserhaus" auf Stelzen im eigenen Badeteich, während das „Baumhaus" in luftiger Höhe schwebt, private Sauna oder Infrarotkabine sind ebenfalls zu haben.

Das Angebot in Sachen Wellness beschränkt sich auf eine finnische Außensauna samt Ruheraum am Badeteich, geführtes Waldbaden und Massagen, die bei geeigneter Witterung auch im Freien stattfinden.

Das Frühstück wird in einem Korb ins Häuschen gebracht, am Abend speist man wahlweise im Zimmer oder im Restaurant. Die leichte, mediterrane Küche des Gastgebers ist gut, täglich gibt es frisch gebackenes Sauerteigbrot, donnerstagabends wird Pasta aus der Riesenpfanne serviert. Da das Resort sich auch auf Events und Hochzeiten versteht, sollten Ruhesuchende die Situation vor der Buchung abklären. Wanderwege ohne Zahl. Nettes Umfeld, gut gelauntes Team, bester Schlaf. Ungeeignet für Kinder. 6 Liegen, 27 Betten.

Naturbadeteich, Außensauna, Massagen.
27-Loch-Parcours in 7 km, 18-Loch-Parcours in 14, 15 und 16 km.

84364 Bad Birnbach, Brunndobl 16, 08563-91511
HP ab € 200,-

WELLNESS

14 PUNKTE – 1 LILLIE

Sonnengut ****s

Grünruhelage am Ortsrand – 45 km von Passau

Familienfreundlich. Ein sympathisches, familiengeführtes Thermenhotel, es liegt etwas erhöht über dem Ort – das sorgt für einen schönen Ausblick aus vielen Räumen.

Zimmer sind aus zahlreichen Kategorien (DZ von 30 bis 110 m^2) wählbar, einige haben schöne Holzböden, alle Balkon oder Terrasse, sie sind schlicht und einfach eingerichtet, was der Gemütlichkeit aber keinen Abbruch tut.

Der indoor nicht rasend große Wellnessbereich bietet vier Saunen, behagliche Ruheräume, einen 14 m langen Thermal-Innenpool und einen weiteren, kleineren Innenpool mit „Cabrio-Dach", das im Sommer geöffnet werden kann. Sehr gute Massagen, tägliches Aktivprogramm, unter anderem mit Yoga, progressiver Muskelentspannung, geführten Nordic-Walking-Touren sowie Qi Gong im Wald.

Schöne Restaurantterrasse, gute bis sehr gute Küche mit gluten- und laktosefreien Alternativen, ein Mittagsimbiss, auch am Anreisetag, ist im Preis inkludiert. Viele freundliche Mitarbeiter, beim Service gibt es noch ein klein wenig Luft nach oben. Umfangreiche Weinkarte, gute Auswahl an Offenen zu fairen Preisen. Viele langjährige Stammgäste. Fahrräder gibt's zur Gratisleihe. Das Spa kann am Abreisetag bis 18 Uhr ohne Aufpreis genutzt werden. Hunde erlaubt. Garage gegen 9 Euro pro Tag. 120 Liegen, 176 Betten.

Thermalhallenbad, Freibecken (Sommer), Hallenbad, Sauna, Dampfbad, Massagen, Kosmetik, Ayurveda, Fitnessstudio, Personal Trainer.
27-Loch-Parcours in 0,8 km, sieben weitere 18-Loch-Parcours in 12 bis 20 km, bis zu 30 % Greenfee-Rabatt.

84364 Bad Birnbach, Am Aunhamer Berg 2, 08563-305-0
HP-plus ab € 149,-

WELLNESS

13 PUNKTE – 1 LILLIE

Schloss Leitheim ****s

Grünruhelage mit Fernblick – 50 km von Ingolstadt

Hundefreundlich. Ein schmuckes Schlosshotel mit historischem Flair, es wird von einer Familie überaus engagiert geführt und versteht sich auch bestens auf Hochzeiten und Tagungen – wer Ruhe sucht, sollte die Situation vor der Buchung abklären. Das geschichtsträchtige Ensemble aus Schloss, Hotel und Kirche liegt am Rand eines 50-Häuser-Dörfchens, der Ausblick auf das Donautal ist herrlich. Die Kombination aus Alt- und Neubau zeigt sich

Die Mittelburg Vitalhotel

architektonisch gelungen, innen erfreuten uns die charmante Eleganz und die große Liebe zum Detail.

Zimmer wählt man aus fünf Kategorien (DZ von 30 bis 60 m^2), sie sind von stilsicherer Hand so unaufdringlich wie schön arrangiert, haben gute Boxspringbetten und feine Holzböden.

Das auch externen Gästen zugängliche Spa ist einnehmend gestaltet, es bietet unter anderem einen 10 m langen, auch im Winter nutzbaren Außenpool und gute Massagen, die insgesamt drei Saunen schließen nach sehr bescheidenen Öffnungszeiten um 21 Uhr.

Fabelhafte Caféterrasse, reichhaltiges Frühstück, sehr gute Küche, der Gastgeber kocht selbst, und das mit großer Passion. Omnipräsente Gastgeberin, hilfsbereite und professionelle Mitarbeiter. Die ganztägige Spa-Nutzung an An- und Abreisetag ist bei vorheriger Anmeldung im Preis inkludiert. Valet Parking. Eher ungeeignet für Kinder. 10 Liegen, 100 Betten.

Freibecken, Sauna, Dampfbad, Massagen, Fitnessgeräte. 18-Loch-Parcours in 10 km, 20 % Greenfee-Rabatt.

86687 Leitheim, Schlossstraße 1, 09097-48598-0
NF ab € 110,-

WELLNESS
14 PUNKTE – 1 LILLIE

Die Mittelburg Vitalhotel ****

Grünruhelage am Ortsrand von Oy-Mittelberg – Allgäu

Herzlich: Ein familiengeführtes Kleinhotel, es ist keine Burg, liegt aber wie eine solche auf einer kleinen Anhöhe (1.035 m Seehöhe). Hinter einer typisch bayerischen blumengeschmückten Alpenlandfassade fanden wir eine urig-gemütliche Atmosphäre, alles ist bestens gepflegt und sauber.

Zimmer werden in 11 sehr unterschiedlichen Varianten (DZ von 18 bis 70 m^2) angeboten, nicht alle gefallen uns gleichermaßen. Die meisten haben Teppichböden, alle Balkon, von dem man den wunderschönen Ausblick in die Allgäuer Berge genießen kann – bei gutem Wetter tauchen sogar Zugspitze und Schloss Neuschwanstein in der Ferne auf.

Das Spa bietet indoor unter anderem einen 12 m langen Innenpool, zwei Saunen und eine Eisgrotte. Outdoor gibt es neben einer feinen Außensauna eine Liegewiese in einem schönen Garten. Das kleine Aktivprogramm beinhaltet Yoga, Wassergymnastik und geführte Wanderungen – im Winter auch mit Schneeschuhen.

4 LILIEN

Nur eine Stunde von Hamburg, direkt am Meer, eines der schönsten Luxusresorts Europas. Großzügiger Spa, vielfältige Kulinarik. Maximal 120 Gäste auf 75 Hektar. Ruhe, Weite & Meer.

www.weissenhaus.de
23758 Weissenhaus
Schleswig-Holstein, Deutschland
T. +49 4382 9262-0

WEISSENHAUS PRIVATE NATURE LUXURY RESORT

Restaurantterrasse mit Morgen- und Abendsonne sowie herzöffnendem Allgäu-Panorama, reichhaltiges Frühstücksbuffet mit selbstgemachten Marmeladen, gute Küche, ein Mittagssnack ist im Preis inkludiert. Äußerst freundliche und zuvorkommende Mitarbeiter, präsente Gastgeber, angenehmes Publikum, viele langjährige Stammgäste. Im Winter ist man hier direkt an der Loipe. Ruhevolles Umfeld, ungeeignet für Kinder, Hunde erlaubt. 19 Liegen, 54 Betten.

Hallenbad, Außensauna, Sauna, Dampfbad, Massagen, Kosmetik, Fitnessgeräte.
18-Loch-Parcours in 28 km.

87466 Oy-Mittelberg, Mittelburgweg 1-3, 08366-18-0
HP-plus ab € 121,50

WELLNESS
14 PUNKTE – 1 LILLIE

Schlossanger Alp

Absolute Naturlage mit Fernblick bei Pfronten – Allgäu

Familienfreundlich. In traumhafter Alleinlage: Ein schmucker, geerdeter Familienbetrieb, er liegt auf 1.130 m Seehöhe am Berg und wird bereits in der fünften Generation geführt. Inwendig zeigt sich gehoben-urige Gemütlichkeit, was auch für die Zimmer gilt.

Sie stehen in 22 Kategorien (DZ von 20 bis 70 m²) zur Auswahl, kaum eines gleicht dem anderen, einige wenige sind auch mit Sauna zu haben. Unser Favorit ist das Sterntaler-Zimmer: mit Sauna und einem Doppelbett auf Rollen, sodass man auch auf der Terrasse unter freiem Himmel schlafen kann. Ein paar Schritte abseits befindet sich zudem ein richtiges, ganz kleines Baumhauszimmer in luftiger Höhe, für das Erklimmen könnte eine akrobatische Grundausbildung hilfreich sein.

Das Spa ist indoor mini, es gibt drei Saunen, im Freien warten ein 13 m langer Außenpool, eine Yogaplattform, eine herrliche Liegewiese und ein ebenso großer wie tiefer und eiskalter Naturbadeteich – Ausblick auf die Burgruine Falkenstein inklusive. Die Massagen sind ausgezeichnet, eine Heilpraktikerin bietet zudem Akupunktur und anderes aus der Schatzkiste der Naturheilkunde.

Fabelhafte Restaurantterrasse mit Morgensonne, gute bis sehr gute Küche, die Gastgeberin kocht selbst, eine Nachmittagsjause (reichlich) ist im Preis inkludiert. Herzliches Umfeld, sympathischer, präsenter Gastgeber. Für Schnösel, chronische Schwarzseher und Gefühlslegasthenikerinnen erscheint uns das Hotel nur bedingt geeignet. 14 Liegen, 80 Betten.

Naturbadeteich, Freibecken, Sauna, Dampfbad, Massagen, Kosmetik.

87459 Pfronten, Am Schlossanger 1, 08363-91455-0
HP-plus ab € 200,-

WELLNESS
14 PUNKTE – 1 LILLIE

Hanusel Hof ****S

Grünruhelage Nähe Sonthofen – Allgäu

Ein sympathisches Haus, gleich sieben Familienmitglieder packen hier tüchtig mit an. Das Anwesen hat bäuerliche Wurzeln und steht seit 280 Jahren in Familienbesitz, es liegt direkt am Golfplatz und besteht aus Stammhaus sowie einer Dependance auf der gegenüberliegenden Straßenseite.

Schöne Zimmer sind aus neun Kategorien (DZ von 28 bis 81 m²) wählbar, alle haben überlange Betten sowie Balkon oder Terrasse, besonders angetan hat es uns die Wellnesssuite, sie bietet Infrarotliegen und einen Whirlpool mit Panoramablick auf dem Balkon.

Das indoor nicht allzu weitläufige Spa steht auch externen Gästen offen, es bietet unter anderem einen Innenpool, einen 12 m langen, auch im Winter nutzbaren Außenpool, vier Saunen sowie mehrere gemütlich gestaltete Ruheräume. Kleines Aktivprogramm, unter anderem geführte Wanderungen (im Winter mit Schneeschuhen) und golfspezifisches Yoga.

Fabelhafte Restaurantterrasse, reichhaltiges Frühstücksbuffet, sehr gute Küche, die Wert auf Regionalität legt. Fleisch kommt zum Teil vom eigenen Hof, Wild stammt aus der eigenen Jagd des Gastgebers, immer wieder gibt es auch Fisch aus dem eigenen Weiher, der Honig kommt von den hauseigenen Bienenstöcken. Viele hausgemachte Produkte wie Marmeladen oder Wurstwaren kann man auch kaufen – fein als Mitbringsel aus dem Urlaub. Präsente Gastgeber, die Mitarbeiter agieren kompetent und freundlich obendrein. Wanderwege ohne Zahl, im Winter ist man direkt an der Loipe. Eher ungeeignet für Kinder. 37 Liegen, 110 Betten.

Freibecken, Hallenbad, Sauna, Dampfbad, Massagen, Kosmetik, Fitnessgeräte.
18-Loch-Parcours.

87480 Weitnau-Hellengerst, Helingerstraße 5, 08378-9200-0
HP ab € 154,50

WELLNESS

16 PUNKTE – 2 LILLIEN

Sonnenalp Resort *****S

Grünruhelage bei Sonthofen – Allgäu

Kinder- und hundefreundlich. Ein riesiger Familienbetrieb auf 800 m Seehöhe, er erinnert mit seiner wuchtigen Üppigkeit an eine Art von neubayerischem Kreuzfahrtschiff – Shopping Mall und Kinderparadies inklusive.

Zimmer kann man aus 20 Varianten wählen (DZ von 26 bis 120 m²), sie zeigen sich sozusagen in kontemporärer alpenländischer Klassik – ohne Wow-Effekt, allerdings auch ohne effekthaschend-nervige Extravaganz. Sie haben übergroße Betten, teilweise auch Holzböden, der Bademantel ist aus reiner Baumwolle, Kaffeemaschine und Klimaanlage sind nicht vorhanden, das W-Lan kriecht schneckenartig.

Das ausschließlich Hausgästen zur Verfügung stehende Spa ist laut Werbung 20.000 m² groß, rund neun Zehntel dieser Fläche befinden sich allerdings im Freien. Geboten werden unter anderem fünf Saunen, zwei kleine Naturbadeteiche mit Liegewiese und Sonnendecks, ein 28 m langer und recht schmaler, auch im Winter nutzbarer Außenpool, ein 25 m langer Sportpool (im Sommer), ein tiefer Sprungpool sowie ein separater Kinderpoolbereich, Dampfbad gibt es keines mehr. Die Massagen sind sehr gut, im medizinischen Zentrum arbeiten Fachärzte. Tägliches Aktivprogramm, auch autogenes Training, Pilates und Yoga sowie geführte Wanderungen.

Große Restaurantterrasse, reichhaltiges Frühstücksbuffet bis 11 Uhr, die Küche bietet neuerdings auch Veganes und ist zumeist gut. Diese Bewertung bezieht sich auf die Halbpension, die hier seltsamerweise Deluxe-Halbpension heißt, aber die anderswo üblichen Deluxe-Add-ons (etwa Early-Bird-Frühstück, Light Lunch, Nachmittagsjause, Mitternachtssnack) vermissen lässt! Das Niveau bei den Getränkepreisen empfanden wir als hoch, jenes vom Service weniger. Viele sehr freundliche Mitarbeiter, aber längst nicht alle agieren so, wie man das bei fünfeinhalb Sternen erwarten dürfte.

Viele langjährige Stammgäste, sie werden hofiert, zahlreiche Kinder vor Ort (tägliche Kinderbetreuung von null bis 8 Jahre mit erfahrenen Kinderpädagogen), auch deshalb erscheint uns das Haus zum alltagsabgewandten Relaxen nur bedingt geeignet. Verbesserungsfähiges Preis-Leistungs-Verhältnis. Garage gegen 15 Euro pro Tag. 132 Liegen, 510 Betten.

Naturbadeteich, Freibecken, Freibecken (Sommer), Kinderfreibecken (Sommer), Hallenbad, Kinderbecken, Babybecken, Außensauna, Sauna, Massagen, Kosmetik, Ayurveda, Fitnessstudio, Personal Trainer.
18-Loch-Parcours in 1 und 4 km, Wintergolf mit vier Abschlägen in der Halle, Golfschule, Tennishalle mit Schule, Tennisplätze, Squash, Reitstall mit Schule, Beachvolleyballplatz, Leihfahrräder.

87527 Ofterschwang, Sonnenalp 1, 08321-272-0
HP ab € 305,-

GESUNDHEIT/WELLNESS

16 PUNKTE – 2 LILLIEN

Rosenalp Gesundheitsresort & Spa ****S

Grünlage am Ortsrand in Oberstaufen – Allgäu

Adults preferred (ab 15). Der vor kurzem umfassend renovierte Familienbetrieb liegt etwas erhöht in einem ruhigen Wohngebiet des Ortes, die Fassade ist ungewöhnlich, ihre klaren Linien sind fast so etwas wie eine Landmarke im Ortsbild. Der Fokus liegt hier auf Entgiftung („Detox"), in diesem Sinne werden Schrothkuren und Heilfasten angeboten, auch Physiotherapie und orthopädische Rehabilitation können in Anspruch genommen werden. Ebenso gibt es medizinische Check-ups, und eine Naturheilpraxis ist ebenfalls im Haus.

Das Erscheinungsbild ist zeitgemäß, was auch für die Zimmer (18 Varianten, DZ von 30 bis 109 m²) gilt. Sie sind mit viel Eichenholz gestaltet, haben alle feine Holzböden, manche eine Infrarotkabine oder eine freistehende Badewanne, die meisten einen Balkon – jene auf der Südseite bieten einen tollen Ausblick. Aber Achtung: Nicht alle Bäder sind renoviert.

Im Spa, das auch Externen offensteht, fanden wir vier Saunen und einen schönen, 17 m langen Pool, der mit einem 7 m langen Außenpool verbunden ist. Das Fitnessstudio ist wohl das beste der ganzen Region – für jedes erdenkliche Trainingsziel ist hier etwas dabei. Die überaus kompetenten und motivierenden Trainerinnen Heike und Melania geben Faszientraining, Yoga, Qi Gong und geführte Wanderungen (im Winter auch mit Schneeschuhen). Erwähnenswert sind auch die sehr guten Massagen sowie der schöne Garten mit seinen Ruhezonen.

Nette Restaurantterrasse, reichhaltiges Frühstücksbuffet, gute Küche, tolle Weinkarte. Freundliches Team, viele Stammgäste, die Spa-Nutzung am Abreisetag ist bis 18 Uhr inkludiert. Gratisgarage von April bis November. Rüden sind

Haubers Naturresort

nicht erlaubt – Haushund Max macht es sich einfach, er duldet nur Damen! 42 Liegen, 198 Betten.

Freibecken, Hallenbad, Außensauna, Sauna, Dampfbad, Massagen, Kosmetik, Ayurveda, Fitnessstudio, Personal Trainer.
18-Loch-Parcours in 1 km (kostenlos), weitere in 7 und 9 km, 20 % Greenfee-Rabatt.

87534 Oberstaufen, Am Lohacker 5, 08386-706-0
HP ab € 196,-

WELLNESS/GESUNDHEIT

18 PUNKTE – 3 LILLIEN

Haubers Naturresort ****S

Grünruhelage am Ortsrand bei Oberstaufen – Allgäu

Mit eigenem Wald: Ein ausgesprochen herzlich geführter Familienbetrieb, der Nachhaltigkeit schon zu einer Zeit gelebt hat, als der Begriff noch weitgehend unbekannt war. Die Liebe zur Natur ist hier überall zu spüren – und zu riechen, denn in der Anlage, die idyllisch auf einem Südhang am Ortsende gelegen ist und über einen eigenen Wald verfügt, duftet es überall nach Heu.

Zwei Gebäude auf einem 60 Hektar großen Areal bilden den hiesigen Mikrokosmos, da gibt es einerseits den Gutshof und andererseits das ein paar gute Schritte entfernte Landhaus, wo vor allem Schrothkurgäste urlauben. Die Zimmer (DZ von 28 bis 71 m^2) haben überlange Betten sowie Balkon oder Terrasse, viele auch feine Holzböden, die neueren Waldmotive an der Wand.

Beide Häuser verfügen über Wellnessbereiche, jener im Landhaus (mit 12 m langem Innenpool) ist recht klein, der im Gutshof aufgrund einer vor kurzem erfolgten Erweiterung deutlich größer und ein wahrliches Wasserparadies – neben dem bestehenden Naturschwimmteich, der von Liegeterrassen und Blumenwiesen umsäumt ist, gibt es dort nun auch einen 15 m langen Innenpool, einen 25 mal 8 m großen Außenpool sowie einen großzügigen Außenwhirlpool. Sechs Saunen und wunderbare Massagen ergänzen das Wellnessangebot, zudem gibt es ein tägliches Aktivprogramm, das unter anderem Yoga, Meditation und geführte Wanderungen (im Winter auch mit Schneeschuhen) umfasst.

Und dann gibt es noch einige liebenswerte Traditionen, die das Haus zu dem Wohlfühlort machen, der er ist – so zum Beispiel das nächtliche Vollmondschwimmen oder das sonntägliche Frühstück am Schwalbennest auf der Alm, wo auch Honig der 400.000 eigenen Bienen aufs Brot kommt.

Fabelhafte Restaurantterrasse mit Morgen- und Abendsonne, naturnahe und sehr, sehr gute Küche, sie versteht sich auch auf Veganes, die Tischkultur ist casual, ein Nachmittagssnack im Spa-Bistro inkludiert. Authentisch agierende, freundliche und bemühte Mitarbeiter, präsente Gastgeber. Gleich neben dem Haus befindet sich ein Golfplatz mit Gratis-Zutritt. Schöne Wanderwege ohne Zahl, im Winter ist man direkt an der Loipe. Ungeeignet für Kinder. 51 Liegen, 134 Betten.

Naturbadeteich, Freibecken, Hallenbad, Sauna, Dampfbad, Massagen, Kosmetik, Ayurveda, Fitnessgeräte, Personal Trainer.
18-Loch-Parcours (kostenlos), weitere in 8 und 11 km, 20 % Greenfee-Rabatt.

87534 Oberstaufen-Kalzhofen, Meerau 34, 08386-9330-5
HP ab € 209,-

Ein kleines Paradies inmitten der Alpen: Haubers Naturresort. Ein Hotel für Naturerlebnis, Erholung und Gesundheit.

Klaus Hauber,
Gastgeber in zweiter Generation

Bergkristall Resort Allgäu

WELLNESS/GESUNDHEIT

13 PUNKTE – 1 LILLIE

Der Birkenhof Oberstaufen ****

Grünruhelage bei Oberstaufen – Allgäu

Bezaubernde Lage hoch über Oberstaufen: Ein sympathischer, ganz kleiner Familienbetrieb, seit langem ist er auf die in der Region beheimateten Schrothkuren spezialisiert. Das aus zwei miteinander verbundenen Logiergebäuden bestehende Hotel liegt etwas abgeschieden und ruhig hoch über dem Ort, der Ausblick ist wunderschön, im Winter sind es nur knapp drei Kilometer zur Imbergbahn und der Skiarena. Insgesamt bietet die Skiregion Oberstaufen 28 Lifte, der Skipass ist für Hausgäste übrigens gratis.

Zimmer gibt es in 11 Varianten (DZ von 20 bis 58 m^2), sie präsentieren sich allesamt in zeitgemäßer Ländlichkeit und haben Holzböden oder solche aus PVC in Holzoptik, gute Betten sowie zumeist Balkon oder Terrasse.

Das Spa ist indoor nicht allzu groß, geboten werden unter anderem ein Naturbadeteich mit Sonnendecks und Liegewiese, ein feines Saunahaus mit Ausblick und gute Massagen. Für die Schrothkuren gibt es ärztliche Betreuung sowie ein- bis dreiwöchige Packages, zudem steht sieben- oder 14-tägiges Basenfasten im Angebot.

Restaurantterrasse mit Morgen- und Abendsonne, gute Küche, auf Wunsch gibt es auch Laktose- und Glutenfreies. Präsente Gastgeber, freundliche und hilfsbereite Mitarbeiter. Geführte Wanderungen, ringsum Wanderwege ohne Zahl, E-Bikes gibt's zur Gratisleihe. Eher ungeeignet für Kinder, Hunde erlaubt. 10 Liegen, 42 Betten.

Naturbadeteich, Außensauna, Sauna, Dampfbad, Massagen, Kosmetik, Fitnessgeräte.
18-Loch-Parcours in 2 und 8 km, Greenfee-Rabatt bis 100 %.

87534 Oberstaufen-Steibis, Am Anger 30, 08386-9808-0
HP ab € 112,–

WELLNESS/GESUNDHEIT

17 PUNKTE – 3 LILLIEN

Bergkristall Resort Allgäu ****s

Grünruhelage mit Fernblick bei Oberstaufen – Allgäu

Naturkino auf einer Anhöhe in 850 m Seehöhe: ein schmucker und super sympathischer Familienbetrieb, der gleich von sechs Familienmitgliedern gehegt und gepflegt wird. In den letzten 20 Jahren wurde hier sukzessive modernisiert und erweitert, sodass das Haus mittlerweile fast dreimal so groß ist wie im Jahr 2001, in dem wir erstmals eingecheckt hatten.

Drei miteinander verbundene Logiergebäude gibt es mittlerweile, draußen schellen Kuhglocken, inwendig zeigt sich eine harmonisch abgestimmte Wohlfühlatmosphäre, deren hochwertige Anmutung sich wie ein roter Faden durch die gesamte Anlage zieht, was auch für die Zimmer gilt (24 Kategorien, DZ von 28 bis 120 m²). Ganz neu sind acht ganz wunderbar großzügig geschnittene und wohnliche Suiten, unser Favorit ist die „Spa Suite Premium" mit privater Sauna, Whirlpool auf der Terrasse, Außendusche und Eichenboden, Sportliche finden in der „Fitness Suite" neben Sauna, Whirlpool und Dampfdusche auch eine Fitnesswand mit Screen und Bike. Viele der weiteren Zimmer haben Holzböden, alle Balkon oder Loggia, die höherpreisigen Suiten sind mit Nespresso-Maschinen sowie teilweise mit Dachfenstern, Kachelöfen oder Infrarotkabine ausgestattet, das W-Lan ist schnell.

Ebenso ansprechend gestaltet ist der Wellnessbereich, in dem auch Tagesgäste willkommen sind, er bietet indoor unter anderem einen ganz kleinen Innenpool, fünf Saunen (darunter auch eine riesige Eventsauna für bis zu 35 Personen), feine Ruhezonen und sehr gute Massagen. Im Außenbereich warten Ruhekojen, die mit Glaswänden vor Wind schützen, und ein ganz fabelhafter, 20 m langer, auch im Winter nutzbarer Infinity-Außenpool, in dem man gefühlt in die Berge hinausschwimmt, ganz neu ist ein Kaltwasserbecken im FKK-Außenbereich. Tägliches Aktivprogramm (Mo bis Sa), darunter Yoga, Meditation, Qi Gong sowie geführte E-Bike-Touren und Wanderungen auf den zahllosen schönen Wanderwegen ringsum. Zwei- bis dreimal jährlich stehen Fastenkuren nach Schroth im Angebot, Coachings und Beratungen werden ebenso geboten.

Fabelhafte Terrasse mit Morgen- und Abendsonne, Early-Bird-Frühstück im Spa, tolles Frühstücksbuffet bis 11 Uhr. Die Küche ist gesund und sehr gut bis ausgezeichnet, sie kommt ganz ohne Zucker, Weißmehl und Geschmacksverstärker aus, die Tischkultur ist fairly casual. Light Lunch und süße Nachmittagsjause mit Säften und Heißgetränken sind im Preis enthalten. Umfangreiche Weinkarte, stimmungsvolle Bar. Präsente Gastgeber, freundliche und zuvorkommende Mitarbeiter, die meisten stammen aus der Region.
Ab drei Nächten kann das Spa an An- und Abreisetag ganztägig ohne Aufpreis genutzt werden. Gratis-Shuttle vom und zum Bahnhof Oberstaufen. Ungeeignet für Kinder, Hunde erlaubt. 76 Liegen, 180 Betten.

Freibecken, Hallenbad, Sauna, Dampfbad, Massagen, Kosmetik, Ayurveda, Fitnessgeräte.
18-Loch-Parcours in 8 km (kostenlos), weitere in 13 und 15 km, 20 % Greenfee-Rabatt.

87534 Oberstaufen-Willis, Willis 8, 08386-911-0
HP-plus ab € 270,-

WELLNESS
17 PUNKTE – 3 LILLIEN

Hubertus Mountain Refugio

Grünlage am Ortsrand in Balderschwang – Allgäu

Hundefreundlich. Yoga, Achtsamkeit und Wellness: Ein außerordentlich herzlich geführter Familienbetrieb, er liegt quasi mitten auf der Alm auf 1.044 m Seehöhe in einem beschaulichen 300-Seelen-Dorf im Balderschwanger Hochtal, die Straße vor dem Haus ist nächtens recht ruhig. Schon beim Betreten fühlt man sich rundum wohl, das rustikale Ambiente ist von der ganz feinen Sorte – Altholz, Felle und warmes Licht verströmen Behaglichkeit pur.

Stilsicher präsentieren sich auch die Zimmer (23 Kategorien, DZ von 22 bis 64 m²), alle haben Holzböden, eine Yogamatte und Yogaliteratur.

Der auch externen Gästen zugängliche und von einer Lawine zerstörte Wellnessbereich wurde mittlerweile wieder neu errichtet, er ist von der Optik her ganz wunderbar geraten. Auf drei Ebenen werden unter anderem ein ruhevoller Rooftop-Onsen, vier Saunen (mit täglich drei Aufgüssen), ein feines Abkühlbecken im Freien (just die zugehörige Außensauna hat aber nur 70 Grad!) und ein 18 m langer, auch im Winter nutzbarer Außenpool geboten – wenn wir uns noch etwas wünschen dürften, dann wären das noch ein paar zusätzliche Ruhezonen. Zweimal pro Woche ist das Spa abends geschlossen, es darf dann von den Mitarbeitern genutzt werden. Das Aktivprogramm umfasst neben dem Fokusthema Yoga (täglich zweimal) auch Qi Gong, Faszientraining sowie geführte Wanderungen und Bike-Touren, zudem werden zahlreiche Retreats abgehalten –

Prinz-Luitpold-Bad

neben Yoga auch zu den Themen Achtsamkeit, Holistic Detox und Meditation.

Tolles Frühstücksbuffet bis 11.30 Uhr, Restaurantterrasse mit Morgen- und Abendsonne, die Straße ist allerdings nicht ganz zu überhören. Sehr gute Küche, die auf frische und regionale Zutaten im Sinne der Slow-Food-Philosophie setzt, die Tischkultur ist rather casual, Light Lunch (auch an An- und Abreisetag) und süße Nachmittagsjause mit Kaffee sind inkludiert. Liebenswerte und präsente Gastgeber, sehr freundliche und aufmerksame Mitarbeiter, entspanntes Umfeld, auch ein Coworking-Space ist vorhanden. Herrliche Wanderwege und Loipen ohne Zahl. Das Spa kann am Anreisetag ab 13 Uhr, am Abreisetag bis 15 Uhr genutzt werden. Garage (saisonal abhängig) gegen bis zu 18 Euro pro Tag, Carport bis zu 12 Euro. Etwas ungewöhnlich: In den Zimmerpreisen ist ein Spa-Treatment inkludiert – auch wenn man gar keines möchte. 58 Liegen, 130 Betten.

Naturbadeteich, Freibecken, Außensauna, Sauna, Dampfbad, Massagen, Kosmetik, Ayurveda, Fitnessgeräte, Personal Trainer.

87538 Balderschwang, Dorf 5, 08328-9200
HP-plus ab € 220,–

WELLNESS/KUR
13 PUNKTE – 1 LILLIE

Prinz-Luitpold-Bad ****

Grünruhelage mit Fernblick in Bad Hindelang – Allgäu

Mit Nostalgiebonus: Ein liebenswerter, geschichtsträchtiger Familienbetrieb, er liegt in herrlicher Aussichtslage an einem Südhang über dem Ort. Das Ambiente versprüht den Flair vergangener Zeiten, vor allem Kaminhalle und Bar gehören heute schon zu so wundervollen Raritäten, dass wir jedes Jahr aufs Neue befürchten, sie könnten zwischenzeitlich einer Modernisierung zum Opfer gefallen sein.

Zimmer sind aus sieben Kategorien (DZ von 24 bis 70 m^2) wählbar, alle haben Südbalkon mit wunderschönem Ausblick, manchen würde freilich ein kleines Make-over ganz gut tun. Unser Zimmer war etwas hellhörig, das Murmeln des nahen Wildbachs diente uns aber als willkommene Einschlafhilfe.

Im Wellnessbereich warten unter anderem ein 13 m langer, auch im Winter nutzbarer Infinity-Außenpool, eine FKK-Zone im Freien und ein neuer Naturbadeteich, der mit Quellwasser gespeist wird. Die Massagen sind sehr gut, außerdem gibt es eine eigene Schwefelquelle für medizinische Wannenbäder sowie Anwendungen mit Heilmoor, die insgesamt fünf Saunen schließen um 21.30 Uhr.

Reichhaltiges Frühstück mit Lebensmitteln aus der Region, zumeist gute bis sehr gute Küche, eine Nachmittagsjause ist im Preis inkludiert. Sehr freundliche und hilfsbereite Mitarbeiter, familiäres Umfeld. Viele, viele langjährige Stammgäste. Ringsum Wanderwege ohne Zahl, auch im Winter. Ungeeignet für Kinder, Hunde erlaubt. 45 Liegen, 170 Betten.

Naturbadeteich, Freibecken, Schwefelwasserhallenbad, Außensauna, Sauna, Massagen, Kosmetik, Fitnessgeräte. 18-Loch-Parcours in 13 und 17 km, 15 % Greenfee-Rabatt, Tennisplatz.

87541 Bad Hindelang-Bad Oberdorf, Andreas-Gross-Straße 7
08324-890-0
HP-plus ab € 141,-

WELLNESS
14 PUNKTE – 1 LILLIE

Panoramahotel Oberjoch ****S

Grünruhelage im Ort Nähe Bad Hindelang – Allgäu

Mitten im höchstgelegenen Bergdorf Deutschlands auf 1.200 m Seehöhe: Ein modernes, familiengeführtes Großhotel mit beachtlichen Tagungskapazitäten, es liegt nur ein paar Schritte von der Talstation der Bergbahn entfernt, was im Winter direkten Anschluss an 32 Pistenkilometer verheißt.

Zimmer gibt es in sechs Varianten (DZ von 35 bis 100 m^2), alle haben Balkon, Holzböden oder hochflorige Teppichböden. Manche bieten eigene Sauna, andere Fitnessequipment oder Heimkino, Tischkicker und Billardtisch, das namensgebende Panorama ist allerdings längst nicht überall zu finden. Etwas unterhalb des Hotels gibt es 13 wunderschöne, relativ dicht aneinandergereihte Chalets mit luxuriöser Ausstattung, sie haben etwa Sauna, freistehende Badewanne, Weinklimaschrank sowie Zugang zum Wellnessbereich des Hotels.

Dieser ist angenehm gestaltet, jedoch deutlich kleiner, als er beworben wird. Geboten werden indoor vier Saunen und ein 12 m langer Pool, der mit dem ganzjährig nutzbaren, 11 m langen Außenpool verbunden ist. Weiters gibt es eine feine Außensauna und eine Liegewiese. Kleines Aktivprogramm, unter anderem mit Yoga, Wassergymnastik, Blumen- und Kräuterwanderungen sowie geführten Wanderungen (im Winter auch mit Schneeschuhen).

Restaurantterrasse mit Morgensonne, beim Frühstück und Abendessen trifft man mitunter auch auf externe Gäste. Light Lunch und Kuchenbuffet sind im Preis inkludiert. Viele freundliche Mitarbeiter, beim Service gibt es noch etwas Luft nach oben. Große Weinkarte mit fairen Preisen, stimmungsvolle Bar. Gratisgarage für etwa die Hälfte der Gäste, für den Rest kann das Parken herausfordernd werden. Fahrräder und E-Bikes gibt's gegen eine kleine Gebühr. An An- und Abreisetag kann das Spa ganztags ohne Aufpreis genutzt werden. Wanderwege ohne Zahl, im Winter ist man hier direkt an der Loipe. Hunde erlaubt. 137 Liegen, 340 Betten.

Freibecken, Hallenbad, Außensauna, Sauna, Dampfbad, Massagen, Kosmetik, Fitnessgeräte, Personal Trainer. 9-Loch-Parcours in 11 km, 30 % Greenfee-Rabatt.

87541 Bad Hindelang-Oberjoch, Passstraße 41, 08324-9333-0
HP-plus ab € 214,50

WELLNESS
14 PUNKTE – 1 LILLIE

Exquisit ****S

Grünlage am Ortsrand in Oberstdorf – Allgäu

Nomen est omen: Ein familiengeführtes Haus, es liegt ruhig am Ortsrand in einem Wohngebiet. Das Ambiente ist von Materialien wie Schurwolle, Holz und Glas geprägt, sie schaffen eine so stimmig wie hochwertig anmutende Behaglichkeit, die auch in den Zimmern (19 Kategorien, DZ von 25 bis 60 m^2) erlebbar wird. Fast alle haben überlange Betten, Teppichböden und Balkon – toller Ausblick in die Allgäuer Berge inklusive.

Das Spa ist nur Hausgästen zugänglich, es bietet unter anderem vier Saunen – eine davon ist eine feine Außensauna –, einen 14 m langen Innenpool und eine Liegewiese mit Bergblick. Die Massagen sind sehr gut, auch einen kleinen Fitnessbereich gibt es. Kleines Aktivprogramm, unter anderem mit Yoga, Wassergymnastik sowie geführten Wanderungen und E-Bike-Touren. Auch Bergwanderwochen werden angeboten.

Wunderbare Restaurantterrasse, reichhaltiges Frühstücksbuffet, sehr freundliche und zuvorkommende Mitarbeiter. Die Küche ist sehr, sehr gut, sie versteht sich auch auf laktose-, glutenfreie und vegetarische Kost, Light Lunch und eine süße Nachmittagsjause

Das König Ludwig

sind im Preis inkludiert. Stimmungsvolle Bar. Mountainbikes gibt's zur Gratisleihe, E-Bikes gegen Gebühr. Garage gegen 8 Euro pro Tag. Eher ungeeignet für Kinder, Hunde erlaubt. 32 Liegen, 104 Betten.

Hallenbad, Außensauna, Sauna, Dampfbad, Massagen, Kosmetik, Ayurveda, Fitnessgeräte, Personal Trainer.
18-Loch-Parcours in 10,5 km (15 % Greenfee-Rabatt) und 9-Loch-Parcours in 3 km (30 % Greenfee-Rabatt).

87561 Oberstdorf, Lorettostraße 20, 08322-9633-0
HP-plus ab € 205,-

KUR/WELLNESS

14 PUNKTE – 1 LILLIE

Schüle's Gesundheitsresort & Spa ****S

Grünruhelage am Ortsrand in Oberstdorf – Allgäu

Adults only (ab 18). Privatsanatorium und Wellnesshotel in einem: Ein familiengeführtes Traditionshaus in ruhiger Lage am Ortsrand, es fokussiert auf Alleinreisende und wurde vor kurzem teilmodernisiert, vieles zeigt sich aber auch weiterhin in konservativer Gediegenheit.

Sehr saubere Zimmer gibt es in gefühlt unendlich vielen Kategorien (DZ von 28 bis 70 m²), alle haben Teppichböden, viele Balkon mit herrlichem Ausblick in die Allgäuer Bergwelt, nicht alle begeistern.

Das Spa ist indoor deutlich kleiner als beworben, es besteht aus einem älteren, pseudorömisch anmutenden Teil und einem neueren Ladys-Spa im Dachgeschoß. Wir fanden unter anderem fünf Saunen und einen 15 m langen Innenpool, inmitten eines gepflegten Gartens einen Naturbadeteich und eine Liegewiese mit herrlichem Bergpanorama. Ausgezeichnete Treatments, zudem gibt es ein breites Spektrum an schul- und alternativmedizinischen Diagnostik- und Therapieverfahren, etwa Physiotherapie, Akupunktur, Kneipptherapien sowie Detoxkuren. Umfangreiches Aktivprogramm, unter anderem auch mit Yoga, Pilates, Qi Gong sowie geführten Wanderungen.

Fabelhafte Restaurantterrasse, reichhaltiges Frühstücksbuffet, für Langschläfer gibt es die Möglichkeit, bis 11.30 Uhr im Bistro zu frühstücken. Zumeist gute Küche, Light Lunch und süße Nachmittagsjause sind im Preis inkludiert. Präsente Gastgeber, freundliche und hilfsbereite Mitarbeiter. Viele langjährige Stammgäste. Täglich abendliche Besinnung mit einem evangelischen Geistlichen, das bringt auf alle Fälle guten Schlaf. Moutainbikes und E-Bikes gibt es gegen Gebühr. Wanderwege ohne Zahl, im Winter ist man hier direkt an der Loipe. Garage gegen 11 Euro pro Tag. 52 Liegen, 165 Betten.

Naturbadeteich, Hallenbad, Sauna, Dampfbad, Massagen, Kosmetik, Ayurveda, Fitnessgeräte, Personal Trainer.
9-Loch-Parcours in 4 km und 18-Loch-Parcours in 10 km.

87561 Oberstdorf, Ludwigstraße 37-41a, 08322-701-0
HP-plus ab € 170,-

WELLNESS
16 PUNKTE – 2 LILLIEN

Das König Ludwig ****s

Grünruhelage am Ortsrand in Schwangau – Allgäu

Adults preferred (ab 14). König Ludwig mag unter einer schweren Persönlichkeitsstörung gelitten und einen bis heute mysteriös gebliebenen Tod gefunden haben, aber er wählte für sein Schloss Neuschwanstein den schönsten Ort in den bayerischen Alpen. Nur drei Kilometer davon entfernt liegt dieses Wellnesshotel auf 800 m Seehöhe mit Panoramablick in ebenjene Berge.

Ludwig liebte märchenhafte Opulenz, diese findet sich auch in der Inneneinrichtung des Hotels: In der Bar hängen Kronleuchter, die Zimmer (15 Varianten, DZ von 28 bis 69 m^2) sind teils in verspieltem Neoalpenbarock gehalten, unseres hatte einen feinen Holzboden, es gibt auch Suiten mit Infrarotkabine, Sauna und Whirlpool auf dem Balkon oder der Terrasse, und alles strahlt sozusagen vor königlicher Sauberkeit.

Die Wasserflächen sind beeindruckend: ein 20 m langer, auch im Winter nutzbarer Außenpool, ein großer Naturbadeteich sowie ein kleinerer Nacktbadeteich bei der Außensauna und ein großer Infinity-Whirlpool von knapp 13 m Länge. Umgeben ist all das von einem schönen Garten mit Yogaplattform und zahlreichen Rückzugsplätzen – wir ergatterten eine Cabana und genossen von dort aus den großartigen Ausblick, der für dieses Haus so typisch ist. Indoor ist der Wellnessbereich deutlich bescheidener und streckenweise nicht ganz auf der Höhe der Zeit, die Saunazone sowie die einzelnen Saunen sind eine Spur zu klein, die Ruheräume aber sehr angenehm und neu renoviert. Ausgezeichnet sind die Massagen, täglich gibt es ein Aktivprogramm mit Yoga, Pilates und Faszientraining. Es gibt unterschiedliche Restaurantbereiche, nicht alle begeistern.

Wunderbare Auswahl beim Frühstücksbuffet (bis 11 Uhr), die Küche versteht sich bestens auf optische Präsentation, ein zusätzliches Early-Bird-Frühstück im Spa ist im Logispreis inkludiert, die Weinkarte umfangreich. Die Mitarbeiter sind durchweg aufmerksam und freundlich. Valet Parking, kostenpflichtige Tiefgarage und kostenloser Parkplatz vor dem Hotel. Check-out bereits um 10.30 Uhr, das Spa kann jedoch am Abreisetag bis 15 Uhr genutzt werden. 125 Liegen, 240 Betten.

Naturbadeteich, Freibecken, Hallenbad, Außensauna, Sauna, Dampfbad, Massagen, Kosmetik, Fitnessgeräte, Personal Trainer.
18-Loch-Parcours in 22 km, 20 % Greenfee-Rabatt.

87645 Schwangau, Kreuzweg 15, 08362-889-0
HP ab € 210,-

WELLNESS
14 PUNKTE – 1 LILLIE

Villino

Grünruhelage am Ortsrand in Lindau – Bodensee

Liebevolle Aufmerksamkeit für den Gast: Hoch über dem Bodensee, auf einem Hügel inmitten von Wiesen und Apfelhainen liegt dieses mit Freude und Leidenschaft von einer Familie geführte Kleinsthotel. Alles zeigt sich liebevoll von stilsicherer Hand gestaltet, das Haus verströmt mediterrane Anmutung in einnehmender Güte, was auch für die 21 Zimmer (DZ von 18 bis 120 m^2) und das kleine Spa gilt, es bietet drei Saunen, sehr gute Massagen und Yoga. Im zauberhaften Garten fanden wir lauschige Plätze zum Entspannen, umgeben von einem Blütenmeer mit Wogen aus Goldregen, Rosen und Glyzinien sowie Quittenbäumen. Frühstück gibt es bis 11 Uhr, es kommt in feiner Qualität, die À-la-carte-Küche ist ausgezeichnet, sie wurde vom Guide Michelin zum 26. Mal in Folge mit einem Stern prämiert. Feine Tischkultur, herrliche Weinkarte mit kompetenter Beratung, gemütliche Bar. Omnipräsente Gastgeber, freundliches und zuvorkommendes Team. Ungeeignet für Kinder, Hunde erlaubt. Anmerkung: Kleinhotels mit Spa und Lilien-Auszeichnung sind übrigens absolut rar in Deutschland, doch alle sind in dieser Ausgabe beschrieben, die Luxusniveaus sind freilich völlig unterschiedlich: Söl'ring Hof, Hofgut Hafnerleiten, Alpenloge Scheffau, Seehotel am Neuklostersee, Ayurveda Garden, Gut Varendorf, Birkenhof Oberstaufen, Chiemsee Chalet,

Bad Clevers Kneipp-Sanatorium

Strandhaus Spreewald und Lundenbergsand. 7 Liegen, 42 Betten.

Sauna, Dampfbad, Massagen, Kosmetik, Fitnessgeräte, Personal Trainer.
18-Loch-Parcours in 6 und 9 km.

88131 Lindau-Bodolz, Mittenbuch 6, 08382-9345-0
NF ab € 105,-

KUR/GESUNDHEIT

16 PUNKTE – 2 LILLIEN

Bad Clevers Kneipp-Sanatorium

Grünruhelage am Ortsrand in Bad Grönenbach – Allgäu

Die Füße eintauchen ins kühle Nass, bei jedem Schritt die Knie hochziehen, dann ganz raus aus dem Wasser, kurz warten, selbes Spiel nochmal – wer das Kneippen liebt, ist hier richtig und gut aufgehoben. Es handelt sich um einen reizenden, ganz kleinen Familienbetrieb, er ist sowohl „Kneipp-Sanatorium – Klinik für Naturheilverfahren" als auch „Gesundheitsresort & Spa". Der Begründer der Wasserkuren, Sebastian Kneipp, wuchs nur einen Steinwurf entfernt von diesem Haus auf. In seiner Tradition eröffneten die Gründer 1938 dieses Haus, das aus vier kleinen Logiergebäuden besteht und inmitten eines weitläufigen naturbelassenen Gartens liegt.

Das Ambiente ist einfach und freundlich, die Zimmer wählbar aus vier Kategorien (DZ von 20 bis 40 m²), schlicht und zweckmäßig mit Vollholzmöbeln und guten Betten eingerichtet.

Der Wellnessbereich verfügt indoor über ein Bewegungsbad und vier Saunen, die Massagen sind ausgezeichnet. Neu sind Fitnessraum und eine wunderschöne Gymnastikhalle, durch große Glasflächen blickt man hier hinaus auf einen großen Naturbadeteich. Der Fokus liegt auf Prävention im Rahmen von ärztlich betreuten, einwöchigen Aufenthalten sowie auf Kneipp-, Mayr- und Fastenkuren nach Buchinger und Lützner. Weiters gibt es medizinische Check-ups mit EKG und Labor – die Gastgeberin ist Allgemeinmedizinerin mit Schwerpunkt auf Naturheilkunde, Mayrkuren sowie Ernährungsberatung – wer also Reduktions-, Vollwert-, Trennkost oder andere Diätformen machen möchte, ist hier bestens aufgehoben. Weiters angeboten wird ein breites Spektrum an Bewegungs- und Entspannungstraining, unter anderem Yoga, Pilates und Meditation.

Das Frühstück kann man auch im Freien genießen, sogar am Badeteich, die Küche ist saisonal und regional ausgerichtet, ehrlich und sehr gut, die Getränkepreise sind fair. Authentische und präsente Gastgeber, herzliche Mitarbeiter, darunter viele langjährige. Zahlreiche Stammgäste, idyllische Umgebung, bester Schlaf. Ungeeignet für Kinder. 12 Liegen, 60 Betten.

Naturbadeteich, Hallenbad, Sauna, Dampfbad, Massagen, Kosmetik, Fitnessgeräte, Personal Trainer.
18-Loch-Parcours in 13 und 21 km.

87730 Bad Grönenbach, Klevers 1, 08334-609-0
Pauschalen, etwa „Kneipp-Kur light" (10 Tage) inkl. Diät-VP, Arzt und Therapien ab € 2.000,-

WELLNESS
14 PUNKTE – 1 LILLIE

Alpenloge Scheffau

Grünruhelage bei Scheidegg – Allgäu

Etwas ganz Besonderes: Klein und hochfein, ein echtes Boutique-Hotel also, es liegt am Rande eines beschaulichen 200-Seelen-Dörfchens und wird von aus Norddeutschland stammenden Quereinsteigern, die hier ein neues Leben gefunden haben, geführt. Das Minihotel ist ein Nachbau des alten Volksschulgebäudes, man erkennt es von außen kaum, mit seinen Holzschindelfassaden verharrt es ganz in der historischen Tradition der Region. Dahinter freilich offenbart sich eine ganz eigene Welt: ein wunderbares, von feinsinniger Hand arrangiertes Ambiente, das Sinne und Gemüt erfreut und Geborgenheit verströmt.

Es gibt nur neun Zimmer (DZ von 32 bis 57 m²), keines gleicht dem anderen, aber alle sind sie einfach wunderschön. Alle haben gute Betten, die meisten auch Balkon oder Terrasse, das W-Lan ist schnell und der Ausblick in die Natur ist traumhaft.

Das atmosphärisch gestaltete Spa ist recht klein und würde einem normalen Hotel nie und nimmer zu einer Lilien-Auszeichnung verhelfen können, aber wie immer bewerten wir ja das „Gesamtprodukt" in allen seinen Wohlfühlqualitäten. Geboten werden Sauna und Dampfbad, ein Ruheraum mit Kamin sowie ausgezeichnete Massagen. Zudem ist der Wellnessbereich, so wie auch das Restaurant, nur Hotelgästen zugänglich.

Fabelhafte Terrasse mit Morgensonne, wunderbares Frühstück, es wird serviert und bietet immer wieder diese kleinen Überraschungen, die Freude machen. Abends isst man à la carte, die Küche ist ausgezeichnet, verantwortlich dafür ist der Herdvirtuose Mark Beastall, dem man auch über die Schulter schauen darf. Das kostet allerdings ein bisserl, ist aber allemal ein spannendes Erlebnis. An zwei Tagen (Do und So) ist das Restaurant geschlossen, im nahen Bregenzerwald findet man jedoch exquisite Restaurants, auch im mit ein paar guten Schritten entlang der Straße zu erreichenden Biowirt schmeckt es recht gut. Die Gastgeber Anja und Michael haben nicht nur das Haus mit Herz und Hirn gestaltet, sie begegnen auch den Gästen mit diesen Fähigkeiten. Fazit: ein entspannendes Umfeld, in das man gerne immer wieder zurückkehrt. 10 Liegen, 20 Betten.

Sauna, Dampfbad, Massagen.

88175 Scheffau, Kirchenanger 6, 08381-9123600
NF ab € 148,-

WELLNESS
16 PUNKTE – 2 LILLIEN

Der Birkenhof Neunburg *****

Grünruhelage bei Neunburg – Bayerischer Wald

Adults preferred (ab 14 Jahren). Wellness- und Gourmettempel, neuerdings mit fünf Sternen: ein weitläufig angelegter Familienbetrieb, für den Nachhaltigkeit keine leere Marketinghülse ist. Die solitäre Lage auf einer Anhöhe ermöglicht Weitblick in die Natur, nur das riesige Industriegebiet in der Ferne stört den Ausblick ein klein wenig.

Inwendig zeigt sich vieles recht stylisch, was auch für die Zimmer gilt: Sie sind aus 27 recht unterschiedlichen Varianten (DZ von 28 bis 92 m²) wählbar, besonders schön sind jene in den oberen Stockwerken. Einige präsentieren sich bunt und ästhetisch vorlaut, woran frische Zeitgeister durchaus Gefallen finden können, viele haben Balkon und Holzböden, nicht wenige auch freistehende Badewanne und Wasserbett, die Luxussuiten sogar Kamin, Whirlpool und Sauna.

Das Spa steht auch Tagesgästen offen, es bietet unter anderem einen knapp 12 m langen, auch im Winter nutzbaren Außenpool und einen etwa ebenso langen Innenpool sowie sieben Saunen (eine davon textil), zusätzliche Handtücher wären hier noch fein. Im Freien geht's weiter, mit einem kleinen Badeteich mit Liegewiese sowie einem 10 m langen Solepool und einem 40 Grad warmen Onsen – beide sind allerdings aus Plastik. Kleines Aktivprogramm,

Brunner Hof

darunter Kickboxen, autogenes Training und Aquagymnastik.

Schöne Restaurantterrasse, reichhaltiges Frühstücksbuffet ab 7 Uhr – auch mit Weißwurst, wie könnte es denn in Bayern anders sein? –, unsere Eier stammten übrigens aus österreichischer Biofreilandhaltung. Sehr gute bis ausgezeichnete Küche (die Bewertung bezieht sich wie immer auf die Halbpension und nicht auf das vom Guide Michelin mit zwei Sternen ausgezeichnete À-la-carte-Restaurant „Eisvogel"), der Gastgeber kocht selbst, und das mit Freude. Die Tischkultur ist fairly casual, ein Nachmittagsimbiss mit feinen Bowls, Salat und Kuchen ist inkludiert, der Dresscode erfreut hingegen weniger – vor allem wenn einem so detailliert vorgeschrieben wird, wie man sich im Urlaub zu kleiden hat.

Viele freundliche Mitarbeiter, in puncto Fünfsternservice gibt es aber noch ein klein wenig Luft nach oben – zumindest Gepäckhilfe hätten wir uns schon erwartet. Check-in nicht vor 15 Uhr, da ist man streng. Ruhesuchenden sei empfohlen, Tagungen und Events vor der Buchung abzuklären. Mountainbikes gibt es zur Gratisleihe, E-Bikes gegen eine kleine Gebühr. Garage für Suitengäste gratis, ansonsten gegen 12 Euro pro Tag. Ungeeignet für Kinder. Hunde erlaubt. 110 Liegen, 160 Betten.

Naturbadeteich, Freibecken, Hallenbad, Sauna, Dampfbad, Massagen, Kosmetik, Ayurveda, Fitnessgeräte. 18-Loch-Parcours in 3 km.

92431 Neunburg vorm Wald, Hofenstetten 55, 09439-950-0
HP ab € 180,50

WELLNESS
13 PUNKTE – 1 LILLIE

Brunner Hof ****

Grünruhelage am Ortsrand – Bayerischer Wald

Ein idyllisch am Flüsschen Chamb sowie neben der Dorfkirche gelegener, naturnaher und erfrischend bodenständiger Familienbetrieb – gleich fünf Familienmitglieder packen hier tüchtig mit an. Vor kurzem wurde wiederum modernisiert und erweitert, was zu schönen Räumen, aber mitunter auch zu geheimnisvoll verschlungenen Grundrissen geführt hat. Mit einem neuen Energiekonzept – unter anderem dem Bau einer Photovoltaikanlage – möchte man CO_2-neutral werden, außerdem wurden einige Zimmer modernisiert, weitere werden demnächst neu errichtet.

Man wählt sie nun aus nicht weniger als 21 unterschiedlichen Varianten (DZ von 21 bis 91 m²), kaum eines gleicht dem anderen. Einige haben Balkon mit schönem Ausblick, manche Teppichböden, auch wunderschöne Suiten mit Altholzinterieurs, Fake-Kamin, feinen Holzböden und eigener Sauna oder Infrarotkabine sowie Whirlwanne sind zu haben.

Das auch externen Gästen offenstehende Spa bietet unter anderem einen 14 m langen, auch im Winter nutzbaren Infinity-Außenpool, das „1.000 m² große altbayerische Saunadörfl" (Werbung) ist nicht ganz so groß und recht rustikal gestaltet, bietet aber feine Möglichkeiten zum Saunieren. Sehr gute Massagen, die sieben Saunen – darunter zwei neue – schließen nach großzügigen Öffnungszeiten um 19 Uhr.

Reichhaltiges Frühstück, gute Küche mit Zutaten aus der Region und Kräutern aus dem eigenen Garten, präsente Gastgeber, herzliches Umfeld. Das Haus versteht sich auch auf Events und Hochzeiten, wer Ruhe sucht, sollte die Situation vor der Buchung abklären. Herrlicher Biergarten am Flussufer, ringsum Wanderwege ohne Zahl. Hunde erlaubt. 52 Liegen, 88 Betten.

Freibecken, Außensauna, Sauna, Dampfbad, Massagen, Kosmetik, Ayurveda, Fitnessgeräte.
18-Loch-Parcours in 9 km, 20 % Greenfee-Rabatt.

93473 Arnschwang, Kirchgasse 13, 09977-257
HP ab € 117,-

WELLNESS

16 PUNKTE – 2 LILLIEN

Bayerwaldhof

Grünruhelage bei Bad Kötzting – Bayerischer Wald

Hunde- und familienfreundlich. Mitten im Grünen gelegenes Haus, extreme gestalterische Gegensätze und ein weitläufiges, für Saunafreunde wunderbares Spa sind seine Kennzeichen, Musikbeschallung und eine sehr breite Zielgruppe ebenso – Bierbauch, Sixpack und Bärenfellbauch inklusive. Das Haus liegt auf einer Anhöhe im Bayerischen Wald, ringsum finden sich Wander- und Radwege ohne Zahl. Innen ähnelt es einer Zeitreise durch verschiedenste Epochen, streckenweise ist man auch bereits in der Gegenwart angekommen.

Ein Umstand, der auch für die Zimmer (21 Kategorien, DZ von 28 bis 130 m²) gilt. Massive Holzinterieurs und Teppichböden dominieren, Kaffeemaschine und Wasserkocher sind vorhanden, das W-Lan ist super schnell. Brandneu sind die Sky-Lofts unter dem Dach mit Klimaanlage, Fake-Kamin und Balkon plus schönem Ausblick, allerdings stellten wir uns bislang unter einem Loft alles andere als einen langen, schlauchartigen Raum vor!

Die Wege ins Spa – es steht übrigens Hausgästen exklusiv zur Verfügung – sind verschlungen und weit, aber der neue Teil, der Garten und generell die riesigen FKK-Flächen (sechs Nacktpools!) offenbaren eine eigene, außergewöhnliche Welt: Gepflegte, urwaldähnliche Flora, chillige Liegepavillons, ein 25 m langer Naturpool, ein FKK-Schwimmteich plus Nacktliegewiese, ein wunderschöner Zubau mit begrüntem Dach, viel Holz und großzügigen Glasflächen. Dort finden sich insgesamt acht Saunen, und man kann aufatmen: Von dem sich gegenwärtig fast seuchenartig ausbreitenden Textilsauna-Unwesen ist hier keine Spur! Hinzu kommen fabelhafte Ruheräume aus Zirbenholz, ein paar Liegen mehr könnten aber nicht schaden. Gut bestücktes Fitnessstudio, der alte Wellnessbereich im Haupthaus ist überschaubar (drei Pools) und nicht selten verwaist. Kleines Aktivprogramm, auch Yoga und geführte Wanderungen, die Massagen sind gut.

Zahlreiche, höchst unterschiedlich arrangierte Restaurantbereiche, üppiges Frühstücksbuffet bis 11 Uhr, unsere Eier stammten aus biologischer Freilandhaltung. Gute Küche mit vielen regionalen und saisonalen Zutaten – die Bewertung bezieht sich wie immer auf die Halbpension und nicht auf das À-la-carte-Restaurant Leos, das mit einem Stern vom Guide Michelin prämiert wurde. Eine Nachmittagsjause (reichlich) ist inkludiert. Stets freundliche und hilfsbereite Mitarbeiter, viele langjährige Stammgäste. Täglich drei Stunden Betreuung für Kinder ab drei Jahren zu bayerischen Ferienzeiten. Sein Pferd kann man getrost in den Urlaub mitnehmen, das Hotel bietet Gastboxen samt Verpflegung an, Kinder können gratis Pony reiten. 112 Liegen, 235 Betten.

Naturbadeteich, Freibecken, Freibecken (Sommer), Hallenbad, Außensauna, Sauna, Dampfbad, Massagen, Kosmetik, Fitnessgeräte, Personal Trainer.
18-Loch-Parcours in 17 km, Reitstall mit Gastpferdeboxen.

93444 Bad Kötzting, Liebenstein 25, 09941-9480-0
HP-plus ab € 140,-

Falkenhof Bio Thermalhotel

WELLNESS

14 PUNKTE – 1 LILLIE

Birkenhof am Elfenhain ****

Grünruhelage am Ortsrand – Bayerischer Wald

„Spirit & Spa am Elfenhain": So lautet der Namenszusatz dieses liebevoll geführten Familienbetriebs, der ruhig und schön am Rand eines 300-Häuser-Dorfes liegt. Im Inneren des Hauses verbergen sich Grundrisse, die ebenso geheimnisvoll wie der Hotelname sind. Auch das Ambiente ist ungewöhnlich, es vereint wohl alle Farben und Formen dieser Welt, und über allem liegt ein Hauch von Esoterik.

Zimmer sind aus beinahe unzähligen Varianten (20 Kategorien, DZ von 17 bis 55 m²) wählbar, die Interieurs zeigen sich ebenso farbenfroh und verspielt wie der Rest des Hauses. Alle Zimmer haben Balkon oder Terrasse, viele feine Holzböden, einige Suiten sogar eine Infrarotkabine, der Bademantel aus Polyesterfaser passt aber da nicht ganz ins Bild.

Das Spa folgt ebenso dem hiesigen Gestaltungswillen, Highlight ist jedenfalls ein 13 m langer, ganzjährig nutzbarer Außenpool auf dem Dach, ebendort findet man FKK-Sonnendeck und Außensauna, all das mit herrlichem Ausblick. Weiters fanden wir neun (zumeist kleinteilige) Saunen, im schönen Garten lauschige Ruheplätze, Hängematten und einen „Elfenhain". Kleines Aktivprogramm, unter anderem mit Yoga, geführten Wanderungen und E-Bike-Touren, auch schamanische Trommelreisen und „Elfenbegegnungen" – die Gastgeberin besitzt ein Elfendiplom aus Island – werden angeboten. Etwas weniger feinstofflich erscheint uns der Umstand, dass man den Wellnessbereich mitunter mit vielen Tagesgästen teilen muss, was die Freude über die hohe Anzahl an Liegen etwas trüben könnte.

Reichhaltiges Frühstücksbuffet bis 11 Uhr, gute bis sehr gute Küche mit Fokus auf Regionalität, es werden auch frische Kräuter aus dem eigenen Garten verwendet, eine Nachmittagsjause ist im Preis inkludiert. Präsente Gastgeber, sehr freundliche und gut gelaunte Mitarbeiter. Ungeeignet für Kinder, Hunde erlaubt. 155 Liegen, 175 Betten.

Freibecken, Hallenbad, Außensauna, Sauna, Dampfbad, Massagen, Kosmetik, Ayurveda, Fitnessgeräte.
18-Loch-Parcours in 21 km, 20 % Greenfee-Rabatt, Tennisplatz.

93479 Grafenwiesen, Auf der Rast 7, 09941-4004-0
HP-plus ab € 164,–

WELLNESS

15 PUNKTE – 2 LILLIEN

Falkenhof Bio Thermalhotel ****

Grünruhelage am Ortsrand in Bad Füssing

Biohotel mit Panoramatherme: Ein umweltbewusst geführtes Haus in angenehmer Größe, es liegt schön ruhig am Kurpark und in der Nähe von zwei öffentlichen Thermen. Inwendig präsentiert es sich in zeitloser Gemütlichkeit, alles wirkt harmonisch und stimmig.

Die blitzsauberen Zimmer (DZ von 25 bis 50 m²) sind so, wie man sie sich in einem Biohotel vorstellt: hell, behaglich und mit warmen Farben gestaltet, man findet darin Vollholzmöbel, Parkettboden und Balkon – mit Rauchverbot obendrein. Der auch Tagesgästen offenstehende Wellnessbereich ist in drei getrennte Bereiche aufgeteilt, unter anderem geboten werden ein knapp 8 m langer, auch im Winter nutzbarer Thermalaußenpool auf der Dachterrasse, ein Sole-Innenpool mit großzügigen Öffnungszeiten und insgesamt drei Saunen, die Massagen sind ausgezeichnet. Tägliches, teilweise aufpreispflichtiges Aktivprogramm, unter anderem Yoga, Waldbaden und Qi Gong. Auch alternativmedizinische Diagnose- und Behandlungsmethoden wie japanisches Heilströmen, Klangschalenbehandlung und Kinesiologie sowie Vorträge zu Gesundheitsthemen.

Schöner Garten mit Liegewiese, Restaurantterrasse, Frühstück bis 11 Uhr, sehr, sehr gute, regional und saisonal ausgerichtete Küche, die zu 100 Prozent biozertifiziert ist. Fein sind die Stuten- und Ziegenmilchprodukte aus dem Hause St. Leonhard von der Naturkäserei St. Georg, ob man allerdings ein „thailändisches Garnelencurry“ auf der Karte eines bayerischen Biohotels braucht, sei dahingestellt. Auch ein veganes Menü steht zur Auswahl, und auf Lebensmittelunverträglichkeiten wird gerne Rücksicht genommen, ein Light Lunch ist außerdem im Zimmerpreis enthalten. Gute Bioweine, regionales Bier.

Ausgesprochen herzliche und hilfsbereite Mitarbeiter, viele Stammgäste. Das Spa kann am Abreisetag noch ganztägig genutzt werden. Ungeeignet für Kinder. 30 Liegen, 80 Betten.

Thermalfreibecken, Solehallenbad, Sauna, Dampfbad, Massagen, Kosmetik, Ayurveda, Fitnessgeräte, Personal Trainer. 18-Loch-Parcours in 4 km, 25 % Greenfee-Rabatt.

94072 Bad Füssing, Paracelsusstraße 4, 08531-9743
HP-plus ab € 152,–

WELLNESS

14 PUNKTE – 1 LILLIE

Ortner's Resort ****S

Grünlage am Ortsrand in Bad Füssing

Bad Füssings ältestes Thermenhotel: keine Stil-Enklave und auch nur bedingt etwas für Feingeister, aber ein wunderbar freundlicher Familienbetrieb. Er verfügt über eine eigene Urquelle, die, wie auch anderswo so häufig, eigentlich auf der Suche nach Erdöl entdeckt wurde. Das Resort besteht aus fünf durch Gänge miteinander verbundenen Logiergebäuden.

Zimmer gibt es in 22 stark unterschiedlichen Varianten (DZ von 23 bis 68 m²), neben sehr modernen mit gemütlichen Interieurs gibt es auch viel weniger gefällige, die recht preisgünstig sind, auf diese bezieht sich auch der hier angeführte Ab-Preis. Fast alle Zimmer haben schöne Eichenböden, alle Balkon oder Terrasse, und der Bademantel ist aus reiner Baumwolle.

Der Wellnessbereich ist auch Day-Spa-Gästen zugänglich, ebendort fanden wir sechs verschiedene, stets wohlig warme Pools, alle werden von der hauseigenen Thermalquelle gespeist. Drei sind größere Whirlpools, zwei davon befinden sich im dritten Stock auf dem Dach. Der Außenpool zum Schwimmen ist 13 m lang, die zwei Innenbecken sind 13 und 18 m lang, sie befinden sich in optisch etwas überladenen Räumen – farbige Lichter, Spiegeldecken und Event-Leinwand inklusive. Weiters gibt es atmosphärisch gestaltete Ruheräume und fünf Saunen (eine davon textil), in der Eventsauna finden – zu Discoklängen oder verdunkelt mit Lasershow – täglich mehrere Aufgüsse statt. Im gemütlichen Garten findet man beim Biotop zahlreiche Rückzugsmöglichkeiten. Die Massagen sind sehr gut, ein kleines Aktivprogramm mit Wassergymnastik, Muskelentspannung sowie geführten Wanderungen und (E-)Bike-Touren ist inkludiert.

Zumeist gute Küche. Stimmungsvolle Bar, auch eine Vinothek ist im Haus. Präsente Gastgeber, ausgesprochen freundliche und zuvorkommende Mitarbeiter, die meisten kommen aus der Region. Viele, viele langjährige Stammgäste. E-Bikes gibt es zur Gratisleihe. Gratisgarage für etwa die Hälfte der Zimmer. 115 Liegen, 215 Betten.

Naturbadeteich, Thermalfreibecken, Thermalhallenbad, Sauna, Dampfbad, Massagen, Kosmetik, Ayurveda, Fitnessgeräte. 18-Loch-Parcours in 6 km, 30 % Greenfee-Rabatt.

94072 Bad Füssing, Pockinger Straße 1–7, 08531-279-0
HP ab € 138,–

Holzapfel

WELLNESS/KUR

15 PUNKTE – 2 LILLIEN

Holzapfel ****S

Grünruhelage in Bad Füssing

Zu Gast bei Familie Holzapfel: Ein ausgesprochen solider Familienbetrieb mit Tradition, er besteht aus zwei Gebäuden, nämlich dem vor 70 Jahren eröffneten „Traditionshaus" und dem seit 15 Jahren bestehenden „Wellnesshotel", zwischen beiden liegt eine breite, nächtens ruhige Straße, die aber nicht überquert werden muss, denn die Häuser sind unterirdisch miteinander verbunden – zur öffentlichen „Therme 1" besteht übrigens auch eine direkte Verbindung über einen Bademantelgang, der Eintritt ist für Direktbucher im Zimmerpreis inkludiert (nur für den Saunahof wird ein geringer Aufpreis verlangt).

Die Zimmer (DZ von 22 bis 60 m^2) präsentieren sich modern und stimmig, sie tragen zur Apfelfamilie passende Namen wie Jonagold, Pink Lady oder Golden Delicious, die meisten im Wellnesshotel haben Teppichböden, im Traditionshaus ist Parkettboden vorherrschend. Alle sind sehr schön gestaltet – wer gerne bei offenem Fenster schläft, sollte ein straßenabgewandtes wählen.

Das hoteleigene, auch Tagesgästen zugängliche Spa befindet sich im Neubau, es bietet unter anderem einen 7 m langen, auch im Winter nutzbaren Thermalaußenpool, einen feinen Sole-Floating-Pool, einen Nacktbereich im Freien sowie insgesamt fünf Saunen. Liegewiese, Kurarztpraxis sowie ausgezeichnete Behandlungen ergänzen das Angebot. Kleines Aktivprogramm, auch Aqua-Zumba, Pilates und Yoga. Auf Early Birds wartet im Spa schon ab 7 Uhr morgens der erste Kaffee. Die öffentliche Therme bietet 12 Thermalpools (jener mit 42 Grad ist der einzige seiner Art im ganzen Ort) und acht Saunen, allerdings kann es hier recht voll werden, vor allem nachmittags.

Reichhaltiges Frühstücksbuffet, sehr gute Küche bei gehobener Tischkultur, ein Light Lunch (reichlich) ist inkludiert, stimmungsvolle Bar. Präsente Gastgeber, gleich vier Familienmitglieder packen hier fleißig mit an, freundliche und engagierte Mitarbeiter, von denen viele schon seit langen Jahren mit dabei sind. Zahlreiche langjährige Stammgäste, ruhiges Umfeld. Alles sehr sauber, auch das Preis-Leistungs-Verhältnis. Kinder bis sechs Jahre nächtigen kostenfrei, dennoch ist das Haus für Kids eher ungeeignet. Auch gut: Spa und Therme können sowohl an An- als auch Abreisetag ganztägig genutzt werden. Garage gegen 4 Euro pro Tag. 34 Liegen, 188 Betten.

Thermalfreibecken, Thermalhallenbad, Sauna, Dampfbad, Massagen, Kosmetik, Ayurveda, Fitnessgeräte.
18-Loch-Parcours in 4 km, 30 % Greenfee-Rabatt.

94072 Bad Füssing, Thermalbadstraße 4+5, 08531-9570
HP-plus ab € 134,-

Unser Credo:
Wir wollen niemals
stehenbleiben, sondern uns
stetig weiterentwickeln,
um unsere Gäste
in höchstem Maße
zufriedenzustellen.

Christian Holzapfel,
Holzapfel-Gastgeber in dritter Generation

WELLNESS/KUR

13 PUNKTE – 1 LILLIE

Mühlbach Romantik-Hotel ****S

Grünlage am Ortsrand in Bad Füssing

Ein traditionsreicher Familienbetrieb, er liegt am alten Hauptplatz neben der Kirche und ist sowohl Kursanatorium als auch Wellnesshotel. Die öffentlichen Räume verströmen atmo-

Reischlhof

sphärisch gestaltete Gemütlichkeit, die von liebevoller Hand je nach Jahreszeit stimmig dekoriert wird.

Ländliche Zimmer (DZ von 26 bis 100 m²) stehen in 11 Varianten in unterschiedlichen Reifestadien zur Auswahl, fast alle haben Teppichböden, einige Balkon und Klimaanlage.

Der Wellnessbereich ist recht harmonisch gestaltet, aber nicht allzu weitläufig und zudem auch für externe Gäste zugänglich. Geboten werden ein 9 m langes, auch im Winter nutzbares Thermalfreibecken, ein ebenso langer Thermalinnenpool und eine Liegewiese in einem idyllischen kleinen Garten. Weiters gibt es eine Arztpraxis mit breitem Therapiespektrum und ein kleines Aktivprogramm, die insgesamt fünf Saunen schließen nach bescheidenen Öffnungszeiten um 19 Uhr.

Zumeist eher gute Küche, Light Lunch und süße Nachmittagsjause sind inkludiert. Auch fein: der selbstgemachte Walnussschnaps und die Marmelade aus den hofeigenen Früchten. Viele alte Stammgäste, ungeeignet für Kinder. Hunde erlaubt. Anmerkung: Das Haus wird bis Frühjahr 2024 modernisiert und erweitert. In einem Neubau entstehen unter anderem ein weiteres Spa mit Sportpool und Saunabereich, Fitnesszonen sowie zusätzliche Zimmer. 50 Liegen, 110 Betten.

Thermalfreibecken, Thermalhallenbad, Sauna, Dampfbad, Massagen, Kosmetik, Ayurveda, Fitnessgeräte, Personal Trainer.

94072 Bad Füssing, Bachstraße 15, 08531-278-0
HP-plus ab € 146,–

KUR/WELLNESS
15 PUNKTE – 2 LILLIEN

St. Wolfgang *****

Grünruhelage am Ortsrand in Bad Griesbach

Fünfsternhotel mit Privatklinik: ein großer Gebäudekomplex, in dem nicht nur Wellness geboten wird, sondern auch Tagungen stattfinden und eine Privatklinik für Kardiologie, Innere Medizin, Urologie, Orthopädie und Sportmedizin untergebracht ist, all das wunderschön befreit von jeglichem Sanatoriums-Feeling.

Inwendig findet man ein klassisch-gediegenes Ambiente mit dem einen oder anderen ergrauten Haar vor, aber alles ist bestens gepflegt, und die Zimmer (DZ von 30 bis 90 m²), von denen zahlreiche gefällig renoviert wurden, sind blitzsauber. Fast alle haben Teppichböden sowie Balkon oder Terrasse, manche auch überlange Betten.

Das Spa ist indoor überschaubar groß, aber nur Hotelgästen zugänglich, es bietet unter anderem einen 18 m langen Thermalinnenpool, einen 15 m langen, auch im Winter nutzbaren Außenpool und insgesamt vier ansprechende Saunen. Im Freien wartet eine Liegewiese in einem schön angelegten Garten, außerdem geboten werden ausgezeichnete Behandlungen zu fairen Preisen – unser Therapeut war Weltklasse. Auch Heilfasten, medizinische Check-ups, Akupunktur und ästhetische Medizin (mit Fettabsaugung, Lidstraffung und Faltenbehandlung) stehen im Angebot.

Ab 7 Uhr gibt's ein reichhaltiges Frühstücksbuffet, die Küche ist zumeist sehr gut, die Tischkultur fein, die Bar gemütlich und die Auswahl dort respektabel. Überaus freundliche, professionelle Mitarbeiter, darunter viele langjährige, stets präsenter und sehr zuvorkommender Gastgeber. Alles rollstuhlgerecht, Fahrräder und sogar E-Bikes gibt's zur Gratisleihe. Die öffentliche Therme ist rund fünf Gehminuten entfernt. Check-out bis 12 Uhr. Garage gegen 8 Euro, ein Parkplatz kommt auf 3 Euro pro Tag. Ungeeignet für Kinder. 56 Liegen, 278 Betten.

Freibecken, Thermalhallenbad, Sauna, Dampfbad, Massagen, Kosmetik, Fitnessstudio, Personal Trainer.

94086 Bad Griesbach-Therme, Ludwigpromenade 6, 08532-980-0
HP ab € 160,-

WELLNESS
17 PUNKTE – 3 LILLIEN

Reischlhof ****S

Grünlage bei Wegscheid – Bayerischer Wald

In the middle of nowhere: Ein sympathischer Familienbetrieb, bei dem gleich sechs Familienmitglieder ordentlich mit anpacken, er ist umgeben von Wiesen und Feldern und liegt an einer schmalen Landstraße, die nächtens jedoch ruhig ist. Zahlreiche Erweiterungen und Modernisierungen haben das Haus im letzten Jahrzehnt fast auf die dreifache Größe anwachsen lassen; inwendig ist alles heimelig gestaltet, hier und da zeigen sich auch ultramoderne, fast schon urban wirkende Akzente – Lobby und Bar könnte man durchaus in einem metropolitanen Umfeld verorten. Dass man sich – mit Ausnahme von Frühstück und Abendessen – hier überall im Bademantel aufhalten kann, ist vielleicht ungewöhnlich, aber keineswegs unangenehm.

Recht unterschiedlich präsentieren sich die Zimmer (DZ von 18 bis 103 m^2), viele haben Holzböden, fast alle Balkon oder Terrasse, manche auch Sauna oder, wie die neuen Alpin-Lodge-Zimmer, etwas extravagantere Interieurs. Kaffeemaschine (gegen einen kleinen Aufpreis) und Minibar gibt es auf Wunsch, das W-Lan ist, für die Region nicht unbedingt typisch, superschnell.

Das auch externen Gästen (sie tragen übrigens weiße Bademäntel, die Hotelgäste graue) offenstehende Spa ist ansprechend gestaltet und außerordentlich weitläufig, aber auch geheimnisvoll verwinkelt – fortgeschrittene Orientierungskünstler haben es leichter! Unter anderem gibt es acht Saunen, außerdem einen bis spätabends geöffneten Solewhirlpool auf dem Dach, einen 20 m langen, auch im Winter nutzbaren Außenpool sowie zahlreiche kleinteilige Ruhezonen mit überdurchschnittlich vielen Liegen. Ganz neu ist ein „Wald-Spa“, nämlich ein hoteleigener, vier Hektar großer Wald hinter dem Hotel. Ebendort findet man lauschige Plätzchen zum Verweilen und Yogaplattformen sowie natürlich die Gelegenheit, ein „Waldbad“ zu nehmen – das ist fein! Täglich Aktivprogramm, auch Yoga, Faszientraining und geführte E-Bike-Touren mit dem Seniorchef.

Großartiges Frühstücksbuffet (bis 11 Uhr), auch Weißwurst und Overnight Oats, für Early Birds gibt es schon ab 6 Uhr den ersten Kaffee im Spa. Engagierte, sehr gute und auch optisch ansprechende Küche, ein Light Lunch (überreichlich) mit verbundener Nachmittagsjause (Heißgetränke inklusive!) ist im Preis enthalten, und in der Bar darf gelumpt werden – und zwar bis ein Uhr früh.

Präsente Gastgeber, außerordentlich freundliche und bemühte Mitarbeiter, die alle Locals sind – von den anderswo nicht selten vorzufindenden Verständigungsschwierigkeiten aufgrund mangelnder oder gar gänzlich fehlender Deutschkenntnisse bleibt man hier verschont! Ringsum Wanderwege ohne Zahl, im Winter steigt man direkt am Haus in ein weitläufiges Loipennetz ein. Valet Parking, Gratisgarage für (fast) alle. Ungeeignet für Kinder. Hunde erlaubt. 168 Liegen, 180 Betten.

Naturbadeteich, Freibecken, Hallenbad, Außensauna, Sauna, Dampfbad, Massagen, Kosmetik, Ayurveda, Fitnessgeräte, Personal Trainer.
18-Loch-Parcours in 14 km, 27-Loch-Parcours in 16 km, 25 % Greenfee-Rabatt.

94110 Wegscheid, Sperlbrunn 7, 08592-9390-0
HP-plus ab € 193,-

Jagdhof Röhrnbach

WELLNESS

19 PUNKTE – 4 LILLIEN

Jagdhof Röhrnbach *****

Grünruhelage in Röhrnbach – Bayerischer Wald

Das Haus der Super-Suiten: einst ein einfacher Dorfgasthof, von uns im Jahr 2005 das erste Mal besucht und heute das „einzige Fünfstern-Wellnesshotel im Bayrischen Wald“ (werblicher O-Ton). Es handelt sich um einen engagiert geführten Familienbetrieb, der mitten im Wohngebiet liegt und ambientemäßig keine Bescheidenheit übt: Prunk und Opulenz bis an die Decke. Die Zimmer (24 Kategorien, DZ von 21 bis 110 m^2) sind in vielen Varianten zu haben, das Spektrum reicht von ländlich-klassisch über neoalpin bis hin zu hochmodischer Urbanität. Highlight sind die neuen, extravaganten Luxussuiten (die größte misst 230 m^2). Diese erfreuen nicht nur mit übergroßen Betten, Weinklimaschrank, ausgeklügelten Licht- und Soundsystemen sowie riesigen Bädern, sondern verfügen auch über private Wellnessbereiche, die mit Infrarotliegen, finnischer Sauna oder überdachtem Whirlpool am Balkon ausgestattet sind, in einer gibt es sogar einen 8 m langen Infinity-Pool auf der Dachterrasse. Ebenfalls aufwendig gestaltet ist der auch externen Gäste zugängliche Wellnessbereich, ebendort fanden wir 11 Saunen, einen 20 m langen Innenpool, einen 25 m langen Außenpool, ein mondänes Ladys-Spa und zahlreiche Ruhezonen. Geradezu konkurrenzlos riesig ist das Fitnessareal, es offeriert außergewöhnliche Geräte wie eines für virtuelles Tauchen und Fliegen, auch zwei Höhenkammern für Training in simulierter Höhenluft sind vorhanden, man befindet sich dort quasi auf 4.000 oder 8.000 m Seehöhe. Die Luft dort „oben“ ist dünn, das soll den Fettstoffwechsel beschleunigen. Im Garten relaxt man in Himmelbetten und kann sich in einem Schwimmteich mit Wasserfall erfrischen, weiters gibt es einen FKK-Außenwhirlpool und ein entzückendes altes Saunahäuschen. Sehr gute Massagen, umfangreiches Aktivprogramm (Mo bis Sa), darunter Yoga, Meditation und Qi Gong sowie Zirkeltraining und fernöstliche Heilgymnastik. Restaurantterrasse, Weinkarte mit 900 Positionen (das teuerste Fläschchen erhält man zum Preis eines Kleinwagens), üppiges Frühstücksbuffet bis 11.30 Uhr, gute bis sehr gute Küche mit außergewöhnlicher Optik. Light Lunch in Verbindung mit einem üppigen Nachmittagsbuffet sowie alkoholfreie Getränke, Tee und Kaffee sind im Preis inkludiert. Viele freundliche Mitarbeiter, so manchen stünde freilich ein Fünfstern-Update im Umgang mit dem Gast nicht schlecht, Turn-down-Service und Minibar gibt es nur auf Anfrage. Abendprogramm mit Modeschauen, Schmuckpräsentationen, Live-Musik und Tanz, auch eine stimmungsvolle Bar mit schier unendlicher Auswahl ist vorhanden. Gratisgarage für alle. Ungeeignet für Kinder, Hunde erlaubt. 177 Liegen, 210 Betten.

Naturbadeteich, Freibecken, Hallenbad, Außensauna, Sauna, Dampfbad, Massagen, Kosmetik, Ayurveda, Fitnessstudio, Personal Trainer.

18-Loch-Parcours in 15 und 18 km, bis zu 25 % Greenfee-Rabatt.

94133 Röhrnbach, Putzgartenstraße 2, 08582-9159-4600

HP-plus ab € 227,-

Alles können. Nichts müssen! Dafür haben wir eine völlig neue Dimension geschaffen: eine Symbiose aus Wellness, Sport und Luxus.

Josef Ritzinger,
Gastgeber Jagdhof Röhrnbach

Hüttenhof

WELLNESS

16 PUNKTE – 2 LILLIEN

Hüttenhof ****S

Grünlage am Ortsrand in Grainet – Bayerischer Wald

Adults only (ab 16). Ein Hotel für Verliebte. Sie wollen abschalten, entspannen und mit dem Liebsten die Zweisamkeit genießen? Dann sind Sie hier richtig: Es gibt zahlreiche „Kuschelextras“ wie Sekt auf dem Zimmer, Rosenblätter auf dem Bett, eine Pferdeschlittenfahrt oder Sie buchen gleich den ganzen Pool für Ihren Heiratsantrag – „Will you marry me“-Transparent inklusive. Der Familienbetrieb liegt am Ortsrand und besteht aus einem kleineren Altbau mit günstigeren Zimmern (leider nicht in absoluter Ruhelage aufgrund der dahinterliegenden Straße) und einem wesentlich größeren Neubau, in dem sich auch der Wellnessbereich befindet.

Zimmer stehen in 18 stark unterschiedlichen Kategorien (DZ von 20 bis 93 m^2) zur Auswahl, manche haben einen Whirlpool, andere runde Betten, einige sind modisch schick gestaltet. Die Spa-Suiten, die verheißungsvolle Namen wie „Wolke 7“ tragen, locken mit Details wie einem Effektkamin, eigenem Whirlpool und einer privaten Sauna. Auch gemütliche Chalets stehen zur Wahl, samt freistehender Badewanne, blickgeschütztem Außenwhirlpool, Heimkino und Weinklimaschrank, das W-Lan ist schnell.

Das Spa ist in zwei Ebenen aufgeteilt, im Erdgeschoß befinden sich fünf Saunen und ein 10 m langer Innenpool, er ist mit einem 15 m langen, auch im Winter nutzbaren Außenpool verbunden, im Dachgeschoß findet man das Sky-Spa mit Liegeterrasse, grandiosem Ausblick und großem Außenwhirlpool, der neuerdings textilfrei ist – fein! Zum Aktivprogramm gehören etwa Yoga, Muskelentspannung nach Jacobson und geführte Wanderungen (im Winter auch mit Schneeschuhen).

Restaurantterrasse, ansprechend arrangierte Speiseräume mit netter Tischkultur, gute Küche, ein Light Lunch und eine süße Nachmittagsjause sind inkludiert, Heißgetränke und Säfte ebenso. Viele freundliche Mitarbeiter, stimmungsvolle Bar, vielfältiges Angebot an Bieren und wunderbaren Schnäpsen. Mountainbikes gibt es zur Gratisleihe, E-Bikes gegen kleinen Aufpreis. Sauberes Preis-Leistungs-Verhältnis. Ungeeignet für Kinder, Hunde erlaubt. 79 Liegen, 140 Betten.

Freibecken, Hallenbad, Sauna, Dampfbad, Massagen, Kosmetik.
27-Loch-Parcours in 9 km, 25 % Greenfee-Rabatt.

94143 Grainet, Hobelsberg 23, 08585-9605-0
HP-plus ab € 160,50

WELLNESS
14 PUNKTE – 1 LILLIE

Das Stemp ****S

Grünlage nördlich von Passau – Bayerischer Wald

Ein freundlicher Familienbetrieb mit bäuerlichen Wurzeln: Seit einer groß angelegten Modernisierung zeigt sich das Haus inwendig in neoländlichem Chic, das Interieur ist von Lobby und Loungebereich weg betont stylisch gehalten, was sich auch in vielen Zimmer fortsetzt.

Diese sind in 18 sehr unterschiedlichen Varianten (DZ von 20 bis 90 m²) verfügbar, alle haben Balkon oder Terrasse, die meisten Parkettböden oder solche aus Vinyl in Holzoptik, auch solche mit freistehender Badewanne, Infrarotkabine und Schwedenofen sind zu haben. Straßenseitige Zimmer sollte meiden, wer bei offenem Fenster schlafen will.

Mit Ausnahme der Saunazone ist der Wellnessbereich im Vergleich zu anderen Hotels der Region überdurchschnittlich groß, auch die Anzahl an Liegen ist sehr erfreulich, die vielen einheimischen Day-Spa-Gäste relativieren diese luxuriös anmutenden Raumverhältnisse allerdings ziemlich schnell. Unter anderem geboten werden sieben (überwiegend kleinteilige) Saunen – eine davon ist eine Außensauna, die über einen überdachten Bademantelgang erreichbar ist –, ein Indoorpool (mini) und atmosphärisch gestaltete Ruheräume. In einem schön angelegten Garten mit feinen Rückzugsmöglichkeiten und hochwertigen Liegen warten ein Naturbadeteich und als Highlight ein 25 m langer, ganzjährig nutzbarer Außenpool. Täglich Aktivprogramm, auch Yoga, Pilates und autogenes Training, mit unserer Massage waren wir gar nicht zufrieden.

Kleine Restaurantterrasse, reichhaltiges Frühstücksbuffet, zumeist gute Küche, ein Light Lunch ist im Preis inkludiert. Auch im Restaurant mitunter viele Tagesgäste. Stimmungsvolle Bar. Sehr freundliche und bemühte Mitarbeiter, präsente Gastgeber. Fahrräder und E-Bikes können gegen Gebühr ausgeliehen werden. 121 Liegen, 125 Betten.

Naturbadeteich, Freibecken, Hallenbad, Außensauna, Sauna, Dampfbad, Massagen, Kosmetik, Fitnessgeräte.

94124 Büchlberg, Goldener Steig 24, 08505-916790-0
HP-plus ab € 182,–

WELLNESS
13 PUNKTE – 1 LILLIE

Robenstein ****S

Grünruhelage bei Zwiesel – Bayerischer Wald

Schönes Haus mit Potenzial: Das ehemalige Schloss Rabenstein, ein Glasbaron-Herrenhaus mit wechselvoller Historie, wurde vor kurzem als Hotel eröffnet. Es liegt sehr ruhig auf 715 m Seehöhe inmitten des hoteleigenen Waldes und besteht aus dem Haupthaus und einer nebenan gelegenen Villa, die nur ohne Kinder und ohne Haustiere gebucht werden kann.

Zimmer stehen in insgesamt neun Kategorien (DZ von 20 bis 60 m²) zur Auswahl, die meisten haben Teppichböden, jene im hinteren Teil des Hauses bekommen nur wenig Tageslicht. Eine Besonderheit sind die Suiten in der Villa, sie beeindrucken mit Interieurs im Stile des französischen Empires, und die Bäder mit ihrem Fin-de-Siècle-Touch sind eine Augenweide – Bronze und schwarzer Marmor inklusive.

Das auch externen Gästen offenstehende Spa bietet gute Massagen und gleich drei Wellnessbereiche, denn sowohl Villa als auch Haupthaus haben einen solchen, der in Letzterem verfügt auch über einen 10 m langen Innenpool, der für unseren Geschmack etwas wärmer hätte sein dürfen. Über die Dachterrasse (mit Ausblick über Zwiesel) gelangt man mit ein paar Schritten in den Wald, ebendort befindet sich eine weitere Besonderheit, ein reizvolles Mini-Saunadörfchen nämlich, mit drei Außensaunen und einem Häuschen zum Nachruhen.

Frühstücksbuffet bis 11 Uhr, bei Küche und Service gibt es noch etwas Luft nach oben. Eine Augenweide ist die englische Bar mit ihren Chesterfield-Sitzmöbeln – einfach schön! Freundliche, recht junge Mitarbeiter, die sich redlich bemühen, Routine (und mitunter Sprachkenntnis) zu erlangen. Vielstimmiger Vogelgesang, ringsum Wanderwege ohne Zahl. Ungeeignet für Kinder, Hunde erlaubt. 33 Liegen, 180 Betten.

Hallenbad, Außensauna, Sauna, Dampfbad, Massagen, Fitnessgeräte.

94227 Zwiesel, Stormbergerstraße 27, 09922-71640
HP ab € 112,50

Sterr Hotel & Chalets

WELLNESS

16 PUNKTE – 2 LILLIEN

Sterr Hotel & Chalets ****

Grünruhelage mit Fernblick – Bayerischer Wald

Absolute Ruhelage in idyllischer Umgebung: Nur ein paar gute Schritte unterhalb von Überresten einer Burg aus dem 14. Jahrhundert – sie dient heute übrigens als Aussichtsplattform – liegt diese familiengeführte Anlage, sie besteht aus einem charmanten Hotelbau und sechs Chalets („Bergdorf"), die circa 150 m entfernt sind.

Das Ambiente im Haupthaus ist zeitlos, die Farben warm und zumeist dezent, die Zimmer stehen in 13 Kategorien zur Auswahl, sie sind allesamt außerordentlich großzügig geschnitten (DZ von 29 bis 110 m²), jedes verfügt über Balkon oder Terrasse mit einem herrlichen Ausblick in die Natur. In den drei Spa-Maisonetten finden sich ein Fake-Kamin, eine eigene Sauna und mitunter auch ein Whirlpool auf der Loggia. Die um einen kleinen Schwimmteich angeordneten Chalets (115 bis 120 m²) sind urig und gut ausgestattet. Sie bieten offenen Kamin, freistehende Badewanne, Sauna und Außenwhirlpool. Frühstück und Abendessen werden ins Chalet gebracht, man kann aber auch im Hotel essen oder selbst kochen, eine vollausgestattete Küche ist vorhanden.

Der Wellnessbereich im Hotel steht Chaletgästen ebenso offen wie externen Besuchern, er bietet unter anderem einen knapp 13 m langen, auch im Winter nutzbaren Außenpool, fünf Saunen und mehrere Rückzugs- und Ruhebereiche in einem romantisch-verwinkelten Garten – herzöffnender Ausblick inklusive. Tipp: Nehmen Sie unbedingt an einer geführten Wanderung teil (im Winter auch mit Schneeschuhen), die zahlreichen Wege ringsum sind einfach wunderschön.

Fabelhafte Terrasse, zumeist gute Küche, moderate Getränkepreise, ein Light Lunch (reichlich) ist im Preis enthalten. Sehr freundliche und zuvorkommende Mitarbeiter, präsente Gastgeber, die auch stets mit anpacken. Check-out um 10.30 Uhr. Ungeeignet für Kinder, Hunde erlaubt. 70 Liegen, 108 Betten.

Naturbadeteich, Freibecken, Hallenbad, Sauna, Dampfbad, Massagen, Kosmetik, Ayurveda, Fitnessgeräte.

94234 Viechtach, Neunussberg 35, 09942-805-0
HP-plus ab € 140,–

Nicht, dass Ihre Leser meinen, wir seien übergeschnappt! Es waren unsere Gäste, die sich das ausgedacht haben: Das Hotel ist der STERRway to Heaven.

Michael Sterr,
Gastgeber Sterr Hotel & Chalets

WELLNESS

14 PUNKTE – 1 LILLIE

Oswald Landromantik ****S

Zentrale Ortslage in Kaikenried – Bayerischer Wald

Ein typisches bayerisches Landhotel in angenehmer Größe: Das Haus – ein Mitglied der Marketingvereinigung Relais & Châteaux – liegt inmitten eines 500-Einwohner-Dörfchens und besteht aus alten und neuen Gebäudeteilen, was zu geheimnisvoll verwinkelten Grundrissen führt.

Riedlberg

Inwendig zeigt sich eine zumindest streckenweise etwas holprige Mischung aus gehobener Neoländlichkeit und schwerem Tischlerbarock, Zimmer sind in 15 sehr unterschiedlichen Varianten (DZ von 24 bis 89 m^2) verfügbar, sie haben Teppichböden oder solche aus Vinyl in Holzoptik, zahlreiche sind unter der Verwendung von viel Holz recht heimelig gestaltet. Einige Zimmer bieten einen schönen Ausblick, geweckt wird man pünktlich um sieben Uhr von den Kirchenglocken.

Der Wellnessbereich steht auch externen Gästen offen, er ist laut Werbung mehr als 5.200 m^2 groß, nach unserer Messung indoor aber nur etwa ein Viertel davon, na ja. Wir fanden unter anderem acht Saunen, atmosphärisch gestaltete Ruhezonen, und für die Abkühlung nach der Sauna sorgt ein Schneeraum. Die Pools fallen eher klein aus, der längste – ein auch im Winter nutzbarer Außenpool – misst 14 m, die Massagen sind gut.

Feine Restaurantterrasse, Frühstücksbuffet bis 11 Uhr – für Langschläfer gibt es auf Wunsch die Möglichkeit, bis 12 Uhr in der Kaminbar zu frühstücken. Die Küche ist zumeist gut, die Bewertung bezieht sich wie immer auf die Halbpensionsküche und nicht auf jene des kleinen À-la-carte-Restaurants, das mit einem Michelin-Stern ausgezeichnet wurde, die Tischkultur ist sehr nett, ein Light Lunch inkludiert. Beim Service gibt es noch etwas Luft nach oben. Weinkeller, stimmungsvolle Bar, ambitionierte Getränkepreise. Ungeeignet für Kinder, Hunde erlaubt. Garage gegen 8 Euro pro Tag. 75 Liegen, 130 Betten.

Freibecken, Hallenbad, Sauna, Dampfbad, Massagen, Kosmetik, Ayurveda, Fitnessgeräte, Personal Trainer.
18-Loch-Parcours in 20 und 25 km.

94244 Kaikenried, Am Platzl 2, 09923-8410-0
HP-plus ab € 199,–

WELLNESS
15 PUNKTE – 2 LILLIEN

Riedlberg ****S

Naturlage mit Fernblick – Bayerischer Wald

Ein familiengeführtes Traditionshaus, es liegt ruhevoll und solitär auf 730 m Seehöhe am Waldrand, im Winter ist man hier direkt an einem kindergeeigneten Skihang mit zwei Schleppliften, dessen Nutzung für Hausgäste inklusive ist. Das Hotel besteht aus einem alten und einem neueren Teil, bei Letzterem handelt es sich um ein Logiergebäude, das komplett aus Holz gebaut ist.

Die Zimmer (18 Kategorien, DZ 19 bis 110 m²) sind stark unterschiedlich gestaltet, alle haben Balkon oder Terrasse, jene im neuen Gebäude werden als „Suiten“ beworben, allerdings sind sie zumeist gar keine, sondern, wie auch anderswo immer häufiger zu finden, einfach nur größere Zimmer, na ja. Auch solche mit eigener Sauna auf der Dachterrasse gibt es übrigens, der Ausblick ist schön, ganz besonders natürlich aus den höheren Stockwerken, das W-Lan ist schnell, der Handyempfang sehr schwach, der Bademantel erfreulich – aus reiner Baumwolle.

Brandneu ist ein zusätzliches Gebäude, ebendort gibt es zwei „Chalets“, die eigentlich auch keine Chalets sind – seltsam, dieser marketinggetriebene Neusprech so mancher Hotels. Jedenfalls sind diese Apartments riesig (120 und 220 m²) und heimelig-schön gestaltet, sie haben Küche, Essplatz, Infrarotsitz und eine finnische Außensauna, eine Garage ist dabei, der direkte Zugang zum Wellnessbereich ebenso.

Dieser ist laut Werbung gar 5.000 m² groß, unsere Indoor-Messung ergab allerdings eine wesentlich kleinere Fläche. Unter anderem fanden wir fünf unterschiedliche Saunen, einen 10 m langen Innenpool, einen 12 m langen, ganzjährig nutzbaren Außenpool und einen sehr netten Außenbereich mit lauschigen Liegemöglichkeiten und feinem FKK-Pool mit hohem Salzgehalt. Abwechslungsreiches Aktivprogramm, unter anderem mit geführten Wanderungen und E-Bike-Touren, Qi Gong und progressiver Muskelentspannung.

Restaurantterrasse mit Abendsonne, reichhaltiges Frühstücksbuffet, zumeist gute bis sehr gute Küche, eine süße Nachmittagsjause mit Heißgetränken ist inkludiert. Präsente Gastgeber, überwiegend sehr freundliche und tüchtige Mitarbeiter. Wanderwege ohne Zahl, zu den Arberseen und zum Großen Arber, der höchsten Erhebung des Bayerischen Waldes (1.456 m), ist es nicht weit, im Winter ist man hier direkt an der Loipe. E-Bikes gibt es gegen Gebühr, die Garage ist für alle gratis. Hunde erlaubt. 115 Liegen, 170 Betten.

Freibecken, Solefreibecken, Hallenbad, Sauna, Dampfbad, Massagen, Kosmetik, Ayurveda, Fitnessgeräte. 18-Loch-Parcours in 60 und 65 km.

94256 Drachselsried, Riedlberg 1, 09924-9426-0
HP-plus ab € 142,-

WELLNESS
15 PUNKTE – 2 LILLIEN

Lindenwirt ****S

Grünlage bei Bodenmais – Bayerischer Wald

Hunde- und familienfreundlich. Ökologisch engagiertes Haus mit breitem Yogaangebot: Ein netter Familienbetrieb, er liegt an der nächtens kaum befahrenen Hauptstraße und schließt gartenseitig an Wiesen und Felder an, was schon schön ist.

Zeitgemäß und gemütlich präsentiert sich das Innenleben, die kreativ gestalteten Zimmer (DZ von 28 bis 70 m²) zelebrieren allerlei stilistische Formen, von rustikal-traditionell bis stimmig-modern ist so einiges dabei. Ganz neu und besonders schön sind die Juniorsuite Heimatliebe und die Spa-Suite Waldgruß, Letztere erfreut mit Sauna, übergroßem Bett, freistehender Badewanne und Südbalkon.

Das auch externen Gästen offenstehende Spa ist atmosphärisch arrangiert, es bietet einen kleinen Innenpool mit großzügigen Öffnungszeiten bis 22 Uhr, insgesamt vier Saunen – darunter auch eine Biosauna, die von 10 bis 16 Uhr für Familien als Textilsauna zugänglich ist – sowie feine Ruhezonen. Im Freien warten zudem ein 20 m langer, auch im Winter nutzbarer Außenpool, eine Außensauna sowie ein Naturbadeteich mit Liegewiese. Yoga-Fans können frohlocken, Highlights sind die Yogaplattform am Waldrand und das Yogahaus mit großzügigen Glasfronten (und schönem Ausblick) etwas oberhalb des Hotels, wo montags bis samstags Yoga und Gesundheitskurse abgehalten werden, zu bestimmten Terminen stehen auch Yoga-Retreats im Angebot. Umfangreiches Aktivprogramm (Mo bis Sa), darunter – abgesehen von neunmal Yoga – auch Bewegungslehre nach Liebscher und Bracht, energetisches Muskeltraining und geführte Wanderungen.

Reichhaltiges Frühstücksbuffet (im Spa-Bistro sogar bis 12 Uhr im Bademantel zu genießen), gute, biologisch und regional ausgerichtete Küche, sie bietet auch vegane Varianten, ein Light Lunch mit verbundener Nachmittagsjause ist im Preis enthalten. Freundliches und gut gelauntes Team. 88 Liegen, 145 Betten.

Naturbadeteich, Freibecken, Hallenbad, Außensauna, Sauna, Dampfbad, Massagen, Kosmetik, Ayurveda, Fitnessgeräte. 18-Loch-Parcours in 24 km.

94256 Drachselsried, Unterried 9, 09945-951-0
HP-plus ab € 168,-

Mooshof

WELLNESS
15 PUNKTE – 2 LILLIEN

Mooshof ****s

Grünlage am Ortsrand in Bodenmais – Bayerischer Wald

Familienfreundlich. Mit schönem Naturbadeteich: Ein bereits in vierter Generation geführter Bayerwald-Traditionsbetrieb, er liegt recht nah an der Straße am Ortsrand und besteht aus fünf aneinandergereihten Gebäuden und mehreren Anbauten – geheimnisvoll verwinkelte Grundrisse waren da wohl nicht wirklich zu vermeiden. Inwendig zeigt sich ländliche Klassik mit modernen Akzenten, immer wieder wird hier stückweise renoviert und modernisiert.

Was die Zimmer (DZ von 27 bis 123 m²) betrifft, so ist die Auswahl riesig, um nicht zu sagen, fast unbegrenzt: Nicht weniger als 31 sehr unterschiedliche Kategorien gibt es. Einige sind mit viel Fichtenvollholz gestaltet, andere haben feine Holzböden in Eiche, Ahorn oder Zirbe, dann gibt es welche in modern-luxuriösem Landhausstil – und auch solche mit Whirlpool, Infrarotkabine, Kachelofen sind zu haben.

Das Spa steht auch Tagesgästen offen, es bietet unter anderem acht Saunen (ab 16 Jahren), einen 17 m langen, auch im Winter nutzbaren Außenpool, zwei Innenpools, von denen einer für Familien ist, sowie eine Liegewiese mit Badeteich – idyllische Liegedecks inklusive. Weiters genießt man so dringlich notwendige Features wie Eisnebeltunnel oder XXL-Eventsauna mit Lasershow und Kinoleinwand. Die Massagen sind sehr gut, ein kleines Aktivprogramm ist inkludiert, unter anderem mit Wassergymnastik, Meditation und Faszientraining. Wellnessmäßigen Early Birds wird im Spa bereits ab 7 Uhr ein Morgengruß mit duftendem Kaffee und feinen Croissants ausgerichtet.

Fabelhafte Restaurantterrasse, reichhaltiges Frühstücksbuffet, zumeist gute Küche, die abends zwei Fleischgerichte, eines mit Fisch und ein vegetarisches zur Wahl stellt, ein Light Lunch mit verbundener Nachmittagsjause ist im Preis enthalten. Faire Getränkepreise, zahlreiche offene Weine. Freundliche Mitarbeiter, präsente Gastgeber, die sich huldvoll den vielen Stammgäste widmen. Gemütliche Bar, abends gibt es Tanz, Klaviermusik und Modeschauen. Garage gegen 7 oder 10 Euro pro Tag. Hunde erlaubt. 129 Liegen, 175 Betten.

Naturbadeteich, Freibecken, Hallenbad, Sauna, Dampfbad, Massagen, Kosmetik, Ayurveda, Fitnessgeräte.
18-Loch-Parcours in 19 km, 25 bis 33 % Greenfee-Rabatt.

94249 Bodenmais, Mooshof 7, 09924-7750
HP-plus ab € 161,–

Wir schätzen uns glücklich, wenn sich unsere Gäste bei uns wie zu Hause fühlen und die familiäre Atmosphäre in vollen Zügen genießen können.

Anita Holzer,
Mooshof-Gastgeberin in vierter Generation

WELLNESS
13 PUNKTE – 1 LILLIE

Bodenmaiser Hof ****s

Zentrale Ortslage in Bodenmais – Bayerischer Wald

Familienfreundlich. „Das beste Wellnesshotel im deutschsprachigen Raum“ laut einer Auszeichnung, die hier stolz präsentiert wird, aber mit Sicherheit nicht von uns kommt! Es

Zum Bräu

handelt sich um einen in vierter Generation geführten Familienbetrieb, er ist sozusagen äußerst verkehrsgünstig gelegen, nämlich direkt an Straße und Regionalbahngleisen. Das alte Stammhaus (hier befindet sich das Restaurant) ist mit einem wesentlich größeren neuen Logiergebäude (mit dem Wellnessbereich) durch einen Gang unter der öffentlichen Straße verbunden.

Zimmer wählt man aus 17 sehr unterschiedlichen Varianten (DZ von 21 bis 65 m²), sie haben Laminat- oder Holzböden und eine zeitgemäß-wohnliche Ausstattung, die „Luxus-Lofts“ offerieren etwa Sauna und Whirlpool auf der Terrasse. Wer es gewohnt ist, bei offenem Fenster zu schlafen, sei vorgewarnt: Der erste Zug kommt morgens schon um 4.16 Uhr.

Das auch für externe Gäste zugängliche Spa ist großteils atmosphärisch gestaltet, es bietet unter anderem einen 13 m langen, auch im Winter nutzbaren Außenpool, einen ganz kleinen schönen Garten mit Naturbadeteich sowie einen FKK-Whirlpool. Täglich überschaubares Aktivprogramm, auch Pilates, Waldbaden und geführte Wanderungen (im Winter mit Schneeschuhen), die insgesamt acht Saunen schließen um 20 Uhr, mittwochs um 23 Uhr.

Präsente Gastgeber, eine Nachmittagsjause mit Snacks und Kuchen sowie mit Softdrinks und Heißgetränken ist inkludiert, bei Küche und Service gibt es aber noch etwas Verbesserungspotenzial. 80 Liegen, 120 Betten.

Naturbadeteich, Freibecken, Hallenbad, Außensauna, Sauna, Dampfbad, Massagen, Kosmetik, Ayurveda, Fitnessgeräte, Personal Trainer.
18-Loch-Parcours in 19 und 27 km.

94249 Bodenmais, Risslochweg 4, 09924-954-0
HP-plus ab € 130,-

WELLNESS
14 PUNKTE – 1 LILLIE

Neue Post Bodenmais ****

Zentrale Ortslage in Bodenmais – Bayerischer Wald

Sympathisch und bodenständig: Ein Familienbetrieb von angenehmer Größe, er ist trotz seiner ziemlich zentralen Lage ein ruhiges Plätzchen. Inwendig herrscht bayerische Ländlichkeit mit liebevollen Details, auf modische Verrenkungen wird verzichtet.

Zimmer gibt es in 13 unterschiedlichen

Kategorien (DZ von 20 bis 70 m²), sie sind nicht mehr so ganz taufrisch, jedoch bestens gepflegt und sie vermögen es auch, traditionelle Behaglichkeit zu verströmen. Fast alle Zimmer haben einen meist nach Süden ausgerichteten Balkon mit Gartenblick, einige auch feine Holzböden.

Das nicht besonders weitläufige Spa, das man sich mitunter auch mit Day-Spa-Gästen teilen muss, ist schön gestaltet und auf drei Bereiche aufteilt. Geboten werden unter anderem ein 12 m langer Indoorpool, ein ganzjährig nutzbarer Außenwhirlpool und fünf Saunen – eine davon ist eine feine Blockhaussauna im Freien. Besonders angenehm sind die freitäglichen Saunaöffnungszeiten bis 22 Uhr. Outdoor findet man einen schön gestalteten Garten mit Liegewiese, Zierteich und alten Bäumen. Kleines Aktivprogramm mit Yoga, Qi Gong und geführten Wanderungen.

Restaurantterrasse, gute Küche bei netter Tischkultur, eine Nachmittagsjause ist im Preis inkludiert. Freundliche Mitarbeiter, gemütliche Lobby, stimmungsvolle Bar, viele langjährige Stammgäste. Gutes Preis-Leistungs-Verhältnis. Angenehme Check-out-Zeit bis 11.30 Uhr. Eher ungeeignet für Kinder, Hunde erlaubt. Garage gegen 4 Euro pro Tag. 39 Liegen, 125 Betten.

Hallenbad, Außensauna, Sauna, Dampfbad, Massagen, Kosmetik, Fitnessgeräte.
18-Loch-Parcours in 19 km, bis zu 50 % Greenfee-Rabatt.

94249 Bodenmais, Kötztinger Straße 25, 09924-958-0
HP-plus ab € 101,-

WELLNESS

14 PUNKTE – 1 LILLIE

Zum Bräu ****

Ortslage in Kollnburg – Bayerischer Wald

Adults preferred (ab 15). Bayrische Gemütlichkeit mit modernen Akzenten: Ein sympathischer Familienbetrieb, bei dem vier Familienmitglieder fleißig mit anpacken, er liegt in einem Wohngebiet und fokussiert auf Romantik und Zweisamkeit. Inwendig vermischen sich Traditionelles und Kontemporäres, manchmal prallen Altes und Neues gar etwas unvermittelt aufeinander.

Die Zimmer (11 Kategorien, DZ von 28 bis 65 m²) haben fast alle Balkon oder Terrasse, einige sind im rustikalen Landhausstil gestaltet, andere präsentieren sich neoländlich, man findet in ihnen Teppich- oder Holzböden, die südseitigen verfügen neuerdings alle über Klimaanlagen. Auch wunderschöne Suiten mit freistehender Badewanne und eigener Sauna stehen zur Auswahl, an den Sinnsprüchen an der Wand hatten wir allerdings kein gesteigertes Interesse. Die Minibar ist eher ein kleiner Kühlschrank, denn befüllt ist sie nicht, es sei denn, man bucht ein romantisches Extra dazu, etwa den „Liebesgruß“ mit Prosecco, Pralinen und Rosen oder gar den „Badezauber für zwei“ mit Secco Rosé, Rosenblättern und Badekugeln.

Im Wellnessbereich sind auch Tagesgäste willkommen, er bietet unter anderem einen 10 m langen Innenpool, einen 16 m langen, auch im Winter nutzbaren Außenpool in Infinity-Bauweise, insgesamt sechs Saunen in zwei Bereichen (zwei davon im neuen Areal) sowie zahlreiche Ruhezonen, im Freien gibt es zudem einen 13 m langen Naturbadeteich mit FKK-Zone. Kleines Aktivprogramm, darunter geführte Wanderungen, Yoga und Pilates, recht neu ist eine Fitnessplattform mit Aussicht auf die Bayerwaldberge und die Angusrinder vom Nachbarn.

Restaurantterrasse, herrliches Frühstück, Weißwürste, Leberkäse und Wurstwaren werden hausgemacht, unsere Eier stammen aus biologischer Freilandhaltung. Sehr gute Küche, eine Nachmittagsjause – also eine zünftige Brotzeit, auch mit Kuchen – ist im Zimmerpreis inkludiert. Freundliche und ungekünstelt agierende Mitarbeiter, die Gastgeber halten sich jedoch im Hintergrund. Faire Getränkepreise, sauberes Preis-Leistungs-Verhältnis. Motorradfahrer sind gerne gesehen, externe Gäste im Restaurant ebenso. 70 Liegen, 110 Betten.

Naturbadeteich, Freibecken, Hallenbad, Sauna, Dampfbad, Massagen, Kosmetik, Ayurveda, Fitnessgeräte.
Tennisplatz.

94262 Kollnburg, Viechtacher Straße 6, 09942-9485-0
HP-plus ab € 105,-

WELLNESS

13 PUNKTE – 1 LILLIE

Eibl-Brunner ****

Zentrale Ortslage in Frauenau – Bayerischer Wald

Ein mitten im Ort an der Hauptstraße gelegener, liebenswerter Familienbetrieb, er wird bereits in vierter Generation geführt. Das Stammhaus wurde vor wenigen Jahren um einen wesentlich größeren Zubau erweitert. Inwendig herrscht bayerische Ländlichkeit in unterschiedlichen Reifestadien – Geweihe und andere jagdliche Trophäen inklusive. Vor kurzem wurde ein Teil der Zimmer im Stammhaus gefällig modernisiert, sie haben eine hochwertige Ausstattung mit feinen Holzböden und schönen Bädern, manche bieten sogar eine private Sauna.

Zimmer wählt man nun aus 13 Varianten (DZ von 25 bis 73 m^2), die neueren bieten Interieurs und Furniere mit hellem Vollholz, die älteren Teppich- oder Laminatböden.

Im Wellnessbereich fanden wir einen 14 m langen Innenpool und einen auch im Winter nutzbaren, 10 m langen Außenpool samt Liegewiese, die insgesamt vier Saunen schließen um 19 Uhr. Zum Angebot gehört auch Waldbaden mit einer Försterin und Kräuterpädagogin sowie Food-Coaching zum Aufbau einer gesunden Ernährung – beides gegen Gebühr. Restaurantterrasse, reichhaltiges Frühstücksbuffet, zumeist gute Küche, eine Nachmittagsjause ist im Preis enthalten. Präsente Gastgeberfamilie, herzliches Umfeld, faire Getränkepreise, stimmiges Preis-Leistungs-Verhältnis. Ringsum Wanderwege ohne Zahl. 65 Liegen, 124 Betten.

Freibecken, Hallenbad, Sauna, Dampfbad, Massagen, Kosmetik, Fitnessgeräte.
18-Loch-Parcours in 4 km, 25 % Greenfee-Rabatt.

94258 Frauenau, Hauptstraße 18, 09926-951-0
HP-plus ab € 126,-

WELLNESS
13 PUNKTE – 1 LILLIE

Reibener Hof ****

Grünlage bei Konzell – Bayerischer Wald

Ein sympathischer, kleiner Familienbetrieb mit bodenständig-ländlicher Ausstrahlung, er liegt zwar solitär inmitten von Wiesen und Wäldern, aber doch nicht allzu weit von einer Landstraße entfernt, was nächtens aber kaum hörbar ist.

Recht einfache Zimmer gibt es in zwei Kategorien (DZ mit 24 oder 32 m^2), sie haben teilweise offene Bäder sowie entweder Teppichböden oder solche aus PVC in Holzoptik, die allermeisten zudem Balkon mit Nachmittagssonne.

Der Wellnessbereich wurde vor kurzem modernisiert, er ist auf zwei Ebenen untergebracht und bietet unter anderem einen 9 m langen Innenpool und einen 12 m langen, ganzjährig nutzbaren Außenpool. Highlight ist ein großer Nacktbereich im Freien, ebendort befinden sich etwa auch ein Whirlpool und nette Ruheplätze, die insgesamt fünf Saunen (eine davon textil) schließen nach großzügigen Öffnungszeiten um 22 Uhr. Indoor sind die Liegen zahlreich, allerdings ist das Haus auch nicht selten von Day-Spa-Gästen bevölkert.

Restaurantterrasse, reichhaltiges Frühstücksbuffet mit selbstgebackenem Brot, ein Light Lunch mit Heißgetränken und Alkoholfreiem ist inkludiert. Freundliche Mitarbeiter, präsente Gastgeber. Das Spa kann am Anreisetag ohne Aufpreis genutzt werden, E-Bikes gibt es zur Gratisleihe. Check-out bis 10 Uhr. Ungeeignet für Kinder, Hunde erlaubt. 70 Liegen, 70 Betten.

Freibecken, Hallenbad, Außensauna, Sauna, Dampfbad, Massagen, Kosmetik, Fitnessgeräte.

94357 Konzell, Reiben 1, 09963-9432-0
HP-plus ab € 146,-

WELLNESS
16 PUNKTE – 2 LILLIEN

Neumühle Resort & Spa ****S

Grünlage bei Diebach – 60 km nördlich von Würzburg

Charmant, fast sogar zauberhaft: neuerdings nicht mehr Mitglied im Marketingverein „Romantik Hotels", aber dennoch richtig romantisch. Es handelt sich um ein Fachwerkensemble mit Mühle aus dem 16. Jahrhundert, das mit großem Aufwand und viel Liebe restauriert wurde. Es liegt direkt an der Fränkischen Saale, ringsum sind weitläufige Wiesen und Felder. Altes Holz, gemalte und geschnitzte Antiquitäten, Bauernmöbel und authentische Details prägen das Ambiente.

Die 31 Zimmer (neun Kategorien, DZ von 22 bis 118 m^2) zeigen sich in stilvoller Schlichtheit, sie haben feine Holzböden, mitunter auch wunderschöne Teppiche, die Spa-Suite übertrifft jedoch alles: freistehende Edelholzbadewanne, Sauna und Dampfbad.

Der Wellnessbereich ist klein, aber fein, er ist auf drei Ebenen aufgeteilt: insgesamt vier Saunen, ein knapp 10 m langer Innenpool und ein Caldarium, und alles ist sehr sauber. Entspannt haben wir am liebsten in der Idylle der Liegewiese am Flussufer – im Schatten der uralten Bäume! Die Massagen sind sehr gut, nur einen Außenpool haben wir vermisst.

Stimmungsvolle gestaltetes Restaurant, reichhaltiges Frühstücksbuffet, sehr gute bis ausgezeichnete Küche bei feiner Tischkultur, spannende Weinkarte. Fahrräder und E-Bikes gibt's gegen eine kleine Gebühr, wir liehen uns im Hotel ein Paddelboot aus und verbrachten ein paar herrliche Stunden auf dem Flüsschen. Tagungen und rauschende Feste sind eine Spezialität des Hauses, ein kurzer Anruf vor der Buchung lohnt sich, um eine Überschneidung mit etwaigen Feierlichkeiten zu vermeiden.

Überaus freundliche und aufmerksame Mitarbeiter, angenehmes Publikum. Ein Umfeld zum Wohlfühlen, das Murmeln der Saale sorgt für besten Schlaf. Das Spa ist nach dem Check-out kostenlos nutzbar. Valet Parking. Ungeeignet für Kinder, Hunde erlaubt. 26 Liegen, 70 Betten.

Hallenbad, Sauna, Dampfbad, Massagen, Kosmetik, Fitnessgeräte.
18-Loch-Parcours in 23, 49 und 62 km, 30 % Greenfee-Rabatt, Tennisplatz.

97797 Wartmannsroth, Neumühle 54, 09732-803-0
HP ab € 161,50

DIE 100 TOP-WELLNESSHOTELS IN **SÜDTIROL**

VIER LILIEN

Hotelname	Kategorie	Punkte	PLZ	Ort	Seite
Adler Lodge Ritten *****	Wellness	20	39054	Oberbozen (BZ)	278
Castel Dorf Tirol *****	Wellness	20	39019	Dorf Tirol (BZ)	229
Chalet Mirabell *****	Wellness	20	39010	Hafling (BZ)	217
Giardino Marling *****	Wellness	19	39020	Marling (BZ)	233
Manna Luxury Resort *****	Wellness	19	39040	Montan-Kalditsch (BZ)	261
Purmontes Private Luxury Chalet	Wellness	19	39030	St. Lorenzen (BZ)	249

DREI LILIEN

Hotelname	Kategorie	Punkte	PLZ	Ort	Seite
Adler Lodge Alpe *****	Wellness	18	39040	Seiser Alm (BZ)	264
Andreus Golf Lodge *****	Wellness	18	39015	St. Leonhard in Passeier (BZ)	226
Feldhof ****S	Wellness	18	39025	Naturns (BZ)	241
Forestis *****	Wellness	18	39042	Brixen (BZ)	268
Patrizia ****S	Wellness	18	39019	Dorf Tirol (BZ)	231
Quelle Nature Spa Resort *****	Wellness	18	39030	Gsies (BZ)	245
Alpen Tesitin Panorama Resort *****	Wellness	17	39035	Taisten (BZ)	255
Alpiana Green Luxury ****S	Wellness	17	39011	Völlan (BZ)	222
Andreus *****	Wellness	17	39015	St. Leonhard in Passeier (BZ)	225
Castel Fragsburg *****	Wellness	17	39012	Meran (BZ)	224
Erika Spa & Relax Hotel *****	Wellness	17	39019	Dorf Tirol (BZ)	230
Familiamus *****	Wellness	17	39037	Meransen (BZ)	256
Hubertus Alpin Panorama	Wellness	17	39030	Geiselsberg-Olang (BZ)	244
Lindenhof Pure Luxury Resort *****	Wellness	17	39025	Naturns (BZ)	242
Miramonti Boutique Hotel *****	Wellness	17	39010	Hafling (BZ)	247
Plunhof ****S	Wellness	17	39040	Ratschings-Ridnaun (BZ)	263
Preidlhof Luxury Resort *****	Wellness	17	39025	Naturns (BZ)	243
Quellenhof Luxury Resort *****	Wellness	17	39010	St. Martin in Passeier (BZ)	220
Quellenhof See Lodge *****	Wellness	17	39010	St. Martin in Passeier (BZ)	220
San Luis *****	Wellness	17	39010	Hafling (BZ)	218
Weinegg Wellviva Resort *****	Wellness	17	39057	Eppan-Girlan (BZ)	280
Winkler Sport & Spa Resort *****	Wellness	17	39030	St. Lorenzen (BZ)	250

ZWEI LILIEN

Hotelname	Kategorie	Punkte	PLZ	Ort	Seite
Ansitz Plantitscherhof *****	Wellness	16	39012	Meran (BZ)	223
Cavallino Bianco Family Grandhotel ****S	Wellness	16	39046	St. Ulrich (BZ)	273

Das Gerstl Alpine Retreat ****S	Wellness	16	39024	Mals (BZ)	237
Garberhof ****S	Wellness	16	39024	Mals (BZ)	240
Granvara Relais & Spa	Wellness	16	39048	Wolkenstein (BZ)	273
Lüsnerhof Naturhotel ****S	Wellness	16	39040	Lüsen (BZ)	260
Moser Gartenhotel ****S	Wellness	16	39057	Eppan (BZ)	280
Schwarzenstein Alpine Luxury Resort ****S	Wellness	16	39030	Luttach (BZ)	246
Sonnenberg Alpine Spa Resort ****S	Wellness	16	39037	Meransen (BZ)	257
Tratterhof Mountain Sky Hotel ****S	Wellness	16	39037	Meransen (BZ)	258
Viktoria Alpine Spa Resort ****S	Wellness	16	39010	Hafling (BZ)	218
Weisses Kreuz ****S	Wellness	16	39024	Mals (BZ)	239
Adler Balance Spa Resort *****	Wellness	15	39046	St. Ulrich (BZ)	272
Alpenpalace Luxury Hideaway *****	Wellness	15	39030	St. Johann im Ahrntal (BZ)	248
Alpina Dolomites Lodge *****	Wellness	15	39040	Seiser Alm (BZ)	265
Amonti Wellnessresort *****	Wellness	15	39030	Steinhaus (BZ)	252
Bad Fallenbach ****S	Wellness	15	39015	St. Leonhard in Passeier (BZ)	226
Belvedere ****S	Wellness	15	39050	Jenesien (BZ)	274
Cyprianerhof *****	Wellness	15	39050	Tiers am Rosengarten (BZ)	274
Das Sonnenparadies ****	Wellness	15	39017	Schenna (BZ)	228
Der Waldhof2 ****S	Wellness	15	39011	Völlan (BZ)	222
Excelsior Dolomites Life Resort ****S	Wellness	15	39030	St. Vigil in Enneberg (BZ)	252
Fayn Garden Retreat ****S	Wellness	15	39022	Algund (BZ)	238
Gartner Designhotel ****S	Wellness	15	39019	Dorf Tirol (BZ)	230
Hohenwart ****S	Wellness	15	39017	Schenna (BZ)	229
La Maiena Meran Resort *****	Wellness	15	39020	Marling (BZ)	233
Lunaris Wellnessresort *****	Wellness	15	39030	Steinhaus (BZ)	254
Mignon Parkhotel *****	Wellness	15	39012	Meran (BZ)	225
Mirabell Dolomites Olang *****	Wellness	15	39030	Olang (BZ)	246
My Arbor *****	Wellness	15	39042	Brixen-St. Andrä (BZ)	270
Petrus ****S	Wellness	15	39031	Reischach (BZ)	254
Seehof Nature Retreat ****S	Wellness	15	39040	Natz-Schabs (BZ)	262
Seeleiten *****	Wellness	15	39052	Kaltern (BZ)	276
Sensoria Dolomites ****S	Wellness	15	39040	Seis (BZ)	263
Silena Soulful Hotel ****S	Wellness	15	39037	Vals (BZ)	259
Tann ****	Wellness	15	39054	Klobenstein-Ritten (BZ)	277
Tuberis Nature & Spa Resort ****S	Wellness	15	39020	Taufers im Münstertal (BZ)	235
Tyrol Design-Hotel ****	Wellness	15	39020	Partschins (BZ)	234

EINE LILIE

Hotelname	Kategorie	Punkte	PLZ	Ort	Seite
Albion Mountain Spa Resort ****S	Wellness	14	39046	St. Ulrich (BZ)	272
Ambet Alpine Lifestyle ****	Wellness	14	39037	Meransen (BZ)	256
Anderlahn Klein Fein Hotel ****S	Wellness	14	39020	Partschins (BZ)	234
Bad Moos Dolomites Spa Resort ****S	Wellness/Kur	14	39030	Sexten-Moos (BZ)	248
Das Dorner ****S	Wellness	14	39022	Algund (BZ)	236
Feuerstein Nature Family Resort *****	Wellness	14	39041	Brenner-Pflersch (BZ)	268

Gnollhof ****	Wellness	14	39043	Klausen (BZ)	270
Goldknopf Alpine Lifestyle ****	Wellness	14	39040	Seiser Alm (BZ)	264
Holzner Parkhotel ****S	Wellness	14	39054	Oberbozen (BZ)	279
Jagdhof Latsch ****S	Wellness	14	39021	Latsch (BZ)	235
La Vimea Vegan-Hotel ****	Wellness	14	39025	Naturns (BZ)	241
Lanerhof ****S	Wellness	14	39030	St. Lorenzen (BZ)	248
Milla Montis ****S	Wellness	14	39037	Meransen (BZ)	257
Parc Hotel am See ****S	Wellness	14	39052	Kaltern (BZ)	275
Rosa Eco Alpine Spa Resort ****S	Wellness	14	39040	Seiser Alm (BZ)	266
Santre Dolomythic Home ****S	Wellness	14	39042	Brixen-St. Andrä (BZ)	271
Schwarzschmied ****S	Wellness	14	39011	Lana (BZ)	221
Sonnwies Familienhotel *****	Wellness	14	39040	Lüsen (BZ)	260
Stroblhof Active Family Spa Resort ****S	Wellness	14	39015	St. Leonhard in Passeier (BZ)	227
Theiner's Garten Biorefugium ****S	Wellness	14	39010	Gargazon (BZ)	216
Tirler Dolomites Living ****S	Wellness	14	39040	Seiser Alm (BZ)	267
Vigilius Mountain Resort *****	Wellness	14	39011	Lana (BZ)	221
Das Wanda garni	Wellness	13	39052	Kaltern (BZ)	275
Fischer ****	Wellness	13	39042	Brixen-St. Andrä (BZ)	269
Masl Alpinhotel ****S	Wellness	13	39037	Vals (BZ)	258
Monika My Wellbeing Hotel *****	Wellness	13	39030	Sexten (BZ)	247
Monte Sella ****	Wellness	13	39030	St. Vigil in Enneberg (BZ)	251
Plattenhof Tramin ****	Wellness	13	39040	Tramin (BZ)	267
Seehotel Ambach 1973	Wellness	13	39052	Kaltern (BZ)	276
Seiser Alm Urthaler *****	Wellness	13	39040	Seiser Alm (BZ)	266
Sonnbichl Dorf Tirol ****S	Wellness	13	39019	Dorf Tirol (BZ)	232
Sonnenhof Pustertal ****S	Wellness	13	39030	Pfalzen (BZ)	247
Villa Verde garni	Wellness	13	39022	Algund (BZ)	237
Villa Waldkönigin Boutiquehotel ****	Wellness	13	39027	St. Valentin auf der Haide (BZ)	244

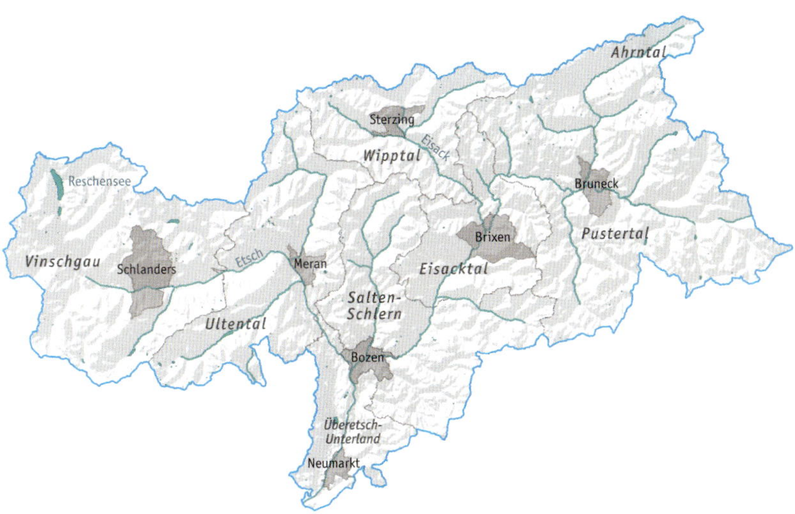

Das Sonnenparadies ****

Schenna (BZ) (Südtirol), Seite 228

15 von 20 Punkten

Preidlhof Luxury Resort *****

Naturns (BZ) (Südtirol), Seite 243

17 von 20 Punkten

Seehof Nature Retreat ****S

Natz-Schabs (BZ) (Südtirol), Seite 262

15 von 20 Punkten

TOP 15 ADULTS ONLY

	Hotelname	Kategorie	PLZ	Ort	Seite
1.	**Manna Luxury Resort** *****	Wellness	39040	Montan-Kalditsch (BZ)	261
2.	**Adler Lodge Alpe** *****	Wellness	39040	Seiser Alm (BZ)	264
	Adler Lodge Ritten *****	Wellness	39054	Oberbozen (BZ)	278
	Andreus Golf Lodge *****	Wellness	39015	St. Leonhard in Passeier (BZ)	226
	Das Sonnenparadies ****	Wellness	39017	Schenna (BZ)	228
	Forestis *****	Wellness	39042	Brixen (BZ)	268
	Preidlhof Luxury Resort *****	Wellness	39025	Naturns (BZ)	243
	Quellenhof See Lodge *****	Wellness	39010	St. Martin in Passeier (BZ)	220
	San Luis *****	Wellness	39010	Hafling (BZ)	218
3.	**Adler Balance Spa Resort** *****	Wellness	39046	St. Ulrich (BZ)	272
	My Arbor *****	Wellness	39042	Brixen-St. Andrä (BZ)	270
	Seehof Nature Retreat ****S	Wellness	39040	Natz-Schabs (BZ)	262
	Silena Soulful Hotel ****S	Wellness	39037	Vals (BZ)	259
	Weisses Kreuz ****S	Wellness	39024	Mals (BZ)	239
4.	**La Vimea Vegan-Hotel** ****	Wellness	39025	Naturns (BZ)	241

Chalet Mirabell *****

Hafling (BZ) (Südtirol), Seite 217

20 von 20 Punkten

Patrizia ****S

Dorf Tirol (BZ) (Südtirol), Seite 231

18 von 20 Punkten

Winkler Sport & Spa Resort *****

St. Lorenzen (BZ) (Südtirol), Seite 250

17 von 20 Punkten

TOP 15 AUSBLICK

	Hotelname	Kategorie	PLZ	Ort	Seite
1.	**Adler Lodge Ritten** *****	Wellness	39054	Oberbozen (BZ)	278
	Castel Dorf Tirol *****	Wellness	39019	Dorf Tirol (BZ)	229
	Chalet Mirabell *****	Wellness	39010	Hafling (BZ)	217
2.	**Adler Lodge Alpe** *****	Wellness	39040	Seiser Alm (BZ)	264
	Alpen Tesitin Panorama Resort *****	Wellness	39035	Taisten (BZ)	255
	Familiamus *****	Wellness	39037	Meransen (BZ)	256
	Forestis *****	Wellness	39042	Brixen (BZ)	268
	Hubertus Alpin Panorama	Wellness	39030	Geiselsberg-Olang (BZ)	244
	Miramonti Boutique Hotel *****	Wellness	39010	Hafling (BZ)	247
	Patrizia ****S	Wellness	39019	Dorf Tirol (BZ)	231
	Winkler Sport & Spa Resort *****	Wellness	39030	St. Lorenzen (BZ)	250
3.	**Das Sonnenparadies** ****	Wellness	39017	Schenna (BZ)	228
	Tann ****	Wellness	39054	Klobenstein-Ritten (BZ)	277
	Tratterhof Mountain Sky Hotel ****S	Wellness	39037	Meransen (BZ)	258
4.	**Gnollhof** ****	Wellness	39043	Klausen (BZ)	270

Petrus ****S

Reischach (BZ) (Südtirol), Seite 254

15 von 20 Punkten

Castel Dorf Tirol *****

Dorf Tirol (BZ) (Südtirol), Seite 229

20 von 20 Punkten

TOP 35 GOURMET

	Hotelname	Kategorie	PLZ	Ort	Seite
1.	**Adler Lodge Ritten** *****	Wellness	39054	Oberbozen (BZ)	278
	Chalet Mirabell *****	Wellness	39010	Hafling (BZ)	217
	Giardino Marling *****	Wellness	39020	Marling (BZ)	233
	Manna Luxury Resort *****	Wellness	39040	Montan-Kalditsch (BZ)	261
	Milla Montis ****S	Wellness	39037	Meransen (BZ)	257
	Petrus ****S	Wellness	39031	Reischach (BZ)	254
	Quelle Nature Spa Resort *****	Wellness	39030	Gsies (BZ)	245
2.	**Castel Dorf Tirol** *****	Wellness	39019	Dorf Tirol (BZ)	229
	Castel Fragsburg *****	Wellness	39012	Meran (BZ)	224
	Purmontes Private Luxury Chalet	Wellness	39030	St. Lorenzen (BZ)	249
	Quellenhof See Lodge *****	Wellness	39010	St. Martin in Passeier (BZ)	220
	Weisses Kreuz ****S	Wellness	39024	Mals (BZ)	239
3.	**Alpen Tesitin Panorama Resort** *****	Wellness	39035	Taisten (BZ)	255
	Fayn Garden Retreat ****S	Wellness	39022	Algund (BZ)	238
	Forestis *****	Wellness	39042	Brixen (BZ)	268
	Garberhof ****S	Wellness	39024	Mals (BZ)	240
	Jagdhof Latsch ****S	Wellness	39021	Latsch (BZ)	235
	Viktoria Alpine Spa Resort ****S	Wellness	39010	Hafling (BZ)	218
4.	**Adler Balance Spa Resort** *****	Wellness	39046	St. Ulrich (BZ)	272
	Adler Lodge Alpe *****	Wellness	39040	Seiser Alm (BZ)	264
	Alpiana Green Luxury ****S	Wellness	39011	Völlan (BZ)	222
	Ansitz Plantitscherhof *****	Wellness	39012	Meran (BZ)	223
	Gnollhof ****	Wellness	39043	Klausen (BZ)	270
	Patrizia ****S	Wellness	39019	Dorf Tirol (BZ)	231
	Plunhof ****S	Wellness	39040	Ratschings-Ridnaun (BZ)	263
	Quellenhof Luxury Resort *****	Wellness	39010	St. Martin in Passeier (BZ)	220
	Seehof Nature Retreat ****S	Wellness	39040	Natz-Schabs (BZ)	262
	Tann ****	Wellness	39054	Klobenstein-Ritten (BZ)	277
	Tratterhof Mountain Sky Hotel ****S	Wellness	39037	Meransen (BZ)	258
5.	**Der Waldhof2** ****S	Wellness	39011	Völlan (BZ)	222
	Excelsior Dolomites Life Resort ****S	Wellness	39030	St. Vigil in Enneberg (BZ)	252
	Weinegg Wellviva Resort *****	Wellness	39057	Eppan-Girlan (BZ)	280
6.	**Das Dorner** ****S	Wellness	39022	Algund (BZ)	236
	Theiner's Garten Biorefugium ****S	Wellness	39010	Gargazon (BZ)	216
	Winkler Sport & Spa Resort *****	Wellness	39030	St. Lorenzen (BZ)	250

Ansitz Plantitscherhof *****

Meran (BZ) (Südtirol), Seite 223

16 von 20 Punkten

Hubertus Alpin Panorama

Geiselsberg-Olang (BZ) (Südtirol), Seite 244

17 von 20 Punkten

Das Dorner ****S

Algund (BZ) (Südtirol), Seite 236

14 von 20 Punkten

TOP 15 ZIMMER MIT SPA

	Hotelname	Kategorie	PLZ	OrtSeite	
1.	**Chalet Mirabell** *****	Wellness	39010	Hafling (BZ)	217
	Purmontes Private Luxury Chalet	Wellness	39030	St. Lorenzen (BZ)	249
2.	**Andreus Golf Lodge** *****	Wellness	39015	St. Leonhard in Passeier (BZ)	226
	Forestis *****	Wellness	39042	Brixen (BZ)	268
	Quellenhof See Lodge *****	Wellness	39010	St. Martin in Passeier (BZ)	220
	Weinegg Wellviva Resort *****	Wellness	39057	Eppan-Girlan (BZ)	280
	Winkler Sport & Spa Resort *****	Wellness	39030	St. Lorenzen (BZ)	250
3.	**Ansitz Plantitscherhof** *****	Wellness	39012	Meran (BZ)	223
	Bad Fallenbach ****S	Wellness	39015	St. Leonhard in Passeier (BZ)	226
	Cyprianerhof *****	Wellness	39050	Tiers am Rosengarten (BZ)	274
	Das Gerstl Alpine Retreat ****S	Wellness	39024	Mals (BZ)	237
	Hubertus Alpin Panorama	Wellness	39030	Geiselsberg-Olang (BZ)	244
	Preidlhof Luxury Resort *****	Wellness	39025	Naturns (BZ)	243
	Quelle Nature Spa Resort *****	Wellness	39030	Gsies (BZ)	245
4.	**Das Dorner** ****S	Wellness	39022	Algund (BZ)	236

Theiner's Garten Biorefugium

WELLNESS
14 PUNKTE – 1 LILIE

Theiner's Garten Biorefugium ****S

Grünlage am Ortsrand in Gargazon – Nähe Meran

Familienfreundlich. Fernab jeden Trubels und dennoch zentral: Ein nachhaltig geführter Familienbetrieb in angenehmer Größe, er liegt auf 270 m Seehöhe zwischen Bozen und Meran an der Weinstraße, von der man sich nicht irritieren lassen darf – spielt sich hier doch alles an der straßenabgewandten Südseite ab, wo Garten, Terrassen und alle Zimmer liegen und man einen wunderschönen Ausblick in das Etschtal genießt.

Das „erste von Demeter empfohlene Biohotel Italiens" (werblicher O-Ton) wurde weitgehend in ökologischer Bauweise errichtet, innen präsentiert sich alles sehr gemütlich – Fichte, Lärche und Zirbe sind die vorherrschenden Gestaltungsmaterialien, was auch für die Zimmer (DZ von 38 bis 50 m²) gilt. In ihnen herrscht Wohlfühlatmosphäre, sie sind einnehmend schlicht gestaltet, haben Balkon (mit Rauchverbot), helle Lehmwände, Naturmatratzen und Bettwäsche aus Biobaumwolle. Auf TV-Geräte, W-Lan, Minibar und Klimaanlage wird verzichtet, das gehört zur Philosophie des Hauses (für alle Süchtigen gibt es Fernseher aber auf Anfrage).

Das auch Tagesgästen zugängliche Spa ist indoor nicht allzu groß, es bietet unter anderem einen 11 m langen Innenpool, einen 15 m langen, ganzjährig nutzbaren Außenpool, einen Saunabereich mit drei Saunen (hier stehen auch hausgemachte Peeling-Produkte aus dem eigenen Obst- und Kräutergarten bereit!) sowie einen mediterranen Garten mit Himmelbetten und lauschigen Plätzen unter Pergolen. Richtig fein: der FKK-Außenbereich mit Wasserfall, Kneippbecken und Liegen an einem kleinen Biotop. Fitnessraum mit Geräten auch im Freien, kleines (teilweise aufpreispflichtiges) Aktivprogramm, auch Waldbaden, Yoga, Muskelentspannung nach Jacobson und geführte Sonnenaufgangswanderungen, zu bestimmten Terminen werden auch Yoga-Retreats angeboten.

Schöne Terrasse für das Frühstück – schade nur, dass man nicht auch das Abendessen im Freien einnehmen kann. Die Küche ist naturnah und gut, sie verwendet ausschließlich biologische Zutaten, die zum Teil aus der eigenen Landwirtschaft kommen – und das schmeckt man natürlich –, auf Wunsch gibt es zudem

Chalet Mirabell

Vegetarisches und Veganes. Alle Weine stammen aus biologischem oder gar biodynamischem Anbau, Light Lunch und Nachmittagsjause sind im Preis enthalten. Lockere Atmosphäre, familiäres Umfeld, viele freundliche Mitarbeiter. Garage für einige Zimmerkategorien gratis, ansonsten gegen 5 Euro pro Tag. Fazit: ein ganz feines Haus, das sich vom Mainstream deutlich abhebt. 41 Liegen, 140 Betten.

Freibecken, Hallenbad, Sauna, Dampfbad, Massagen, Kosmetik, Fitnessgeräte.
9-Loch-Parcours in 6 km, 18-Loch-Parcours in 29 km.

39010 Gargazon (BZ), Via Andreas-Hofer, 1, +39-0473-490880
HP-plus ab € 192,–

WELLNESS

20 PUNKTE – 4 LILIEN

Chalet Mirabell *****

Grünruhelage mit Fernblick in Hafling bei Meran

Kinderfreundlich. Mit herrlichem Ausblick: Ein luxuriöser Familienbetrieb mit fünf Sternen, er liegt auf etwa 1.300 m Seehöhe an einer Straße, von der man kaum etwas mitbekommt – immer wieder eine Freude für uns, hierherzukommen! Inwendig ist alles gemütlich gestaltet, Altholz, edle Lampen und feine Holzböden sorgen für hochwertige Anmutung, da verzeiht man auch die Musikberieselung in der Lobby, die nicht jedermanns Sache ist.

Zimmer (DZ von 30 bis 303 m^2) wählt man aus nicht weniger als 32 Kategorien, sie haben feine Holzböden und Balkon oder Terrasse, manche auch Whirlpools und Saunen, Hängeliegen und kleine Gärtchen. Zudem gibt es vier Chalets am Hotelgelände, die alle erdenklichen Goodies bieten, darunter etwa 9 m lange, ganzjährig beheizte Pools, Saunen und Outdoor-Grillstationen – sowie eine urige Almhütte auf 1.700 m Seehöhe, sie verfügt über eine private Sauna und einen Lärchentrog als Badewanne.

Eine wahrhaftige Wellnessoase ist das allerdings auch Tagesgästen zugängliche Spa, es bietet unter anderem sieben Saunen (zwei davon textil), einen 25 m langen Naturbadeteich, einen ebenso langen Infinity-Außenpool für Adults only sowie ein Family-Spa mit einer 30 m langen Kombination aus Innen- und Außenpool und einer Kinderzone mit Rutschen. Sehr gute Massagen, umfangreiches Aktivprogramm, auch Yoga, Meditation und geführte Wanderungen mit Lamas.

Fabelhafte Restaurantterrasse, ebensolches Frühstücksbuffet, hervorragende Küche mit optisch ansprechenden Gerichten bei feiner Tischkultur (und Dresscode), auch eine vegane Menüvariante steht zur Auswahl, ein Light Lunch mit verbundener Nachmittagsjause ist inkludiert. Schade nur, dass es diesmal kein feines Fingerfood an der Wellness-Bar im Spa gab, wir hatten uns schon so darauf gefreut! Stimmungsvolle Bar, hochkompetente und sehr zuvorkommende Mitarbeiter, präsente und sympathische Gastgeber, Turn-down-Service ist Standard. Täglich kostenloser Ski-Shuttle ins Skigebiet Meran. Achtung: Die Preise variieren je nach Auslastung und können daher in der Realität erheblich höher ausfallen. Check-out um 10.30 Uhr. Valet Parking, Gratisgarage für alle. Täglich (außer Sa) sechs bis 11 Stunden Betreuung für Kinder ab drei Jahren. Hunde erlaubt (für Vierbeiner gibt es einen eigenen Restaurantbereich). 127 Liegen, 180 Betten.

Naturbadeteich, Freibecken, Hallenbad, Kinderbecken mit Rutsche, Babybecken, Massagen, Kosmetik, Ayurveda, Fitnessgeräte, Personal Trainer.
18-Loch-Parcours in 29 km, 20 % Greenfee-Rabatt.

39010 Hafling (BZ), Via Falzeben, 112, +39-0473-279300
HP-plus ab € 258,-

WELLNESS

17 PUNKTE – 3 LILIEN

San Luis *****

Naturlage mit Fernblick bei Hafling bei Meran

Adults preferred (ab 12). Unvergleichlich: Ein familiengeführtes Hideaway auf 1.400 m Seehöhe, es ist über eine knapp einen Kilometer lange, geschotterte Privatstraße zu erreichen und liegt von der Außenwelt abgeschnitten solitär auf einer Waldlichtung inmitten herrlicher Natur. Einlass ist nur mit gültiger Buchung möglich, zwei gesicherte Tore machen das Anwesen zu einer kleinen Festung. Sie besteht aus 42 dichtgedrängten Chalets und Baumhäusern, die bis zu sechs Personen Platz bieten und rund um einen kleinen See angelegt sind. In der Mitte das große „Clubhouse" in feinster Holzarchitektur mit Rezeption, Lobby, Spa und Restaurant – fabelhafte Terrasse direkt am See mit Feuerkörben inklusive.

Das Ambiente zeigt sich einnehmend edel, bis ins letzte Eck ist alles luxuriös arrangiert und in der vorherrschenden Farbe Schwarz inszeniert. Es duftet wunderbar nach Holz, Kaminfeuer brennen im ganzen Haus. Wohnen kann man in sieben verschiedenen Kategorien (DZ von 38 bis 150 m^2), alle sind hochwertig eingerichtet, haben feinste Holzböden, Leinenvorhänge und wohnlich arrangierte Bäder, das Turn-down-Service ist selbstverständlich.

Das Spa ist nicht allzu weitläufig, aber viele Chalets haben eigene Saunen, Hotpots und einen direkten Seezugang. Zum Wellnessbereich gehören ein 11 m langer Innenpool, ein Whirlpool mitten im See und ein 21 m langes, ganzjährig nutzbares Freibecken. Weiters gibt es drei Saunen, grandiose Ruheräume mit ebensolchen Liegen, jede mit Lampe, einer kuscheligen Decke und brennender Kerze.

Das Frühstück wird bis 11 Uhr ins Chalet geliefert, der Tisch, während man noch schläft, eingedeckt, lediglich Kaffee, Tee und Eiergerichte müssen selbst zubereitet werden. Abends Brasserie-Feeling mit guter Küche und ausgezeichnetem Vorspeisenbuffet, kulinarische Höhepunkte sind der inkludierte Light Lunch und die Nachmittagsjause mit Köstlichkeiten aus der hauseigenen Patisserie und aus der Eistruhe. Präsente, aber etwas distanzierte Gastgeber, beim Service gibt es noch ein klein wenig Luft nach oben, ein bisschen mehr Augenmerk auf Instandhaltung und Sauberkeit könnte zudem nicht schaden. Check-in ab 16 Uhr. Gratisgarage für alle. Hunde erlaubt. 60 Liegen, 108 Betten.

Naturbadeteich, Freibecken, Hallenbad, Sauna, Dampfbad, Massagen, Kosmetik, Fitnessgeräte.
18-Loch-Parcours in 31 km.

39010 Hafling (BZ), Via Verano, 5, +39-0473-279570
HP-plus ab € 430,-

WELLNESS

16 PUNKTE – 2 LILIEN

Viktoria Alpine Spa Resort ****s

Grünruhelage in Hafling bei Meran

Familienfreundlich. In ruhiger Lage am Waldrand: Ein sehr freundlicher Familienbetrieb auf 1.300 m Seehöhe, gleich fünf Familienmitglieder packen hier tüchtig mit an. Das aus Stammhaus und neuem Zubau bestehende Hotel ist in die Natur eingebettet, man fühlt sich wunderbar geborgen, einzig die Aussicht ist beschränkt. Edel bis extravagant präsentiert sich das Innere – mit warmen Farben und Säulen, die Raumduft verbreiten.

Aus nicht weniger als 25 Kategorien (DZ

Viktoria Alpine Spa Resort

von 20 bis 93 m²) sind Zimmer wählbar, neben einigen traditionell-alpenländlich gestalteten mit hellen Vollholzmöbeln aus Fichte gibt es mehrheitlich heimelige Neovarianten mit feinen Holzböden, bodentiefen Fenstern und stimmungsvoller indirekter Beleuchtung. Einige haben eine Außensauna, die neueren „Forest"-Kategorien sogar Südbalkon mit Whirlpool, bequeme Boxspringbetten sowie zumeist ein offenes Bad. Das W-Lan ist schnell, der Handy-Empfang hingegen bescheiden, der Bewegungsmelder am WC auch nächtens hellwach. Tipp: Wer nachmittags am sonnigen Balkon entspannen will, wähle eines der oberen Zimmer im Neubau.

Im auch Tagesgästen zugänglichen Wellnessbereich wird einiges geboten, darunter ein 12 m langer Innenpool und ein feiner Adults-only-Bereich („WaldSpa"), in dem Naturmaterialien dominieren. Es gibt insgesamt acht Saunen, drei davon sind textil und befinden sich in einem separaten Familienbereich. Fein ist es im Garten, da warten ein 25 m langer Außenpool, der allerdings oft fest in Kinderhand ist, eine Außensauna am ebenso langen, glasklaren Naturbadeteich (morgens ein toller Frischekick!) sowie eine Liegewiese mit Himmelbetten und lauschigen Plätzchen. Kleines Aktivprogramm, auch Waldbaden, Yoga, Pilates und abendliche Laternenwanderungen mit dem Juniorchef gehören dazu, im Winter zudem geführte Schneeschuhwanderungen.

Restaurantterrasse, reichhaltiges Frühstücksbuffet, sehr, sehr gute Küche mit optisch ansprechenden Gerichten, eine Nachmittagsjause ist inkludiert, das hausgemachte Eis, bei dem unter anderem Vollmilch mit Heu aufgekocht wird, ist ausgezeichnet. Zuvorkommende Gastgeber, die sich dezent im Hintergrund halten, ausgesprochen freundliche Mitarbeiter.

Ringsum herrliche Wanderwege ohne Zahl, im Winter gibt es ein kostenloses Shuttle zum Skigebiet Meran 2000. Täglich (Mo bis Fr) sieben Stunden Betreuung für Kinder ab drei Jahren zu Hauptferienzeiten, Ruhesuchenden empfehlen wir, außerhalb der Ferienzeiten einzuchecken. Hunde erlaubt. 93 Liegen, 160 Betten.

Naturbadeteich, Freibecken, Hallenbad, Außensauna, Sauna, Dampfbad, Massagen, Kosmetik, Fitnessgeräte.

39010 Hafling (BZ), Via Falzeben, 9, +39-0473-279422
HP-plus ab € 147,–

WELLNESS

17 PUNKTE – 3 LILIEN

Quellenhof Luxury Resort *****

Grünlage bei St. Martin im Passeiertal – Nähe Meran

Hunde- und kinderfreundlich. Beherbergungsgigant und schlechthin Südtirols größter Hotelbetrieb: Ein modernes und selbstbewusst geführtes Resort, es liegt auf 550 m Seehöhe genau über der Bundesstraße, die darunter in einem Tunnel verläuft, und besteht aus fünf Hotels und einem Apartmentgebäude, Restaurants und Rezeptionen sind in nur zwei Hotels vorhanden, mitunter ist also mit längeren Fußmärschen zu rechnen, teilweise gibt es Verbindungsgänge. Zur Orientierung dient ein Resortplan, aus dem man unliebsam dazwischenliegende Einfamilienhäuser und störende Straßen kurzerhand wegretuschiert hat.

Das Haus empfängt mit üppig aufgetragenem neoalpinen Chic, Zimmer gibt es in nicht weniger als 54 Kategorien (DZ von 28 bis 200 m²). Sie sind zeitgemäß arrangiert, alle befinden sich in einem guten Zustand, haben zumeist Holzböden, wer Wert auf Ausblick legt, sollte das vor der Buchung genau abklären. Wahre Wohnträume sind die exklusiven Suiten und Chalets mit Sauna, Kamin oder privatem Pool, sie schlagen jedoch mit bis zu 5.000 Euro pro Nacht zu Buche.

Das öffentlich zugängliche Spa ist auf mehrere Häuser verteilt und bietet inhaltlich alles, was man sich als Wellnessliebhaber wünscht: für Kids einen Wasserpark mit Rutschen, für Sportliche einen 25 m langen Infinity-Pool mit Zeitmessung und für Ruhesuchende Adults-only-Zonen samt Ladys-Spa – insgesamt stehen nicht weniger als 22 Saunen zur Auswahl, im FKK-Badeteich kann man mit Schildkröten schwimmen. Umfangreiches Aktivprogramm – 18-mal Yoga gibt es nirgendwo sonst –, hauseigenes Medical Center inklusive Labor und Zahnarzt, konkurrenzlos viele Sporteinrichtungen, etwa Tennisplätze, Golf-, Fußball- und Beachvolleyballplatz sowie Reithalle.

Reichhaltiges Frühstücksbuffet, sehr gute Küche bei feiner Tischkultur, die Bewertung bezieht sich wie immer auf die Halbpension und nicht auf die zwei À-la-carte-Restaurants. Gäste der Suiten und Chalets dürfen im separaten Sky-Restaurant speisen, das zwar die gleiche Küche, aber ein noch etwas gehobeneres Ambiente bietet. Freundlich-distanzierte Mitarbeiter, das Service – vor allem an der Rezeption – erlebten wir als etwas verbesserungsfähig. Fazit: wohl ein Kandidat für vier Lilien – wenn es nur persönlicher wäre und der Fokus in wirklich allen Bereichen auf höchster Qualität läge. Für Kinder gibt es mehrere Spielareale, Kletterhalle, 3D-Kino und einen neuen Indoor-Action-Park. 36 Wochenstunden Betreuung für Kleinkinder sowie 77 Wochenstunden für Kinder ab drei Jahren. Gratisgarage für alle. 286 Liegen, 600 Betten.

Naturbadeteich, Freibecken, Solefreibecken, Freibecken (Sommer), Hallenbad, Kinderbecken mit Rutschen, Außensauna, Sauna, Dampfbad, Massagen, Kosmetik, Ayurveda, Fitnessstudio, Personal Trainer.

4-Loch-Parcours mit Driving Range, Tennisplätze, 18-Loch-Parcours in 6 km.

39010 St. Martin in Passeier
(BZ), Via Passiria, 47, +39-0473-645474

HP ab € 215,-

WELLNESS

17 PUNKTE – 3 LILIEN

Quellenhof See Lodge *****

Grünruhelage bei St. Martin im Passeiertal – Nähe Meran

Adults preferred (ab 14). Mit dem Flair der Malediven mitten in Südtirol: Ein Luxushotel mit fünf Sternen, es grenzt direkt an das Schwesterhotel Quellenhof Luxury Resort an und besteht aus einem langgestreckten Hauptgebäude mit 20 Suiten sowie vier Villas – all das befindet sich an einem künstlichen Badesee mit Plastikboden und geringer Tiefe. Die öffentlichen Räume sind wunderschön gestaltet, Gold, Schwarz und Beigetöne regieren, herrlich ist der Loungebereich direkt am Wasser, flackerndes Feuer am Abend inklusive. Im See sind übrigens Springbrunnen installiert, zu jeder vollen Stunde stoßen sie unter lauter Musikuntermalung und feuerwerksartigen Knallern Wasserfontänen aus.

Zimmer sind aus fünf Kategorien (von 45 bis 140 m²) wählbar, sie sind luxuriös gestaltet, haben feine Holzböden und Klimaanlage, allerdings nicht alle Ausblick aufs Wasser. Als Willkommensgruß gibt es Pralinen, Turn-down-Service ist Standard, nur die Plastikblumen passen nicht ganz ins Bild. Auch vier Villas (100 und 180 m²) mit direktem Seezugang gibt es, sie beherbergen bis zu acht Personen und bieten private Sauna, Whirlpool, Terrasse mit Freibecken sowie eine Hängematte über dem Wasser. Dass all dies jedoch ziemlich gut einsehbar ist, finden wir wenig berauschend – bei einem Preis von bis zu 7.000 Euro pro Nacht!

Das Spa ist neuerdings auch externen Gästen zugänglich, es ist auf drei Ebenen untergebracht und bietet unter anderem drei Saunen, einen 10 m langen Innenpool, ein 15 m langes Freibecken sowie eine Sonnenterrasse mit Himmelbetten auf dem Dach. Kleines Aktivprogramm, auch Yoga und Meditation. Gäste des Hauses können aber die gesamte Infrastruktur des Quellenhof Resorts, also auch alle anderen Wellnessbereiche und Aktivprogramme, nutzen – umgekehrt geht es jedoch nicht.

Fabelhafte Restaurantterrasse für alle Mahlzeiten, an zwei Tagen der Woche geöffnet ist das Underwater Restaurant. Hier kann man Fische und Korallen beobachten – auf riesigen Bildschirmen! Reichhaltiges Frühstücksbuffet (mit Eiern aus Freilandhaltung), ausgezeichnete Küche bei feiner Tischkultur, große, italophile Weinkarte, ambitionierte Getränkepreise, ein Achterl Offener ist mit 9 bis 32 Euronen aufzuwiegen. Ausgesprochen freundliche und hilfsbereite Mitarbeiter – durchwegs recht jung, aber dennoch professionell! Legeres, entspanntes Umfeld mit toller Hardware. Wermutstropfen: Die Sonne zeigt sich vor allem in der kalten Jahreszeit nur eingeschränkt. Der Wellnessbereich kann am Abreisetag ohne Aufpreis ganztägig genutzt werden. Hunde erlaubt. Gratisgarage für alle. 46 Liegen, 70 Betten.

Freibecken, Hallenbad, Sauna, Dampfbad, Massagen, Kosmetik, Ayurveda, Fitnessgeräte, Personal Trainer.
18-Loch-Parcours in 6 km.

39010 St. Martin in Passeier (BZ), Via Passiria, 47, +39-0473-645474
HP ab € 290,-

WELLNESS
14 PUNKTE – 1 LILIE

Schwarzschmied ****S

Ruhige Ortslage in Lana bei Meran

Ein familiengeführter Traditionsbetrieb, umringt von Apfelhainen liegt er auf 310 m Seehöhe – die nahe Kirche von Lana übernimmt mit ihren Glocken frühmorgendlich den Weckdienst. Das Hotel besteht aus drei Gebäuden inmitten eines gepflegten Gartens mit Kräuterbeeten und Lounge-Bereich. Man fokussiert auf Yoga, Slow Food und Entschleunigung, im Sommer hingegen auf Familien mit Kindern, das ist natürlich ein bisschen ein Spagat.

Das Ambiente zeigt sich als Mischung aus Bobo-Flair, Naturdesign mit skandinavischem Touch und einer Prise Shabby Chic über allem. Zimmer gibt es in 13 Varianten (DZ von 21 bis 75 m^2), sie präsentieren sich mit hochwertigen, reduzierten Interieurs, haben Klimaanlage, Teppiche aus Südtiroler Schafwolle und Holzböden, sind aber mitunter etwas hellhörig.

Das kleine Spa steht ausschließlich Hausgästen offen, zu den Besonderheiten gehören hervorragende Massagen, schöne Ruheräume und ein 20 m langer, mit Natursteinen verkleideter Außenpool. Es gibt drei Saunen, Yoga wird mehrmals täglich (Mo bis Sa) angeboten, jeweils eine Einheit ist im Zimmerpreis inkludiert, jede weitere kostet aber 15 Euro, Yoga-Retreats finden mehrmals im Jahr statt.

Nette Restaurantterrasse, hochwertiges Frühstücksbuffet bis 11 Uhr, sehr gute Küche, die sich auch bestens auf vegetarische und vegane Gerichte versteht, das Abendessen wird serviert, mitunter kann es zu längeren Wartezeiten kommen. Eine anderswo in Südtirol fast immer zu findende inkludierte Marende (Nachmittagsjause) gibt es hier nicht. Junge, freundliche Crew, präsente Gastgeber, die den vielen langjährigen Stammgästen entsprechend Aufmerksamkeit widmen. Eher ungeeignet für Kinder. Check-out um 12 Uhr, das Spa kann am Abreisetag ohne Aufpreis genutzt werden. Gratisgarage für alle. Hunde erlaubt. 56 Liegen, 130 Betten.

Freibecken, Hallenbad, Außensauna, Sauna, Dampfbad, Massagen, Kosmetik, Fitnessgeräte, Personal Trainer.
9-Loch-Parcours in 3 km, 20 % Greenfee-Rabatt.

39011 Lana (BZ), Vicolo Fucine, 6, +39-0473-562800
HP ab € 179,-

WELLNESS
14 PUNKTE – 1 LILIE

Vigilius Mountain Resort *****

Naturlage mit Fernblick am Vigiljoch bei Meran

In grandioser Naturlage: Ein absolut außergewöhnliches Haus, es liegt auf 1.500 m Seehöhe und ist nur über eine Seilbahn erreichbar. Oben angekommen wird das Gepäck von freundlichen Mitarbeitern übernommen, und man kann durchatmen: frische Luft, Stille, ringsum nur Nadelbäume und Wiesen, allenfalls ein paar Tagesgäste, die von hier zum Wandern aufbrechen. Der niedrige, langgezogene Komplex in Naturbauweise macht sich gut in der Landschaft. In krassem Gegensatz dazu die Rezeption, die an den Servicedesk einer hochpreisigen Autovermietung erinnert, dazu nüchtern arrangierte Gänge mit dem Charme einer Entzugsklinik für Superreiche.

All das wirkte auf uns ein wenig surreal. Die Zimmer (drei Varianten, DZ von 36 bis 72 m²) erinnerten unweigerlich an ein luxuriöses Fastenkloster, sie sind hochnüchtern gestaltet, eine Lehmwand trennt das offene Bad vom Bett, das W-Lan wird von 23 Uhr abends bis 7 Uhr früh abgeschaltet. TV-Geräte gibt es keine, das passt gut und hat auch einen besonderen Reiz!

Der kleine Wellnessbereich steht auch externen Gästen offen, er bietet zwei Saunen, ein herrliches Panoramahallenbad mit einem 13 m langen Pool, im Freien gibt es einen größeren Außenwhirlpool, er ist von Lärchen umringt – Naturfeeling pur! Gute Massagen, täglich Aktivprogramm, auch Waldbaden, Tai Chi, Qi Gong und Fünf Tibeter.

Die Terrasse ist fest in der Hand von externen Gästen, ein Standardfrühstück wird indoor geboten, die Küche hat noch etwas Luft nach oben, eine anderswo in Südtirol fast immer zu findende inkludierte Marende (Nachmittagsjause) gibt es hier nicht. Das Service zeigt sich nicht jeden Tag in Bestform, etwas mehr Professionalität und Natürlichkeit könnten zudem nicht schaden. Ruhesuchenden sei empfohlen, eventuell stattfindende Tagungen und Feierlichkeiten vor der Buchung abzuklären. Check-out bis 12 Uhr. Gratisgarage für alle. Ungeeignet für Kinder, Hunde (sehr eingeschränkt) erlaubt. 38 Liegen, 82 Betten.

Hallenbad, Sauna, Dampfbad, Massagen, Kosmetik, Personal Trainer.

39011 Lana (BZ), Via Pavicolo, 43, +39-0473-556600
HP ab € 240,-

WELLNESS

17 PUNKTE – 3 LILIEN

Alpiana Green Luxury ****S

Grünruhelage mit Fernblick in Völlan bei Meran

Familienfreundlich. Ein sehr schöner Familienbetrieb, er wird bereits in der dritten Generation geführt, liegt auf einem Hochplateau auf etwa 700 m Seehöhe und verströmt mediterrane Anmutung: Ein mehr als eineinhalb Hektar großer Garten mit Palmen, Pergolen, Lavendelbüschen und lauschigen Ruheplätzen erfreut Auge und Gemüt.

Das Ambiente zelebriert neoalpine Behaglichkeit, Zimmer kann man aus 12 Kategorien (DZ von 30 bis 100 m²) wählen, sie sind allesamt schön und in hellen, freundlichen Farben gestaltet, alle haben Holzböden und Balkon oder Loggia, die meisten sind nach Süden ausgerichtet. Die Suiten sind wahre Wohnträume, sie bieten unter anderem große Panoramafenster, Sauna und beste Chancen auf nächtliche Outdoor-Erlebnisse, ein zusätzliches Bett nämlich, in einem offenen Pavillon mit Glasdach auf der Terrasse.

Das Spa steht externen Gästen und allen Mitgliedern der Marketing-Vereinigung Dolce Vita offen. Es ist auf vier Zonen verteilt und bietet insgesamt sechs Saunen sowie fast 600 m² Wasserfläche, die größten Außenpools sind 20 und 22 m lang. Ein weiteres Highlight ist die Adults-only-Saunazone auf dem Dach, hier gibt es zahlreiche geführte Aufgüsse, und hier entspannt man mit herrlichem Ausblick, bodentiefe Glasfronten machen es möglich. Kleines Aktivprogramm (So bis Fr), darunter auch dreimal pro Woche Yoga.

Fabelhafte Restaurantterrasse mit Blick in die Weingärten, reichhaltiges Frühstücksbuffet, sehr gute Küche, die Tischkultur ist casual, ein Light Lunch mit verbundener Nachmittagsjause im Preis inbegriffen. Stimmungsvolle Bar, präsente und hilfsbereite Gastgeber, viele freundliche und professionell agierende Mitarbeiter. Das Spa kann am Anreisetag und nach dem Check-out ohne Aufpreis genutzt werden. Für Kinder gibt es Indoor- und Outdoor-Spielareale sowie zu Hauptferienzeiten täglich (Mo bis Sa) 4,5 Stunden Betreuung ab drei Jahren. Gratisgarage für (fast) alle. 50 Liegen, 140 Betten.

Freibecken, Solefreibecken, Freibecken (Sommer), Kinderfreibecken (Sommer), Hallenbad, Außensauna, Sauna, Dampfbad, Massagen, Kosmetik, Ayurveda, Fitnessgeräte, Personal Trainer.
9-Loch-Parcours in 9 km, 20 % Greenfee-Rabatt, Tennisplatz.

39011 Völlan (BZ), Via Prevosto Wieser, 30, +39-0473-568033
HP-plus ab € 182,-

WELLNESS

15 PUNKTE – 2 LILIEN

Der Waldhof2 ****S

Grünruhelage am Ortsrand in Völlan bei Meran

Mit traumhaftem Infinity-Pool: Ein sympathischer und umweltbewusster Familienbetrieb – gleich drei Familienmitglieder packen hier tüchtig mit an –, er liegt am Waldrand auf rund 750 m Seehöhe inmitten eines etwa drei Hektar großen, hauseigenen Parks. Hinter der Anlage, die aus dem traditionellen Stammhaus und einem Neubau mit einer markanten Fassadenverkleidung aus dünnen Baumstämmen besteht, beginnt gleich der namensgebende Wald. In-

Der Waldhof2

wendig zeigt sich ein etwas uneinheitliches Bild, einige Bereiche sind ein bisschen in die Jahre gekommen, aber alles wirkt sehr gepflegt.

Die Zimmer (DZ von 23 bis 70 m²) sind ansprechend gestaltet, fast alle verfügen über Holzböden und Balkon, unser Favorit ist die heimelig-moderne Variante De-luxe Rosenquarz, von wo aus man auf den Park blickt – ihr Name ist wohl dem Faible der Familie für Mineralien und Edelsteine zu verdanken, von denen es im Haus auch eine Sammlung gibt.

Das öffentlich zugängliche Spa ist in drei Bereiche aufgeteilt und streckenweise atmosphärisch arrangiert, es bietet fünf Saunen, einen 11 m langen Innenpool und im Sommer einen 14 m langen Außenpool mit Babybecken und Liegewiese. Sehr fein ist die Waldsauna mit den schönen Ruheräumen, ihre FKK-Terrassen sind von Bäumen umringt, absolutes Highlight ist und bleibt aber der 22 m lange, auch im Winter (für Kinder nur eingeschränkt) nutzbare Infinity-Pool, der beinahe in der Luft zu schweben scheint – in ihm schwimmt man förmlich hinaus in die Berge, der Ausblick geht dabei genau auf die nahe Mayenburg. Großzügiger Fitnessraum, täglich umfangreiches Aktivprogramm, auch Yoga, Meditation sowie zwei geführte Wanderungen pro Woche. Fabelhafte Restaurantterrasse für alle Mahlzeiten, das Restaurant verströmt so etwas wie Parkcafé-Flair, gemütliche Bar.

Reichhaltiges Frühstücksbuffet, zumeist sehr gute Küche, Light Lunch und eine süße Nachmittagsjause sind im Preis inkludiert. Viele freundliche Mitarbeiter, präsente Gastgeber – darunter zwei Ärzte, die man bei Beschwerden gerne konsultieren darf! Und wer nach dem Abendessen einen kleinen Spaziergang auf dem beleuchteten Weg durch den Wald unternimmt, wird mit einem schönen Ausblick auf Meran belohnt. Hunde erlaubt. 44 Liegen, 96 Betten.

Freibecken, Freibecken (Sommer), Babyfreibecken (Sommer), Hallenbad, Außensauna, Sauna, Dampfbad, Massagen, Kosmetik, Fitnessgeräte, Personal Trainer.
9-Loch-Parcours in 9 km, Tennisplatz.

39011 Völlan (BZ), Via Mayenburg, 32, +39-0473-568081
HP-plus ab € 165,–

WELLNESS
16 PUNKTE – 2 LILIEN

Ansitz Plantitscherhof *****

Grünruhelage am Ortsrand in Meran

Gourmetküche, Wein und Oldtimer: Ein Familienbetrieb auf Luxusniveau, er liegt auf etwa 350 m Seehöhe in einem ruhigen Villenviertel in den Gärten von Meran. Sein dreiseitiger Gebäudeverbund schafft eine von der Außenwelt abgeschirmte Privatsphäre, im Innenhof empfangen ein alter Nussbaum, Kopfsteinpflaster und ein plätschernder Brunnen, überall wachsen Lavendel, Rosen, Obstbäume – fast wähnt man sich auf einem alten Landgut!

Das Hotel besteht aus dem Haupthaus und einem neuen Trakt („Haus zu Plantiz"), Zimmer (DZ von 30 bis 70 m²) im Ersteren zeigen sich eher klassisch, unser „Elegantes Doppelzimmer" mit braunem Fliesenboden war sogar ziemlich schlicht. Mehr Eleganz findet man im Neubau, dort findet man auch Zimmer mit Sauna oder Whirlpool und sogar solche mit einem eigenen, knapp 7 m langen Pool.

Das ausschließlich Hausgästen offenstehende Spa bietet unter anderem vier Saunen (eine davon textil, hier stehen Sauna-Kilts bereit), einen Innenpool mit Salzwasser, einen Außenwhirlpool auf der Dachterrasse sowie ein 15 m langes Freibecken inmitten eines Gartens mit schönen Möbeln, mit Spiegeln an den Bäumen und Tischchen mit Lesestoff. Im Sommer ist's also wellnessmäßig ein kleines Paradies, im Winter könnte es dagegen drinnen schnell eng werden, ein paar Liegen mehr wären da sicher kein Nachteil. Täglich Aktivprogramm, auch Yoga, Pilates, Qi Gong sowie geführte Wanderungen und Bike-Touren – all das gegen jeweils 10 Euro Aufpreis. Fabelhafte Terrasse für alle Mahlzeiten, als Schlechtwettervariante steht ein Restaurant mit einem Panoramaglasdach zum Öffnen bereit. Richtig nett ist der „Early Morning Coffee", er wird ab 7 Uhr quasi direkt ans Bett gebracht – ohne Verrechnung freilich, sonst würden wir ihn nicht anführen.

Frühstücksbuffet (unter anderem mit Sekt und Räucherlachs) bis 11 Uhr, sehr gute Küche, bemerkenswerter Weinkeller, kompetente Weinberatung, 350 Sorten Whisky an der Bar, edle Zigarrenlounge. Viele langjährige Stammgäste, freundliche und hilfsbereite Mitarbeiter, die uns unaufgefordert beim Gepäck halfen, was anderswo viel zu selten geschieht. Präsente Gastgeber, herzliches Umfeld – vorausgesetzt freilich, die Chemie stimmt. Valet Parking, Gratisgarage für alle, historische Fahrzeuge – etwa Mercedes „Pagoda" 1967 oder Alfa Romeo 2000 Berlina 1976 (dabei dürfte es sich wahrscheinlich um das letzte noch existierende Exemplar handeln, alle anderen waren ja damals schon im Prospekt verrostet) – stehen gegen Aufpreis für eine Spritzfahrt bereit. Das Spa kann am Abreisetag noch ganztägig genutzt werden. Eher ungeeignet für Kinder, Hunde erlaubt, allerdings erst ab einem Alter von zwei Jahren, nach unbestätigten Meldungen müssen sie sich beim Check-in aber nicht ausweisen. 32 Liegen, 100 Betten.

Freibecken, Solehallenbad, Sauna, Dampfbad, Massagen, Kosmetik, Ayurveda, Fitnessgeräte, Personal Trainer. 9-Loch-Parcours in 10 km, bis zu 20 % Greenfee-Rabatt.

39012 Meran (BZ), Via Dante Alighieri, 56, +39-0473-230577 HP ab € 232,-

WELLNESS

17 PUNKTE – 3 LILIEN

Castel Fragsburg *****

Naturlage mit Fernblick oberhalb von Meran

Hundefreundlich. Eines der letzten echten Hideaways: Das kleinste Fünfsternhotel Südtirols liegt auf einem Felsvorsprung hoch über Meran und ist ein historisches Jagdschloss, gleichzeitig aber auch eine Art Trutzburg gegen den Mainstream.

Hinter efeubewachsenen Fassaden offeriert es ein heimeliges und stets einnehmend stilvoll gestaltetes Ambiente sowie Zimmer in fünf Varianten (DZ von 25 bis 85 m²), jedes ist ein Unikat – Marmorbäder, feine Eichenböden und ein belebender Ausblick inklusive. Überall herrscht striktes Rauchverbot, sogar auf den Balkonen und im Garten.

Das Spa steht ausschließlich Hausgästen offen, es ist indoor nicht allzu weitläufig und offeriert vier Saunen mit großzügigen Öffnungszeiten. Im bezaubernden Garten warten ein 13 m langer, beheizter Pool, Whirlpool und Liegewiese. Die Massagen sind sehr gut, bei entsprechender Witterung kann man sie auch im Freien genießen. Zu den Spezialitäten des Hauses zählen eine ganz feine selbstgemachte Naturpflegeserie sowie magische Rituale in einem geheimnisvollen Baumhaus, darunter Räucher- und Klangzeremonien, Yoga, Meditationen und spiritueller Tanz – all das gegen Aufpreis.

Fabelhafte Restaurantterrasse, Frühstück bis 11 Uhr in hoher Qualität: Feine warme Gerichte werden serviert, zusätzlich gibt es ein grandioses Buffet. Ausgezeichnete Küche, feine Tischkultur, kompetente Weinberatung. Achtung: Die auf der Hotelwebseite angegebenen Zimmerpreise beinhalten nur das Frühstück, gegen einen Aufpreis von 81 Euro ist die Halbpension zubuchbar. Freundliche und zuvorkommende Mitarbeiter, präsenter Gastgeber. E-Bikes gibt es zur Gratisleihe, eine parabrezza pulito (geputzte Windschutzscheibe) als Abschiedsgeschenk für alle. Garage gegen 30 Euro pro Tag. Eher ungeeignet für Kinder. 8 Liegen, 48 Betten.

Naturbadeteich, Freibecken, Sauna, Dampfbad, Massagen, Kosmetik.
18-Loch-Parcours in 23 km, 20 % Greenfee-Rabatt.

39012 Meran (BZ), Via Fragsburg, 3, +39-0473-244071
HP ab € 319,-

WELLNESS
15 PUNKTE – 2 LILIEN

Mignon Parkhotel *****

Ruhige Zentrumslage in Meran

Charaktervolles Gartenhotel: Ein familiengeführtes Fünfsternhaus in angenehm überschaubarer Größe, es liegt zwar mitten in Meran, aber dennoch überaus ruhig, nämlich in einem Viertel mit beeindruckend charmanten Villen aus der Gründerzeit. Hinter den Toren eröffnet sich eine ein Hektar große und erstaunlich ruhige Gartenidylle mit Palmen, uralten Bäumen, Steinbrunnen und lauschigen Ruheplätzen inmitten eines wogenden Blumenmeeres. Das Luxushotel besteht aus zwei über die Garage miteinander verbundenen Logiergebäuden, nämlich aus Haupthaus und einem kleinen Nebengebäude, in dem die Suiten untergebracht sind. Die öffentlichen Räume zeigen sich in zeitlos eleganter Gediegenheit mit kontemporären Akzenten, alles ist blitzsauber.

Zimmer gibt es in 16 Varianten (DZ von 25 bis 74 m^2), sie sind zumeist in hellen Pastelltönen gehalten, alle haben Holzböden und Balkon oder Terrasse, Turn-down-Service und Klimaanlage sind Standard.

Das öffentlich zugängliche Spa bietet unter anderem vier Saunen (eine davon textil), ein knapp 15 m langes Freibecken, einen großen Solewhirlpool und zahlreiche Outdoor-Liegen. Ausgezeichnete Massagen, kleines Aktivprogramm (Mo bis Fr), auch Wassergymnastik, Bauch-Beine-Po, Rückentraining und Morgengymnastik.

Schöne Frühstücksterrasse, ein Langschläferfrühstück wird nach 11 Uhr zu jeder Tageszeit individuell zusammengestellt und serviert. Feine Tischkultur, die Küche zelebriert Traditionelles und ist zumeist gut. Viele freundliche Mitarbeiter, darunter auch nicht wenige langjährige. Präsente Gastgeberin, herzliches Umfeld – vorausgesetzt, die Chemie stimmt oder man ist Stammgast. Für Hochzeiten stehen Kapelle sowie umfangreiche Serviceleistungen im Angebot. Ruhesuchenden sei empfohlen, eventuell stattfindende Tagungen und Feierlichkeiten vor der Buchung abzuklären. Für eine liebevolle Extraportion Italianità sorgt ein Fiat 500, den man gratis ausleihen kann. Valet Parking, Gratisgarage für alle. Ungeeignet für Kinder, Hunde erlaubt (für sie gibt es ein eigenes großes Gartenareal, sie dürfen aber weder auf die Liegewiese noch ins Restaurant). 31 Liegen, 100 Betten.

Freibecken, Hallenbad, Außensauna, Sauna, Dampfbad, Massagen, Kosmetik, Fitnessgeräte, Personal Trainer.
18-Loch-Parcours in 17 km, 25 % Greenfee-Rabatt.

39012 Meran (BZ), Via Karl von Grabmayr, 5, +39-0473-230353
HP ab € 229,-

WELLNESS
17 PUNKTE – 3 LILIEN

Andreus *****

Grünruhelage am Golfplatz bei St. Martin – Passeiertal

Kinderfreundlich. Viel für die ganze Familie: Ein luxuriöses Großhotel mit breitem Wellness- und Freizeitangebot, es liegt auf knapp 700 m Seehöhe direkt am Golfplatz und versucht praktisch jede nur erdenkliche Zielgruppe zu bedienen – darunter Familien, Golfer, Reiter, Sportler und Tennisspieler, die Zahl der gebotenen Einrichtungen ist jedenfalls beinahe so unüberschaubar wie die Anlage.

Sehr saubere Zimmer kann man aus 13 Varianten (DZ von 38 bis 175 m^2) wählen, mitunter sind sie etwas hellhörig, besonders fein sind Suiten mit Sauna, Whirlpool und Infinity-Pool, für sie sind allerdings bis zu 2.300 Euronen pro Nacht zu berappen.

Das auch externen Gästen offenstehende Spa ist weitläufig, auf mehrere Ebenen verteilt und ausgesprochen gut ausgestattet. Es bietet unter anderem 10 Saunen (drei davon textil), fünf Außenpools – der längste misst 33 m – und einen „Energy-Tower", der mit Yoga-, Cardio- und Kraftraum die zahlreich vorhandenen Outdoor-Sporteinrichtungen prächtig ergänzt. Auch eine neue Eventsauna gibt es, eine riesige sogar, sie fasst etwa 120 Personen und feiert mit der Technik einer Dorfdisco Bespaßungsaufgüsse. Großartiges Fitnessprogramm, auch Qi Gong, Pilates, Yoga, regelmäßig werden auch Retreats zu den Themen Bauchtanz, Boxen und

Yoga veranstaltet. Das Angebot an Treatments ist gefühlt unendlich, neu ist eine Kältekammer zur Ganzkörperbehandlung bei minus 85 Grad: ein toller Frischekick. Kids erfreut ein Füllhorn an vergnüglichen Möglichkeiten, neben einem Indoor-Spielareal samt Kino gibt es auch Tiere zum Streicheln, etwa Alpakas, außerdem einen Reitstall (gegen Aufpreis).

Schöne Restaurantterrasse für das Frühstück bis 11 Uhr (unsere Eier stammten aus Freilandhaltung), zumeist gute Küche, die sich auch bestens auf die optische Präsentation versteht, eine Nachmittagsjause ist im Preis inkludiert, die Tischkultur ist fairly casual. Freundliche Mitarbeiter, viele kommen aus der Region, und das hat auch in Südtirol bereits Seltenheitswert. Die Gastgeber bleiben gerne im Hintergrund. Viele langjährige Stammgäste, es gilt das Motto „sehen und gesehen werden". Valet Parking, Gratisgarage für alle. Täglich bis zu 12 Stunden Betreuung für Kinder ab drei Jahren (mit saisonalen Einschränkungen). Hunde erlaubt. 130 Liegen, 250 Betten.

Naturbadeteich, Solefreibecken, Freibecken, Hallenbad, Kinderbecken, Außensauna, Sauna, Dampfbad, Massagen, Kosmetik, Ayurveda, Fitnessstudio, Personal Trainer.
18-Loch-Parcours, Tennisplätze.

39015 St. Leonhard in Passeier
(BZ), Via Kellerlahne, 3a, +39-0473-491330

HP-plus ab € 193,-

WELLNESS
18 PUNKTE – 3 LILIEN

Andreus Golf Lodge *****

Grünlage am Golfplatz bei St. Martin – Passeiertal

Hundefreundlich, Adults preferred (ab 14). Luxuriöses Kleinhotel mit Hideaway-Charakter: Ein familiengeführtes Haus mit nur 33 Zimmern, es liegt auf etwa 690 m Seehöhe direkt am Golfplatz, lediglich die zum Greifen nahen Starkstromleitungen trüben die Naturidylle. Die öffentlichen Räume verströmen kontemporär interpretierten Alpenlandchic – und alles wirkt wie aus einem Guss. Die Außenanlage – mit Steinsäulen, Palmen, Springbrunnen und Liegesesseln direkt am Wasser – wird abends mit kleinen Feuerstellen romantisch in Szene gesetzt.

Die Zimmer (sieben Kategorien, 20 bis 125 m^2) sind wunderschön und hochwertig ausgestattet, sie haben gute und übergroße Betten auf einem steinernen Fundament, manche eine freistehende Badewanne, die Böden sind ein feines Duett aus Holz und Stein. Das „Infinity-Chalet" ist zwar kein Chalet, sondern eine Suite, aber sie betört mit einem 11 m (unsere Messung, laut Werbung 15 m) langen Außenpool, mit Whirlpool, Außensauna und einem privaten Fitnessbereich, all das will aber mit bis zu 2.500 Euro pro Nacht aufgewogen werden. Das nur Hotelgästen zugängliche Spa ist für die Hausgröße recht großzügig gestaltet, es bietet unter anderem ein 30 m langes, ganzjährig nutzbares Freibecken, einen ebenso langen Naturbadeteich mit Liegeinseln direkt am Wasser sowie insgesamt sechs Saunen. Über Lobby, Stiegenhaus und einen langen Zimmerflur geht es aufs Dach zu Außensauna, Solewhirlpool und einem feinen Ruheraum. Kleines Aktivprogramm, auch Yoga und Meditation in einem „Panoramameditations-Tempel", für mehr Aktivitäten geht es mit einem Shuttle ganz schnell ins quirlige Schwesterhotel.

Fabelhafte Restaurantterrasse für alle Mahlzeiten, reichhaltiges Frühstücksbuffet bis 11 Uhr, die Küche ist gut, die Tischkultur rather casual, eine Nachmittagsjause inkludiert. Viele freundliche Mitarbeiter, die meisten sind recht jung und mitunter noch etwas unerfahren. Viele Gäste geben sich so, wie sie gerne sind, nämlich bigger than life – protzige Autos und Anreise mit dem Hubschrauber inklusive. Breites Service für Golfer (Golfcart, Golfschule, neue Indoor-Golfanlage). Hubschrauberlandeplatz, Gratisgarage für alle. 56 Liegen, 70 Betten.

Naturbadeteich, Freibecken, Solefreibecken, Außensauna, Sauna, Dampfbad, Massagen, Kosmetik, Ayurveda, Fitnessgeräte, Personal Trainer.
18-Loch-Parcours.

39015 St. Leonhard in Passeier
(BZ), Prantago, 3, +39-0473-491330

HP-plus ab € 217,-

WELLNESS
15 PUNKTE – 2 LILIEN

Bad Fallenbach ****S

Grünlage am Ortsrand in St. Leonhard – Passeiertal

Mit traumhaftem Wald-Spa: Ein moderner Familienbetrieb von sympathischer Größe, er liegt auf 700 m Seehöhe direkt an der Straße zum Jaufenpass, von der man jedoch glücklicherweise kaum etwas hört. Die Anlage besteht aus einem neu errichteten Haupthaus und einem Altbau, der über Apartments für Selbstversorger (mit Küchenzeile) verfügt.

Trendig und stylisch geht es hinter den dunklen Fassaden zu, die Zimmer (DZ von 40 bis 68 m²) sind mehrheitlich in cooler Schlichtheit gestaltet, eine Kategorie bietet direkten Zugang zur Liegewiese mit Biotop. Unser Favorit ist jedenfalls die Heustadl-Suite mit viel Naturholz, Klimaanlage und großer Terrasse mit Whirlpool – herrlich!

Das Highlight des öffentlich zugänglichen Wellnessbereichs ist sicherlich die Waldsauna, über eine kleine Brücke und nach ein paar guten Schritten durch den Wald gelangt man zu dem hübschen Baumhaus, in dem sie untergebracht ist. Im Erdgeschoß befindet sich hier eine feine Ruhezone, im ersten Stock eine einnehmend schöne Außensauna – und gleich dahinter rauscht der Fallenbach gurgelnd in die Tiefe. Das Naturbecken direkt darunter ist Erfrischung pur, vor allem nach dem Saunagang. Im Haupthaus erstreckt sich das Spa auf drei Ebenen, es bietet unter anderem vier Saunen (eine davon textil), eine 26 m lange Kombination aus Außen- und Innenpool und eine Saunazone mit Ruhekojen aus duftendem Zirbenholz. Gute Massagen, kleines (teilweise aufpreispflichtiges) Aktivprogramm, darunter geführte Wanderungen, Waldbaden, Yoga, E-Bike-Touren und Bewegungseinheiten, die neuerdings auf der überdachten Terrasse neben der Waldsauna stattfinden – fein ist das!

Ansprechend gestaltetes Restaurant, schöne Frühstücksterrasse, reichhaltiges Frühstücksbuffet, sehr gute Küche, die auch Gerichte wie Sashimi vom Gelbflossenthunfisch oder 15 Stunden gegarte Kalbsbrust im Repertoire hat, eine süße Nachmittagsjause ist inkludiert. Respektable Weinkarte mit zahlreichen Offenen und fairen Preisen. Freundliche und bemühte, zumeist junge Mitarbeiter, präsente Gastgeberinnen.

Wanderwege ohne Zahl beginnen vor der Haustüre, im Winter gibt es Schneeschuhe zur Gratisleihe. Check-out um 10.30 Uhr, Frühstück ebenso, das Spa kann am Abreisetag ohne Aufpreis ganztägig genutzt werden. Gratisgarage für alle. Für Kinder (trotz Kletterwand und Spielzimmer) eher ungeeignet, Hunde erlaubt. 42 Liegen, 130 Betten.

Freibecken, Hallenbad, Außensauna, Sauna, Massagen, Kosmetik, Ayurveda, Fitnessgeräte.
18-Loch-Parcours in 6 km, 20 % Greenfee-Rabatt.

39015 St. Leonhard in Passeier
(BZ), Via Passo Giovo, 23, +39-0473-657700
HP ab € 255,–

WELLNESS
14 PUNKTE – 1 LILIE

Stroblhof
Active Family Spa Resort ****S

Ortslage in St. Leonhard – Passeiertal

Kinderfreundlich. Ein familiengeführter Traditionsbetrieb im XL-Format, er liegt auf rund 690 m Seehöhe mitten im Ort sowie direkt an der Passeierstraße. Die dichtbebaute Anlage besteht aus dem Stammhaus mit mehreren Zubauten und einer ein paar Schritte entfernt gelegenen Zweistern-Dependance, deren Gäste Zugang zu Spa und Restaurant haben. Innen zeigt sich neoalpine Modernität gemütlicher Prägung, was auch für die meisten Zimmer (12 Varianten, DZ inkl. Balkon oder Terrasse von 23 bis 90 m²) gilt. Neben recht einfachen findet man etwa auch solche mit Sauna und Whirlpool, wer bei offenem Fenster schlafen möchte, sollte sich jedoch vor einem straßenseitig gelegenen hüten, denn der Verkehr hinauf zum Jaufenpass übernimmt schon frühzeitig die Weckfunktion.

Das Spa steht auch externen Gästen offen, es bietet je einen Bereich für Ruhesuchende und Familien, jeder verfügt sowohl über einen Außen- als auch über einen Innenpool, der für Erwachsene im Freien ist 25 m lang, jener für Familien bietet auch eine ebenso lange Wasserrutsche. Highlight in Sachen Adults only ist der 21 m lange, ganzjährig nutzbare Infinity-Sky-Pool auf dem Dach. Sieben Saunen gibt es insgesamt, täglich ein kleines Aktivprogramm, auch geführte Wanderungen, Bike-Touren, Pilates sowie dreimal pro Woche Yoga. Kids finden indoor wie outdoor zahlreiche Attraktionen, für reizüberflutenden Trubel ist auf alle Fälle gesorgt, was Wunder, wenn der Adrenalinspiegel mitunter auch im Restaurant spürbar wird.

Kleine Terrasse für alle Mahlzeiten, reichhaltiges Frühstücksbuffet bereits ab 7 Uhr, gute Küche, eine Nachmittagsjause inklusive Säften und Heißgetränken ist inkludiert. Präsente Gastgeber, viele freundliche, jedoch mitunter etwas überforderte Mitarbeiter. Gratisgarage für alle. Täglich 12,5 Stunden Betreuung für Kinder ab vier Jahren. Hunde erlaubt. 80 Liegen, 370 Betten.

Freibecken, Freibecken (Sommer) mit Rutsche, Hallenbad, Babybecken, Sauna, Dampfbad, Massagen, Kosmetik, Ayurveda, Fitnessgeräte, Personal Trainer.
18-Loch-Parcours in 6 km, 20 % Greenfee-Rabatt, Tennisplätze.

39015 St. Leonhard in Passeier
(BZ), Via Passiria, 28-29, +39-0473-010500
HP-plus ab € 175,–

Das Sonnenparadies

WELLNESS

15 PUNKTE – 2 LILIEN

Das Sonnenparadies ****

Grünlage mit Fernblick in Schenna bei Meran

Adults only (ab 18). Extravagant, stylisch und modern: Ein engagiert geführtes Haus von angenehmer Größe, es liegt auf 630 m Seehöhe etwas oberhalb der Hauptstraße und wurde vor nicht allzu langer Zeit großzügig und mit einer mutigen Portion Extravaganz modernisiert, was auch öffentliche Bereiche wie Rezeption, Lobby, Bar und Restaurant umfasste – lediglich das Stiegenhaus im Stammhaus befindet sich noch im Dornröschenschlaf.

Renovierte Zimmer stehen in 19 Kategorien (DZ von 18 bis 55 m²) zur Auswahl, alle haben Balkon und Holzboden (einzige Ausnahme sind die Einzelzimmer), stilistisch sind sie zwischen Landhausklassik und neoalpiner Modernität angesiedelt. Diesmal haben wir uns übrigens für die lichtdurchflutete Suite „Sonnentraum" mit Sauna und Whirlpool entschieden, die ihrem Namen voll gerecht wird.

Das auch Tagesgästen zugängliche Spa ist ein Highlight des Hauses, hier fühlt man sich drinnen und draußen richtig wohl: Die Atmosphäre ist mehr als stimmig, die Rückzugsmöglichkeiten besonders fein, viel Altholz, schöne Loungemöbel und gemütliche Liegen charakterisieren das Ambiente, wunderbar sind Sauna und Ruheraum aus Zirbenholz, sehr schön der 9 m lange Innenpool, der über eine Schwimmschleuse mit dem 15 m langen Freibecken im Garten verbunden ist – und zwar in der gesamten Breite, was für das Ziehen langer Bahnen perfekt ist. Im Freien warten Palmen, ein gepflegter Rasen und ein Außenwhirlpool, all das mit belebendem Panorama. Kleines Aktivprogramm, darunter Pilates und Workouts.

Frühstück bis 10.30 Uhr (Check-out allerdings bereits eine halbe Stunde früher), zumeist gute Küche, eine Nachmittagsjause ist im Preis inbegriffen. Stylische Bar, fabelhafte Terrasse mit Feuerschalen, schiebbaren Glaswänden und sogar Fußbodenheizung – schade nur, dass man hier im Freien nicht auch dinieren kann. Freundliche und hilfsbereite Mitarbeiter, die Gastgeber (11 Familienmitglieder!) packen tüchtig mit an, angenehmes Umfeld, vorausgesetzt freilich, die Chemie stimmt. Garage für Suitengäste gratis, für alle anderen gegen 10 Euro pro Tag. Hunde erlaubt. 69 Liegen, 90 Betten.

Freibecken, Hallenbad, Sauna, Dampfbad, Massagen, Kosmetik, Fitnessgeräte, Personal Trainer.
18-Loch-Parcours in 23 km, 20 % Greenfee-Rabatt.

39017 Schenna (BZ), Via Verdines, 41, +39-0473-945676
HP-plus ab € 153,-

WELLNESS
15 PUNKTE – 2 LILIEN

Hohenwart ****S

Grünlage am Ortsrand in Schenna bei Meran

Familienfreundlich. Ein gemütlicher Familienbetrieb mit großer Tradition, er liegt auf etwa 620 m Seehöhe und wurde vor mehr als 60 Jahren als bescheidene Pension eröffnet. Heute besteht er aus drei Logiergebäuden, von denen eines hörbar an der Hauptstraße liegt, die anderen befinden sich dahinter und können durchaus als ruhig bezeichnet werden.

Das Ambiente zelebriert eine bunte Mischung aus mehreren Jahrzehnten, die Zimmer (18 Kategorien, DZ inkl. Balkon von 35 bis 100 m²) zeigen sich sauber und gut gepflegt, sie haben Teppich- oder Holzböden, die meisten Südbalkon mit Ausblick, besonders die Varianten im Haus Traube und Haus Christine sind mit warmen Farben einnehmend gestaltet.

Das öffentlich zugängliche Spa ist auf vier Bereiche aufgeteilt, die schwimmbaren Pools – ein 16 m langes Innenbecken und ein 25 m langes Außenbecken – befinden sich im Familienbereich, hier gibt es auch drei Textilsaunen. Ein fabelhaftes Adults-only-Spa mit fünf Saunen, Liegewiese und großem Solewhirlpool aus Glas befindet sich auf dem Dach eines eigenen Gebäudes („Vista-Spa"). Gute Massagen, umfangreiches Aktivprogramm, darunter auch Yoga auf einer Open-Air-Plattform, zu bestimmten Terminen werden Yoga-Retreats angeboten.

Schöne Restaurantterrasse für alle Mahlzeiten, reichhaltiges Frühstücksbuffet bis 11 Uhr, zumeist sehr gute Küche bei feiner Tischkultur, Lammfleisch kommt aus der eigenen Landwirtschaft, Bier aus der Familienbrauerei, eine Nachmittagsjause ist inkludiert. Riesige, hocherfreulich italophile Weinkarte (bravissimo!) mit zahlreichen Offenen, sie kosten zwischen 6 und 11,50 Euro, Angeberweine zum Preis eines Kleinwagens waren hier nicht zu finden. Viele freundliche Mitarbeiter – der werbliche Slogan lautet „Zuhause bei Freunden", und das kann man getrost so stehen lassen. Gratisgarage für alle. Im Sommer täglich (außer Sa) 5,5 Stunden Betreuung für Kinder ab vier Jahren. Hunde erlaubt. 90 Liegen, 220 Betten.

Solefreibecken, Freibecken, Hallenbad, Babybecken, Außensauna, Sauna, Dampfbad, Massagen, Kosmetik, Fitnessgeräte.
18-Loch-Parcours in 21 km, 20 % Greenfee-Rabatt.

39017 Schenna (BZ), Via Verdines, 5, +39-0473-944400
HP-plus ab € 201,-

WELLNESS
20 PUNKTE – 4 LILIEN

Castel Dorf Tirol *****

Grünruhelage mit Fernblick am Ortsrand bei Meran

Für Feingeister und Gourmets: Ein kleinerer Familienbetrieb mit Klasse und Esprit, er liegt auf etwa 600 m Seehöhe hoch über Meran inmitten von Weinhängen und Apfelhainen, er wurde vor kurzem großzügig modernisiert.

Vieles zeigt sich lichtdurchflutet, alles beweist ein feines Gespür für Stil und Ästhetik, was auch für die Zimmer (DZ von 31 bis 93 m²) gilt: Diese sind wunderbar schlicht in warmen Tönen und Pastellfarben gehalten, alle sind nach Süden hin ausgerichtet und haben Balkon, Klimaanlage und Espresso-Maschine, manche auch freistehende Badewanne oder Whirlpool auf der Terrasse. Bodentiefe Glasfronten ermöglichen zudem feine Ausblicke, sogar vom Bett aus! Besonders fein sind die Zimmer im mittleren und rechten Gebäudeteil, da hat man förmlich das Gefühl, in den Weinhängen zu wohnen.

Das exklusiv Hausgästen vorbehaltene Spa wurde ebenfalls modernisiert und vergrößert, neu ist der in Grün mit viel Holz gestaltete Saunabereich mit einem Kneippbecken und einer kleinen Oase aus Pflanzen, ebendort steht auch eine Food-Bar mit erfrischenden Kleinigkeiten (Nüssen, Obst und einer feinen Auswahl an Tees) bereit. Weiters geboten werden unter anderem drei Saunen (mit sehr eingeschränkten Öffnungszeiten), ein 12 m langer Innenpool, ein 19 m langer Außenpool inmitten eines wunderschönen mediterranen Gartens und sehr gute Massagen, die man bei entsprechender Witterung auch im Freien genießen kann – all das mit bestem Ausblick. Kleines Aktivprogramm, auch Wassergymnastik und Pilates.

Das Luxuspanorama genießt man auch im Restaurant, mit Morgensonne beim wunderbaren Frühstück und mit Abendsonne beim Dinner, und man kann dabei auch im Freien sitzen, denn sowohl das Glasdach als auch die bodentief verglasten Seitenteile lassen sich vollständig öffnen, was ein kleines Erlebnis für sich ist. Frühstück bis 11 Uhr, ausgezeichnete Küche bei hochfeiner Tischkultur – die Bewertung bezieht sich wie immer auf die Halbpension und nicht auf die kulinarischen Spitzenklöppelkünste des Zweisterne-Küchenchefs Gerhard Wieser, die man im À-la-carte-Restaurant des Castels genießen kann. Hochexklusiv freilich, denn es gibt nur fünf Tische. Tolle Weinkarte, kompetente Weinberatung, stimmungsvolle Bar. Höfliche, gut ausgebildete und ungekünstelt herzlich agierende Mitarbeiter, viele sind schon seit Jahren im Haus, manche sogar länger als die Gastgeber. Niveauvolles Publikum, viele langjährige Stammgäste. Check-out bis 11.30 Uhr. Gratisgarage für alle. Ungeeignet für Kinder, Hunde erlaubt. 27 Liegen, 90 Betten.

Freibecken, Hallenbad, Sauna, Dampfbad, Massagen, Kosmetik, Fitnessgeräte, Personal Trainer.
18-Loch-Parcours in 16 km, 20 % Greenfee-Rabatt.

39019 Dorf Tirol
(BZ), Vicolo dei Castagni, 18, +39-0473-923693
HP ab € 208,–

WELLNESS
17 PUNKTE – 3 LILIEN

Erika Spa & Relax Hotel *****

Grünruhelage am Ortsrand mit Fernblick bei Meran

Kinderfreundlich. Herzliches Umfeld: Ein Traditionshaus mit fünf Sternen, es liegt auf 590 m Seehöhe am talseitigen Ortsrand, was einen wunderschönen Ausblick auf Meran ermöglicht. Die Architektur mit ihren zahlreichen Naturakzenten wirkt einladend, inwendig ist alles geheimnisvoll verwinkelt, die öffentlichen Räume verströmen dennoch gehobene Gemütlichkeit.

Zimmer sind aus nicht weniger als 30 Varianten (DZ von 24 bis 75 m²) wählbar, sie präsentieren sich im neoalpinen Landhausstil, haben alle Holzböden und Klimaanlage sowie zum Teil auch Gärtlein und Whirlpool.

Das ausschließlich Hotelgästen zugängliche Spa ist weitläufig und gut ausgestattet, es bietet unter anderem einen 20 m langen, ganzjährig nutzbaren Außenpool und ein Fitnessstudio mit Trainingsmöglichkeiten auch im Freien. Fortgeschrittene Saunierer erfreuen drei atmosphärisch gestaltete Bereiche, insgesamt stehen 11 Saunen (zwei davon textil) zur Auswahl, Highlight sind die Adults-only-Zonen (ab 16) mit Sauna-Lodge und mediterranem Saunapark – ein bisschen Bali-Feeling inklusive. Auf Kinder wartet ein Wasserpark, unter anderem mit einer 40 m langen Röhrenrutsche und einer 30 m langen Breitrutsche, hier kommt selbst so mancher Papa ins Schwärmen. Sehr gute Massagen, umfangreiches Aktivprogramm, auch Qi Gong, Pilates und Yoga.

Fabelhafte Restaurantterrasse mit ebensolchem Panorama, reichhaltiges Frühstücksbuffet bis 11 Uhr, sehr gute Küche bei feiner Tischkultur, ein Light Lunch mit verbundener Nachmittagsjause inklusive Heißgetränken ist von 12 bis 17 Uhr im Preis inbegriffen, alkoholfreie Getränke für Kinder ganztägig ebenso. Sehr freundliche und professionell agierende Mitarbeiter. Viele langjährige Stammgäste, nicht selten in Begleitung einer lebhaften Kinderschar – das könnte Ruhesuchenden zur Herausforderung geraten. Check-out bis 12 Uhr. Gratisgarage für alle. Täglich acht Stunden Betreuung für Kinder ab drei Jahren. Hunde erlaubt. 61 Liegen, 170 Betten.

Freibecken, Solefreibecken, Hallenbad, Kinderbecken mit Rutsche, Babybecken mit Rutsche, Außensauna, Sauna, Dampfbad, Massagen, Kosmetik, Ayurveda, Fitnessstudio, Personal Trainer.
18-Loch-Parcours in 16 km, 20 % Greenfee-Rabatt.

39019 Dorf Tirol (BZ), Via Principale, 39, +39-0473-926111
HP-plus ab € 201,–

WELLNESS
15 PUNKTE – 2 LILIEN

Gartner Designhotel ****S

Grünlage am Ortsrand mit Fernblick bei Meran

Kunst und Design: Ein familiengeführtes Ausnahmehotel, es liegt auf rund 590 m Seehöhe direkt an der Hauptstraße, die aber nur in wenigen Zimmern und dann auch nur bei offenem Fenster gut zu hören ist. Das Ambiente zeigt sich einzigartig, nämlich schrill, künstlerisch und in höchstem Maß facettenreich – eine visuelle Herausforderung, die ihren ganz besonderen Charme hat. Gastgeber Florian ist Jurist und – wie auch seine Frau Barbara – leidenschaftlicher Sammler von Kunst, Kuriositäten und Antiquitäten.

Das sieht man überall im Haus, wie auch in den Zimmern (14 Kategorien, 16 bis 72 m²), die jugendlich-frisch arrangiert sind. Sie haben alle Klimaanlage, die Bettwäsche wird mit Biowaschmitteln gewaschen, das abendliche Turn-down-Service ist hier Standard.

Das Spa steht ausschließlich Hotelgästen offen, eine Besonderheit ist das White-Spa-House im typischen Gartner-Style, in dem sich neben einer

Patrizia

Panoramasauna, einer feinen Ruhezone und einem Infinity-Whirlpool auch ein Schneeraum befindet. Im Freien warten ein als Vogelnest in Szene gesetzter Whirlpool auf Stelzen und ein 13 m langer, ganzjährig nutzbarer Pool. Weiters geboten werden drei Saunen (alle Adults only ab 16), ein knapp 8 m langer Innenpool, sehr gute Massagen und ein kleines Aktivprogramm.

Reichhaltiges Frühstücksbuffet bis 11 Uhr, sehr gute Küche, die sich auch bestens auf die optische Präsentation versteht. Ausgesprochen freundliche Mitarbeiter, darunter viele langjährige, die liebenswürdige Heidi an der Rezeption etwa ist uns mittlerweile gut bekannt. Präsente Gastgeber, die sich liebevoll auch um Nichtstammgäste (anderswo sehr selten!) kümmern – man setzt auf Klasse anstatt auf Masse, auf Individualität und Persönlichkeit. Niveauvolles Publikum, viele internationale Zeitungen, Magazine, Bildbände und Comics liegen auf. Gratisgarage für alle. Eher ungeeignet für Kinder, Hunde erlaubt. 30 Liegen, 84 Betten.

Freibecken, Hallenbad, Sauna, Dampfbad, Massagen, Kosmetik, Fitnessgeräte, Personal Trainer.
18-Loch-Parcours in 16 km, 10 % Greenfee-Rabatt.

39019 Dorf Tirol (BZ), Via Principale, 65, +39-0473-923414
HP ab € 156,–

WELLNESS

18 PUNKTE – 3 LILIEN

Patrizia ****S

Grünruhelage mit Fernblick am Ortsrand bei Meran

In wunderschöner Lage hoch über Meran: Ein bestens geführter Familienbetrieb von angenehmer Größe, er liegt schön ruhig auf 670 m Seehöhe und ist umgeben von Apfelhainen und Weingärten. Im Inneren zeigt sich alles wohlig-atmosphärisch sowie bodenständig-luxuriös gestaltet, überall erfreuen frische Blumen die Sinne – und die Sauberkeit ist einnehmend.

Zimmer (DZ von 20 bis 85 m^2) stehen in nicht weniger als 20 Kategorien zur Verfügung, stilistisch sind sie in einem Spektrum von klassisch-elegant bis modern-mediterran angesiedelt, (fast) alle haben Balkon mit wunderbarem Ausblick, der Bademantel ist aus reiner Baumwolle – und das hauseigene Duschgel duftet fein! Wermutstropfen: Die Bewässerungsanlage im nahen Obstgarten ist nächtens nicht ganz zu überhören, was das Schlafen bei offenem Fenster mitunter zur Herausforderung macht.

Das nur Hausgästen zugängliche Spa verteilt sich auf mehrere Bereiche (was mitunter lange Wege bedeutet), geboten werden unter anderem

Giardino Marling

eine Außensauna und drei weitere Saunen (eine davon textil), ein 10 m langer Innenpool, ein 19 m langer Außenpool in einem kleinen Garten, ein (etwas einsehbarer) FKK-Bereich sowie zwei Whirlpools im Freien – jener auf der Dachterrasse ist besonders fein, er befindet sich neben einem erquickenden Liegebereich mit Himmelbetten, von wo aus man ein traumhaftes 360-Grad-Panorama genießt. Gute Massagen, wochentags kleines Aktivprogramm, darunter Nordic Walking, Wassergymnastik und Pilates.

Fabelhafte Restaurantterrasse für alle Mahlzeiten, ihre Glaswände und Markisen lassen sich bei Schlechtwetter hochfahren, sodass sie zu einem geschlossenen Raum wird – ganz schön spektakulär! Liebevoll angerichtetes Frühstücksbuffet mit frisch gepressten Säften und hausgemachtem Brot (lediglich der Kaffee könnte besser sein), an der Bar wird zudem ein Langschläferfrühstück serviert. Feine Tischkultur, sehr gute Küche, ebensolche Weinkarte. Ausgesprochen freundliche und zuvorkommende Mitarbeiter, einsilbiger, aber präsenter Gastgeber, der selbst tüchtig mit anpackt, niveauvolles Publikum, viele langjährige Stammgäste. Keine Tagungen und Events, keine externen Gäste in Spa und Restaurant – all das ist mittlerweile selten zu finden und daher umso einnehmender! Mountain- und E-Mountainbikes zur Gratisleihe. Gratisgarage und überdachte Parkplätze für (fast) alle. Eher ungeeignet für Kinder, Hunde erlaubt. 41 Liegen, 85 Betten.

Freibecken, Hallenbad, Außensauna, Sauna, Dampfbad, Massagen, Kosmetik, Fitnessgeräte.
18-Loch-Parcours in 16 km, 20 % Greenfee-Rabatt.

39019 Dorf Tirol (BZ), Via Lutz, 5, +39-0473-923485
HP ab € 173,–

WELLNESS

13 PUNKTE – 1 LILIE

Sonnbichl Dorf Tirol ****s

Grünlage am Ortsrand mit Fernblick bei Meran

Klein und herzlich: Ein sehr persönlich geführter Familienbetrieb in angenehmer Größe, er liegt recht schön auf 540 m Seehöhe inmitten von Weingärten und Apfelhainen, gleichzeitig an der untersten Terrainkante von Dorf Tirol.

Außen wie innen präsentiert sich das Haus zeitgemäß und sehr gepflegt, schon beim Ankommen in der Lobby fühlt man sich wohl und aufgehoben, alles ist sehr gemütlich, was auch für die Zimmer (DZ von 26 bis 52 m²) gilt:

Diese sind neoalpin oder dezent romantisierend arrangiert, haben alle Balkon, Boxspringbetten und bodentiefe Fenster, die meisten auch feine Holzböden.

Das Spa ist nur Hotelgästen zugänglich, es bietet indoor unter anderem vier Saunen (ab 14 Jahren), einen 10 m langen Innenpool, im Freien wartet ein schöner Garten mit Palmen und herrlichem Ausblick, und einen 20 m langen Außenpool gibt's obendrein. Sehr gute Massagen, kleines Aktivprogramm, darunter Yoga und Workouts, gegen einen kleinen Aufpreis auch geführte Wanderungen und E-Bike-Touren.

Fabelhafte Terrasse für alle Mahlzeiten, ab 7 Uhr gibt es im Spa ein kleines Frühstück für Early Birds, das „normale" Frühstücksbuffet (bis 11 Uhr) ist reichhaltig und fein – zur Auswahl stehen unter anderem Säfte zum Selberpressen, Sekt und frische Erdbeeren. Sehr gute, optisch ansprechende Küche bei feiner Tischkultur, ausgezeichnete Weinkarte, faire Getränkepreise. Herzliche, authentische Gastgeber, freundliche und zuvorkommende Mitarbeiter, viele, viele langjährige Stammgäste. Wer öffentlich anreist, hat mit dem nur ein paar Schritte entfernten Sessellift eine gute Anbindung nach Meran, auch eine Bushaltestelle befindet sich vor der Tür. Gratisgarage für (fast) alle. Eher ungeeignet für Kinder, Hunde erlaubt. 23 Liegen, 68 Betten.

Freibecken, Hallenbad, Sauna, Dampfbad, Massagen, Kosmetik, Fitnessgeräte.
18-Loch-Parcours in 16 km, 20 % Greenfee-Rabatt.

39019 Dorf Tirol (BZ), Via Monte Benedetto, 15
+39-0473-923580

HP ab € 169,-

WELLNESS

19 PUNKTE – 4 LILIEN

Giardino Marling *****

Grünruhelage am Ortsrand in Marling bei Meran

Mit wundervollem Garten: Ein familiengeführtes Luxushotel von angenehmer Größe, es liegt auf 360 m Seehöhe inmitten von Weingärten und Apfelhainen und bietet einen feinen Ausblick auf Meran und in das Etschtal. Im Inneren herrscht Wohlfühlatmosphäre, überall erfreuen edle Materialien und wunderschöner Blumenschmuck, unterschiedliche Stile finden immer wieder so harmonisch zusammen, dass es nicht, so wie anderswo häufig, nach ungebremster Kollision aussieht.

Unaufgeregt elegant und luxuriös ausgestattet präsentieren sich die Zimmer (DZ von 30 bis 90 m^2), alle haben Klimaanlage, das allabendliche Turn-down-Service gehört zum Standard – es ist zwar ab fünf Sternen verpflichtend, wird aber anderswo immer häufiger „vergessen".

Das Spa ist weitläufig, es gibt einen ausgedehnten Saunabereich mit großen Glasfronten und vier Saunen, im Erdgeschoß offeriert es ein edles Hallenbad mit einem 12 m langen Steinfliesenbecken, im Freien einen 15 m langen Solepool und auf dem Dach einen 17 m langen Sky-Pool mit Terrasse, wo seit neuestem auch ein Whirlpool steht. Wermutstropfen: Während der kalten Jahreszeit liegen Teile des mediterranen Gartens, nach dem das Haus benannt ist, ab dem frühen Nachmittag im Schatten. Kleines Aktivprogramm an sechs Tagen der Woche, auch Yoga und geführte Wanderungen, zu bestimmten Terminen werden Yoga- und Pilates-Retreats angeboten.

Die Panoramaterrasse mit Morgensonne ist fabelhaft, das Frühstücksbuffet wunderbar, die Küche genauso ausgezeichnet wie die Weinkarte (mit fairen Preisen), die Tischkultur fein. Viele freundliche und kompetente Mitarbeiter, präsente Gastgeberin, die stets nach dem Rechten sieht und mitunter auch tüchtig mit anpackt. Niveauvolles, vornehmlich reiferes Publikum, keine externen Gäste in Restaurant und Spa, ein Tagungsbereich ist vorhanden. Mountain- und E-Bikes zur Gratisleihe. Gratisgarage für alle. Trotz Kinderbetreuung (in der Hochsaison täglich bis zu 5,5 Stunden) und eines netten Spielplatzes eher ungeeignet für Kinder. Hunde erlaubt. 47 Liegen, 110 Betten.

Freibecken, Solefreibecken (Sommer), Hallenbad, Sauna, Dampfbad, Massagen, Kosmetik, Fitnessgeräte, Personal Trainer.
18-Loch-Parcours in 22,5 km, Tennisplatz.

39020 Marling (BZ), Vicolo San Felice, 18, +39-0473-447177
HP ab € 170,-

WELLNESS

15 PUNKTE – 2 LILIEN

La Maiena Meran Resort *****

Grünlage am Ortsrand in Marling bei Meran

Hunde- und kinderfreundlich. Fünfsternluxus mit Ausblick über Meran: Ein familiengeführter Traditionsbetrieb, er liegt auf 370 m Seehöhe umgeben von Apfelhainen – allerdings sind auch Landstraße und Bahnlinie buchstäblich zum

Greifen nah. Das Haus besteht aus drei unterirdisch miteinander verbundenen Gebäuden, die öffentlichen Räume präsentieren sich uneinheitlich, mal in luxuriös-heimeliger Ländlichkeit, mal in opulenter Klassik oder in geradliniger Modernität.

Zimmer stehen in 22 Kategorien (DZ von 22 bis 75 m²) zur Auswahl, auch sie haben schöne, aber sehr unterschiedliche Interieurs, fast alle verfügen über Balkon, die Suiten teilweise auch über Whirlpool und Sauna, das abendliche Turndown-Service gibt es nur auf Wunsch.

Das Spa ist auch externen Gästen zugänglich und besteht aus zwei Teilen, die mit einem Gang unterirdisch verbunden sind. Neben einem ganzen FKK-Geschoß mit Saunen (ab 16) und einem erfrischenden Nacktpool erfreuen im Freien ein knapp 24 m langes, auch im Winter nutzbares Schwimmbecken sowie ein weiterer, 18 m langer Pool plus Whirlpool. Der Liegegarten mit Olivenbäumen und gemütlichen Loungeliegen ist wunderbar gepflegt, Poolservice Standard. Gute Massagen, täglich kleines, teilweise aufpreispflichtiges Aktivprogramm, auch Yoga, Pilates und geführte Wanderungen.

Restaurantterrasse für alle Mahlzeiten, Frühstück bis 11 Uhr, sehr gute Küche, sie verwendet vorwiegend regionale und saisonale Zutaten, die Tischkultur ist eher casual. Erwähnenswert sind Professionalität und Freundlichkeit der Mitarbeiter, die Gastgeber erkundigen sich am Abend nach dem Befinden. Breites Service für Biker (Garage, Wäscheservice, Tourenkarten, geführte Bike-Touren), für Kinder gibt es etwa Spielplatz, Indoor-Spielareal und Wasserrutsche (nur im Sommer). Während der Hauptferienzeiten 5,5 Stunden Betreuung (Mo, Mi, Do) für Kinder ab drei Jahren. Check-out bereits um 10 Uhr. Gratisgarage für alle. 73 Liegen, 170 Betten.

Freibecken, Freibecken (Sommer), Hallenbad, Babybecken, Sauna, Dampfbad, Massagen, Kosmetik, Ayurveda, Fitnessgeräte, Personal Trainer.
18-Loch-Parcours in 23 km, 20 % Greenfee-Rabatt, Tennisplatz.

39020 Marling (BZ), Via Tramontana, 15, +39-0473-447000
HP ab € 196,–

WELLNESS
14 PUNKTE – 1 LILIE

Anderlahn Klein Fein Hotel ****S

Grünruhelage am Ortsrand in Partschins bei Meran

Familienfreundlich. Sympathisch: Ein familiengeführtes Nur-35-Suiten-Hotel, es liegt auf etwa 600 m Seehöhe am Rande einer Wohnsiedlung, an die sich Apfelhaine anschließen. Das Ambiente ist liebevoll gestaltet, kaum ein Zimmer gleicht dem anderen – man kann aus nicht weniger als 14 Varianten (DZ von 20 bis 55 m²) wählen.

Das Spa steht auch externen Gästen offen und ist zweigeteilt: Neben einem Familienbereich mit Innen- und Außenbecken und eigener Liegewiese gibt es einen modernen Adults-only-Bereich (ab 15), er bietet drei Saunen, eine Nacktzone zum Abkühlen im Freien, einen 15 m langen Infinity-Außenpool, Tauchbecken und feine Ruhezonen.

Schöne Terrasse für das Frühstück, will man hier auch beim Abendessen sitzen, so muss man 10 Euro extra zum HP-Preis entrichten – anderswo haben wir das bislang noch nicht erlebt. Zumeist sehr gute Küche, spannende Weinkarte mit glasweisen Raritäten, eine Nachmittagsjause ist im Preis inbegriffen. Präsente und sehr angenehme Gastgeber, familiäres Umfeld, viele freundliche Mitarbeiter. In der Nähe gibt es herrliche Wanderwege, man braucht aber ein Auto, der Hausherr hat gute Tipps parat. Sauberes Preis-Leistungs-Verhältnis, Gratisgarage für alle. Hunde erlaubt. 41 Liegen, 95 Betten.

Freibecken, Freibecken (Sommer), Hallenbad, Sauna, Dampfbad, Massagen, Kosmetik, Fitnessgeräte.
9-Loch-Parcours in 19 km, 18-Loch-Parcours in 27 km, 20 % Greenfee-Rabatt.

39020 Partschins (BZ), Kleinkarlbacherstraße, 5
+39-0473-967297
HP-plus ab € 121,–

WELLNESS
15 PUNKTE – 2 LILIEN

Tyrol Design-Hotel ****

Grünruhelage am Ortsrand in Partschins bei Meran

Hundefreundlich. Leger für Biker und Design-Enthusiasten: Ein familiengeführtes Haus mit hohen ästhetischen Ansprüchen, es liegt auf 630 m Seehöhe fast am Ende einer Sackgasse und grenzt an seiner Gartenseite an einen Obsthain. Sowohl die öffentlichen Räume als auch die Zimmer samt Balkonen präsentieren sich höchst instagramtauglich, mit starken Wandfarben und Designklassikern.

Die Zimmer (13 Kategorien, DZ von 22 bis 48 m²) verströmen geradlinige Nüchternheit, alle haben nun Holzböden, fast alle Balkon oder Terrasse.

Das ausschließlich Hotelgästen offenstehende Spa ist ebenso als Hingucker konzipiert. Highlight ist das Adults-only-Badehaus, ein zweistöckiger Kubus mit Wänden aus Glas und Sichtbeton sowie Böden aus Epoxidharz, es offeriert zwei Saunen, einen feinen Ruheraum mit herrlichem Ausblick ins Grüne sowie einen 12 m langen, ganzjährig nutzbaren Infinity-Pool. Neu ist ein Dachgarten mit einem beheizten Whirlpool. Der Außenpool im schön gepflegten Garten hat mit knapp 18 m Länge gut beschwimmbare Ausmaße, und im Untergeschoß gibt es noch ein älteres Spa mit drei Textilsaunen. Täglich umfangreiches Aktivprogramm, darunter auch geführte Wanderungen, Pilates und 10-mal pro Woche Yoga.

Frühstücken kann man bis 11 Uhr, sogar auf zwei (recht kleinen) Terrassen: entweder an der Vorderseite oder – mit Morgensonne – nahe dem Felsenpool. Die Küche ist kreativ und zumeist sehr gut, laktose- und glutenfreie Gerichte kommen auf Wunsch unkompliziert auf den Teller. Große Weinkarte mit zahlreichen Offenen, sie kosten zwischen 5,30 und 10 Euro (0,1 l), Weinflaschen ab 22 Euro, faire Getränkepreise, stylische Bar. Gratisgarage für höhere Zimmerkategorien, ansonsten gegen 8 Euro pro Tag. Eher ungeeignet für Kinder. 42 Liegen, 110 Betten.

Freibecken, Freibecken (Sommer), Hallenbad, Sauna, Dampfbad, Massagen, Kosmetik, Fitnessgeräte.

39020 Partschins (BZ), Via Hans Guet, 40, +39-0473-967654
HP ab € 158,-

WELLNESS

15 PUNKTE – 2 LILIEN

Tuberis Nature & Spa Resort ****S

Grünlage mit Fernblick in Taufers – Münstertal

Hunde- und familienfreundlich. Mit Reitstall: Ein umweltbewusster Familienbetrieb, er liegt auf 1.250 m Seehöhe inmitten einer Knapp-eintausend-Seelen-Gemeinde, die sich im Dreiländereck unweit der Schweizer Grenze befindet, im Winter sind es knapp 30 Autominuten ins nächstgelegene Skigebiet. Das Hotel fokussiert auf Wanderer, Reiter und Biker, es besteht aus dem direkt an der Hauptstraße gelegenen Stammhaus und dem dahinterliegenden neuen Zubau, an dem die Straße kaum mehr hörbar ist. Drinnen herrscht gepflegte Gemütlichkeit ländlicher Prägung,

Zimmer wählt man aus 11 Varianten (DZ von 25 bis 66 m²), neben einigen recht einfachen zeigen sich jene im neuen Trakt in naturnaher Modernität – feine Holzböden und Bäder mit Glaswänden inklusive. Alle Zimmer haben Balkon, der Ausblick ist zumeist fabelhaft.

Der öffentlich zugängliche Wellnessbereich ist in Zonen für Familien und Ruhesuchende aufgeteilt, er bietet unter anderem einen 13 m langen Innenpool, ein knapp 11 m langes Freibecken sowie recht schöne Ruheräume. Saunafans können sich über einen FKK-Außenbereich mit Whirlpool freuen. Insgesamt stehen im Nacktbereich vier Saunen (ab 14 Jahren) zur Auswahl, zwei weitere, ganz kleine Textilsaunen im Hallenbad sind nur während der Ferienzeiten nutzbar. Kleines Aktivprogramm (Mo bis Fr), auch Yoga und geführte Wanderungen.

Reichhaltiges Frühstücksbuffet bis 10.30 Uhr, Check-out allerdings bereits eine halbe Stunde früher. Gute bis sehr gute Küche bei netter Tischkultur, für Veganes werden 10 Euro extra verrechnet. Viele freundliche Mitarbeiter, präsente Gastgeber, die bisweilen selbst mit anpacken. Für Kinder gibt es unter anderem Spielplatz, Reitstall und Streichelzoo. Schneeschuhe und Rodeln gibt's zur Gratisleihe. 60 Liegen, 135 Betten.

Freibecken, Hallenbad, Babybecken, Sauna, Dampfbad, Massagen, Kosmetik, Ayurveda, Fitnessgeräte.
Reitstall (Pferde und Ponys).

39020 Taufers im Münstertal (BZ), Via San Giovanni, 37
+39-0473-832168
HP ab € 147,-

WELLNESS

14 PUNKTE – 1 LILIE

Jagdhof Latsch ****S

Grünruhelage am Ortsrand in Latsch – Vinschgau

Hunde- und familienfreundlich. Biker-Freuden de luxe: Ein angenehmer Familienbetrieb von ebensolcher Größe, er liegt auf 640 m Seehöhe am Ortsrand neben Obsthainen und fokussiert auf Biken und Wellness.

Das Ambiente zeigt heimelige Ländlichkeit in unterschiedlichen Reifestadien, Zimmer sind aus nicht weniger als 17 Kategorien (DZ von 30 bis 72 m) wählbar, alle haben Balkon. Neben solchen in reduziertem neoalpinen Landhausstil mit feinen Holzböden, Infrarotliegen und Whirlpool gibt es auch noch einige wenige rustikale mit hochflorigen Teppichböden.

Das Spa steht auch externen Gästen offen und ist auf drei Ebenen aufgeteilt. Es offeriert einen knapp 9 m langen Innenpool und einen 10 m langen Außenpool auf der Ebene des Liegegartens,

Das Dorner

der ältere Saunabereich mit vier Saunen befindet sich hingegen im ersten Stock. Im Sky-Geschoß befindet sich eine Eventsauna (ab 16 Jahren), zudem einen mit Pflanzen abgeschirmten Nacktliegebereich, all das mit schönem Ausblick. Ausgezeichnete Massagen, kleines, teilweise aufpreispflichtiges Aktivprogramm, auch geführte Wanderungen und Bike-Touren sowie viermal pro Woche Yoga und Meditation.

Terrasse für das Frühstück, die Küche zelebriert gekonntes Handwerk und ist sehr gut bis ausgezeichnet, eine Nachmittagsjause inklusive Softdrinks und Heißgetränken ist im Preis enthalten. Feine Weinkarte, auch Natural Wines sind auf ihr zu finden. Präsente Gastgeberfamilie, viele freundliche Mitarbeiter. Videoüberwachte Bike-Garage mit Reparaturecke, Bike-Waschplatz, Bike-Shop, zahlreiche geführte Bike- und E-Bike-Touren. Das Spa kann am Abreisetag ganztägig ohne Aufpreis genutzt werden. Gratisgarage für alle. Täglich (Mo bis Fr) vier Stunden Betreuung für Kinder ab drei Jahren zu Hauptferienzeiten. 72 Liegen, 100 Betten.

Freibecken (Sommer), Hallenbad, Außensauna, Sauna, Dampfbad, Massagen, Kosmetik, Ayurveda, Fitnessgeräte.

39021 Latsch (BZ), Via Signori, 15, +39-0473-622299
HP-plus ab € 174,–

WELLNESS

14 PUNKTE – 1 LILIE

Das Dorner ****S

Grünlage am Ortsrand in Algund bei Meran

Familienfreundlich. Sky-Spa mit 360-Grad-Panorama: Ein Familienbetrieb in angenehmer Größe, er liegt auf etwa 350 m Seehöhe direkt an der Hauptstraße und ganz in der Nähe des Bahnhofs sowie eines Einkaufszentrums. Die Anlage besteht aus dem Stammhaus, wo Rezeption, Lobby, Bar und Restaurant untergebracht sind, und einem großen, modernen Neubau, er liegt inmitten eines wunderschönen mediterranen Palmengartens mit Außenpool und Liegewiese.

Ruhige Zimmer (DZ von 35 bis 45 m^2) in 16 zeitgemäßen Varianten stehen zur Auswahl, sie haben mehrheitlich stylische und luxuriöse Interieurs, Holzboden, Klimaanlage, Kaffeemaschine, Balkon oder Terrasse sowie teilweise auch Whirlpool und Sauna, jene im Erdgeschoß haben Liegemuscheln inmitten von Palmen und sorgen so für ein bisschen Bali-Feeling – und das mitten in Südtirol.

Das Spa verteilt sich auf drei Ebenen: Im Untergeschoß befindet sich der Saunabereich mit drei Saunen (die nur auf Anfrage zugänglich sind), im Garten gibt es ein 20 m langes Freibecken, außerdem geboten wird ein etwa halb so langer Innenpool – das Highlight aber ist ganz oben auf dem Dach zu finden, nämlich der Adults-only-Bereich mit Außensauna, Ruheräumen, Sonnenterrasse und einem 11 m langen, ganzjährig nutzbaren Infinity-Pool. Schade nur, dass Liegen Mangelware sind – vor allem bei Schlechtwetter kann es eng werden; dass das Spa auch Tagesgästen zugänglich ist, macht es freilich nicht besser. Kleines Aktivprogramm, darunter Pilates, Yoga und geführte Wanderungen.

Fabelhafte Restaurantterrasse für alle Mahlzeiten, reichhaltiges Frühstücksbuffet, gute Küche, Nachmittagsjause ist neuerdings keine mehr inkludiert. Viele freundliche Mitarbeiter, präsente Gastgeber. Für Kinder gibt es einen Spielplatz und ein Indoor-Spielareal, der Wellnessbereich kann am Abreisetag ohne Aufpreis ganztägig genutzt werden. Gratisgarage für (fast) alle. Hunde erlaubt. 33 Liegen, 100 Betten.

Freibecken, Freibecken (Sommer), Hallenbad, Sauna, Dampfbad, Massagen, Kosmetik, Ayurveda, Fitnessgeräte.
18-Loch-Parcours in 21 km, bis zu 20 % Greenfee-Rabatt.

39022 Algund (BZ), Via Josef Weingartner, 40
+39-0473-443309
HP ab € 167,-

WELLNESS
13 PUNKTE – 1 LILIE

Villa Verde garni

Grünruhelage am Ortsrand in Algund bei Meran

Adults preferred: Kein Wellnessmuskelprotz, nicht einmal ein klassisches Hotel, sondern ein reizvolles Apartmenthaus, dessen öffentliche Räume sich luftig und stilvoll arrangiert zeigen und uns an das Schwarzschmied in Lana und die Gasteiner Hotels Haus Hirt und Miramonte erinnern – ein Hauch von Bobo-Flair inklusive. Das Anwesen besteht aus einer Jugendstilvilla und einem modernen Holzbau, es liegt auf 330 m Seehöhe zwischen Apfelhainen und an der alten Dorfstraße, ins Zentrum von Meran sind's gute 30 Gehminuten.

Schöne Apartments kann man aus insgesamt acht Varianten (55, 75 oder 80 m² – Flächen inklusive Terrasse oder Balkon) auswählen, sie bieten bis zu vier Personen Platz, haben Klimaanlage und eine komplette Kücheneinrichtung, die tägliche Reinigung ist inkludiert. Wer abends nicht selber kochen will, der erhält Restauranttipps für die Umgebung, die Auswahl ist groß.

Der Wellnessbereich ist öffentlich zugänglich, er bietet drei Saunen (eine davon im Freien), drei Ruheräume, ein 20 m langes, auch im Winter nutzbares Freibecken sowie einen Naturbadeteich inmitten einer Liegewiese, die Freude macht: unvergleichlich weitläufig, mit schönen Rückzugsmöglichkeiten – Himmelbetten und schattige Plätze unter Bäumen inklusive. Zweimal pro Woche gibt es Yoga, bei geeignetem Wetter sogar im Garten, auch Yoga-Retreats werden regelmäßig angeboten.

Fabelhafte Terrassen für das Frühstück, nämlich mit Morgensonne an der Südseite und etwas frischer auf der Nordseite, wo es eine Adults-only-Terrasse gibt, allerdings stehen sie auch externen Gästen offen. Gutes Frühstück bis 11 Uhr mit regionalen Produkten, ganz fein fanden wir die Torten und Kuchen (auch vegan) am Nachmittag (gegen Aufpreis). Präsente Gastgeberinnen, viele junge Mitarbeiter, sie sind zumeist recht hilfsbereit. Fazit: Slow down! Ein Hotel, das es mit seiner Atmosphäre schafft, den Gast schnell in eine entspannte Stimmung zu bringen. Gratisgarage für alle. Ungeeignet für Kinder, Hunde erlaubt. 42 Liegen, 100 Betten.

Naturbadeteich, Freibecken, Hallenbad, Außensauna, Sauna, Dampfbad, Massagen, Kosmetik.
18-Loch-Parcours in 21 km.

39022 Algund (BZ), Alte Landstraße 12, +39-0473-861600
NF ab € 175,-

WELLNESS
16 PUNKTE – 2 LILIEN

Das Gerstl Alpine Retreat ****S

Grünruhelage mit Fernblick bei Mals – Vinschgau

Familienfreundlich. Viel Neues: Ein sympathischer und umweltbewusster Familienbetrieb, er liegt ein paar Kilometer außerhalb von Mals an der Straße zum Schlinigpass. Die solitäre Hanglage auf 1.540 m Seehöhe steht für einen traumhaften Ausblick aus vielen Räumen, auch aus dem Spa und von der Liegewiese. Das Ambiente präsentiert sich in gehobener und durchwegs kontemporärer Ländlichkeit, Zirben- und Eichenholz sorgt in den Stuben für eine heimelige Atmosphäre.

Zimmer sind aus 19 Kategorien (DZ von 28 bis 75 m²) wählbar, sie sind allesamt schön bis

Fayn Garden Retreat

wunderschön gestaltet, haben alle Holzböden und Balkon oder Terrasse, ganz neu (im Vorjahr nach Redaktionsschluss fertiggestellt) sind luxuriöse Suiten mit Gärtlein und Whirlpool auf der Terrasse sowie eine mit eigenem, 8 m langem Pool.

Das auch externen Gästen zugängliche Spa wurde großzügig erweitert, der 17 m lange Innenpool geht nach außen in einen Whirlpool über, der Ausblick dort ist geradezu phantastisch, was Wunder, wenn hier ständig Selfies gemacht werden. Außen neu sind ein 18 m langes Infinity-Freibecken und eine schöne Gartenanlage mit feinen Ruhezonen. Saunafans werden mit insgesamt sieben Saunen (drei davon textil) gut bedient, aus der großen Panoramasauna genießt man wiederum den für das Haus so typischen Ausblick in den Vinschgau, im Bereich für Ruhesuchende gibt es zudem einen 6 m langen FKK-Whirlpool. Kleines Aktivprogramm, darunter auch sechs geführte Wanderungen pro Woche (im Winter auch mit Schneeschuhen), ein wunderbares Erlebnis ist die Sonnenaufgangswanderung (Startzeit 3.30 Uhr) mit dem Frühstück auf einer Hütte. Yoga wird nur im Sommer angeboten, Pilates hingegen nur im Winter.

Fabelhafte Restaurantterrasse, reichhaltiges Frühstücksbuffet bis 11 Uhr mit vielen regionalen Produkten, auf die eine „Dahoam-Garantie" gegeben wird, was ausdrücken soll, dass sie aus maximal 30 km Entfernung kommen. Sehr gute Küche, ein nachmittägliches Kuchenbuffet ist im Preis inbegriffen. Überwiegend recht junge, aber freundliche und hilfsbereite Mitarbeiter. Wanderwege ohne Zahl; im Winter ist ein Shuttle ins nahe Skigebiet Watles sowie ins Langlaufzentrum Schlinig inkludiert. Überdachte Stellplätze kostenlos. Hunde erlaubt. 82 Liegen, 140 Betten.

Freibecken, Hallenbad, Sauna, Dampfbad, Massagen, Kosmetik, Fitnessgeräte, Personal Trainer.

39024 Mals (BZ), Slingia, 4, +39-0473-831416
HP ab € 201,-

WELLNESS
15 PUNKTE – 2 LILIEN

Fayn Garden Retreat ****S

Grünruhelage am Ortsrand in Algund bei Meran

Klein und fein: Ein familiengeführtes Nur-31-Zimmer-Refugium auf 350 m Seehöhe, es ist umringt von Apfelbäumen und hat einen wunderbaren Garten, in dem wir uns mit all den Olivenbäumen, Oleanderbüschen, Palmen und Zypressen beinahe wie in der Toskana fühlten. Inwendig präsentiert sich das Haus mit den unscheinbaren Fassaden stilistisch einheitlich und elegant, an der Rezeption gibt's Pralinen zur freien Entnahme – sehr nett!

Die Zimmer (DZ von 28 bis 64 m) sind geschmackvoll eingerichtet, die Interieurs in warmen Farben gestaltet, sie haben Teppich- oder Holzböden sowie Balkon mit hochwertigen Liegen und wunderschönem Ausblick, fast alle sind mit einer Klimaanlage ausgestattet.

Das Spa ist nur Hotelgästen zugänglich, indoor bietet es unter anderem vier Saunen, im Garten gibt es einen schönen, mit Steinfliesen ausgekleideten Pool von knapp 14 m Länge, einen großen Whirlpool sowie lauschige Ruheplätze und Himmelbetten inmitten von herrlichen Bäumen.

Bekannt ist das Haus auch für seine Küche, sie ist sehr gut bis ausgezeichnet, die Tischkultur fein, die Weinkarte ebenso – und die im Preis inkludierte Nachmittagsjause außergewöhnlich gut. Restaurantterrasse, reichhaltiges Frühstücksbuffet bis 11 Uhr, am Abend werden an der Bar feine Cocktails gemixt – wenn man, so wir wir, sich am nächsten Tag nicht mehr an alles erinnern kann, reicht ein Blick ins eigene Tablet, dort wird die Konsumation nämlich vermerkt. Präsente Gastgeber, sehr freundliche und hilfsbereite Mitarbeiter, die auf Extrawünsche eingehen, Turn-down-Service ist Standard, dabei wird sogar eine Kerze angezündet – und nicht mal unser Gepäck mussten wir selbst tragen, bei vier Sternen mittlerweile auch schon eine Seltenheit!

Fazit: ein feines Gartenhotel mit Hideaway-Qualitäten plus sauberem Preis-Leistungs-Verhältnis. Check-out bis 11.30 Uhr, das Spa kann am Abreisetag auf Anfrage auch länger genutzt werden. Erquickende Spazierwege und Jogging-Strecken beginnen vor der Haustüre. Valet Parking auf Wunsch, Gratisgarage für alle. Eher ungeeignet für Kinder, Hunde erlaubt. 24 Liegen, 65 Betten.

Freibecken, Hallenbad, Sauna, Dampfbad, Massagen, Kosmetik, Ayurveda, Fitnessgeräte, Personal Trainer. 18-Loch-Parcours in 21,5 km.

39022 Algund (BZ), Via Breitofen, 9, +39-0473-220355
HP-plus ab € 191,–

WELLNESS

16 PUNKTE – 2 LILIEN

Weisses Kreuz ****S

Ruhige Dorfzentrumslage bei Mals – Vinschgau

Adults preferred (ab 12). Historisches Beherbergungskleinod: Ein Traditionshotel mit romantischer Anmutung, es liegt auf 1.050 m Seehöhe direkt im Zentrum eines beschaulichen Dörfchens und besteht aus dem Stammhaus, einem neuen Zubau sowie der ein paar Schritte entfernten, denkmalgeschützten Dependance „Ansitz zum Löwen" aus dem 13. Jahrhundert. Das Ambiente präsentiert sich in gemütlicher Modernität mit historischen Akzenten – geheimnisvoll verwinkelte Grundrisse inklusive.

Die Zimmer (17 Kategorien, DZ von 25 bis 75 m^2) sind von stilsicherer Hand, jedoch stark unterschiedlich gestaltet, das Spektrum reicht von geschmackvoll-urig über zeitlos mit archaischen Zügen bis hin zu ultramodern. Wunderbar fanden wir die Spa-Suite Vitea, sie bietet einen Whirlpool, Sauna und eine südseitige Terrasse mit Blick auf den Ortler.

Der Wellnessbereich ist öffentlich zugänglich, er wurde vor wenigen Monaten großzügig modernisiert und erweitert, unter anderem verfügt er nun über einen 20 m langen, ganzjährig nutzbaren Infinity-Außenpool, eine Liegewiese sowie Räume für Yoga, Meditation und Fitness. Weiters geboten werden drei Saunen, die Infrarotkabine gibt es aber nur gegen Aufpreis. Kleines Aktivprogramm, unter anderem mit geführten Wanderungen (im Winter auch mit Schneeschuhen) und neuerdings dreimal pro Woche Yoga.

Reichhaltiges Frühstücksbuffet bis 11 Uhr in betörender Qualität. Ausgezeichnete Küche mit Klassikern und mutigen Kreationen, gehobene Tischkultur (Stoffserviette auch zum Frühstück), kompetente Weinberatung. Aufmerksame und erfrischend herzliche Mitarbeiter, gemütliches Umfeld mit sauberem Preis-Leistungs-Verhältnis. Im Winter: Gratis-Shuttle ins Skigebiet. Bei einem Aufenthalt ab zwei Tagen ist der Wellnessbereich nach dem Check-out ganztägig ohne Aufpreis nutzbar. Gratisgarage für alle. Hunde erlaubt. 38 Liegen, 92 Betten.

Freibecken, Hallenbad, Sauna, Dampfbad, Massagen, Kosmetik, Ayurveda.

39024 Mals (BZ), Burgusio, 82, +39-0473-831307
HP ab € 150,–

Garberhof

WELLNESS

16 PUNKTE – 2 LILIEN

Garberhof ****S

Grünlage am Ortsrand in Mals – Vinschgau

Viel Neues: „Silent Luxury" ist das neue Motto des sympathischen Familienbetriebs in angenehm überschaubarer Größe, gelegen auf 1.050 m Seehöhe direkt an der Bundesstraße, die über den Reschenpass nach Österreich führt – es verspricht nun eine Art von unaufgeregtem Luxus sowie „eine neue Welt aus Ruhe, Leidenschaft und Genuss". An der straßenabgewandten Seite erstreckt sich eine große, ruhige Gartenanlage, hier genießt man, ebenso wie aus den südseitigen Zimmern, einen unverbauten Ausblick in den Vinschgau. Hinter einer mit viel Holz brandneu gestalteten Fassade offenbart sich ein elegant-heimeliges Interieur mit skandinavischem Touch, ganz neu ist die Lounge mit Kamin, gemütlichen Sitzbänken und traditionellem Gewölbe, das von V-förmigen Holzstützen getragen wird.

Die Zimmer (DZ von 38 bis 100 m²) sind sehr gepflegt, sie erinnern stilistisch entweder an die öffentlichen Räume oder verströmen neoalpine Ländlichkeit in warmen Farben, wir empfehlen jedenfalls die straßenabgewandten mit Blick in den Vinschgau. Viele werden zudem modernisiert, sie erhalten Terrazzofliesen im Milano-Stil, die Laguna-Suite bekommt sogar einen eigenen Zugang zum neuen Naturbadeteich. Des Weiteren stehen zwei wunderschöne Chalets zur Auswahl, sie bieten nette Extras wie Weinkühlschrank, freistehende Badewanne und eine traumhafte Terrasse mit Sauna, das Hortus Chalet wird mit einem eigenen Whirlpool ausgestattet – wir sind gespannt!

Auch im öffentlich zugänglichen Spa wurde so einiges erneuert, so entstanden etwa ein neuer Massageraum in Holzbauweise und ein feiner Ruheraum. Außerdem geboten werden unter anderem zwei Saunen, ein FKK-Außenbereich mit Tauchbecken, ein feines Hallenbad mit einem 20 m langen Pool sowie ein 12 m langes, ganzjährig nutzbares Freibecken, dazu kommt ein neuer Naturbadeteich. Auch einen modischen Hamam in grellen Farben gibt es, hier werden Reinigungsrituale angeboten. Kleines Aktivprogramm, darunter auch geführte Wanderungen, Yoga und Meditation.

Besonders fein ist die regional und saisonal ausgerichtete Küche des Hauses, sie arbeitet mit hochwertigen Zutaten und naturbelassenen Produkten, schon das Frühstück und die Vorspeisen machten uns Freude. Gemütliches Restaurant, schöne Tischkultur, stimmungsvolle Bar, Vollpension gibt es gegen einen Aufpreis von 20 Euro. Präsente Gastgeber, viele freundliche, überwiegend junge Mitarbeiter, die meisten kommen aus der Region. Eher ungeeignet für Kinder, Hunde erlaubt. 69 Liegen, 95 Betten.

Naturbadeteich, Freibecken, Hallenbad, Sauna, Dampfbad, Massagen, Kosmetik, Ayurveda, Fitnessgeräte.

39024 Mals (BZ), Strada Statale, 25, +39-0473-831399
HP ab € 208,-

WELLNESS

18 PUNKTE – 3 LILIEN

Feldhof ****S

Ruhige Zentrumslage in Naturns – Vinschgau

Kinderfreundlich. Für uns immer wieder einfach traumhaft: Kein Nobelhotelflair, kein grandioser Ausblick und auch keine designmäßige Spitzenklasse, aber alles ist durchdacht angelegt, unkompliziert nutzbar, und es gibt viele kluge Details. Es handelt sich um einen sauber geführten Familienbetrieb, der einfach alles richtig macht. Trotz seiner Größe ist er kompakt und überschaubar, dennoch angenehm weitläufig. Jedenfalls anders als viele verwinkelte Häuser, in denen bei uns auf der Suche nach dem richtigen Aufzug schon mal der Adrenalinspiegel steigt. Die öffentlichen Räume sind schön gestaltet, die Terrasse mit Zitronenbäumchen und Freiluftkojen ist riesig und zieht sich bis zum Familienpool.

Die Zimmer (21 Kategorien, DZ von 22 bis 80 m) sind einnehmend arrangiert, alle haben Balkon, Holzböden und Klimaanlage, manche auch Sauna und Whirlpool im Freien. Wer auf Ausblick Wert legt, sollte darauf achten, eines in den oberen Etagen zu erhalten.

Das Spa steht allen Mitgliedern der Marketing-Vereinigung Dolce Vita offen. Im Garten warten nicht nur viele Liegen, sondern auch Himmelbetten, weiters eine 35 m lange Wasserrutsche, ein Solepool, ein 15 m langer Familienpool sowie ein knapp 17 m langer Sportpool. Indoor gibt es für Kinder und Teenies ein separates Family-Spa mit zwei Textilsaunen sowie lustigen Wasserspielen – 80 m lange Wasserrutsche inklusive. Das große Dach-Spa ist wiederum Adults-only-Bereich (ab 16): drei Pools, fünf Saunen, darunter eine wunderschöne Altholzsauna, Ruhemöglichkeiten, Lavendelbüsche, all das mit Ausblick in alle Richtungen. Aktivprogramm (Mo bis Sa), auch Yoga, Faszientraining und Klangschalenmeditation, die Massagen sind sehr gut.

Schöne Restaurantterrasse (bei Schlechtwetter überdacht!), reichhaltiges Frühstücksbuffet, sehr gute Küche bei gehobener Tischkultur, Light Lunch und Nachmittagsjause mit Kaffee, Tee und Säften sind inkludiert. Richtig spannende Weinkarte mit zahlreichen Offenen zwischen 6 und 33 Euro (0,125 l), Flaschenweine ab 33 Euro. Tolle Spirituosenkarte. Wunderbar freundliches und zuvorkommendes Team, präsente Gastgeber, die auch selber mit anpacken. Gratisgarage für alle (auch für Bikes). Familienkino, Sportplatz und Indoor-Spielareal sowie täglich acht Stunden Betreuung für Kinder ab drei Jahren (mit kleinen saisonalen Einschränkungen). Hunde erlaubt. 126 Liegen, 260 Betten.

Freibecken, Solefreibecken, Freibecken (Sommer), Kinderfreibecken mit Rutsche (Sommer), Hallenbad, Kinderbecken, Babybecken, Sauna, Dampfbad, Massagen, Kosmetik, Ayurveda, Fitnessgeräte, Personal Trainer.
9-Loch-Parcours in 23 km.

39025 Naturns (BZ), Via Municipio, 4, +39-0473-666366
HP-plus ab € 177,-

WELLNESS

14 PUNKTE – 1 LILIE

La Vimea Vegan-Hotel ****

Ruhige Zentrumslage in Naturns – Vinschgau

Adults preferred (ab 12). „Das erste rein vegane Hotel Italiens" (Werbung) ist ein kleiner Familienbetrieb, er liegt auf 530 m Seehöhe ruhig am Ortsrand. Die Werte des Hauses sind keine hohle Marketingoberfläche, sondern gelebte Praxis, sie gehen weit über die pflanzliche Ernährung hinaus, umfassen die Bedeutung der Einfachheit ebenso wie den tiefen Respekt vor der Schöpfung und das Gefühl für das Gute im Leben. Überall herrscht striktes Rauchverbot, sogar auf den Balkonen und im Garten. Das Ambiente zeigt Ecken und Kanten, dennoch fühlt es sich recht behaglich an.

Die Zimmer (acht Kategorien, DZ von 25 bis 50 m^2) sind minimalistisch und vorwiegend mit Lärchenholz, das bei Vollmond geschlagen wurde, gestaltet. Alle haben Balkon oder Terrasse, und alles ist blitzsauber, das W-Lan wird über Nacht abgeschaltet. Das öffentlich zugängliche Spa besteht indoor aus einem schlichten Hallenbad mit einem 10 m langen, chlorfreien Becken und drei Saunen mit sehr bescheidenen Öffnungszeiten. Im Freien erfreut ein idyllischer Garten samt Naturbadeteich, Mini-Außensauna, Holzterrasse sowie lauschigen Ruheplätzen unter alten Bäumen. Die Massagen sind sehr gut, kleines Aktivprogramm, darunter auch Waldbaden, Meditation und sechsmal pro Woche Yoga, zu bestimmten Terminen werden zudem Yoga-Retreats angeboten. Restaurantterrasse für alle Mahlzeiten, wunderbares Frühstücksbuffet mit ayurvedischen Gerichten und selbstgebackenem Buchweizenbrot.

Geradezu das Herzstück des Hauses ist die hervorragende, bio-vegane Küche, deren Zutaten fast ausschließlich aus der Region stammen. Auch glutenfreie Gerichte kommen auf Wunsch so künstlerisch präsentiert wie unkompliziert auf den Teller, die Tischkultur ist casual, die Weinberatung erfreulich kompetent. Die biodynamisch erzeugten Weine und Olivenöle stammen aus der familieneigenen Landwirtschaft in der Toskana, man kann sie auch kaufen. Junge Mitarbeiter, die sich alle vegan ernähren und an Herzlichkeit kaum zu übertreffen sind, an Professionalität mitunter schon, was man aber in diesem gewinnenden Umfeld gerne verzeiht. Hunde (und Katzen) erlaubt. 32 Liegen, 90 Betten.

Naturbadeteich, Solehallenbad, Außensauna, Sauna, Massagen, Ayurveda.
9-Loch-Parcours in 23 km.

39025 Naturns (BZ), Via August Kleeberg, 7, +39-0473-055035
HP ab € 180,-

WELLNESS

17 PUNKTE – 3 LILIEN

Lindenhof Pure Luxury Resort *****

Grünruhelage am Ortsrand in Naturns – Vinschgau

Familienfreundlich plus Adults only (ab 16, nur März und November). Ausgezeichnetes Liegen-Betten-Verhältnis: Ein sympathischer Familienbetrieb mit fünf Sternen, er liegt auf 530 m Seehöhe ruhig am Ortsrand und ist Teil der Südtiroler Marketing-Vereinigung Dolce Vita, Mitglieder derselben haben übrigens auch als externe Gäste Zutritt zum Spa. Hinter rotschwarzen Fassaden präsentiert sich das Haus in luxuriöser Bodenständigkeit, vieles ist mit heimischen Naturmaterialien gestaltet.

Sehr saubere und gepflegte Zimmer sind aus nicht weniger als 24 Varianten (DZ von 27 bis 136 m²) wählbar, sie sind mehrheitlich zeitgemäß arrangiert und angenehm wohnlich, alle haben Balkon und Klimaanlage, manche auch Glasdach, eigene Sauna und Whirlpool, einige sogar rollbare Betten, die das Schlafen unter Sternen am Balkon ermöglichen, was für viele mit Sicherheit zu einem besonderen Erlebnis gerät.

Das auch externen Gästen offenstehende Spa ist ein Highlight des Hauses: weitläufig, verteilt auf mehrere Ebenen und getrennt in Bereiche für Erwachsene und Familien. Geboten werden unter anderem äußerst großzügig dimensionierte Indoor-Liegezonen, insgesamt sieben Saunen (einige werden aber nur auf Anfrage angeheizt) mit bis zu fünf Aufgüssen täglich, ein 10 m langer Innenpool, mehrere auch im Winter nutzbare Freibecken, darunter ein Nacktpool-Whirlpool auf der Dachterrasse und ein 25 m langer Sportpool. Weiters gibt es ein eigenes Familien-Spa-Haus mit Wasserrutschen und Textilsauna (ebenso nur auf Anfrage), besonders fein sind die Rituale im Ruheraum, darunter auch solche mit tibetanischen Klangschalen. Die Massagen sind sehr gut, bei entsprechender Witterung kann man sie auch im Freien genießen. Umfangreiches Aktivprogramm mit Spezialisierung auf Mountainbike und Rennrad, Yoga steht fünfmal pro Woche auf dem Stundenplan, mehrmals im Jahr gibt es zudem Yoga-Retreats.

Terrasse fürs Frühstück, ausgesprochen reichhaltiges Frühstücksbuffet bis 11 Uhr, gute bis sehr gute Küche bei netter Tischkultur, Light Lunch und Nachmittagsjause (reichlich) sind inkludiert, nun auch wieder mit Tee, Kaffee und Fruchtsäften. Schöne Weinkarte mit Schwerpunkt Südtirol. Freundliche und zuvorkommende Mitarbeiter, präsente Gastgeber. Ruhesuchenden empfehlen wir, außerhalb der Ferienzeiten oder zu den Adults-only-Zeiträumen (März und November) einzuchecken. Täglich (außer So) acht Stunden Betreuung für Kinder (mit saisonalen Einschränkungen), in den Ferienzeiten bis zu 12 Stunden. Breites Service für Biker, Rennrad inklusive. Gratisgarage für alle. Hunde erlaubt. 200 Liegen, 200 Betten.

Solefreibecken, Freibecken, Hallenbad, Kinderbecken, Außensauna, Sauna, Dampfbad, Massagen, Kosmetik, Ayurveda, Fitnessgeräte.
9-Loch-Parcours in 23 km, bis zu 25 % Greenfee-Rabatt, Tennisplatz.

39025 Naturns (BZ), Via della Chiesa, 2, +39-0473-666242
HP-plus ab € 173,-

Preidlhof Luxury Resort

WELLNESS

17 PUNKTE – 3 LILIEN

Preidlhof Luxury Resort *****

Grünruhelage am Ortsrand in Naturns – Vinschgau

Adults only (ab 16). Ruhig gelegen: Ein moderner Familienbetrieb, er liegt auf etwa 540 m Seehöhe inmitten von Apfelhainen und fokussiert auf Paare, die ihre Zweisamkeit zelebrieren wollen und kein Problem mit üppig inszenierter Romantik haben.

Das zur Marketing-Vereinigung Dolce Vita gehörende Anwesen besteht aus dem Haupthaus („Lodge") und dem am Hang darüber liegenden älteren „Sonnenschlössl", alles ist bestens gepflegt – auch in den Zimmern (19 Kategorien, DZ von 35 bis 125 m^2). Diese sind stilistisch in zwei unterschiedlichen Welten angesiedelt, die einen präsentieren sich in stilvoller Landhausklassik, die anderen sind extravaganter und „lauter" gestaltet, man findet darin beispielsweise Samtfauteuils und Plüschteppiche in Pink. Hervorzuheben ist die Penthouse Suite Premium, mit Whirlpool, Infinity-Pool, Außensauna und Fitnessgeräten verfügt sie gar über die Spa-Ausstattung eines kleinen Wellnesshotels. Zubuchbare „Kuschelextras" gibt es in großer Zahl, darunter herzförmige Gasluftballons mit persönlicher Botschaft, Schokoladen-Fondue oder ein privates Fotoshooting.

Der auch externen Gästen offenstehende Wellnessbereich ist auf zahlreiche Zonen aufgeteilt, unter anderem gibt es einen Outdoor-Nacktbereich mit Außensauna, einen 20 m langen Infinity-Sportpool am Dach des Schlössls und einen schmalen Turm mit nicht weniger als sechs Ebenen. Dort fanden wir sieben Saunen (mit drei bis vier Aufgüssen pro Tag!), schöne Ruhezonen, ein herrliches FKK-Solebecken im Freien sowie einen Fitnessbereich. Auch ein 10 m langer Innenpool ist vorhanden, er ist mit 31 Grad warmem Thermalwasser befüllt. Alle Pools sind übrigens von 7 bis 23 Uhr geöffnet – und zwar ganzjährig. Zahlreiche Treatments, Arztpraxis mit medizinischen Check-ups, die halbstündige Wellnessberatung um 60 Euro fanden wir allerdings etwas übertrieben – sollte sie nicht Teil der Behandlung sein? Umfangreiches Aktivprogramm, auch geführte Wanderungen und Bike-Touren (teilweise gegen Aufpreis) sowie 10-mal pro Woche Yoga, zu bestimmten Terminen werden Retreats angeboten, auch solche für besseren Schlaf oder zur Gewichtsreduktion.

Restaurantterrasse mir Morgensonne, üppige Auswahl beim Frühstücksbuffet (bis 11 Uhr), die Küche legt großen Wert auf optische Präsentation und bietet auch Menüalternativen an, wir haben uns für die vegetarische entschieden, die auch ganz ohne Laktose, Soja, Zucker und Gluten auskommt. Der Wein wird via Tablet ausgewählt, auch eine fast schon nostalgische Cocktail-Happy-Hour („2 for 1") steht im Programm, Light Lunch und eine üppige Nachmittagsjause sind inkludiert. Die Gastgeber halten sich dezent im Hintergrund, viele freundliche Mitarbeiter, so manchen könnte ein klitzekleines Fünfstern-Update nicht schaden. Breites Service für Biker, Vespas und Quads gibt's leihweise gegen eine kleine Gebühr. Gratisgarage für alle. Hunde erlaubt. 84 Liegen, 158 Betten.

Solefreibecken, Freibecken, Freibecken (Sommer), Hallenbad, Sauna, Dampfbad, Massagen, Kosmetik, Ayurveda, Fitnessgeräte, Personal Trainer.
9-Loch-Parcours in 23 km, Tennisplatz.

39025 Naturns (BZ), Via San Zeno, 13, +39-0473-666251
HP-plus ab € 233,-

WELLNESS
13 PUNKTE – 1 LILIE

Villa Waldkönigin Boutiquehotel ****

Grünruhelage Nähe Reschenpass – Vinschgau

Ruhevoll und zum Wohlfühlen: Ein familiengeführtes Beherbergungskleinod, es liegt auf 1.480 m Seehöhe unweit vom Reschenpass und ist von Lärchenwäldern und Wiesen umringt. Es handelt sich um eine mehr als 110 Jahre alte Kaufmannsvilla, 1938 wurde sie übrigens um 45 Kühe verkauft, dann stand sie über Jahrzehnte leer. Heute steht hier ein feines Haus mit lieblicher Schlösschenanmutung und modernem Zubau – für uns nach den vielen teilweise doch einander recht ähnlichen Großhotels eine willkommene Abwechslung.

Inwendig offenbart sich eine stimmige Mischung aus moderner Architektur und ländlich-alpinem Flair, Zirbenholz sorgt für eine heimelige Anmutung. Kaum ein Zimmer gleicht dem anderen, man kann aus 22 sehr schönen Kategorien (DZ von 25 bis 95 m²) wählen, fast alle haben Holzboden, manche auch eine freistehende Badewanne. Das öffentlich zugängliche Spa bietet unter anderem drei Saunen und einen 9 m langen, mit Naturstein gefliesten Pool. Duschen sind rar, die Massagen ausgezeichnet. Zum Haidersee sind es nur ein paar gute Schritte, im Winter kann man am See eislaufen. Reichhaltiges Frühstücksbuffet bis 10 Uhr (Check-out jedoch zur gleichen Zeit), Langschläfern wird ein kleines Frühstück im Lounge-Bereich serviert. Zumeist sehr gute Küche, eine Nachmittagsjause ist inkludiert. Viele sehr freundliche und zuvorkommende Mitarbeiter, für Italianità im Lebensgefühl des Gastes sorgt das stets präsente, nette und fürsorgliche Gastgeberehepaar. Viele (langjährige) Stammgäste, sauberes Preis-Leistungs-Verhältnis. Wanderwege ohne Zahl, im Winter gibt's ein kostenloses Shuttle zur Talstation des Skigebiets Schöneben-Haideralm. Hunde erlaubt. 28 Liegen, 60 Betten.

Hallenbad, Sauna, Dampfbad, Massagen, Kosmetik, Ayurveda.

39027 St. Valentin auf der Haide (BZ), Via del Bosco, 17
+39-0473-634559

HP-plus ab € 109,-

WELLNESS
17 PUNKTE – 3 LILIEN

Hubertus Alpin Panorama

Grünlage mit Fernblick Nähe Bruneck – Pustertal

Mit Südtirols neuem Wellness-Wahrzeichen: Ein feiner Familienbetrieb, er liegt auf 1.250 m Seehöhe steil am Hang nahe dem Kronplatz, von der Olang-Gondelbahn, dem Anschluss an 30 weitere Lifte und insgesamt 119 Pistenkilometer, ist man hier nur drei Autominuten entfernt, ein Ski-Shuttle fährt mehrmals pro Tag. Das Haus liegt direkt in einer Kehre der Straße hinauf zum Furkelpass, überraschenderweise bekommt man aber vom Verkehr nicht allzu viel mit. Mächtige Baumstämme zieren hier nicht nur die Fassaden, sondern ziehen sich auch als Gestaltungselement durch das ganze Haus.

Zimmer sind aus acht Kategorien (DZ von 30 bis 92 m²) wählbar, alle sind nach Osten ausgerichtet, haben Holzböden und Balkon, der Ausblick ist grandios. Unser Favorit ist jedenfalls die Suite Lumes mit bodentiefen Glasfronten, privater Sauna und Whirlpool am Balkon.

Eine visuelle Sensation ist das neue Sky-Spa „Heaven and Hell", dabei handelt es sich um eine freischwebende Plattform, deren Aufbauten spiegelverkehrt auch nach unten weisen – das Ganze in schwindelnder Höhe. In der oberen Ebene „Heaven" befinden sich zwei Außenwhirlpools, darunter in der „Hölle" (ab 16) zwei Saunen sowie ein FKK-Whirlpool. Jeder von uns Hoteltestern hat bereits hunderte von Hotels gesehen, aber hier staunten auch wir! Aber das ist noch nicht alles: Der teilweise aus Glas gebaute, 25 m lange Sky-Pool schwebt – anders als viele andere so beworbene Pools – hoch über dem Boden, und tatsächlich schwimmt man gefühlt grenzenlos hinaus in den Horizont. Weiters geboten werden sieben zumeist kleinteilige Saunen (vier davon textil) und eine schöne Liegewiese. Umfangreiches Aktivprogramm (Mo bis Sa), darunter geführte Wanderungen und Bike-Touren sowie Yoga, Pilates und Waldbaden.

Frisch renovierter Restaurantbereich, fabelhafte Terrasse zum Frühstücken, reichhaltiges Frühstücksbuffet, gute Küche, Light Lunch mit verbundener Nachmittagsjause ist im Preis inkludiert. Schöne Weinkarte, viele freundliche Mitarbeiter, präsente, sympathisch bodenständige Gastgeber, die sich selbst als „ein bissl verrückt" bezeichnen. Wermutstropfen: zumeist ausgebucht, dazu kompromissloser Mindestaufenthalt von 7 Nächten – und das seit drei Jahrzehnten. Spa und Restaurant sind nur Hotelgästen zugänglich. Check-out um 10.30 Uhr. 32 Ladestationen für E-Autos – und auch das ist konkurrenzlos. Eher ungeeignet für Kinder, Hunde erlaubt. 82 Liegen, 150 Betten.

Freibecken, Solefreibecken, Hallenbad, Außensauna, Sauna, Dampfbad, Massagen, Kosmetik, Ayurveda, Fitnessgeräte. 9-Loch-Parcours in 23 km, 25 % Greenfee-Rabatt.

39030 Geiselsberg-Olang (BZ), Via Furcia, 5, +39-0474-592104
HP-plus ab € 238,-

WELLNESS

18 PUNKTE – 3 LILIEN

Quelle Nature Spa Resort *****

Grünruhelage im Gsieser Tal – Pustertal

Kinderfreundlich. Idyllisch gelegen und kaum wiederzuerkennen: Ein mittelgroßer Familienbetrieb mit knapp 75 Jahren Geschichte, er liegt auf 1.400 m Seehöhe am Rande eines Dörfchens, im Winter sind es knapp drei Autominuten zu einem Schlepplift für Kinder und Anfänger, Langläufer können hingegen direkt vom Haus losstarten. Vor kurzem wurde nicht weniges modernisiert, auch die Fassaden und ein Teil der öffentlichen Räume – Panoramarestaurant inklusive. Das Ambiente zelebriert opulente Landhausklassik mit modernen Akzenten, die Grundrisse sind geheimnisvoll verwinkelt. Das schmucke Hotel besteht aus dem Stammhaus mit mehreren Zubauten und nur zwei Autominuten entfernt gelegenen Luxus-Dependancen, eine davon hat nur acht Suiten (drei Kategorien mit Küchenzeile, von 58 bis 66 m^2), Badeteich, Infinity-Außenpool und eine Sauna.

Zimmer im Stammhaus wählt man aus 19 Kategorien (DZ von 32 bis 120 m^2), sie sind zumeist wunderschön, nicht wenige wurden vor kurzem gefällig renoviert, alle haben Holzboden und Balkon oder Loggia, manche auch Sauna und Whirlpool, der Polyesterfaseranteil des Bademantels ist stattlich.

Das Spa steht ausschließlich Hausgästen offen, es ist nicht durchgängig ganz auf der Höhe der Zeit, aber weitläufig und sehr gut ausgestattet, auch der Außenbereich bereitet Freude, rauschen hier doch zwei wildromantische Bächlein vorbei, deren Murmeln einfach entspannend wirkt, und ein FKK-Areal gibt es obendrein. Brandneu ist das Sky-Spa, eine Adults-only-Zone und schlechthin eine Augenweide mit hochfeiner Atmosphäre und FKK-Pool. Insgesamt gibt es 14 Saunen (fünf davon textil) mit großzügigen Öffnungszeiten, zudem acht Pools, auch solche mit chlorfreiem Wasser und ein 20 m langer Infinity-Außenpool finden sich darunter. Herrlicher Garten, täglich (außer So) umfangreiches Aktivprogramm, auch Yoga, Pilates, geführte Wanderungen und Bike-Touren.

Schöne Restaurantterrasse für alle Mahlzeiten, schöner Wintergarten, ausgezeichnetes Frühstücksbuffet (auch Eier aus Freilandhaltung) bis 11 Uhr, hervorragende Küche bei hochfeiner Tischkultur (nur: LED-„Kerzen" – muss das sein?), großartige Weinkarte mit fairen Preisen und kompetenter Beratung, Light Lunch und Nachmittagsjause sind im Preis inkludiert. Zigarren- und Whisky-Lounge. Die Gastgeber halten sich eher im Hintergrund, die Mitarbeiter sind ausgesprochen freundlich, zuvorkommend und einnehmend kompetent. Sauberes Preis-Leistungs-Verhältnis. Und nach dem Check-out freuten wir uns über il parabrezza pulito – die frisch geputzte Windschutzscheibe! Anmerkung: Der angegebene Ab-Preis ist ein Flex-Tarif und kann in der Praxis deutlich höher ausfallen. Ringsum herrlichste Wanderwege ohne Zahl, breites Service für Langläufer. Gratisgarage für alle. Täglich (Mo bis Sa) bis zu 12 Stunden Betreuung für Kinder ab drei Jahren. Hunde (sehr eingeschränkt) erlaubt. 120 Liegen, 185 Betten.

Naturbadeteich, Freibecken, Hallenbad, Außensauna, Sauna, Dampfbad, Massagen, Kosmetik, Ayurveda, Fitnessgeräte, Personal Trainer.
9-Loch-Parcours in 32 km.

39030 Gsies (BZ), Frazione Maddalena, 4, +39-0474-948111
HP-plus ab € 194,-

WELLNESS

16 PUNKTE – 2 LILIEN

Schwarzenstein Alpine Luxury Resort ****S

Grünruhelage am Ortsrand in Luttach – Ahrntal

Kinderfreundlich. Mainstream-Entertainment für Klein und Groß: Ein familiengeführtes Großhotel, umgeben von Bergwiesen und imposanten Gipfeln liegt es auf 950 m Seehöhe am Ortsrand eines beschaulichen Dörfchens, im Winter gibt es drei Skigebiete in der Nähe, nämlich Speikboden (3 km), Klausberg (8 km) und Kronplatz (24 km, mit 199 Pistenkilometern). Zum Resort gehört auch eine 400 m entfernt gelegenen Dependance mit Apartments.

Das Ambiente der öffentlichen Räume wird Feingeistern nur bedingt als gefällig erscheinen, Zimmer sind aus 13 Kategorien (DZ von 35 bis 100 m^2) wählbar, fast alle haben Holzböden, viele recht extravagante Interieurs, der Bademantel ist aus reiner Baumwolle. Es gibt auch riesige Suiten, sie haben Fake-Kamin, Finnsauna, Whirlpool auf der Terrasse sowie bodentiefe Glasfronten, die sich nahezu komplett öffnen lassen.

Das exklusiv Hausgästen offenstehende Spa bietet unter anderem einen Familienbereich mit 60 m langer Wasserrutsche, einen großen Adults-only-Bereich auf dem Dach, ebendort gibt es einen 23 m langen, ganzjährig nutzbaren Infinity-Außenpool, weiters Whirlpool, Panoramasauna und hochfeine Ruhezonen. Weiters fanden wir eine Sauna-Outdoor-Lounge mit Eventsauna, Naturbadeteich, weitläufiger FKK-Terrasse, Tauchbecken und Whirlpool. Insgesamt gibt es acht Saunen und ebenso viele Pools. Abwechslungsreiches Aktivprogramm (Mo bis Sa), auch Yoga sowie Bike-Touren und geführte Wanderungen.

Von Service und Küche waren wir enttäuscht. Light Lunch mit verbundener Nachmittagsjause ist inkludiert, Kaffee, Tee und Softdrinks aus dem Automaten zu allen Mahlzeiten ebenso. Gratisgarage für (fast) alle. Für Kinder gibt es unter anderem einen neuen Indoor-Fußballplatz, Trampolins sowie täglich 7,5 Stunden Betreuung (ab drei Jahren). Für Ruhesuchende nur bedingt geeignet. 292 Liegen, 450 Betten.

Naturbadeteich, Freibecken, Hallenbad, Außensauna, Sauna, Dampfbad, Massagen, Kosmetik, Ayurveda, Fitnessgeräte, Personal Trainer.
9-Loch-Parcours in 23 km.

39030 Luttach (BZ), Via del Paese, 11, +39-0474-674100
HP-plus (inkl. alkoholfreier Getränke) ab € 226,-

WELLNESS

15 PUNKTE – 2 LILIEN

Mirabell Dolomites Olang *****

Grünlage am Ortsrand Nähe Bruneck – Pustertal

Familienfreundlich. Kein Vier-Lilien-Hotel, man wirbt nur unlauter – oder irrtümlich? – damit: Ein traditioneller Familienbetrieb in angenehm überschaubarer Größe, er liegt auf 1.080 m Seehöhe an einer Kreuzung im Ort und fokussiert auch auf Ayurveda, was der neue Namenszusatz „Dolomites Luxury Ayurveda & Spa" verdeutlichen soll. Hinter blumengeschmückten Südtiroler Fassaden zeigt sich das Haus in konservativ-gemütlicher Ländlichkeit, der Teppich ist rot, die Stube holzvertäfelt, auch die Bar passt zum Stil des Hauses – sie dreht sich übrigens.

Die Zimmer (19 Varianten, DZ von 30 bis 70 m^2) zelebrieren Landhausklassik und neoalpine Modernität, sie sind mit Holz-, Marmor- oder Teppichboden ausgelegt, viele verfügen über einen Balkon, die Erstbefüllung der Minibar mit alkoholfreien Getränken ist inkludiert, im „Doppelzimmer Aveda" gibt es neben einem Dampfbad auch ein eigenes Ruheabteil mit Massageliege – ein Balkon wäre uns lieber gewesen. Wer bei offenem Fenster schlafen möchte, sollte sich vor einem straßenseitigen Zimmer hüten.

Das ausschließlich Hausgästen offenstehende Spa verteilt sich auf zwei Ebenen, im Untergeschoß bietet es vier Saunen (mit drei Aufgüssen täglich), Whirlpool und ein großes, wirklich eiskaltes Tauchbecken. Über eine Freilufttreppe gelangt man in den Liegegarten mit einem 10 m langen, ganzjährig nutzbaren Außenpool, weiters geboten werden ein ebenso langer Innenpool, der ganz ohne Chlor auskommt, und zwei kleine Textilsaunen, die jedoch nur auf Wunsch eingeschaltet werden. Umfangreiches Ayurveda-Angebot, kleines Aktivprogramm, darunter Yoga und Qi Gong, bei guter Witterung sogar im Freien.

Reichhaltiges Frühstücksbuffet, an dem auch ayurvedische Gerichte zu finden sind, gute Küche, ein Light Lunch mit verbundener Nachmittagsjause (von 12 bis 17 Uhr) ist im Preis enthalten – schade nur, dass man das Abendessen nicht auf der Terrasse einnehmen kann! Spannende Weinkarte mit glasweisen Raritäten. Präsente Gastgeberin, viele freundliche Mitarbeiter, Italienischkenntnisse sind hier übrigens von Vorteil. Achtung: flexible Tagespreise. Und: Für Kinder ab einem Jahr werden bereits 70 bis 95 Euro pro Tag verrechnet. Das Spa kann am Anreisetag ganztägig genutzt werden, auch der Light Lunch ist dann schon dabei. Wanderwege ohne Zahl, im Winter gibt es ein kostenloses Shuttle ins nahe Skigebiet sowie Rodeln zur Gratisleihe. Gratisgarage für alle, und bei der Abreise waren unsere Windschutzscheiben frisch geputzt. Hunde erlaubt. 55 Liegen, 140 Betten.

Freibecken, Hallenbad, Außensauna, Sauna, Dampfbad, Massagen, Kosmetik, Ayurveda, Fitnessgeräte, Personal Trainer. Hauseigener 3-Loch-Parcours, 9-Loch-Parcours in 12 km.

39030 Olang (BZ), Via Hans von Perthaler11, +39-0474-496191
HP-plus ab € 201,-

WELLNESS
13 PUNKTE – 1 LILIE

Sonnenhof Pustertal ****S

Grünlage am Ortsrand Nähe Bruneck – Pustertal

Familienfreundlich. Die preiswerte Variante der familiengeführten Winkler-Hotels: Ein sympathisches Haus in angenehm überschaubarer Größe, es liegt auf etwa 1.050 m Seehöhe an der Bundesstraße, im Winter sind es 15 Autominuten zur Talstation der Kronplatz-Gondelbahn, dem Anschluss an 30 weitere Lifte und insgesamt 119 Pistenkilometer, ein kostenloses Ski-Shuttle fährt mehrmals pro Tag.

Hinter blumengeschmückten Fassaden zeigt sich zeitgemäß arrangierte Alpenländlichkeit, Zimmer sind aus neun Varianten (DZ von 22 bis 50 m²) wählbar, alle sind renoviert und haben Holzboden und Balkon – wer gerne bei offenem Fenster schläft, dem empfehlen wir ein straßenabgewandtes. Unser Favorit ist die Spa-Suite Sonnenberg, sie ist hell und geradlinig mit viel Holz gestaltet und hat eine Sauna.

Das Spa ist indoor nicht rasend groß, wellnessmäßiges Highlight des Hauses ist der ein halbes Hektar große Garten, ebendort erfreuen ein schöner, mit Steinfliesen ausgekleideter Pool von 20 m Länge sowie ein schöner Naturbadeteich mit Liegedecks. Weiters gibt es fünf Saunen (eine davon textil), das Hallenbad mit einem 12 m langen Innenpool und Whirlpool dient eher als Schlechtwettervariante. Kleines Aktivprogramm, vornehmlich geführte Wanderungen und Mountainbike-Touren.

Terrasse für alle Mahlzeiten, reichhaltiges Frühstücksbuffet, gute Küche mit herausragenden Desserts, ambitionierte Getränkepreise, eine süße Nachmittagsjause ist inkludiert. Viele freundliche Mitarbeiter. Sauberes Preis-Leistungs-Verhältnis. Zu Hauptferienzeiten bis zu acht Stunden pro Tag Betreuung von Kindern ab drei Jahren. Hunde erlaubt. 35 Liegen, 130 Betten.

Naturbadeteich, Freibecken, Hallenbad, Sauna, Dampfbad, Massagen, Kosmetik, Ayurveda, Fitnessgeräte, Personal Trainer.
9-Loch-Parcours in 10 km, 100 % Greenfee-Rabatt.

39030 Pfalzen (BZ), Via Balkstein, 7, +39-0474-528105
HP ab € 139,-

WELLNESS
13 PUNKTE – 1 LILIE

Monika My Wellbeing Hotel *****

Grünruhelage am Ortsrand bei Sexten – Hochpustertal

Betulich auf jugendlich getrimmt ist das Marketing dieses Familienbetriebes, der auf 1.300 m Seehöhe recht schön am Ortsrand liegt und sich mit allerlei cool formulierten Anglizismen und Superlativen als „Base für Sportfreaks“ und „Refugium für Verliebte“ darstellt. Die Webseite zeigt zu anscheinend typischen Gästen stilisierte Models (etwa: „Wellnessqueen Anna“), verrät aber nur wenig über das Haus, vielleicht deshalb, weil die Realität eine etwas andere ist.

Zahlreiche Anbauten führen zu verwinkelten Grundrissen, das Erscheinungsbild ist zwar zeitgemäß, aber mit stilistischen Holprigkeiten akzentuiert. Zimmer gibt es in 21 stark unterschiedlichen Kategorien (DZ von 35 bis 60 m²). Sie sind allesamt sehr sauber, modern und überwiegend schlicht gestaltet, alle haben Holzböden, fast alle Balkon, ein mit einer Wanderkarte bestückter Rucksack zur Gratisleihe ist in jedem vorhanden.

Das öffentlich zugängliche Spa verströmt funktionelle Anmutung, es bietet unter anderem sechs Saunen, einen 10 m langen Innenpool und einen schmalen, knapp 20 m langen Außenpool, der erhebende Ausblicke auf die Sextener Sonnenuhr, einen Gipfelzug der Dolomiten, gewährt. Sehr gute Massagen, kleines Aktivprogramm (Mo bis Fr), auch Yoga und geführte Wanderungen (im Winter auch mit Schneeschuhen).

Kleine Restaurantterrasse, reichhaltiges Frühstücksbuffet bereits ab 7.15 Uhr, zumeist sehr gute Küche, die sich auch bestens auf die optische Präsentation versteht, Light Lunch und Nachmittagsjause sind im Preis enthalten. Sehr nett: Mehrmals pro Woche werden während des Tages Ingwer-Shots, hausgemachtes Popcorn und Eis gereicht – ohne Aufpreis. Präsente Gastgeber, viele freundliche und natürlich agierende Mitarbeiter, aber ein Fünfstern-Feeling war für uns nicht wirklich spürbar. Check-out um

10.30 Uhr, der Wellnessbereich kann am Abreisetag ohne Aufpreis ganztägig genutzt werden. Im Winter fährt ein kostenloses Shuttle ins nahe Skigebiet, im Sommer zu den Ausgangspunkten von Wanderungen und Bergtouren. Gratisgarage für höhere Zimmerkategorien. Eher ungeeignet für Kinder. 55 Liegen, 110 Betten.

Freibecken, Hallenbad, Außensauna, Sauna, Dampfbad, Massagen, Kosmetik, Ayurveda, Fitnessgeräte.

39030 Sexten (BZ), Via del Parco, 2, +39-0474-710384
HP-plus ab € 175,-

WELLNESS/KUR

14 PUNKTE – 1 LILIE

Bad Moos Dolomites Spa Resort ****S

Grünruhelage am Ortsrand bei Sexten – Hochpustertal

Familienfreundlich. Badetradition seit 1765: Auf 1.350 m Seehöhe liegt dieser Familienbetrieb ruhig im beschaulichen Fischleintal, im Winter ist man hier direkt an der Piste und der Talstation Rotwand, dem Anschluss an 30 weitere Lifte und insgesamt 115 Pistenkilometer. Das Stammhaus mit seinen blumengeschmückten Alpenlandfassaden ist mit der Apartment-Residence unterirdisch verbunden, diese ist einfach gehalten und nur ein paar Schritte entfernt. Inwendig zeigt sich zeitgemäße und gemütliche Ländlichkeit mit zahlreichen traditionellen Akzenten.

Zimmer stehen in 20 stark unterschiedlichen Varianten (DZ von 20 bis 52 m^2) zur Auswahl, teilweise haben sie auch eine Sauna. Das Spa steht auch externen Gästen offen, es verfügt unter anderem über eine gefällige Adults-only-Zone und ein Ladys-Spa. Insgesamt stehen sieben Saunen (eine davon textil) zur Auswahl, als Besonderheit bietet das Haus eine schwefelhaltige Quelle, die für ganzheitliche Kuren genutzt wird. Kleines (teilweise aufpreispflichtiges) Aktivprogramm, das vornehmlich aus geführten Wanderungen besteht.

Schöne Sonnenterrassen, auf denen sich allerdings mitunter auch viele Tagesgäste tummeln. Reichhaltiges Frühstücksbuffet, gute Küche, eine Nachmittagsjause ist im Preis inbegriffen. Viele freundliche Mitarbeiter, charmante Gastgeberin. Garage gegen 10 Euro pro Tag. Hunde erlaubt. 89 Liegen, 220 Betten.

Freibecken, Hallenbad, Babybecken, Sauna, Dampfbad, Massagen, Kosmetik, Fitnessgeräte, Personal Trainer.

39030 Sexten-Moos
(BZ), Via Val Fiscalina, 27, +39-0474-713100
HP-plus ab € 194,-

WELLNESS

15 PUNKTE – 2 LILIEN

Alpenpalace Luxury Hideaway *****

Grünlage an der SS621 bei St. Johann – Ahrntal

Mit lieblichem Garten: Ein familiengeführtes Luxushotel, es liegt auf 1.000 m Seehöhe an der Bundesstraße inmitten eines großen Parks mit Springbrunnen, Rosenbeeten, Steinterrassen und lauschigen Ruheplätzen, im Winter fährt ein kostenloses Shuttle zu den Skigebieten Klausberg und Speikboden. Inwendig präsentiert sich das Haus in traditionell-luxuriösem Landhausstil, das Ambiente ist geprägt von schweren Tischlerinterieurs, rotem Teppich und weißen Samtsesseln.

Gepflegte Zimmer sind aus 13 Varianten (DZ von 35 bis 75 m^2) wählbar, sie haben Vollholzmöbel und Balkon, die meisten Teppichböden, das abendliche Turn-down-Service ist Standard. Das Spa ist indoor nicht allzu groß und zudem öffentlich zugänglich, es bietet unter anderem ein 12 m langes, ganzjährig nutzbares Freibecken, einen 10 m langen Innenpool und fünf Saunen. Kleines Aktivprogramm, das auch geführte Wanderungen und E-Bike-Touren auf dem Stundenplan hat.

Ausgezeichnetes Frühstück bis 11 Uhr. Die Küche ist sehr gut, die Tischkultur hochfein, eine süße Nachmittagsjause mit Kuchen, Torten und Desserts aus der hauseigenen Pâtisserie ist inkludiert. Viele freundliche und professionell agierende Mitarbeiter. E-Bikes gibt's zur Gratisleihe. Valet Parking, Garage gegen 15 Euro pro Tag. Eher ungeeignet für Kinder. Hunde erlaubt. 33 Liegen, 120 Betten.

Freibecken, Hallenbad, Kinderbecken, Außensauna, Sauna, Dampfbad, Massagen, Kosmetik, Ayurveda, Fitnessgeräte. 9-Loch-Parcours in 25 km, 20 % Greenfee-Rabatt.

39030 St. Johann im Ahrntal
(BZ), Via Gisse, 32, +39-0474-670230
HP ab € 199,-

WELLNESS

14 PUNKTE – 1 LILIE

Lanerhof ****S

Grünlage am Ortsrand Nähe Bruneck – Pustertal

Kinderfreundlich. Viel für Familien: Ein sympathisches Haus mittlerer Größe, es liegt auf 860 m Seehöhe inmitten eines Dörfchens und ist sozusagen die bodenständige Version der familiengeführten Winkler-Hotels. Es besteht aus dem Haupthaus und einer ein paar Schritte entfern-

Purmontes Private Luxury Chalet

ten Dependance, innen wie außen zeigt es sich in reizender traditioneller Alpenländlichkeit.

Bei den Zimmern (DZ von 22 bis 170 m^2) hat sich einiges getan, neu sind die „Mountain Living"- und „Lifestyle Premium"-Suiten, sie sind mit viel Holz gestaltet und haben eine Klimaanlage, nach Redaktionsschluss kommen noch weitere dazu, unter anderem eine 170 m^2 große Suite mit drei Schlafzimmern und eigenem Whirlpool – wir werden in der nächsten Ausgabe berichten.

Das Spa ist Hotelgästen vorbehalten, es bietet unter anderem acht Saunen (zwei davon textil) mit täglichen Aufgüssen, einen FKK-Sole-Whirlpool, ein 18 m langes Freibecken mit vor kurzem erweiterter Liegewiese sowie ein gefällig gestaltetes Hallenbad. Gute Massagen, Aktivprogramm (täglich außer So) mit Wanderschwerpunkt, so stehen pro Woche 12 geführte Wanderungen am Programm, mehrmals im Jahr finden auch Yoga-Retreats statt. Für Kinder gibt es indoor und outdoor viele Attraktionen, darunter einen Streichelzoo mit Schafen, Hasen und Lamas, einen großen Spielplatz und Ponys zum Reiten.

Restaurantterrasse für alle Mahlzeiten, reichhaltiges Frühstücksbuffet, zumeist sehr gute Küche, ein Nachmittagsbuffet ist im Preis inkludiert – am Preis-Leistungs-Verhältnis können wir wirklich nichts kritisieren! Schöne Weinkarte, viele freundliche Mitarbeiter. Wanderwege ohne Zahl, im Winter gibt es ein kostenloses Shuttle ins nahe Skigebiet sowie einen hauseigenen Eislaufplatz. Ruhesuchenden empfehlen wir, außerhalb der Ferienzeiten einzuchecken. Täglich acht Stunden Betreuung für Kinder ab drei Jahren. Hunde erlaubt. 78 Liegen, 180 Betten.

Freibecken, Hallenbad, Babybecken, Außensauna, Sauna, Dampfbad, Massagen, Kosmetik, Ayurveda, Fitnessgeräte, Personal Trainer.
9-Loch-Parcours in 10 km, 100 % Greenfee-Rabatt.

39030 St. Lorenzen (BZ), Mantana, 42, +39-0474-403133
HP ab € 140,-

WELLNESS

19 PUNKTE – 4 LILIEN

Purmontes Private Luxury Chalet

Grünruhelage am Ortsrand Nähe Bruneck – Pustertal

Hundefreundlich. Klein und hochfein: Ein Nur-fünf-Suiten-Luxusresort, es liegt auf 920 m Seehöhe etwas erhöht über dem Ort, der Ausblick ins Tal und auf die dahinterliegenden Berge ist herrlich, und zwar aus fast allen Räumen – nur ein Strommast stört die Sicht ein kleines bisschen. Das Innere ließ uns staunen: Dunkelgraue Wände, heimelige Holzvertäfelungen, bodentiefe Glasflächen, Designerlampen, Leinensofas und schöne Blumen bilden ein ausgesprochen harmonisches Ensemble, an dem man sich kaum sattsehen kann, einzig der Fake-Kamin passt nicht ganz ins Bild.

Die Suiten sind wahre Wohnträume, sie haben offene Luxusbäder mit riesigem Whirlpool, großartige Betten mit einnehmend feiner Bettwäsche, Küche mit Weinkühlschrank und Kaffeemaschine, manche auch Sauna – und jede einzelne verfügt über einen eigenen, ganzjährig nutzbaren, 8 m langen Außenpool mit 36 Grad warmem Wasser!

Zudem ist ein separater Wellnessbereich für alle Gäste im Dachgeschoß untergebracht, er bietet Saunen und einen FKK-Whirlpool mit Glasdach, im Freien warten Liegewiese und ein Badeteich mit Sonnendecks, wo man sich keine Sorgen machen muss, keine Liege mehr zu bekommen – hier ist alles abgezählt, so auch auf der Terrasse, im Restaurant und im Spa. Aktivprogramm und Aufgüsse gibt es nur mehr im nahen Schwesterhotel Lanerhof – früher sind die Mitarbeiter ins Haus gekommen.

Wunderbares Frühstück, ausgezeichnete Küche, mit großer Expertise zusammengestellte Weinkarte, eine neuerdings etwas abgespeckte Nachmittagsjause ist inkludiert. Erfrischend junge Crew, präsenter Gastgeber, unfasslich zuvorkommendes Umfeld, perfektes Service – unsere Wünsche wurden uns buchstäblich von den Augen abgelesen! Abends Billard und Brettspiele, E-Bikes gibt es zur Gratisleihe, im Winter ein kostenloses Shuttle ins nahe Skigebiet. Kostenlose überdachte Stellplätze.
Hunde gegen einen Aufpreis von 60 Euro pro Tag (nur im Berliner Adlon zahlten wir für unsere vierbeinigen Tester noch mehr!), dafür gibt's aber auch ein hochwertiges Hundebettchen, Napf und so etwas wie „Access All Areas" für die Vierbeiner, sofern sie in Begleitung der Besitzer sind. Fazit: Ein wunderbares Kleinod, das natürlich seinen Preis hat – der ist es jedoch wert. Eher ungeeignet für Kinder. 14 Liegen, 14 Betten.

Naturbadeteich, Freibecken, Sauna, Dampfbad, Massagen, Kosmetik, Ayurveda,Fitnessgeräte, Personal Trainer. 9-Loch-Parcours in 10 km, 100 % Greenfee-Rabatt.

39030 St. Lorenzen (BZ), Mantana, 47a, +39-0474-403205
HP-plus ab € 490,–

WELLNESS

17 PUNKTE – 3 LILIEN

Winkler Sport & Spa Resort *****

Grünruhelage am Ortsrand Nähe Bruneck – Pustertal

Hunde- und kinderfreundlich. Für Wellnessliebhaber, Sportbegeisterte und Familien: Ein Großhotel mit fünf Sternen, es liegt auf 960 m Seehöhe umgeben von Wiesen am Hang, der Ausblick geht hinaus ins Tal. Die Anlage besteht aus einem kleineren traditionellen Stammhaus und einem wesentlich größeren Neubau, der sehr schön in warmen Erdtönen, mit viel Holz und Glas gestaltet wurde.

Zimmer sind aus 24 Kategorien (DZ von 22 bis 100 m^2) wählbar, jene im Stammhaus sind mitunter etwas ergraut, wunderschön sind hingegen die im Neubau: Sie zeigen sich allesamt modern, einige präsentieren sich in neoalpinem Stil, andere in wunderbarer Schlichtheit. Sie haben Holzböden und Balkon, manche auch Sauna und Whirlpool, ein Highlight sind jedenfalls die vier Poolsuiten mit ihren 7 m langen, ganzjährig nutzbaren Außenpools – all das inmitten eines privaten Gärtleins samt Feuerstelle, allerdings ohne Sichtschutz zum Nachbarn, das erschien uns für nächtliche Wasservergnügungen nur bedingt geeignet.

Das Spa ist öffentlich zugänglich und bietet nicht weniger als sieben Pools, der längste misst 25 m, der faszinierendste ist der 18 m lange Infinity-Pool, denn er befindet sich in der (recht weit von den anderen Bereichen entfernten) Adults-only-Outdoorzone auf der Dachterrasse, wo man auch ein herrliches 360-Grad-Panorama genießt. Wer sich exklusive Romantik leisten will, kann den Sky-Pool übrigens auch privat buchen – Flasche Champagner inklusive. Insgesamt gibt es sechs Saunen (eine davon textil), die Eventsauna ist riesig, sie bietet Platz für bis zu 90 Personen, außerdem ein großes Tauchbecken zum Abkühlen. Gute Massagen, breites Aktivprogramm, darunter Yoga, Pilates, Meditation und sechs geführte Wanderungen pro Woche sowie eine Sonnenaufgangswanderung (gegen geringen Aufpreis), zu bestimmten Terminen stehen auch Yoga-Retreats am Programm. Für Kinder gibt es vieles, unter anderem Streichelzoo, Kino, Sport- und Fußballhalle sowie einen Outdoorspielplatz.

Restaurantterrasse für alle Mahlzeiten, reichhaltiges Frühstücksbuffet, gute Küche, eine Nachmittagsjause mit verführerischen Süßspeisen ist im Preis inbegriffen. Viele

Winkler Sport & Spa Resort

freundliche Mitarbeiter, jene an der Rezeption sind besonders bemüht, im Restaurant stünde manchen aber ein Fünfstern-Update nicht schlecht. Die Gastgeber halten sich dezent im Hintergrund. Ringsum Wanderwege ohne Zahl, im Winter gibt es ein kostenloses Shuttle ins nahe Skigebiet und einen Eislaufplatz direkt vor der Tür. Gratisgarage für alle. Täglich acht Stunden Betreuung für Kinder ab drei Jahren. 110 Liegen, 252 Betten.

Freibecken, Hallenbad, Babybecken mit Rutsche, Außensauna, Sauna, Dampfbad, Massagen, Kosmetik, Ayurveda, Fitnessgeräte, Personal Trainer.
9-Loch-Parcours in 3 km, 100 % Greenfee-Rabatt.

39030 St. Lorenzen
(BZ), Santo Stefano, 28a, +39-0474-549020
HP ab € 193,-

WELLNESS

13 PUNKTE – 1 LILIE

Monte Sella ****

Zentrale Ortslage in St. Vigil – Enneberger Tal

„Man sieht nur mit dem Herzen gut“, lautet der werbliche Claim dieses schmucken Hauses, und das war für uns schon das erste Indiz für etwas Außergewöhnliches. Denn bei fast allen Hotels heißt es „Pure Lifestyle“ oder ähnlich blühend sinnentleert. Tatsächlich handelt es sich um einen mit großem Herz geführten Familienbetrieb, sogar um einen mit 120 Jahren Tradition. Er liegt auf 1.200 m Seehöhe direkt an der Gemeindestraße, gleich gegenüber der Talstation der Skitrans-Bronta-Gondelbahn, der direkten Verbindung ins Skigebiet Kronplatz (119 Pistenkilometer). Das Hotel besteht aus einer reizvollen viergeschoßigen Jugendstilvilla und zwei modernen Gebäuden in Holzbauweise. Das Ambiente verströmt Italianità mit einer Prise Noblesse – viele historische Akzente inklusive.

Zimmer sind in sechs blitzsauberen Varianten (DZ von 22 bis 67 m^2) verfügbar, alle haben Holzböden und sind stilvoll, aber sehr unterschiedlich arrangiert, Neojugendstil und zeitlose Klassik herrschen vor.

Der Wellnessbereich ist bescheiden, steht aber dennoch externen Gästen offen. Er bietet drei Saunen (mit sehr eingeschränkten Öffnungszeiten), einen 8 m langen Indoor-Pool, ein Kneippbecken im Freien, und überall duftet es unaufdringlich nach Räucherwerk. Kleines Aktivprogramm, vornehmlich geführte Wanderungen, die Gastgeberin bietet höchstpersönlich

Ayurveda, Naturkosmetik und Kräuterkunde an. Zu bestimmten Terminen finden auch Basenfasten-Wochen sowie Ayurveda-Kuren mit Virechana (Darmreinigung) statt.

Kleiner Garten mit ebensolcher Terrasse, sehr, sehr gute Küche mit vielen typischen lokalen Gerichten – Küchenchef Andrea Cristofoletto legt großen Wert auf regionale und saisonale Zutaten –, ausgezeichnete Patisserie, eine Nachmittagsjause ist inkludiert. Wunderbare Gastgeber – gleich vier Familienmitglieder packen hier tüchtig mit an –, wunderbares Umfeld mit einer ganz persönlichen Note aus Engagement, Charme und Freundlichkeit, viele Gäste aus Italien. Check-out bereits um 10 Uhr, das Spa kann am Abreisetag ohne Aufpreis ganztägig genutzt werden, ebenso das Zimmer nach Verfügbarkeit. Schneeschuhe und Rodeln gibt es zur Gratisleihe. Garage gegen 10 Euro pro Tag. Sauberes Preis-Leistungs-Verhältnis. Eher ungeeignet für Kinder, Hunde erlaubt. 27 Liegen, 100 Betten.

Hallenbad, Sauna, Dampfbad, Massagen, Kosmetik, Ayurveda, Fitnessgeräte.
9-Loch-Parcours in 20 km.

39030 St. Vigil in Enneberg
(BZ), Via Catarina Lanz, 7, +39-0474-501034
HP ab € 135,-

WELLNESS
15 PUNKTE – 2 LILIEN

Excelsior Dolomites Life Resort ****S

Grünruhelage am Ortsrand in St. Vigil – Enneberger Tal

Kinderfreundlich. Wunderbar familiär: Ein solider Familienbetrieb, bei dem gleich vier Familienmitglieder tüchtig mit anpacken. Er liegt auf 1.280 m Seehöhe etwas erhöht am Ortsrand und bietet einen schönen Ausblick, im Winter ist man hier direkt an der Piste und nahe der Talstation der Skitrans-Bronta-Gondelbahn, die an das Skigebiet Kronplatz mit 119 Pistenkilometern anschließt. Die Anlage besteht aus Stammhaus und mehreren Zubauten („Dolomites Lodge"), alle sind unterirdisch miteinander verbunden, dass die Grundrisse geheimnisvoll verwinkelt sind, verwundert da nicht.

Das Innenleben zelebriert behagliche Ländlichkeit, die Zimmer (DZ von 22 bis 140 m^2) sind zumeist neoalpin oder geradlinig-reduziert gestaltet, sie haben Holzböden, bodentiefe Fenster und Balkon – unser Favorit ist die „Dolomites Star Suite" mit privater Sauna, Whirlpool auf der Terrasse und riesiger Glasfront. Wer Ruhe sucht, sollte den talseitigen Varianten im Stammhaus den Vorzug geben, sie liegen nett an einer Wiese. Das nicht allzu große und zudem auch Tagesgästen zugängliche Spa verteilt sich auf zwei auseinanderliegende Bereiche, jener für Adults only befindet sich im Neubau hinter dem Stammhaus, er bietet einen 15 m langen Infinity-Pool auf dem Dach, Infrarot-Lounge, feine Ruheräume und (nur) eine große Sauna. Der Familienbereich im Stammhaus verharrt im Look der Nullerjahre, hier soll aber bald Neues entstehen. Geboten werden sechs Saunen (zwei davon textil), ein 15 m langer Innenpool und ein wohlig warmer Whirlpool im Freien. Sehr gute Massagen, abwechslungsreiches (teilweise aufpreispflichtiges) Aktivprogramm, auch Yoga, Qi Gong, Pilates und geführte Wanderungen (im Winter auch mit Schneeschuhen).

Gemütliches Restaurant, reichhaltiges Frühstücksbuffet, zumeist sehr gute Küche, Light Lunch plus Nachmittagsjause mit Alkoholfreiem sowie Heißgetränken ist inkludiert. Montags ist „Green Day" mit saisonalen und regionalen Zutaten aus unmittelbarer Umgebung, für Sonderwünsche und die Berücksichtigung von Unverträglichkeiten werden 15 Euro extra verrechnet. Präsente Gastgeber, außerordentlich freundliche Mitarbeiter. Frühstück bis 10.30 Uhr, Check-out bereits um 10 Uhr. Breites Service für Biker (Garage, Tourenkarten, Wäscheservice, Bike-Shuttle), Wanderwege ohne Zahl beginnen vor der Haustüre. Gratisgarage für höhere Zimmerkategorien, ansonsten gegen 15 Euro pro Tag. Indoor-Spielareal, hauseigene Kletterwand sowie täglich (außer Samstag) 7,5 Stunden Betreuung für Kinder ab drei Jahren. Hunde erlaubt. 51 Liegen, 198 Betten.

Freibecken, Hallenbad, Kinderbecken, Sauna, Dampfbad, Massagen, Kosmetik, Ayurveda, Fitnessgeräte, Personal Trainer.
9-Loch-Parcours in 20 km, 25 % Greenfee-Rabatt.

39030 St. Vigil in Enneberg
(BZ), Strada Valiares, 44, +39-0474-501036
HP-plus ab € 164,-

WELLNESS
15 PUNKTE – 2 LILIEN

Amonti Wellnessresort *****

Grünlage am Ortsrand in Steinhaus – Ahrntal

Kinderfreundlich. Modernes Großhotel mit breitem Wellnessangebot: Ein familiengeführ-

Excelsior Dolomites Life Resort

tes Haus mit fünf Sternen, es ist ein Teil des Amonti & Lunaris Resorts und liegt auf rund 1.050 m Seehöhe gegenüber vom Parkplatz der Klausberg-Gondelbahn (Anschluss an 33 Pistenkilometer und acht Lifte und Seilbahnen), aber auch direkt an der Bundesstraße, was man vor allem in den Morgen- und Abendstunden hören kann.

Das Ambiente strotzt geradezu vor ländlichem Neochic, was auch für die Zimmer (18 Kategorien, DZ von 36 bis 110 m^2) gilt. Sie sind in warmen Farben mit viel Holz gestaltet, alle haben feine Eichenböden, übergroße Betten und Balkon, manche auch Sauna und Whirlpool – wer bei offenem Fenster schlafen möchte, sollte sich vor einem straßenseitigen Zimmer hüten. Es gibt mehrere zubuchbare Extras für Paare, darunter etwa das „Herzklopfen-Paket" oder die „Begrüßungs-Überraschung deluxe" – Prosecco und Erdbeeren inklusive.

Das weitläufige Spa steht auch den Gästen des nebenanliegenden Lunaris Resorts offen, es erstreckt sich über mehrere Etagen und Gebäude, unter anderem verfügt es über einen Familienbereich mit Textilsauna, 40 m langer Röhrenrutsche, 16 m langem Innenpool und 17 m langem Freibecken. Im vierten Stock ist der Adults-only-Bereich (ab 18 Jahren) angesiedelt, er bietet drei Saunen, Tauchbecken, zwei weitere, sehr schöne Außenbecken und mehrere Ruheräume, ein Liegebereich mit schönen Betten bildet den Abschluss am Dach – erquickendes Panorama inklusive. Kleines Aktivprogramm, darunter auch geführte Wanderungen und Bike-Touren.

Wunderschöne Restaurantstuben, feines Frühstücksbuffet, gute Küche, Light Lunch mit verbundener Nachmittagsjause ist im Preis inkludiert, Softdrinks aus dem Automaten ebenso. Viele freundliche Mitarbeiter, die Gastgeber halten sich dezent im Hintergrund. Große Indoor- und Outdoor-Spielareale sowie täglich neun Stunden Betreuung für Kinder ab zwei Jahren. Kleiner Tipp, wenn man sich zwischen Amonti und Lunaris entscheiden muss: Hier geht es einen Tick luxuriöser zu, zudem befindet sich das Spa direkt im Haus, dadurch wird's freilich auch etwas lebhafter. Garage gegen 10 Euro pro Tag. Hunde erlaubt. 165 Liegen, 260 Betten.

Freibecken, Hallenbad, Kinderbecken mit Rutsche, Babybecken, Sauna, Dampfbad, Massagen, Kosmetik, Ayurveda, Fitnessstudio, Personal Trainer.

39030 Steinhaus (BZ), Via Klausberg, 55, +39-0474-651010
HP-plus ab € 220,–

WELLNESS

15 PUNKTE – 2 LILIEN

Lunaris Wellnessresort *****

Grünlage am Ortsrand in Steinhaus – Ahrntal

Kinderfreundlich. Fünfsternhaus mit stylischem Ambiente: Ein luxuriöses Großhotel unter Familienführung, es liegt auf 1.054 m Seehöhe direkt an der Bundesstraße, gleich gegenüber der Talstation der Klausberg-Gondelbahn, dem Anschluss an 33 Pistenkilometer und acht Lifte und Seilbahnen. Das Haus ist ein Teil des Amonti & Lunaris Resorts und mit dem benachbarten Amonti durch einen unterirdischen Gang verbunden, die Zielgruppen sind die gleichen, nämlich Familien mit Kindern sowie Paare. Das Ambiente zelebriert Luxus in ebenso pompösen wie eindrucksvollen Dimensionen.

Zimmer stehen in 19 hochgefälligen Varianten (DZ von 32 bis 109 m²) zur Auswahl, alle haben bodentiefe Fenster, Eichenholzböden, Interieurs aus Naturmaterialien, übergroße Boxspringbetten, Balkon, manche auch Whirlpool und Sauna – unser Tipp gilt den bergseitigen Varianten in den oberen Stockwerken, sie liegen an der straßenabgewandten Seite.

Ein hauseigenes Spa gibt es nicht, dafür kann man den Wellnessbereich im Amonti mitbenützen, er ist über einen unterirdischen Gang zu erreichen. Er bietet einen schönen Liegebereich mit bequemen Betten am Dach, im vierten Stock befindet sich eine hochkarätige Adults-only-Zone (ab 18 Jahren) mit drei Saunen und zwei Außenpools, der längste misst knapp 9 m. Auch einen großen Familienbereich gibt es, mit Hallenbad, 40 m langer Röhrenrutsche und einer Textilsauna. Kleines Aktivprogramm, darunter auch geführte Wanderungen und Bike-Touren.

Das Restaurant verfügt über einnehmend schöne Räume, auch eine Zirbenstube gibt es, abends wird hier Zither gespielt. Sehr gutes Frühstücksbuffet, gute Küche, wunderbares Käsebuffet, Light Lunch mit verbundener Nachmittagsjause ist inkludiert, Softdrinks aus dem Automaten ebenso. Viele freundliche Mitarbeiter. Garage gegen 10 Euro pro Tag. Große Indoor- und Outdoor-Spielareale sowie täglich neun Stunden Betreuung für Kinder ab zwei Jahren. Hunde erlaubt. 200 Betten.

Freibecken, Hallenbad, Kinderbecken mit Rutsche, Babybecken, Sauna, Dampfbad, Massagen, Kosmetik, Ayurveda, Fitnessstudio, Personal Trainer.

39030 Steinhaus (BZ), Via Hittlfeld, 1a, +39-0474-652190
HP ab € 212,–

WELLNESS

15 PUNKTE – 2 LILIEN

Petrus ****S

Grünruhelage am Ortsrand Nähe Bruneck – Pustertal

Hunde- und familienfreundlich. Mit hochfeiner Küche: Ein freundlicher Familienbetrieb in ruhiger Lage auf 960 m Seehöhe, bei dem nicht weniger als fünf Familienmitglieder tüchtig mit anpacken. Im Winter sind es kaum 10 Gehminuten zu den Talstationen der beiden Kronplatz-Gondelbahnen, die an 30 weitere Lifte und insgesamt 119 Pistenkilometer anschließen, auch ein Ski-Shuttle fährt im 15-Minuten-Takt. Hinter einer unscheinbaren Fassade offenbart sich eine ansprechende und hochwertige Anmutung, Rezeption und Lobby wurden vor kurzem gefällig renoviert.

Die Zimmer (15 Kategorien, DZ von 30 bis 63 m²) haben alle Balkon, viele eigene Infrarotkabine, Whirlpool und einen Wohnbereich im Freien, die omnipräsenten Hinweiszettel mit zahlreichen Don'ts sind gewöhnungsbedürftig – und im Sommer wäre eine Klimaanlage fein. Der öffentlich zugängliche Wellnessbereich ist auf zwei Geschoßen untergebracht, die recht weit voneinander entfernt sind, er bietet unter anderem mehrere kleinteilige und atmosphärisch gestaltete Ruhezonen, fünf Saunen (eine davon textil) sowie eine 25 m lange Kombination aus Außen- und Innenpool, die uns um eine Spur zu kalt war, was wiederum den Kindern aber rein gar nichts auszumachen schien. Kleines Aktivprogramm (täglich außer So), auch fünf geführte Wanderungen pro Woche und Yoga (gegen Aufpreis). Die Fitnessgeräte sind aus Holz, so manche angejahrten Räder und Laufbänder stehen etwas unmotiviert im Stiegenhaus herum.

Wunderbares Frühstück mit großer Auswahl, es wird serviert – das ist echt fein! –, ausgezeichnete Küche mit vegetarischen Optionen – diese Bewertung bezieht sich wie immer auf die Halbpension und nicht auf das mehrfach prämierte À-la-carte-Restaurant Kaminstube. Am Dienstag ist übrigens „Meat Day“ mit Steaks (gegen einen Aufpreis von 60 Euro), Obst, Gemüse und Kräuter stammen zum großen Teil aus der eigenen Landwirtschaft, Brot, Nudeln und Marmeladen werden selbstgemacht, eine Nachmittagsjause ist inkludiert. Stets präsente Gastgeber, freundliche Mitarbeiter – vorausgesetzt freilich, die Chemie stimmt.

Petrus

Ein eigener Reitstall liegt etwa 500 m vom Haus entfernt. Im Winter zu Ferienzeiten täglich zwei Stunden Kinderbetreuung. 46 Liegen, 110 Betten.

Freibecken, Hallenbad, Sauna, Dampfbad, Massagen, Kosmetik, Fitnessgeräte.
9-Loch-Parcours in 2 km, 40 % Greenfee-Rabatt.

39031 Reischach (BZ), Via Reinthal, 11, +39-0474-548263
HP-plus ab € 150,–

WELLNESS
17 PUNKTE – 3 LILIEN

Alpen Tesitin Panorama Resort *****

Naturlage mit Fernblick in Taisten – Pustertal

Familienfreundlich. Luxuriöses Naturhotel mit grandiosem Bergpanorama: Ein feiner, familiengeführter Traditionsbetrieb, er liegt auf 1.300 m hoch über dem Tal, weshalb man aus vielen Räumen ein wunderschönes Bergpanorama genießen kann. Die öffentlichen Räume zeigen sich gediegen und zeitgemäß, die Lobby ist gar ein Hingucker par excellence, und alles glänzt vor Sauberkeit.

Stilsicher gestaltet und mit hochwertigen Vollholzinterieurs zeigen sich die Zimmer (15 Kategorien, DZ von 38 bis 120 m²), alle haben Balkon oder Terrasse mit Tal- oder Hangblick, manche auch Whirlpool oder Badewanne im Freien.

Das Spa steht auch externen Gästen offen, es bietet unter anderem einen 20 m langen Außenpool, einen 21 m langen Innenpool, ein wohlig warmes Solebecken sowie insgesamt neun Saunen (zwei davon textil). Show-Aufgüsse mit Partycharakter – den Udo-Jürgens-Aufguss haben wir dankend ausgelassen, fein hingegen die Wellnessbar mit Maracujas, Wassermelonen und Südtiroler Schüttelbrot sowie im Freien Spender mit hochwertiger Sonnencreme. Sehr gute Massagen, Aktivprogramm, auch geführte Wandertouren (achtmal pro Woche) und Yoga (viermal pro Woche).

Fabelhafte Terrasse mit Morgensonne, reichhaltiges Frühstücksbuffet bereits ab 7.15 Uhr, das kommt Wanderern und Skifahrern entgegen. Sehr gute bis ausgezeichnete Küche, ein Light Lunch mit verbundener Nachmittagsjause ist im Preis enthalten, unsere jüngsten Hoteltester waren vom Eisbuffet besonders angetan. Faire Getränkepreise, von der gegenwärtig nicht selten erlebbaren Abzocke mit dem im Brustton der Überzeugung formulierten Hinweis auf „die

Teuerung" ist hier jedenfalls keine Spur, und das gefällt uns sehr. Präsente Gastgeber, freundliche und zuvorkommende Mitarbeiter, sauberes Preis-Leistungs-Verhältnis. Wermutstropfen: Check-out um 10.30 Uhr, zudem externe Gäste im Spa und Restaurant. Wanderwege ohne Zahl, im Winter gibt es ein kostenloses Shuttle ins nahe Skigebiet. Gratisgarage für höhere Zimmerkategorien, ansonsten gegen 8 Euro pro Tag. Hunde erlaubt (für Vierbeiner zahlt man einmalig 45 Euro pro Aufenthalt). 140 Liegen, 150 Betten.

Freibecken, Solefreibecken, Hallenbad, Außensauna, Sauna, Dampfbad, Massagen, Kosmetik, Fitnessstudio, Personal Trainer.
9-Loch-Parcours in 21 km.

39035 Taisten (BZ), Via Riva di Sotto, 22, +39-0474-950020
HP-plus ab € 189,-

WELLNESS
14 PUNKTE – 1 LILIE

Ambet Alpine Lifestyle ****

Grünlage mit Fernblick in Meransen – Pustertal

Hunde- und familienfreundlich. Ein sympathischer, angenehm überschaubarer Familienbetrieb, er liegt in 1.400 m Seehöhe in einem Dörfchen, im Winter ist man hier praktisch direkt an der Piste und unweit der Talstation der Achter-Kabinenbahn, dem Anschluss an das Skigebiet Gitschberg-Jochtal mit 55 Pistenkilometern. Das vor wenigen Jahren komplett neu errichtete Haus zeigt sich stilistisch anders als die meisten anderen, nämlich durchgängig aus einem Guss. Glas, Stein und Holz wurden hier gut durchdacht in Szene gesetzt, allerdings ohne jegliche Reminiszenzen an den traditionellen Südtiroler Charme.

Puristisch und schön gestaltete Zimmer (DZ von 32 bis 50 m^2) stehen in sechs Kategorien zur Auswahl, alle haben übergroße Betten, bodentiefe Fenster und Balkon oder Terrasse, einige einen Außenwhirlpool und eine Badewanne – der Rest nur Duschen. Und viele bieten einen traumhaften Ausblick, der ganz besonders auf der Dachterrasse als 360-Grad-Panorama zu genießen ist.

Das kleine Spa ist auf drei Ebenen aufgeteilt, auf Gartenebene bietet es einen Familienbereich mit 10 m langem Innenpool und zwei Textilsaunen, vier Stockwerke darüber eine Adults-only-Zone mit Finnsauna und Ruheraum – toller Ausblick und ein 14 m langer Infinity-Pool inklusive.

Reichhaltiges Frühstücksbuffet, sehr gute Küche bei netter Tischkultur, eine süße Nachmittagsjause ist inkludiert. Stimmungsvolle Bar. Herzliche und zuvorkommende Mitarbeiter, präsente und authentische Gastgeber, gemütliches Umfeld. Kleiner Wermutstropfen: die nahe Durchgangsstraße. 24 Liegen, 110 Betten.

Freibecken, Hallenbad, Sauna, Dampfbad, Massagen, Kosmetik.

39037 Meransen (BZ), Via Ausserecker, 22, +39-0472-520115
HP ab € 151,-

WELLNESS
17 PUNKTE – 3 LILIEN

Familiamus *****

Grünruhelage mit Fernblick bei Meransen – Pustertal

Kinder- und Babyhotel. Auf 1.450 m Seehöhe hoch über dem Pustertal gelegener Newcomer, im Winter ist man hier direkt an der Piste und am Schlepplift, über den man zur nahen Talstation der Gitschberg-Bahn gelangt und damit in ein familiengeeignetes Skigebiet mit 55 Pistenkilometern und 15 Liften. Es handelt sich wohl um eines der besten Kinder- und Babyhotels in Europa, alles ist hier mit großen Portionen von Herz und Hirn gestaltet – hier hat man aus den Fehlern der Konkurrenz gelernt! Gleich beim Reinkommen wurden wir überrascht: In die Garage gelangt man über ein kleines, mit Sternen geschmücktes Zauberwäldchen, und in der Lobby befindet sich ein großer Sandspielplatz – in bester Ausblickslage von der Bar, das ist nachmittags und vor allem abends einfach toll! Das erst vor wenigen Monaten eröffnete Haus bietet wunderschöne open spaces, ausnahmslos und rundum bodentiefe Glasfronten mit herrlichem Ausblick aus jedem Stockwerk sowie eine schöne Portion von italienischem Lebensgefühl über allem.

Sehr angenehme Familienzimmer gibt es in zwei Kategorien (40 bis 49 m^2), sie haben feine Betten, das Turn-down-Service ist allerdings nicht Standard.

Das atmosphärisch gestaltete, aber indoor nicht rasend weitläufige Spa ist auf drei Geschoße verteilt, ganz oben am Dach befindet sich ein fabelhafter Außenbereich, insgesamt gibt es acht Pools (darunter zwei mit Rutschen) sowie fünf Saunen (eine davon textil), herrlich nach dem Saunagang ist der Sprung in den kühlen FKK-Badeteich gleich nebenan. Kleines Aktivprogramm, großes Kinderprogramm.

Für Kids gibt es viel, nicht nur außerordentlich feine und inspirierende Spielzonen innen und außen, sondern auch Hasen, Meerschweinchen, zudem die kleinen Schweinchen Rudi und Ossi sowie spezielle Cocktails – und jede Menge Zuckerwatte! Weiters unter anderem Holzwerkstatt, Malatelier, Indoor-Kletterpark, Ballsporthalle – und nichts ist aus Plastik, wir fanden ausnahmslos Holz und hochwertige Naturmaterialien. Das Maskottchen, der mit den Kindern singende und tanzende Zauberer Magolix, erzählt die Geschichte, wie er dem Haus und seinen Gästen zu Mut, Achtsamkeit, Begeisterung, Verbundenheit und Gelassenheit verhilft, und er verrät auch seine „Magie“: „Finde an diesem Ort zu Dir selbst. Nimm Dir Zeit, finde Deine innere Ruhe und vertraue Dir selbst!“ O wie nett!

Das Frühstücksbuffet ist reichhaltig, bietet aber keine Überraschungen – die aus Käfighaltung stammenden Eier waren allerdings eine der nicht damit gemeinten Art. Die Küche versteht sich auf optische Präsentation bei einnehmender Tischkultur, muss aber wohl erst noch zu Hochform auflaufen. Light Lunch und Nachmittagsjause sind inkludiert, viele Getränke ebenso, Hochprozentiges wie Rum, Malts sowie ausgerechnet Aperol Spritz und Amari jedoch nur gegen Aufpreis erhältlich. Herzliche Gastgeberinnen, wunderbar freundliche Mitarbeiter. 80 Wochenstunden liebevollste Kinderbetreuung in vier Altersgruppen. Internationale Gästeschar. 270 Betten, 137 Liegen.

Naturbadeteich, Freibecken, Hallenbad, Kinderpool mit Rutsche, Sauna, Dampfbad, Massagen, Kosmetik, Fitnessgeräte.

39037 Meransen (BZ), Via Kössler, 5, +39-0472-065000
All-inclusive-VP ab 395,–

WELLNESS

14 PUNKTE – 1 LILIE

Milla Montis ****S

Grünlage mit Fernblick in Meransen – Pustertal

Bei Franziska und Roland: Ein ruhevolles Kleinhotel mit außergewöhnlicher Architektur. Es liegt auf 1.300 m Seehöhe außerhalb sowie etwas unterhalb des Dörfchens Meransen, im Winter sind es keine vier Autominuten zur Talstation der Achter-Kabinenbahn, dem Anschluss an das Skigebiet Gitschberg-Jochtal mit fünf Liften und 55 Pistenkilometern, ein kostenloses Shuttle fährt im Viertelstundentakt. Das Ambiente zeigt sich von stilsicherer Hand gestaltet, es trägt die unverwechselbare Handschrift jenes Architekten, der auch das Schgaguler in Kastelruth entworfen hat. Alles zeigt sich gleichsam mit maximaler Reduktion auf das Wesentliche, strahlt aber dennoch Geborgenheit in hohen Dimensionen aus.

Zimmer stehen in vier Kategorien (DZ von 34 bis 42 m²) zur Auswahl, einige haben eine Sauna, alle Loggia oder Terrasse, und alle sind nach Süden ausgerichtet.

Auch das nur Hotelgästen zugängliche Spa folgt dem Gestaltungskonzept des Hauses, allerdings ist die diesbezügliche Infrastruktur sehr bescheiden und würde bei einem Mainstream-Hotel niemals für eine Lilie reichen. Doch wie immer bewerten wir auch hier nicht nur das Spa, sondern das „Gesamtprodukt“ unter Einbeziehung aller Aspekte für alltagsabgewandtes Relaxen. Unter anderem geboten werden zwei Saunen (ab 14 Jahren) und ein auch im Winter nutzbarer, knapp 17 m langer Außenpool, auch dieser mit freiem Ausblick.

Großartiges Frühstücksbuffet bis 10.30 Uhr (Check-out ebenso), ausgezeichnete Küche bei feiner Tischkultur, der Hausherr kocht selbst, und das mit Verve, und er legt großes Augenmerk auf die Herkunft der Zutaten. Ein feiner Kuchen als Nachmittagsjause ist inkludiert. Ästhetisch niveauvolle und gut bestückte Bar, freundliche Mitarbeiter, wunderbare Gastgeber. Ungeeignet für Kinder, Hunde erlaubt. 22 Liegen, 65 Betten.

Freibecken, Sauna, Dampfbad, Massagen.

39037 Meransen (BZ), Via Huber, 25, +39-0472-520278
HP ab € 184,–

WELLNESS

16 PUNKTE – 2 LILIEN

Sonnenberg Alpine Spa Resort ****S

Grünlage mit Fernblick in Meransen – Pustertal

Familienfreundlich. Mit Ausblick auf die Dolomiten: Ein sympathischer Familienbetrieb in angenehm überschaubarer Größe, er liegt am Hang in 1.450 m Seehöhe und im Winter fast direkt an der Skipiste. Das Hotel besteht aus dem Stammhaus plus modernem Zubau und einer 500 m entfernt gelegenen Fewo-Dependance, deren Gäste Zugang zu Spa und Restaurant haben.

Inwendig ist alles neoalpin gestaltet, Holz und andere Naturmaterialien herrschen vor, was auch für den Großteil der Zimmer (DZ von

25 bis 63 m²) gilt: Neben einigen sympathisch-einfachen mit Teppichböden gibt es auch solche mit neoalpin-luxuriöser Anmutung, sie haben feine Holzböden, Altholzvertäfelungen, samtige Interieurs und Daybeds vor bodentiefen Fenstern – bei diesem Ausblick ein Traum! Alle haben Balkon, viele sind nach Süden ausgerichtet, Ruhesuchenden sind jedenfalls jene Zimmer zu empfehlen, die nicht auf die Straße hin ausgerichtet sind – der Ausflüglerverkehr zum Bergparkplatz übernimmt nämlich schon frühzeitig die Weckfunktion, vor allem, wenn das Fenster offen ist.

Das Spa ist öffentlich zugänglich und wunderbar atmosphärisch gestaltet, es offeriert unter anderem fünf Saunen (zwei davon textil und auch für Kinder geeignet), in denen es täglich zwei bis drei Aufgüsse gibt, außerdem einen knapp 17 m langen Infinity-Außenpool, der mit einem schmalen, 10 m langen Innenpool verbunden ist, weiters schöne Ruhebereiche und einen gepflegten Panoramagarten – Naturbadeteich inklusive. Kleines Aktivprogramm, vornehmlich geführte Wanderungen, auch eine Sonnenaufgangswanderung ist dabei.

Schmale Restaurantterrasse, reichhaltiges Frühstücksbuffet bis 10.30 Uhr (Check-out ebenso), sehr gute Küche mit regionaler und mediterraner Ausrichtung, für vegane Varianten werden aber 20 Euro extra berechnet, Light Lunch und ein nachmittägliches Kuchenbuffet sind hingegen im Preis inkludiert (allerdings ohne vegane Optionen). Viele freundliche und bemühte Mitarbeiter. Ringsum Wanderwege ohne Zahl, im Winter gibt es Schneeschuhe und Rodeln zur Gratisleihe, abends einen Cocktailkurs (gegen Aufpreis). Bei einem Aufenthalt ab zwei Tagen steht der Wellnessbereich Hotelgästen am Abreisetag bis 17 Uhr ohne Aufpreis offen. Die Preise sind fix und transparent, das macht Freude. Überdachte Stellplätze kostenlos. Hunde erlaubt. 87 Liegen, 130 Betten.

Naturbadeteich, Freibecken, Hallenbad, Sauna, Dampfbad, Massagen, Kosmetik, Fitnessgeräte.

39037 Meransen (BZ), Via Ausserecker, 35, +39-0472-520232
HP-plus ab € 169,–

WELLNESS

13 PUNKTE – 1 LILIE

Masl Alpinhotel ****S

Grünruhelage am Ortsrand im Vallertal – Pustertal

Familienfreundlich. Tradition seit 1680: Ein sympathisches Haus, es liegt auf 1.300 m Seehöhe kurz vor dem Talschluss direkt an einer Straße nach Vals, im Winter gelangt man mit ein paar guten Schritten zum Schlepplift, dem Einstieg in die Skigebiete Gitschberg-Jochtal mit weiteren 15 Liften und insgesamt 55 Pistenkilometern. Die öffentlichen Räume zeigen sich als Melange aus neoalpiner und bergbäuerlicher Ästhetik – großes Kruzifix und über dem Rezeptionstresen schwebende Barockengel inklusive.

Zimmer sind aus 10 Kategorien (DZ von 35 bis 80 m²) wählbar, sie sind mehrheitlich stilvoll und zeitgemäß mit Zirbenholz und anderen Naturmaterialien gestaltet, alle haben Balkon, manche auch eigene Sauna, und alle liegen an der straßenabgewandten Seite.

Das Spa steht nur Hotelgästen offen, es bietet unter anderem insgesamt sechs Saunen (ab 14 Jahren), einen winzigen Innenpool, ein separates Kleinkinderbecken mit Rutsche sowie einen 13 m langen, ganzjährig nutzbaren Außenpool und eine kleine FKK-Zone im Freien. Gute Massagen, kleines Aktivprogramm, täglich (Mo bis Fr) geführte Wanderungen, auch solche mit Lamas.

Reichhaltiges Frühstücksbuffet bis 10.30 Uhr (Check-out ebenso), gute Küche, eine süße Nachmittagsjause ist inkludiert. Präsente Gastgeberin, viele freundliche und hilfsbereite Mitarbeiter. Langjährige Stammgäste sind zahlreich, nicht selten ergänzt um eine lebhafte Kinderschar (auch im Spa), für die Spielplatz, Streichelzoo und Bauernhof bereitstehen. Wanderwege ohne Zahl, ein Klassiker des Hauses ist die traditionelle Brettljause auf der familieneigenen Berghütte auf der Fane Alm. Rodeln gibt es zur Gratisleihe. Gratisgarage für alle. Hunde erlaubt. 30 Liegen, 160 Betten.

Freibecken, Hallenbad, Babybecken mit Rutsche, Außensauna, Sauna, Dampfbad, Massagen, Kosmetik, Fitnessgeräte. Tennisplatz.

39037 Vals (BZ), Unterlände, 21, +39-0472-547187
HP ab € 178,–

WELLNESS

16 PUNKTE – 2 LILIEN

Tratterhof Mountain Sky Hotel ****S

Grünruhelage mit Fernblick in Meransen – Pustertal

Hunde- und familienfreundlich. Hoch oben auf 1.500 m Seehöhe, in einer Sackgasse gelegen, umgeben von Wiesen und Wäldern, mit herrlicher Bergluft, schier grenzenlosem Ausblick und schwachem Handyempfang: Ein familiengeführtes Hotel, es besteht aus Stammhaus und einem schönen Neubau aus Holz sowie einer ein paar Schritte abseits gelegenen Dependance mit Ferienwohnungen. Im Inneren herrschen gefällige neoalpine Optik und ein wunderbarer Duft, der allerdings nicht künstlich – und auch nicht mit ach so „natürlichen" Aromaölen – erzeugt wird, sondern durch Räuchern mit Weihrauch, Heu und Wacholder – so fein, chapeau!

Zimmer sind aus 19 Kategorien (DZ von 25 bis 80 m^2) wählbar. Jene im Altbau sind einfach, aber gemütlich, die etwas teureren Varianten im neuen Trakt sind zugleich wunderbar heimelig gestaltet, einige haben auch Gärtlein, Infrarotkabine und freistehende Badewanne.

Das öffentlich zugängliche Spa besteht ebenso aus einer alten und einer neuen Zone, beide Bereiche liegen allerdings in unterschiedlichen Teilen der Anlage. Es gibt ein dreigeschoßiges Badehaus, einen 20 m langen, auch im Winter nutzbaren Infinity-Außenpool, zwei FKK-Außenpools, eine schöne Außensauna sowie feine, mit Ahorn- und Lärchenholz gestaltete Ruheräume. Insgesamt werden acht Saunen geboten, drei davon sind textil. Umfangreiches Aktivprogramm, darunter Waldbaden und geführte Wanderungen (auch mit Lamas). Schöner Yogaraum mit traumhaftem Ausblick über das Tal, mehrmals pro Woche werden hier Yoga, Qi Gong und Pilates praktiziert, zu bestimmten Terminen finden auch Yoga-Retreats statt.

Reichhaltiges Frühstücksbuffet bis 10.30 Uhr (Check-out ebenso), sehr gute Küche, die sich bei den Desserts noch zu steigern scheint. Viele freundliche Mitarbeiter, professionelles Service mit italienischem Charme im Restaurant. Anmerkung: Der angegebene Ab-Preis ist ein Flex-Tarif und kann in der Praxis deutlich höher ausfallen. Das Spa kann vor dem Check-in und nach dem Check-out ohne Aufpreis ganztägig genutzt werden. Schöne Wanderwege beginnen vor der Haustüre. Gratisgarage für alle. 115 Liegen, 170 Betten.

Freibecken, Hallenbad, Außensauna, Sauna, Dampfbad, Massagen, Kosmetik, Ayurveda, Fitnessstudio, Personal Trainer. 9-Loch-Parcours in 36 km.

39037 Meransen (BZ), Via Großberg, 6, +39-0472-520108
HP ab € 199,–

WELLNESS

15 PUNKTE – 2 LILIEN

Silena Soulful Hotel ****S

Grünruhelage am Ortsrand im Vallertal – Pustertal

Adults preferred (ab 14). Eine außergewöhnliche Erscheinung ist dieses „Hotel für die Seele" (Werbung) allemal, es handelt sich um einen freundlichen Familienbetrieb – gleich vier Familienmitglieder packen hier tüchtig mit an. Das Haus mit dem Namenszusatz „Your Soulful Hotel" liegt auf 1.350 m, beinahe mitten in der Natur, zu den Talstationen zweier Seilbahnen sind es nur ein paar gute Schritte, im Winter bedeutet das den direkten Anschluss an das Skigebiet Gitschberg-Jochtal mit mehr als 50 Pistenkilometern. Die Fassaden sind eine Reminiszenz an das nahe Moor, sie empfangen mit stilisierten Sumpfpflanzen auf geheimnisvoll-dunklen, kokonartigen Elementen der Außenhaut. Dahinter fühlt sich alles so erfrischend wie inspirierend an: stilvolle Reduktion, exotische Lampen, starke Hell-dunkel-Kontraste, Pölster, offener Kamin, bodentiefe Fenster. Auch eine 1.500-Bücher-Bibliothek gibt es.

Zimmer sind aus 14 Kategorien (DZ von 30 bis 80 m^2) wählbar, fast alle haben Holzböden, alle bodentiefe Fenster und Balkon, einige auch Sauna, Outdoor-Badewanne und einen Meditationsplatz. Hausgemachte Pralinen und ein handgeschriebener Brief heißen die Gäste willkommen, und das allabendliche Turndown-Service ist hier selbstverständlich.

Das nur Hotelgästen zugängliche Spa ist eine außergewöhnlich fein gestaltete Wohlfühloase. Sie bietet unter anderem einen 15 m langen, auch im Winter nutzbaren Außenpool mit Glaswand sowie einen Onsen und eine Außensauna mit Ruheraum auf dem Dach. Insgesamt gibt es drei Saunen – und jede Menge frischer Handtücher zur freien Entnahme. Kleines Aktivprogramm, darunter auch Qi Gong, Meditation und täglich frühmorgens Yoga, zu bestimmten Terminen finden auch Yoga-Retreats statt.

Nette Restaurantterrasse, reichhaltiges Frühstücksbuffet bis 11 Uhr, gute bis sehr gute Küche, auch vegetarisch und vegan, die Tischkultur ist casual. Schöne Bar mit japanischer Tee-Ecke, Freiluftkino. Freundliche und zuvorkommende Mitarbeiter, präsente Gastgeber. Anmerkung: Der angegebene Ab-Preis ist ein Flex-Tarif und kann in der Praxis deutlich höher ausfallen. Gratisgarage bei einigen Zimmerkategorien, bei den anderen gegen 15 Euro pro Tag. Hunde erlaubt. 75 Liegen, 96 Betten.

Freibecken, Hallenbad, Sauna, Dampfbad, Massagen, Kosmetik, Personal Trainer.

39037 Vals (BZ), Via Birchwald, 10, +39-0472-547194
HP ab € 184,-

WELLNESS

16 PUNKTE – 2 LILIEN

Lüsnerhof Naturhotel ****S

Grünruhelage mit Fernblick Nähe Brixen – Lüsnertal

Wie aus einem Bilderbuch über die gute alte Zeit: Ein sehr persönlich geführter Familienbetrieb mit Ausblick auf die Dolomiten, er liegt wunderbar ruhig und von Wiesen und Wäldern umringt auf 1.000 m Seehöhe, im Winter fährt ein kostenloser Skibus ins Skigebiet Plose. Die Anlage besteht aus Stammhaus, einem ein paar Schritte abseits gelegenen Badehaus mit Suiten sowie zwei Dependancen (150 m und 1,8 km entfernt) mit größeren Apartments, deren Gäste Zugang zu Spa und Restaurant haben. Die wunderschönen Holzfassaden mit ihren Schnitzereien lassen erahnen, was im Inneren zu erwarten ist – nämlich Südtiroler Tradition mit Holzvertäfelungen, mit warmen Farben und Polstermöbeln aus Naturmaterialien.

Das Ambiente ist wunderbar heimelig, umsichtig gestaltet und sehr gepflegt. Das gilt auch für die blitzsauberen Zimmer (17 Varianten, DZ von 24 bis 105 m²): Diese zeigen sich mit stilvoll-rustikalen Vollholzinterieurs, der Blick von den Holzbalkonen auf die umliegende Bergwelt ist wunderbar, besonders fein sind die großen Suiten mit ihren hohen Dachgiebeln, offenem Steinkamin, Whirlpool und Sauna.

Das Spa steht auch Tagesgästen offen, es bietet einen knapp 6 m langen Innenpool, einen 8 m langen Außenpool sowie 11 kleinteilige Saunen (mit fast täglichen Aufgüssen) und einen passablen Fitnessraum, der rund um die Uhr geöffnet ist. Bezaubernd ist der naturbelassene Garten: mit Whirlpools, Außensauna und kleinem FKK-Teich zum Abkühlen, all das inmitten von üppigen, blumengesäumten Kräuter- und Gemüsebeeten. Auch ein Naturpfad lockt, er führt zur wildromantischen Bachsauna – herrlich! Gute Massagen, nettes (teilweise aufpreispflichtiges) Aktivprogramm, darunter 11 geführte Wanderungen pro Woche (im Winter mit Schneeschuhen), Yoga und Qi Gong – bei entsprechender Witterung auf Kraftplätzen in der Natur.

Fabelhafte Restaurantterrasse für alle Mahlzeiten, reichhaltiges Frühstücksbuffet, es bietet auch viel Veganes in Bioqualität. Gute Küche, sie fokussiert auf Veganes und Vegetarisches, bietet aber stets auch heimischen Fisch oder Fleisch von regionalen Bauern, eine Nachmittagsjause ist inkludiert. Präsente Gastgeber, herzliche und ausgesprochen aufmerksame Mitarbeiter, viele Stammgäste. Abends gibt es Piano-, Harfen- oder Hausmusik sowie Lagerfeuer am Waldrand mit Verdauungsschnapserl, im Winter lustige Eisstockturniere mit Glühweinparty am zugefrorenen Teich. Rodeln zur Gratisleihe, Schneeschuhe gegen einen kleinen Aufpreis. Herrliche Wanderwege ohne Zahl, breites Service für Wanderer. Das Spa kann am Anreisetag ohne Aufpreis ganztägig genutzt werden, am Abreisetag bis 14 Uhr. Eher ungeeignet für Kinder, Hunde erlaubt. Fazit: So geht Wellness! Fein und ruhevoll, bodenständig und authentisch. Nichts für Schnösel und Gefühlslegasthenikerinnen. 42 Liegen, 150 Betten.

Naturbadeteich, Freibecken, Hallenbad, Außensauna, Sauna, Dampfbad, Massagen, Kosmetik, Ayurveda, Fitnessgeräte.

39040 Lüsen (BZ), Via Rungg, 20, +39-0472-413633
HP-plus ab € 168,-

WELLNESS

14 PUNKTE – 1 LILIE

Sonnwies Familienhotel *****

Grünruhelage mit Fernblick Nähe Brixen – Lüsnertal

Kinder- und Babyhotel. Auf 1.150 m Seehöhe an einem steilen Hang recht schön gelegenes Hotel, es besteht aus einem großen Stammhaus, einem ein paar Schritte entfernten Bauernhof und einer winzigen Dependance, im Winter ist ein hoteleigener Skilift mit Übungshang ganz in der Nähe, ein kostenloser Skibus bringt die Gäste auch ins Skigebiet Plose. Die öffentlichen Räume zeigen sich einnehmend gestaltet, sie erinnerten uns – so wie die Zimmerpreise – an das Moar Gut im salzburgischen Großarl, der weitläufige Shop in der Lobby mit Markenbekleidung und hochwertigen Spielsachen passt hier gut ins Bild.

Bestens gepflegte Zimmer gibt es in 24 Kategorien (34 bis 100 m²), alle haben Interieurs aus unbehandeltem Fichten- oder Zirbelkiefernholz und Naturstoffen, und jeder Schlafplatz ist frei von elektromagnetischen Störfeldern. Manche sind geradezu betörend schöne

Wohnträume, auch solche mit offenem Kamin, mit Sauna, Whirlbecken und eigenem Pool (8 mal 4 m) sind zu haben. Seltsam nur so manche Kategorienamen wie „Villa“ und „Chalet“, denn weder eine Villa noch ein Chalet ist hier zu finden. Auch die omnipräsenten Hinweiszettel mit zahlreichen Don'ts sind etwas gewöhnungsbedürftig. Für Babys ist alles vorhanden, Bademantel, Flaschenwärmer, Wasserkocher, Wippe und Kinderwagen sowie Rückentrage kann man also getrost zu Hause lassen, Wickelauflage und Badewanne ebenso. Die Minibar wird nur auf Wunsch befüllt, Turn-down-Service gibt's ebenfalls nur auf Bestellung. Roomservice übrigens ab 130 Euro aufwärts (Frühstück), der Aufpreis fürs Abendessen beträgt gar 160 Euro, auch der Wechsel des Bademantels will bezahlt werden.

Das Spa ist indoor absolut kein Riese, unter anderem geboten werden vier Saunen (eine davon textil) und ein auch im Winter nutzbares Freibecken von 17 m Länge. Auf Kids warten drei Indoorpools und zwei Wasserrutschen, im Freien ein großes Spielareal und ein Bauernhof mit Streichelzoo, Eseln und Ponys. Kleines Aktivprogramm, auch Pilates und geführte Wanderungen, im Winter auch mit Schneeschuhen.

Reichhaltiges Frühstücksbuffet, zumeist sehr gute Küche, sie legt großes Augenmerk auf Regionalität und Saisonalität, so manches kommt auch vom eigenen Biobauernhof, Light Lunch (reichlich!) und Nachmittagsjause sowie ganztägig alkoholfreie Getränke (bei Selbstbedienung) sind inkludiert, die Tischkultur ist shockingly casual – nicht einmal Stoffservietten gab es! Freundliches und zuvorkommendes Team. Täglich sehr nette Kinderbetreuung, insgesamt 70 Wochenstunden, für Babys 60 Wochenstunden. Gratisgarage für alle. 69 Liegen, 270 Betten.

Freibecken, Hallenbad, Kinderhallenbad mit Rutsche, Sauna, Dampfbad, Massagen, Kosmetik, Fitnessstudio, Personal Trainer.

39040 Lüsen (BZ), Via Ronco, 20, +39-0472-413533
HP-plus (inkl. alkoholfreier Getränke) ab € 345,–

WELLNESS

19 PUNKTE – 4 LILIEN

Manna Luxury Resort *****

Grünruhelage mit Fernblick – Nähe Kalterer See

Adults preferred (ab 12). Wohlfühlrefugium par excellence: Es handelt sich um ein super luxuriöses Mini-Resort, es wurde vor zwei Jahren eröffnet und liegt vor Apfelhainen am Waldrand des Naturparks Trudner Horn, etwas irritierend hier nur die nahe Hauptstraße, die wir, warum auch immer, allerdings kaum hören konnten. Es ist übrigens das am südlichsten gelegene Lilien-Hotel in Südtirol, von hier aus ist man schon in knapp 35 Autominuten in Trento – übrigens ein Ausflug, der sich lohnt.

Die öffentlichen Räume zelebrieren atmosphärisch geschaffene Wohnlichkeit mit hochwertigster Anmutung, es gibt nur drei Chalets (für zwei bis vier Personen) und 15 Suiten (von 30 bis 40 m^2), jede ist interieurmäßig einem Land oder einem Kontinent zugeordnet und von stilsicherer Hand mit originalen Möbelstücken arrangiert, einige verfügen auch über eine Sauna. Die Chalets sind eine Augenweide, zwei von ihnen sind beim Naturbadeteich angesiedelt, das dritte ein paar Schritte entfernt im Wald. Um das Turn-down-Service muss nicht gebettelt werden, es ist hier Standard.

Das Spa ist wunderschön gestaltet und für diese Hausgröße beinahe schon weitläufig. Es bietet unter anderem hervorragende Massagen, eine 15 m lange Kombination aus Innen- und Außenpool sowie vier Saunen, im Freien herrliche Liegebereiche – Himmelbetten an einer Felswand inklusive.

Fabelhafte Restaurantterrasse mit ausreichend Platz für alle, das Frühstück (mit Eiern aus Freilandhaltung) wird auf einer Etagere serviert, zusätzlich gibt's warme Gerichte auf Bestellung, und der Kaffee ist so, wie man sich ihn in Italien vorstellt! Die Küche ist ausgezeichnet, die Tischkultur slightly casual. Aus der Notiz unserer Tester: „In Kokosmilch gekochte Bananen, Kardamom-Karamell, Reismilch-Eis – alles wunderbar!“ Ausgesprochen freundliche Mitarbeiter, sie agieren mit natürlicher Herzlichkeit, gleichzeitig aber auch perfekt. Man hat kein schlechtes Gefühl, nach Extrawünschen zu fragen. Ganz im Gegenteil: Man hat das Gefühl, dass sie erfüllt werden wollen. Friseur im Haus. Check-out um 12 Uhr. Gratisgarage für alle. Hunde erlaubt. 18 Liegen, 38 Betten.

Naturbadeteich, Freibecken, Hallenbad, Sauna, Dampfbad, Massagen, Kosmetik, Fitnessgeräte.

39040 Montan-Kalditsch
(BZ), Vicolo Klamm, 3, +39-0471-1430095
HP ab € 235,–

Seehof Nature Retreat

WELLNESS

15 PUNKTE – 2 LILIEN

Seehof Nature Retreat ****S

Grünruhelage außerhalb von Natz – Nähe Brixen

Adults only (ab 14). Ruheoase mit Flair: Ein engagiert geführter Familienbetrieb, er liegt schön ruhig auf einer kleinen Anhöhe (860 m Seehöhe) über dem Tal an einem großen Teich, den man mit einem kleinen Spaziergang umrunden kann – ringsum nur Wiesen, Wälder und vielstimmiger Vogelgesang, ein Traum! Dass das aus Stammhaus und neuem Zubau bestehende Hotel etwas ganz Besonderes ist, merkt man schon beim Ankommen in der Lobby: Da stimmt atmosphärisch und stilistisch einfach alles, es herrscht gestalterische Perfektion bis ins kleinste Detail – von der Auswahl der Zeitungen über die gemütliche Bibliothek bis zum neuen Coworking-Space.

Die außergewöhnliche Ästhetik der öffentlichen Räume setzt sich in den Zimmern (DZ von 21 bis 49 m^2) fort, sie lassen einen staunen: Die Böden sind aus geräucherter Eiche, die Badezimmerarmaturen von Strella aus der Lombardei. Alle haben Balkon, wir empfehlen die etwas teureren Suiten-Varianten mit Seeblick – der Ausblick ist den Aufpreis definitiv wert.

Auch das öffentlich zugängliche Spa ist eine Augenweide, es bietet unter anderem ein 18 m langes, ganzjährig nutzbares Freibecken sowie drei Saunen, Ruheräume und Sonnenterrassen direkt am Teich, der nach dem textilfreien Saunagang die ideale Erfrischung wäre – wenn da nicht genau gegenüber die Restaurantterrasse wäre! (Fast) täglich kleines Aktivprogramm, darunter Pilates, Qi Gong und Faszientraining.

Schöne Restaurantterrasse mit Morgensonne, reichhaltiges Frühstücksbuffet, sehr gute, optisch ansprechende Küche, die sich auch bestens auf vegetarische Gerichte versteht, fein fanden wir auch die vorgewärmten Teller. Light Lunch und Nachmittagsjause sind inkludiert, stehen aber nur relativ kurz bereit, ein wenig Organisationstalent hinsichtlich Tagesplanung kann da nicht schaden. Viele freundliche und professionell agierende Mitarbeiter, präsente Gastgeber, die selbst eifrig mit anpacken – es gibt ja schließlich immer was zu tun!

Der Wellnessbereich kann am Abreisetag ohne Aufpreis bis 19 Uhr genutzt werden, beim Light Lunch darf auch nach dem Check-out noch ausgiebig zugelangt werden. 50 Liegen, 108 Betten.

Naturbadeteich, Freibecken, Sauna, Dampfbad, Massagen, Kosmetik, Fitnessgeräte.

39040 Natz-Schabs (BZ), Via Flötscher, 2, +39-0472-412120
HP-plus ab € 142,-

WELLNESS
17 PUNKTE – 3 LILIEN

Plunhof ****S

Grünruhelage am Ortsrand bei Ridnaun – Ridnauntal

Familienfreundlich. Wohlfühlhotel mit schönem Spa: Ein sympathischer Familienbetrieb in gerade noch angenehm überschaubarer Größe, er liegt auf 1.300 m auf einer kleinen Anhöhe, die darunterliegende Straße ist überraschenderweise kaum zu hören. Im Winter gelangt man mit ein paar guten Schritten zum hauseigenen Schlepplift für Kinder und Anfänger (Preis inkludiert), Langläufer und Tourengeher können hingegen direkt vom Haus losstarten.

Das Haus empfängt mit herzerfrischender Ländlichkeit im traditionellen Südtiroler Stil, auch ein Teil der Zimmer (24 Varianten, 25 bis 70 m²) ist so gestaltet, allerdings gibt es auch nicht wenige mit neoalpinen Interieurs und feinen Holzböden. Alle sind sehr gut gepflegt, und alle haben Balkon oder Terrasse.

Das nur Hotelgästen offenstehende Spa erstreckt sich über vier Ebenen und ist weitläufig. Unter anderem bietet es ein 17 m langes Außenbecken, einen Badeteich mit Liegen im Wasser, einen 20 m langen Innenpool in einem pompösen Hallenbad sowie Ruhebereiche mit luxuriöser Anmutung. Der Saunabereich bietet zwei Nacktzonen mit fünf Saunen (ab 16 Jahren, eine zusätzliche Textilsauna wird nur auf Wunsch eingeschaltet), zahlreiche geführte Show-Aufgüsse sowie einen wohlig warmen FKK-Solewhirlpool im Außenbereich. Schöner Bewegungsraum mit toller Aussicht, kleines Aktivprogramm, auch Waldbaden, Yoga, Qi Gong und geführte Wanderungen, im Winter mit Fackeln – und Glühwein danach.

Gemütliche Stuben, reichhaltiges Frühstücksbuffet bis 11 Uhr, sehr gute Küche bei netter Tischkultur. Präsente Gastgeber, es handelt sich um „Mama“ Paula und ihre acht tüchtigen Kinder, viele freundliche Mitarbeiter. Check-out um 10.30 Uhr. Wanderwege ohne Zahl, auf Kinder warten ein kleiner Waldspielplatz und ein Spielraum mit Holzstämmen zum Spielen, Klettern und Rutschen – sehr nett! Gratisgarage für (fast) alle. Hunde erlaubt. 134 Liegen, 150 Betten.

Naturbadeteich, Freibecken, Hallenbad, Sauna, Dampfbad, Massagen, Kosmetik, Fitnessgeräte.

39040 Ratschings-Ridnaun (BZ), Obere Gasse, 7, +39-0472-656247
HP ab € 165,-

WELLNESS
15 PUNKTE – 2 LILIEN

Sensoria Dolomites ****S

Grünlage am Ortsrand bei Seis – Nähe Seiser Alm

Adults preferred (ab 8). „Your carefree all-inclusive retreat“ (werblicher O-Ton): Ein familiengeführtes Haus mit guten Vibes, es liegt direkt an der Straße und ist nur wenige Schritte von der Talstation der Seiser Alm Bahn entfernt. Früher stand hier das Hotel Ritter, heute ist alles anders – nämlich neu, frisch, naturnah und geradezu sophisticated.

Das Ambiente ist geprägt von hellem Fichtenholz, viel Indigoblau und japanisch anmutender Ästhetik, auch die Zimmer (13 Kategorien, DZ von 18 bis 75 m²) zeigen sich wunderbar schlicht und aufs Wesentliche reduziert: Sie sind hell und freundlich, alle haben Klimaanlage, feine Holzböden, bodentiefe Fenster und Balkon oder Loggia, die Minibar wird täglich befüllt, nur in Sachen Stauraum könnte man ein bisschen weniger Minimalismus an den Tag legen – Schrank oder Kommode gibt es nämlich nicht. Unser Favorit ist jedenfalls „The Suite“ mit Sauna und Außenwhirlpool – sehr fein!

Das Spa ist auch Tagesgästen zugänglich, es bietet unter anderem ein Minihallenbad, vier sehr schöne Ruhezonen und ebenso viele Saunen (mit Peelings und Showaufgüssen), im Freien warten ein Liegewieschen und ein ganzjährig nutzbarer Pool von 12 m Länge. Gute Massagen, kleines Aktivprogramm, auch geführte Wanderungen (im Winter mit Schneeschuhen), Pilates, Meditation und fünfmal pro Woche Yoga, bei Schönwetter auf der Terrasse – wo man auch essen kann, sofern man einen der begehrten Plätze ergattert, Reservierungen sind nämlich nicht möglich.

Stimmungsvolle Bar, die morgens für das optisch ansprechende Frühstücksbuffet verwendet wird, zu essen gibt's die standardmäßigen Klassiker, frisch gepresste Säfte haben wir vermisst. Sehr gute Küche bei netter Tischkultur, eine Nachmittagsjause ist inkludiert sowie durchgehend Alkoholfreies, Bier, Südtiroler Weine, Aperitifs und Spirituosen. Viele freundliche junge Mitarbeiter, präsente Gastgeber, herzliches Umfeld – vorausgesetzt, die Chemie stimmt oder man ist Stammgast. Fazit: ein Hotel mit guter Ausstrahlung, das mit seinem All-inclusive-Angebot die gehobenen Preise wettmacht. Breites Service für Biker, Wanderausrüstung gibt's zur Gratisleihe. Valet Parking, Gratisgarage für alle. Für Kinder eher ungeeignet, Hunde erlaubt. 68 Liegen, 130 Betten.

Freibecken, Sauna, Dampfbad, Massagen, Kosmetik.
18-Loch-Parcours in 1,6 km, 20 % Greenfee-Rabatt.

39040 Seis (BZ), Via Sciliar, 37, +39-0471-706522
All-inclusive-VP ab € 232,-

WELLNESS

18 PUNKTE – 3 LILIEN

Adler Lodge Alpe *****

Naturlage mit Fernblick auf der Seiser Alm

Adults preferred (ab 8). Privatsphäre, prachtvolles Bergpanorama und Getränke inklusive: Ein Hideaway mit atemberaubendem Ausblick, es liegt auf 1.900 m Seehöhe auf der autofreien Seiser Alm, die Zufahrt ist nur mit Sondergenehmigung erlaubt. Ringsum Wiesen und Felder, Kühe weiden, im Winter ist man hier direkt an der Piste. Inwendig strotzt das Haus vor gemütlicher Eleganz, viel Holz, ein offener Kamin, Ledermöbel und große Glasfronten erinnerten uns an eine Luxushütte in den Rocky Mountains, all das vor filmreifer Bergkulisse.

Neben 18 Junior-Suiten (45 m^2) mit Fichtenholzinterieurs im Haupthaus gibt es 12 jeweils 75 m^2 große Chalets mit eigener Sauna, die auch mit eigenem Kinderzimmer buchbar sind. Alles zeigt sich bestens gepflegt und sauber, Alkoholfreies aus der Minibar ist inkludiert.

Das indoor nicht allzu weitläufige Spa steht zudem auch externen Gästen offen, es bietet einen wohlig warmen Infinity-Außenpool von 18 m Länge, einen 6 m langen Innenpool sowie drei Saunen (ab 14 Jahren). Kleines Aktivprogramm, auch Pilates und geführte Wanderungen.

Fabelhafte Terrasse, Frühstück bis 11 Uhr, sehr gute Küche, Light Lunch (reichlich) und Nachmittagsjause sind im Zimmerpreis enthalten. Genießer kommen bei den Getränken voll auf ihre Rechnung: Das All-inclusive-Konzept macht es den ganzen Tag möglich, alle Getränke (auch Flaschenweine, Craftbeer, Schnäpse und Cocktails, all das auf hohem Niveau und großzügig nachgeschenkt) ohne Aufpreis zu konsumieren. Professionelles Service (meist in englischer oder italienischer Sprache). Niveauvolle Magazine und internationale Zeitungen liegen auf. E-Bikes gibt's zur Gratisleihe. Fazit: eine prachtvolle Landschaft, ein außergewöhnliches Hotel abseits vom Mainstream, ein Erlebnis, das man sich einmal gönnen sollte. Gratisgarage für alle – fortgeschrittene Einparkkünste sind dabei von Vorteil. 31 Liegen, 70 Betten.

Freibecken, Hallenbad, Sauna, Dampfbad, Massagen, Kosmetik, Fitnessgeräte.
18-Loch-Parcours in 18 km.

39040 Seiser Alm (BZ), Via Piz, 11, +39-0471-723000
All-inclusive-VP ab € 253,-

WELLNESS

14 PUNKTE – 1 LILIE

Goldknopf Alpine Lifestyle ****

Absolute Naturlage mit Fernblick auf der Seiser Alm

Gefühlt auf dem Dach (im Marketingneusprech auch: auf der Sky Terrace) der Seiser Alm liegt dieser Familienbetrieb. Es handelt sich um das höchstgelegene Lilien-Hotel Südtirols. Es liegt solitär auf 2.080 m, man ist hier fast auf Bergstation-Niveau und im Winter natürlich direkt an der Skipiste, allerdings ist das Haus dann nicht mit dem Auto zu erreichen, die Anfahrt dafür erlebnisreich, nämlich mit der Pistenraupe. Im Sommer hingegen führt ein Schotterweg herauf, die nötige Sondergenehmigung für die grundsätzlich autofreie Seiser Alm ist über das Hotel erhältlich. Ringsum gibt es hier nur die Bergwelt, Ruhe und ein atemberaubendes Panorama kommen hinzu.

Das Ambiente spielt mit neoalpiner Modernität der gemütlichen Art, und das gilt auch für die Zimmer. Sie sind aus 18 Kategorien (DZ von 18 bis 40 m^2) wählbar und alle renoviert, viele haben Bäder mit Glaswänden, alle Holzböden, ein Balkon ist fast immer dabei – genauso wie der für das Haus so typische Fernblick.

Das öffentlich zugängliche Spa ist nicht gerade weitläufig, also eher als Add-on für Skifahrer und Wanderer gedacht. Es bietet vier Saunen inklusive einer feinen Außensauna, einen 15 m langen Indoorpool, einen American-Außenwhirlpool sowie einen Naturbadeteich, der uns jedoch selbst im Sommer zu frisch war.

Sonnenterrasse, Frühstück gibt es erst ab 8 Uhr (für Skifahrer und Wanderer nicht ganz optimal), gute Küche, der Juniorchef kocht selbst, er setzt auf Zutaten von Bauern

Goldknopf Alpine Lifestyle

aus der Region. Viele freundliche und flinke Mitarbeiter, nette Gastgeber. Anmerkung: Der angegebene Ab-Preis ist ein Flex-Tarif und kann in der Praxis deutlich höher ausfallen. Check-out bereits um 10 Uhr, und dass für das Zimmerservice 30 Euro extra verrechnet werden, finden wir auch nicht berauschend. Im Sommer Gratisgarage für alle, im Winter zahlt man 20 Euro in einem Partnerhotel im Tal. Eher ungeeignet für Kinder. 29 Liegen, 80 Betten.

Naturbadeteich, Hallenbad, Außensauna, Sauna, Massagen, Kosmetik.
18-Loch-Parcours in 17 km.

39040 Seiser Alm (BZ), Via Joch, 18, +39-0471-727915
HP ab € 145,–

WELLNESS

15 PUNKTE – 2 LILIEN

Alpina Dolomites Lodge *****

Grünruhelage mit Fernblick auf der Seiser Alm

Familienfreundlich. Modernes Luxushotel vor atemberaubender Naturkulisse: Ein familiengeführter Fünfsternbetrieb von angenehmer Größe, er liegt auf 1.850 m Seehöhe neben der Bergstation der Gondelbahn, im Winter ist man hier natürlich direkt an der Piste. Das Haus zelebriert sozusagen bodenständige Extravaganz mit hochwertiger Anmutung, alles wirkt wie aus einem Guss, das lässt uns Tester, nach gefühlt unendlich vielen Hotels mit holprigem Ambientemischmasch und stilistischen Achterbahnfahrten, bei jedem Besuch aufatmen.

Geradlinige Ästhetik kennzeichnet die Zimmer, man kann sie sich aus sechs Varianten (DZ von 50 bis 150 m^2) aussuchen, sie sind ausnahmslos äußerst großzügig geschnitten, haben feine Holzböden und Balkon, Turn-down-Service ist Standard. Das Hotel ist durch einen längeren unterirdischen Gang mit einer kleinen, kreisrunden Dependance verbunden, in deren Erdgeschoß sich im Winter ein lebhaftes Self-Service-Restaurant samt Terrasse für Skifahrer befindet.

Das Spa steht ausschließlich Hausgästen offen, es bietet unter anderem einen atmosphärisch gestalteten Saunabereich, fünf Saunen (eine davon textil), einen 20 m langen Innenpool und einen 11 m langen Außenpool. Täglich umfangreiches Aktivprogramm, darunter auch geführte Wanderungen (im Winter mit Schneeschuhen) und Bike-Touren, Qi Gong, Pilates und Yoga.

Zigarrenlounge, stimmungsvolle Bar und Tagesterrasse, hier kann auch bis 11 Uhr das Frühstück eingenommen werden. Die Küche ist sehr gut bis ausgezeichnet, eine Nachmittagsjause ist inkludiert. Viele freundliche Mitarbeiter (gute Englisch- oder Italienischkenntnisse sind hilfreich), niveauvolles Umfeld, viele Gäste aus Übersee. Check-in ab 16 Uhr, Check-out um 12 Uhr. Valet Parking, Gratisgarage für alle. Acht Stunden Betreuung für Kinder ab fünf Jahren (mit saisonalen Einschränkungen), Hunde sind nur sehr eingeschränkt erlaubt. 54 Liegen, 150 Betten.

Freibecken, Hallenbad, Sauna, Dampfbad, Massagen, Kosmetik, Ayurveda, Fitnessgeräte, Personal Trainer.
18-Loch-Parcours in 13 km.

39040 Seiser Alm (BZ), Compatsch, 62/3, +39-0471-796004
NF ab € 257,50

WELLNESS
14 PUNKTE – 1 LILIE

Rosa Eco Alpine Spa Resort ****S

Grünlage mit Fernblick auf der Seiser Alm

Familienfreundlich. Klein und fein: Ein familiengeführtes Haus, es liegt auf 1.860 m Seehöhe etwas oberhalb der Straße, die von Kastelruth aus auf die Seiser Alm führt. An der Rückseite fährt kaum hörbar die Gondelbahn vorbei, im Winter ist gleich auf der gegenüberliegenden Straßenseite der Pisteneinstieg möglich. Die Fassaden erinnern noch an vorangegangene Dreisternzeiten, innen hingegen zeigt sich zeitgemäße Alpenländlichkeit mit extravaganten Akzenten.

Es gibt nur 25 Zimmer, sie stehen in sieben Kategorien (DZ von 20 bis 45 m^2) zur Auswahl, sie sind kontemporär und gemütlich gestaltet, alle haben feine Holzböden, die meisten Balkon. Unser Favorit ist jedenfalls die Suiten-Variante „Alpine Lifestyle", sie verfügt über ein Design aus hellem Holz und dunklem Fußboden, Whirlpool und einen Balkon mit schönem Ausblick.

Das öffentlich zugängliche Spa lebt sozusagen von seinem wunderbaren Außenbereich, dazu gehören ein 13 m langes Freibecken, Außenwhirlpool, eine Außensauna mit Kelo-Holz (jahrhundertealte Polarkiefer) und ein ansprechender Garten mit Liegewiese und Himmelbett, inwendig werden zwei weitere Saunen (mit sehr eingeschränkten Öffnungszeiten) sowie ein 10 m langer Pool geboten.

Gemütliche Restaurantstuben mit Ausblick in Richtung Dolomiten, eine metallene Riesenkugel im Freien dient als romantisches Séparée für Fine Dining, die Bar ist pompös und wirkt etwas überladen. Reichhaltiges Frühstücksbuffet, sehr gute bis ausgezeichnete Küche bei feiner Tischkultur (wir hatten etwa eine herzhafte Gerstensuppe und ein feines Hirschsteak mit Polenta), im Winter ist eine süße Nachmittagsjause mit Heißgetränken inkludiert. Freundliche und zuvorkommende Mitarbeiter, die Gastgeber halten sich gerne im Hintergrund. Gratisgarage für alle. Toller Outdoor-Spielplatz, faire Nächtigungspreise für Kleinkinder. Hunde erlaubt. 28 Liegen, 65 Betten.

Freibecken, Hallenbad, Außensauna, Sauna, Dampfbad, Massagen, Kosmetik, Fitnessgeräte.
18-Loch-Parcours in 13 km.

39040 Seiser Alm (BZ), Compatsch, 13, +39-0471-727950
HP ab € 165,-

WELLNESS
13 PUNKTE – 1 LILIE

Seiser Alm Urthaler *****

Grünlage mit Fernblick auf der Seiser Alm

Vor 20 Jahren eine Sensation: Ein familiengeführtes Haus, es liegt auf 1.860 m Seehöhe ein paar Schritte von der Bergstation der Seiser-Alm-Gondelbahn entfernt, im Winter steht das für den Anschluss an 175 Pistenkilometer. Vor mehr als zwei Jahrzehnten wurde es eröffnet, damals handelte es sich um das erste nahezu vollständig aus Holz gebaute Hotel Europas. Und zwar aus sogenanntem Mondholz, ohne Leim und ohne Metall, nach dem Konzept des Nachhaltigkeitsvordenkers und virtuosen Holzbaumeisters Erwin Thoma aus Salzburg. Inwendig regiert schlichtest interpretierter Alpenlandstil, der mitunter geradezu in Charmelosigkeit abgleitet.

Auch die Zimmer (neun Kategorien, 28 bis 80 m^2) zelebrieren diesen Gestaltungswillen, alles ist aus naturbelassenem Holz, das sich allerdings nach einer pflegenden Hand, die seine sichtlich nach Wachs oder Holzöl flehentlich dürstenden Poren schließt, sehnt. Die Sanitärbereiche befinden sich in einer Art Glaskubus, Bad und WC sind zumeist in einem. Die Minibar ist inkludiert, o wie schön – wir fanden aber nur Wasser drinnen. Wunderbar hingegen wiederum das Raumklima, die übergroßen Betten und die feine Bettwäsche. Wer bei offenem Fenster schlafen möchte, sollte sich vor einem straßenseitigen Zimmer hüten, denn der Morgenverkehr übernimmt trotz generellen Fahrverbots schon frühzeitig die Weckfunktion, mitunter auch bei geschlossenen Fenstern.

Das Spa steht ausschließlich Hausgästen offen, es bietet unter anderem drei Saunen (ab 16 Jahren), einen 17 m langen Innenpool, einen 7 m langen, auch im Winter nutzbaren Außenpool und eine Liegewiese mit feinem Kneippparcours im eiskalten Gebirgsbach. Ausgezeichnete Massagen, das Fitnessstudio ist überdurchschnittlich dimensioniert und bestens ausgestattet.

Reichhaltiges Frühstücksbuffet bis 11 Uhr, zumeist gute Küche, ein nachmittägliches Kuchenbuffet ist inkludiert. Viele freundliche Mitarbeiter, aber ein Fünfstern-Feeling haben wir auch diesmal nicht erlebt. Hart an der Null-Lilien-Grenze. Valet Parking, Gratisgarage für alle. Für Kinder eher ungeeignet. Hunde erlaubt. 39 Liegen, 130 Betten.

Freibecken, Hallenbad, Sauna, Dampfbad, Massagen, Kosmetik, Fitnessstudio.
18-Loch-Parcours in 13 km, 20 % Greenfee-Rabatt.

39040 Seiser Alm (BZ), Compatsch, 49, +39-0471-727919
HP ab € 173,-

WELLNESS
14 PUNKTE – 1 LILIE

Tirler Dolomites Living ****S

Naturlage mit Fernblick auf der Seiser Alm

Familienfreundlich. Biohotel in Naturlage: Ein Familienbetrieb auf 1.700 m Seehöhe, umgeben von Wiesen und Wäldern liegt er in einem Seitental der Seiser Alm, im Winter ist man hier direkt an der Piste. Das Haus ist weitgehend aus Holz gebaut, es besteht aus einem hufeisenförmig angelegten Zimmertrakt mit Rezeption und Wellnessbereich, über einen unterirdischen Gang gelangt man zu einer urigen Almhütte, die Gaststube, Restaurant und auch einige Zimmer beherbergt, Letztere sollte aber dringlich meiden, wer Ruhe sucht. Die öffentlichen Räume zeigen sich in sympathischer neoalpiner Ländlichkeit, Holz, Stein und andere Naturmaterialien regieren, und ein zarter Zirbenduft schafft eine besondere Atmosphäre.

Es gibt nur 28 Zimmer in fünf Kategorien (DZ von 40 bis 69 m²), sie sind mit viel Holz heimelig gestaltet, alle haben Lehmwände und Holzböden, manche offenen Kamin, einen Holzbottich für zwei und Infrarotsauna. Das „Chalet 1752" grenzt ans Haupthaus, es hat einen separaten Eingang, schöne Holzvertäfelungen, offenen Kamin und eine Sauna am Südbalkon.

Das kleine Spa steht auch externen Gästen offen, es erfreut unter anderem mit vier Saunen (mit sehr eingeschränkten Öffnungszeiten) und einem 13 m langen Außenpool, der, wie das gesamte Hotel, von der hauseigenen Quelle gespeist wird. Fein ist die Panoramasauna im Freien, die Massagen sind ausgezeichnet. Kleines Aktivprogramm mit geführten Wanderungen und Bike-Touren.

Fabelhafte Restaurantterrasse, sie ist allerdings mittags bis abends nicht selten von zahlreichen Tagesgästen bevölkert und musikberieselt. Reichhaltiges Frühstücksbuffet bis 11 Uhr (Check-out allerdings bereits eine halbe Stunde früher), gute Küche, Extrawünschen bezüglich veganen und vegetarischen Alternativen sowie Unverträglichkeiten wird gerne entsprochen. Viele freundliche und zuvorkommende Mitarbeiter, bodenständiges Umfeld. Das Spa kann am Abreisetag ohne Aufpreis noch ganztägig genutzt werden. Herrlichste Wanderwege ohne Zahl, im Winter beginnen 7 km Loipen vor der Haustüre, Rodeln gibt es zur Gratisleihe. Spielplatz mit Streichelzoo, Gratisgarage für alle Direktbucher. 20 Liegen, 100 Betten.

Freibecken, Sauna, Dampfbad, Massagen, Kosmetik, Fitnessgeräte.
18-Loch-Parcours in 20 km.

39040 Seiser Alm (BZ), Via Saltria, 59, +39-0471-727927
HP ab € 160,-

WELLNESS
13 PUNKTE – 1 LILIE

Plattenhof Tramin ****

Grünruhelage beim Kalterer See – Nähe Bozen

Familienfreundlich. Schön gelegen mit Ausblick auf den Kalterer See: Ein sehr persönlich geführter Familienbetrieb in Kleinstformat, er liegt auf etwa 450 m Seehöhe wunderbar ruhig inmitten von Weingärten, zum See sind es knapp 10 Autominuten. Die Architektur zeigt sich harmonisch und gut durchdacht, alles ist sauber und gepflegt, und Weinflaschen werden häufig gekonnt in Szene gesetzt.

Es gibt nur 23 Zimmer (sechs Kategorien, DZ von 50 bis 77 m²), sie sind ausnahmslos großzügig geschnitten, alle haben Böden in Holzoptik, gute Betten, Klimaanlage sowie einen Balkon mit Ausblick in die Weingartenidylle mit dem Kalterer See in der Ferne.

Der kleine und inwendig auch etwas bescheidene Wellnessbereich steht nur Hotelgästen offen, er offeriert unter anderem drei Saunen (ab 18 Jahren) und einen netten Außenbereich mit einem 10 m langen, ganzjährig nutzbaren Naturpool auf der Liegewiese. Diese Infrastruktur würde freilich bei einem Mainstream-Hotel niemals für eine Lilie reichen, doch wie immer bewerten wir auch hier nicht nur das Spa, sondern das „Gesamtprodukt" unter Einbeziehung aller Wohlfühlaspekte.

Wunderbares Frühstücksbuffet bis 11 Uhr, gute Küche, kompetente Weinberatung, faire Getränkepreise, und vom Hauswein „Eigenbau Plattenhof" haben wir gerne ein bisschen mehr genossen. Ausgesprochen freundliche und zuvorkommende Mitarbeiter, präsente und fürsorgliche Gastgeber. Ringsum herrliche Wanderwege ohne Zahl, für Kinder gibt es einen Spielplatz. Gleich neben dem Hotel befinden sich ein Restaurant und ein Weingut – beides gehört ebenfalls zum Plattenhof –, hier wird ausgezeichneter Gewürztraminer verkauft. Der Wellnessbereich kann am Abreisetag ohne Aufpreis ganztägig genutzt werden. Gratisgarage für alle. Hunde erlaubt. 11 Liegen, 50 Betten.

Freibecken, Sauna, Dampfbad, Massagen.
9-Loch-Parcours in 22 km.

39040 Tramin (BZ), Via Söll, 33, +39-0471-861454
HP ab € 144,–

WELLNESS

14 PUNKTE – 1 LILIE

Feuerstein Nature Family Resort *****

Grünruhelage Nähe Brenner – Pflerschtal

Kinderfreundlich. Kinderhotel unweit der österreichischen Grenze: Eine Großanlage mit fünf Sternen, sie liegt auf 1.250 m Seehöhe beinahe am Talschluss eines nur spärlich besiedelten Hochtales. „Einzigartig wie die Lage selbst", lautet ihr werblicher Claim, dem wir nicht ganz zustimmen können, denn genau das ist sie nicht. Das Haus könnte sich nämlich ebenso gut in Westösterreich befinden, und es hat auch klimatisch mit den mild-warmen Zonen Südtirols nicht viel gemein. Außen wie innen zeigt sich das Resort in geradliniger Modernität, in Sachen Ambiente könnte es sogar gut als „Erwachsenenhotel" durchgehen.

Die Zimmer (13 Kategorien, DZ von 35 bis 105 m²) sind hell und gemütlich gestaltet, haben schöne, schlichte Vollholzinterieurs, Holzböden, Balkon oder Terrasse, viele auch separate Kinderzimmer.

Das Spa ist für diese Hotelgröße flächenmäßig etwas zu klein geraten, zudem steht es auch externen Gästen offen. Es bietet unter anderem für Familien drei Textilsaunen, drei kleine Indoor-Pools, eine 100 m lange Wasserrutsche sowie einen 20 m langen Außenpool. Den Saunabereich für Erwachsene empfanden wir im Vergleich mit dem Rest des Hauses als regelrechte Ruheoase, er bietet drei Saunen (mit großzügigen Öffnungszeiten) und einen kleinen Whirlpool auf dem Dach. Umfangreiches Aktivprogramm (Mo bis Sa), auch Yoga, Pilates und Meditation. Für Kinder gibt es indoor und outdoor viele Attraktionen, dazu zählen etwa Matschspielraum, Scheune zum Heuhupfen, Holzwerkstatt, Malatelier, Turnhalle, Streichelzoo sowie ein Reitstall mit Halle und Viereck, erfahrene Reiter haben auch die Möglichkeit für Tagesausritte. Im Sommer gibt es einen sehr frischen, 1,4 m tiefen Badeteich mit „Piratenfloß", im Winter kann man hier eislaufen.

Reichhaltiges Frühstück bis 11 Uhr, Light Lunch und Nachmittagsjause sind im Zimmerpreis inkludiert, die Küche konnte uns diesmal nicht vollständig überzeugen. Babys bekommen auf Wunsch einen hausgemachten Brei. Angesichts einiger Servicedefizite erscheint uns das Preis-Leistungs-Verhältnis ein bisschen unrund. Valet Parking, Gratisgarage für alle. Bis zu 70 Wochenstunden Betreuung für Kinder zwischen null und 16 Jahren nach dem Montessori-Konzept. Hunde erlaubt. 71 Liegen, 320 Betten.

Naturbadeteich, Freibecken, Hallenbad, Kinderbecken, Babybecken, Sauna, Dampfbad, Massagen, Kosmetik, Fitnessgeräte, Personal Trainer.

39041 Brenner-Pflersch (BZ), Fleres, 185, +39-0472-770126
HP-plus ab € 226,–

WELLNESS

18 PUNKTE – 3 LILIEN

Forestis *****

Grünruhelage mit Fernblick Nähe Brixen

Hundefreundlich, Adults preferred (ab 14). Gigantischer Ausblick! Ein vor drei Jahren eröffnetes Fünfsternhaus mit sensationellem Erscheinungsbild – und dementsprechendem Instagram-Hype! –, es liegt auf 1.770 m Seehöhe atemberaubend an einem steilen Südhang mitten im Wald, im Winter ist man hier praktisch direkt an der Piste und etwa 200 m von der Talstation der Palmschoß-Sesselbahn entfernt, das steht für den direkten Anschluss an sechs weitere Lifte und insgesamt 45 Pistenkilometer. Die Anlage besteht aus einem historischen Gebäude, das zuletzt als Hotel Rosalpina betrieben wurde, und drei hohen, dunklen Wohntürmen, die unterirdisch miteinander verbunden sind. Der Ausblick auf die Dolomiten ist nahezu konkurrenzlos, der Blick nach innen zeigt hochgradige Reduktion ohne Deko. Helle lehmverputzte Wände, Glas und Fichtenholz regieren.

Die Zimmer (vier Kategorien, DZ von 35 bis 200 m^2) erfreuen das Auge, alles ist ästhetisch gestaltet. Die Suiten in den Türmen verfügen über Daybeds auf der Terrasse, daher kann man auch unter freiem Himmel übernachten, das ist natürlich ein Erlebnis! Highlights sind die beiden Penthouse-Suiten mit offenem Kamin, Sauna und kleinem Infinity-Pool auf der Dachterrasse. Alkoholfreies aus der Minibar ist inkludiert, doch sie enthält eben nur Alkoholfreies, sodass man kaum umhinkommt, Getränke zu bestellen, wobei jedesmal eine saftige Service-Charge anfällt.

Wie das Restaurant steht auch das Spa Gästen des 3 km entfernten Chaletdorfes Odles Lodge offen. Es ist weitläufig, aber nicht wirklich durchdacht angelegt, offeriert fünf Saunen (eine davon textil), einen mit Steinfliesen ausgekleideten, 20 m langen Innenpool sowie einen ebenso langen, auch im Winter nutzbaren Außenpool. Die meisten Ruheliegen befinden sich im (lauten) Hallenbad und stehen zudem unwürdig dicht aneinander. Feine Treatments, bescheidenes Aktivprogramm, darunter auch täglich Meditation und Wyda, die Bewegungslehre der keltischen Druiden.

Fabelhafte Terrasse für alle Mahlzeiten, das Restaurant ist wie ein Kinosaal stufenförmig angelegt, somit kann jeder Gast das Bilderbuchpanorama in Front-Row-Qualität genießen. Hochwertiges Frühstück mit vielen Überraschungen, sehr gute bis ausgezeichnete Küche, die sich auch bestens auf die optische Präsentation versteht. Nette Tischkultur, hochambitionierte Getränkepreise – die teuerste Flasche Wein schlägt mit rund 2.000 Euronen zu Buche –, geheimnisvolle Bar – ganz in Schwarz. Viele freundliche und zuvorkommende Mitarbeiter, die Gastgeber halten sich gerne im Hintergrund. In puncto Gastfreundschaft und Professionalität sehen wir noch Verbesserungspotenzial. Überdachte Stellplätze sind kostenlos. 98 Liegen, 130 Betten.

Freibecken, Hallenbad, Außensauna, Sauna, Dampfbad, Massagen, Kosmetik, Fitnessgeräte.

39042 Brixen (BZ), Palmschoß, 292, +39-0472-521008
HP ab € 356,-

WELLNESS
13 PUNKTE – 1 LILIE

Fischer ****

Grünruhelage mit Fernblick oberhalb von Brixen

Mit schönem Ausblick auf Brixen und die dahinterliegende Bergwelt: Ein kleiner, herzlich und familiär anmutender Familienbetrieb, er wird bereits in zweiter Generation geführt und liegt auf 870 m Seehöhe am Rand eines 50-Häuser-Dörfchens oberhalb von Brixen, im Winter sind es sieben Autominuten zur Talstation der Kabinenbahn, dem Anschluss an die 43 Pistenkilometer des Skigebiets Brixen-Plose, ein kostenloses Shuttle steht zur Verfügung.

Das vor acht Jahren bis auf die alte Stube neu errichtete und um ein Nebengebäude ergänzte Haus zeigt sich in gemütlicher Modernität, alles glänzt vor Sauberkeit. Schöne Zimmer (DZ von 27 bis 65 m^2) sind aus acht Kategorien wählbar, alle haben Balkon oder Terrasse und Holzböden, der Bademantel ist aus reiner Baumwolle – den Weckdienst übernehmen zur frühen Stunde Hahn und Esel.

Das indoor nicht allzu große Spa steht auch externen Gästen offen, es bietet unter anderem vier Saunen (eine davon textil) und einen 12 m langen Innenpool sowie im Freien einen kleinen Garten mit einem knapp 14 m langen Außenpool und Liegedecks.

Fabelhafte Restaurantterrasse, die inwendig stattfindenden Mahlzeiten laufen – nicht zuletzt wegen der zahlreichen einheimischen Tagesgäste – mitunter etwas chaotisch ab. Langschläferfrühstück bis 11 Uhr, gute Küche, der Gastgeber kocht selbst, er legt großen Wert auf Saisonalität und Regionaliät. Fleisch kommt vom benachbarten Biohof, Wild aus naher Jagd und Küchenkräuter aus dem eigenen Garten. Feine Tischkultur, gute Weinkarte, kompetente Weinberatung, moderate Getränkepreise – eine Flasche Wein ab 24 Euro. Viele freundliche und zuvorkommende Mitarbeiter, in puncto Service gibt es noch etwas Luft nach oben. Ringsum Wanderwege ohne Zahl, mehrmals pro Woche gibt es geführte Mountainbike-Touren. Ruhesuchenden sei empfohlen, eventuell stattfindende Tagungen oder Gruppenreisen vor der Buchung abzuklären. Gratisgarage für höhere Zimmerkategorien, ansonsten gegen 5 Euro pro Tag. Eher ungeeignet für Kinder, Haustiere erlaubt. 35 Liegen, 90 Betten.

Freibecken (Sommer), Hallenbad, Sauna, Dampfbad, Massagen, Ayurveda, Fitnessgeräte.

39042 Brixen-St. Andrä (BZ), Cleran, 196, +39-0472-852075
HP ab € 125,-

WELLNESS
15 PUNKTE – 2 LILIEN

My Arbor *****

Grünruhelage mit Fernblick bei Brixen

Adults only (ab 16). „Baumhotel", neuerdings mit fünf Sternen: Ein sympathischer Familienbetrieb mittlerer Größe, er liegt ruhevoll auf 1.100 m Seehöhe und ist von Fichten- und Lärchenwäldern umgeben. Der langgezogene Komplex macht sich gut in der Landschaft, ein kleiner Teil scheint wie von Baumstämmen getragen – tatsächlich stützt eine Betonwand –, so hat man hier ein bisschen das Gefühl, in den Baumkronen zu wohnen. Die öffentlichen Räume zeigen sich sehr stylisch und teilweise sogar beeindruckend fürs Auge, als Rezeptionstresen dienen zwei riesige liegende Baumstämme.

Zimmer stehen in drei recht ähnlichen Interieurvarianten (DZ von 38 bis 100 m²) zur Auswahl, alle haben feine Holzböden, bodentiefe Fenster, Vertäfelungen aus gebürsteter Lärche, Daybeds, Balkon oder Terrasse sowie überbreite Boxspringbetten, manche auch Sauna.

Das Spa ist öffentlich zugänglich und auf zwei Ebenen untergebracht, unter anderem bietet es fünf Saunen (eine davon textil) und einen 20 m langen Innenpool, der mit einem 12 m langen Außenpool verbunden ist. Ausgezeichnete Massagen, manche können während der warmen Jahreszeit auch im Freien durchgeführt werden, und zwar in eigens dafür gebauten Holzhäuschen, die an einer Seite offen sind. Kleines Aktivprogramm, darunter auch Waldbaden, Qi Gong und Yoga. Täglich bis zu vier geführte Aufgüsse, auch bereits am Vormittag.

Fabelhafte Frühstücksterrasse, ausgezeichnetes Frühstücksbuffet bis 11 Uhr, gute bis sehr gute Küche, Extrawünsche werden in diesem Haus nicht mit Augenrollen beantwortet. Riesige Weinkarte mit zahlreichen Offenen, sie kosten zwischen 7 und 20 Euro (0,1 l), große Auswahl an Schaumweinen, auch so mancher formidable Franciacorta findet sich darunter – Angeberweine zum Preis eines Kleinwagens jedoch nicht. Präsente, sehr freundliche und hilfsbereite Gastgeber, viele ausgesprochen nette und sehr bemühte Mitarbeiter. Ruhesuchenden sei empfohlen, eventuell stattfindende Tagungen und Feierlichkeiten vor der Buchung abzuklären. Valet Parking, Gratisgarage für alle. Hunde erlaubt. 116 Liegen, 216 Betten.

Freibecken, Hallenbad, Außensauna, Sauna, Dampfbad, Massagen, Kosmetik, Fitnessgeräte, Personal Trainer.

39042 Brixen-St. Andrä
(BZ), Via San Leonardo, 26, +39-0472-694012
HP ab € 245,-

WELLNESS
14 PUNKTE – 1 LILIE

Gnollhof ****

Absolute Naturlage mit Fernblick Nähe Brixen

Hundefreundlich. Ruheoase mit wunderschönem Ausblick: Ein in vierter Generation geführter Familienbetrieb in angenehm überschaubarer Größe, er liegt auf 1.160 m Seehöhe in Solitärlage, im Winter fährt jeden Tag ein hoteleigenes Shuttle in eines der umliegenden Skigebiete. Schon beim Betreten des Hauses fühlt man sich wohl und geborgen, frische Schnittblumen erfreuen Sinn und Gemüt, da stört es auch nicht sonderlich, dass das Ambiente etwas uneinheitlich ist.

Die Zimmer (DZ von 30 bis 50 m²) zeigen sich mehrheitlich recht schön gestaltet, alle haben Balkon, manche noch dunkelbraune Teppichböden, unser Favorit namens „Mountain Spirit" präsentiert sich mit viel Eichenholz und Balkon mit Blick ins Villnößtal – einfach schön!

Das Spa ist überschaubar groß und auch Tagesgästen zugänglich, es bietet vier Saunen (ab 16 Jahren), einen 7 m langen Innenpool, einen knapp 13 m langen Infinity-Außenpool und ein ebenso großes, aber nur während der warmen Jahreszeit nutzbares Schwimmbecken auf der weiten Liegewiese, wo auch Hunde willkommen sind. Mini-Aktivprogramm, darunter geführte Wanderungen (im Winter auch mit Schneeschuhen) und Pilates.

Fabelhafte Restaurantterrasse, statt eines Restaurants gibt es mehrere Stuben (in eine kann man auch den Vierbeiner mitnehmen), reichhaltiges Frühstücksbuffet bis 10 Uhr, Check-out ebenso. Sehr gute, regional ausgerichtete Küche bei netter Tischkultur – der

Gnollhof

Gastgeber kocht übrigens selbst, Light Lunch (reichlich) mit verbundener süßer Nachmittagsjause ist inkludiert, die Weinberatung ist gut. Präsente Gastgeber, ausgesprochen freundliche und zuvorkommende Mitarbeiter. Herrliche Wanderwege ohne Zahl. Eher ungeeignet für Kinder. Für Hunde zahlt man 10 Euro pro Tag. 40 Liegen, 110 Betten.

Freibecken, Freibecken (Sommer), Hallenbad, Sauna, Dampfbad, Massagen, Kosmetik, Fitnessgeräte.
Tennisplatz.

39043 Klausen (BZ), Gudon, 81, +39-0472-847323
HP-plus ab € 131,–

WELLNESS

14 PUNKTE – 1 LILIE

Santre Dolomythic Home ****S

Grünlage am Ortsrand mit Fernblick bei Brixen

Hunde- und familienfreundlich. Lebhaftes Lifestyle-Hotel mit tollem Ausblick: Ein stylisches Haus mit eindrucksvoller Architektur, es liegt auf 920 m Seehöhe an einem abfallenden Steilhang direkt an der Straße über das Würzjoch, im Winter sind es vier Autominuten zur Talstation des Plose-Skigebiets (40 km Pisten).

Das Ambiente gibt sich cool und lässig gestaltet, Zimmer kann man aus vier Kategorien (DZ von 38 bis 72 m²) wählen, sie befinden sich allesamt an der straßenabgewandten Seite, haben alle Klimaanlage, Holzböden und Interieurs aus hellem Holz, manche auch Sauna und Whirlpool.

Das auch externen Gästen offenstehende Spa bietet unter anderem einen separaten Adults-only-Bereich mit Außenwhirlpool und eine 22 m lange Kombination aus Innen- und Außenpool, sie war auch bei unserem letzten Besuch wieder fest in Kinderhand. Das zu schreiben, so rügte uns der Hotelier übrigens im Vorjahr, sei „subjektive Wahrnehmung“ und „unsachlich“ – seltsam. Weiters gibt es vier Saunen (eine davon textil) sowie eine Fitnesszone mit dem für das Haus so typischen Ausblick. Täglich (Mo bis Sa) kleines Aktivprogramm, auch geführte Wanderungen, Kickboxen und dreimal pro Woche Yoga.

Fabelhafte Restaurantterrasse für alle Mahlzeiten, reichhaltiges Frühstücksbuffet bis 11 Uhr (Check-out jedoch eine halbe Stunde früher), gute Küche, die sich auch auf Vegetarisches und Veganes versteht. Weniger fein für uns: die Dauerbeschallung mit Discomusik auf der Terrasse. Jüngere, mitunter etwas hippe Gästeschar, junges Team, das jeden duzt, selbst wenn das nicht erwünscht ist. Präsente Gastgeber. Innen und außen schöne Spielzonen für Kids. Fazit: Gute Leistungen, mit unserer Auffassung von alltagsabgewandtem Relaxen sind wir aber von diesem Angebot und von dieser Atmosphäre ein Stück weit entfernt. Gratisgarage für alle. 75 Liegen, 150 Betten.

Naturbadeteich, Freibecken, Hallenbad, Kinderbecken mit Rutsche, Außensauna, Sauna, Dampfbad, Massagen, Kosmetik, Fitnessgeräte.

39042 Brixen-St. Andrä (BZ), Via Centrale, 19, +39-0472-694979
HP ab € 200,-

WELLNESS
15 PUNKTE – 2 LILIEN

Adler Balance Spa Resort *****

Zentrale Ortslage in St. Ulrich – Grödnertal

Adults preferred (ab 14). Mit Fokus auf Gesundheit und ganzheitliche Regeneration: Ein kleiner, feiner Repräsentant der Adler-Hotels, er wurde 2008 eröffnet und liegt auf 1.200 m Seehöhe etwas erhöht im Ort, nur ein paar Schritte vom Adler-Stammhaus Dolomiti entfernt, im Winter sind es jeweils sieben Gehminuten zu den Talstationen Seiser Alm und Seceda.

Die öffentlichen Räume zeigen sich in nahezu archaisch-heimeliger Modernität, naturbelassenes Holz, helle und dunkle Sitzmöbel sind stilvoll in Szene gesetzt. Auch die Zimmer (zwei Kategorien, DZ mit 35 oder 45 m²) folgen diesem Konzept, alle haben Balkon mit schönem Ausblick über das Tal und in die Berge.

Das Spa muss mit den Gästen des Adler-Stammhauses geteilt werden, es ist über einen längeren Gang zu erreichen, hat labyrinthische Anmutung, aber auch einen schönen Garten mit einem 16 m langen Außenpool. Highlight ist ein Adults-only-Bereich mit drei Saunen und Nacktzone im Freien, glasklarer FKK-Badeteich und Whirlpool inklusive. Zentrale Themen des hauseigenen Gesundheitszentrums sind Diagnostik, Prävention und Therapie von stressbedingten Gesundheitsstörungen, ebenso werden Entgiftungskuren für Darm und Leber und ästhetische Medizin angeboten. Neu ist eine Kältekammer zur Ganzkörperbehandlung bei minus 160 Grad: ein fabelhafter Frischekick – drei Minuten um rund 55 Euro. Täglich umfangreiches Aktivprogramm, darunter auch Qi Gong, Pilates und achtmal pro Woche Yoga. Im Winter gibt es geführte Skitouren und Wanderungen mit Schneeschuhen.

Sehr gute Küche, eine Nachmittagsjause ist inkludiert, alternativ wird auch eine Vollpension angeboten. Präsente und sympathische Gastgeberin, freundliche und zuvorkommende Mitarbeiter. Fazit: Alle, die Abstand vom Alltag brauchen und Regeneration benötigen, finden hier ein wunderbares, ruhevolles Umfeld dafür. Ringsum Wanderwege ohne Zahl. E-Bikes gibt es zur Gratisleihe. Gratisgarage für alle. 60 Betten.

Naturbadeteich, Freibecken, Solefreibecken, Hallenbad, Solehallenbad, Außensauna, Sauna, Dampfbad, Massagen, Kosmetik, Ayurveda, Fitnessstudio, Personal Trainer.
18-Loch-Parcours in 16 km.

39046 St. Ulrich (BZ), Via Stufan, 5, +39-0471-775002
HP-plus ab € 199,-

WELLNESS
14 PUNKTE – 1 LILIE

Albion Mountain Spa Resort ****S

Grünlage außerhalb von St. Ulrich – Grödnertal

Kinderfreundlich. Wärme und Italianità in luftiger Höhe: Ein herzlicher, sehr persönlich geführter Familienbetrieb, er liegt auf 1.375 m Seehöhe direkt an jener Bundesstraße, die das Grödnertal mit dem Eisacktal über den Panider Sattel verbindet. Das Hotel besteht aus dem Stammhaus, das äußerlich an ein Schlösschen erinnert, einem modernen Zubau sowie einer Dependance („Chalet"), die über einen unterirdischen Gang angebunden ist.

Das Ambiente zeigt sich uneinheitlich, aber dennoch gemütlich, Zimmer sind aus sechs Kategorien (DZ von 30 bis 50 m²) wählbar, sie präsentieren Landhausstil in einfacheren oder gehobeneren Varianten, einige haben auch Whirlpool und Sauna, das W-Lan ist schnell. Unsere Lieblingszimmer sind die herrlichen Chaletsuiten mit bodentiefen Fenstern und einem Hängebett auf der Terrasse, der zugehörige Ausblick ist einfach phantastisch!

Das Spa steht in auslastungsschwachen Zeiten auch externen Gästen offen, es ist nicht allzu groß, aber recht schön gestaltet. Es bietet unter anderem insgesamt fünf Saunen (ab 14 Jahren), einen 8 m langen Innenpool und einen Außenbereich mit Liegewiese, Almhüttensauna, Tauchbecken sowie einen 18 m langen Infinity-Pool, der an einem Ende von einer Glaswand begrenzt ist. Fitnessgeräte gibt's drinnen und draußen! Aktivprogramm, vornehmlich Radtouren und Wanderungen, die Massagen sind gut.

Kleine Frühstücksterrasse, schönes Panoramarestaurant, gute Küche, faire Getränkepreise, und der Kaffee schmeckte so, wie man ihn sich in Italien erwartet. Reizende Gastgeberin, viele freundliche Mitarbeiter, die meisten Gäste kommen aus Italien. Garage gegen 10 Euro pro Tag, bei den Suiten ist sie inkludiert. Breites Service für Biker, Rodeln und Schneeschuhe gibt es zur Gratisleihe, im Winter fährt ein kostenloses Shuttle ins nahe Skigebiet. Auf Kids wartet ein toller Spielpark mit einer 8 m langen Turmrutsche, täglich (im Winter So bis Fr, im Sommer Mo bis Sa) vier Stunden Betreuung für Kinder ab vier Jahren. Hunde erlaubt. 35 Liegen, 160 Betten.

Naturbadeteich, Freibecken, Hallenbad, Außensauna, Sauna, Dampfbad, Massagen, Kosmetik, Ayurveda, Fitnessgeräte. 18-Loch-Parcours in 16 km, Tennisplatz.

39046 St. Ulrich (BZ), Strada Pinei, 38, +39-0471-700010
HP ab € 141,-

WELLNESS

16 PUNKTE – 2 LILIEN

Cavallino Bianco Family Grandhotel ****S

Zentrale Ortslage in St. Ulrich – Grödnertal

Baby- und Kinderhotel. Spiel und Spaß für Kids aller Altersgruppen: Mit Herz und Hirn geführter Familienbetrieb in Großformat, atmosphärisch erinnerte er uns etwas an das Reiters Finest Family im Burgenland. Das Haus liegt auf etwa 1.200 m Seehöhe nur ein paar Schritte von der Seiser-Alm-Gondelbahn entfernt, eine Fußgängerbrücke über die Hauptstraße führt dorthin, im Winter ist dies der Anschluss an 175 Pistenkilometer.

Hinter blumengeschmückten Märchenfassaden überrascht ein Ambiente, das sich erfreulich von dem Ikea-Spielzonen-Flair der üblichen Kinderhotels abhebt: Stilvolle Eleganz klassischer Prägung und hochwertige Anmutung, alles ist blitzsauber. Das gilt für die Zimmer (13 Varianten, DZ von 26 bis 80 m²) ebenso, sie haben zumeist Teppichböden sowie Klima- und Befeuchtungsanlagen und sind ganz auf Familienbedürfnisse ausgerichtet. Dinge wie Kinderwagen, Schwimmflügerl, Babybadewannen, Flaschenwärmer, Fieberthermometer und Rückentragen gibt es zur Gratisleihe, die Erstbestückung der Minibar ist inkludiert.

Das Spa bietet unter anderem für Familien ein Textildampfbad, eine Wasserrutsche sowie einen 18 m langen Innenpool. Fein ist der Saunabereich für Erwachsene (ab 18 Jahren), neu ist eine Eventsauna für mehr als 30 Personen – Aufgüsse mit Disco-Charakter gibt es hier für jeden Geschmack. Täglich breites Aktivprogramm, darunter auch Yoga, Pilates und Qi Gong.

Reichhaltiges Frühstücksbuffet, ein Langschläferfrühstück gibt es bis 11 Uhr an der Bar. Gute Küche, das Haus offeriert Vollpension inklusive Nachmittagstisch und nichtalkoholischer Getränke aus dem Automaten – das heißt hier übrigens etwas irritierend „All-in" –, alternativ wird auch eine Halbpension angeboten. Das Abendessen beginnt um 19 Uhr, das kommt Familien mit kleinen Kindern nur bedingt entgegen. Stimmungsvolle Bar, einnehmend sympathische Gastgeber, freundliches Umfeld, internationales Publikum, keine externen Gäste in Spa und Restaurant. Turn-down-Service auf Wunsch, Check-out bereits um 10 Uhr. Gratisgarage für alle. Für Kids gibt es innen und außen zahlreiche Spielareale, die Begleitung durch den Tag vom Maskottchen Maus Lino, zudem täglich bis zu 13 Stunden Betreuung für Kinder von einem Monat bis 14 Jahre – liebevoll und kompetent. 90 Liegen, 300 Betten.

Freibecken, Hallenbad, Kinderbecken, Babybecken, Sauna, Dampfbad, Massagen, Kosmetik, Ayurveda, Fitnessgeräte. 18-Loch-Parcours in 16 km, bis zu 20 % Greenfee-Rabatt.

39046 St. Ulrich (BZ), Strada Rezia, 22, +39-0471-783333
VP ab € 207,-

WELLNESS

16 PUNKTE – 2 LILIEN

Granvara Relais & Spa

Grünruhelage bei Wolkenstein – Grödnertal

Herzlichkeit und gutes Service: Ein feines, familiengeführtes Haus von angenehmer Größe, auf 1.560 m Seehöhe thront es außerhalb von Wolkenstein auf einem Sonnenplateau, der Ausblick auf die Dolomiten ist herrlich, im Winter ist ein direkter Einstieg mit den Skiern über die Saslong B in die Sellaronda möglich. Kaum ein anderes Hotel in Südtirol überrascht uns Tester stets aufs Neue derartig mit Modernisierungen und Erweiterungen – hier ist man laufend am Optimieren. Diesmal erfolgte das erst nach unserem Redaktionsschluss, daher können wir kaum etwas dazu sagen.

Das gilt auch für die Zimmer, von denen nicht wenige vergrößert oder neu gestaltet wurden. Sie sind nunmehr aus 13 Kategorien (DZ von 25 bis 120 m²) wählbar, die neuen Suiten haben teilweise Sauna und Dampfbad auf der Terrasse, und sie sehen (auf den Fotos) ganz bezaubernd aus.

Das Spa steht nur Hotelgästen offen, der Familienbereich bietet zwei Textilsaunen, einen 17 m langen, aber kaum beschwimmbaren Innenpool, einen knapp 9 m langen Außenpool sowie einen kleinen Badeteich mit Liegedecks. Im Adults-only-Bereich (ab 16 Jahren) findet man vier Saunen und schöne Ruhezonen mit dem für das Haus so typischen Panorama. Bestens ausgestattetes Fitnessstudio, auch die Massagen sind ausgezeichnet.

Großartiges Frühstücksbuffet, sehr gute Küche, die sich auch bestens auf die optische Präsentation versteht, umfangreiche italophile Weinkarte mit zahlreichen Offenen, aber auch mit Flaschen zum Preis eines gut ausgestatteten Kleinwagens. Präsente Gastgeber, die sich liebevoll auch um Nichtstammgäste kümmern, viele freundliche und professionell agierende Mitarbeiter – auch langjährige finden sich darunter. Ringsum Wanderwege ohne Zahl. Valet Parking, Hubschrauberlandeplatz, Gratisgarage für alle. Eher ungeeignet für Kinder. 53 Liegen, 110 Betten.

Naturbadeteich, Freibecken, Hallenbad, Sauna, Dampfbad, Massagen, Kosmetik, Ayurveda, Fitnessstudio.
18-Loch-Parcours in 25 km.

39048 Wolkenstein (BZ), Strada La Selva, 66, +39-0471-795250
HP ab € 160,-

WELLNESS

15 PUNKTE – 2 LILIEN

Belvedere ****S

Naturlage mit Fernblick Nähe Bozen

In privilegierter Lage hoch oberhalb von Bozen: Ein außergewöhnlich feiner, blitzsauberer Familienbetrieb, von einem Wald umgeben liegt er auf 1.080 m hoch oberhalb von Bozen, der Ausblick auf die Stadt und die dahinterliegenden Berge ist herrlich. Mit einer in der Nähe gelegenen Seilbahn gelangt man direkt ins Zentrum der Südtiroler Hauptstadt, und das übrigens kostenlos. Das Hotel besteht aus dem Stammhaus, einem neuen, modernen Zubau sowie einer ein paar Schritte entfernt gelegenen Dependance, deren Gäste Zugang zu Spa und Restaurant haben. Die öffentlichen Räume sind zum Wohlfühlen gemacht, sie zeigen sich ebenso gefällig wie gemütlich gestaltet, geheimnisvoll verschlungene Flure erschweren aber die Orientierung.

Zimmer gibt es in 13 stark unterschiedlichen Varianten (DZ von 20 bis 80 m²), die Interieurs reichen von Landhausklassik im Stammhaus bis hin zu schlichter Modernität im Zubau, alle haben Holzböden und Balkon oder Terrasse, fast alle auch bodentiefe Fenster.

Das Spa ist öffentlich zugänglich, es bietet einen ansprechenden Außenbereich mit einem 9 m langen und beinahe ebenso breiten Infinity-Pool, einem Whirlpool, einem kalten Naturpool sowie einer Sauna – all das mit dem für das Haus so typischen wie berauschend privilegierten Panorama. Indoor ist der Wellnessbereich etwas bescheiden – es gibt drei Saunen (ab 16 Jahren). Täglich (Mo bis Fr) kleines Aktivprogramm, darunter fünfmal pro Woche Yoga.

Fabelhafte Terrasse (für alle Mahlzeiten), nette Tischkultur. Reichhaltiges Frühstücksbuffet, sehr gute Küche mit biologischer und regionaler Ausrichtung. Präsente Gastgeber, junge, freundliche Crew. Anmerkung: Der angegebene Ab-Preis ist ein Flex-Tarif und kann in der Praxis deutlich höher ausfallen. Gratisgarage für alle. Eher ungeeignet für Kinder. Hunde erlaubt. 57 Liegen, 130 Betten.

Freibecken, Freibecken (Sommer), Außensauna, Sauna, Dampfbad, Massagen, Kosmetik, Fitnessgeräte.
9-Loch-Parcours in 21 und 32 km.

39050 Jenesien (BZ), Via Pichl, 15, +39-0471-354127
HP ab € 131,-

WELLNESS

15 PUNKTE – 2 LILIEN

Cyprianerhof *****

Grünlage mit Fernblick Nähe Bozen – Tierser Tal

Familienfreundlich. Schön gelegen, schön anzusehen: Ein sympathischer Familienbetrieb mit Fokus auf Wandern, Bergsteigen und Mountainbiken, er liegt auf 1.175 m Seehöhe, direkt neben der neuen Talstation der Tiers-Gondelbahn, dem Anschluss an 12 weitere Lifte und insgesamt 40 Pistenkilometer. Das Hotel besteht aus dem Stammhaus mit Zubau und einer 250 m entfernt gelegenen Dependance, charakteristisch ist der traumhafte Ausblick auf das sagenumwobene Bergmassiv Rosengarten. Die öffentlichen Räume zeigen sich in sympathisch-kontemporärer Ländlichkeit, die von Holz, Stein und anderen Naturmaterialien regiert wird.

Zimmer stehen in 15 Kategorien (DZ von 35 bis 120 m²) zur Auswahl, alle befinden sich in einem guten Zustand, und alle haben Holzböden und schöne Interieurs. Wahre Wohnträume sind die beiden Suitenvarianten „Traun" und „Antermoja" mit Sauna und Dampfbad, Letztere auch mit einem 8 m langen Außenpool.

Das Spa ist öffentlich zugänglich, es bietet fünf Saunen, feine Ruhezonen, einen Außenwhirlpool, einen kleinen Innenpool, einen damit verbundenen Außenpool von 12 m Länge sowie einen erfrischenden Badeteich. Umfangreiches Aktivprogramm, darunter zahlreiche geführte Wanderungen (im Winter auch mit Schneeschuhen und Tourenskiern) in unterschiedlichen Schwierigkeitsstufen – bis zu 1.500 Höhenmeter und acht Stunden Gehzeit.

Gemütliches Restaurant, reichhaltiges Frühstücksbuffet ab 7 Uhr (das kommt Sportlern sehr entgegen), gute Küche, eine rein vegane Menüalternative ist stets dabei. Gehobene Tischkultur, faire Getränkepreise, das Südtiroler Schüttelbrot haben wir hier übrigens erstmals in hochprozentiger Form als trinkbare Variante ausprobiert – lustig! Freundliche Mitarbeiter, bodenständiges Umfeld, ein lupenreines Fünfstern-Feeling hat sich – trotz Turn-down-Service – bei uns aber nicht vollständig eingestellt. Das Spa kann nach dem Check-out noch bis 16 Uhr genutzt werden, der Garagenplatz aber nicht. Gratisgarage für alle. Hunde erlaubt. 90 Liegen, 210 Betten.

Naturbadeteich, Freibecken, Hallenbad, Außensauna, Sauna, Dampfbad, Massagen, Kosmetik, Fitnessgeräte.
9-Loch-Parcours in 14 km, 18-Loch-Parcours in 27 km.

39050 Tiers am Rosengarten (BZ), Via San Cipriano, 69, +39-0471-642143
HP ab € 206,-

WELLNESS

13 PUNKTE – 1 LILIE

Das Wanda garni

Grünruhelage mit Fernblick bei Kaltern – Nähe Bozen

Adults preferred (ab 15). Guter Stil: Ein beherbergungsmäßiges Kleinod, es liegt auf 440 m Seehöhe, mit all den Weingärten und Hügeln ringsum wähnt man sich beinahe in der Toskana, zum Kalterer See sind es knapp 10 Autominuten.

Im Inneren zeigt sich ein stilsicher gestaltetes Ambiente, einnehmend schlicht präsentieren sich die 12 Zimmer (DZ von 22 bis 50 m^2), jedes ist ein Unikat, alle verfügen über einen Garten sowie Balkon oder Terrasse, der Ausblick ist wunderschön.

Das Spa steht nur Hotelgästen offen und ist ansprechend gestaltet, es bietet neben einem kleinen Hallenbad aus Sichtbeton eine Panoramasauna und ein Dampfbad. Im Garten fanden wir lauschige Ruheplätze unter Palmen und Olivenbäumen sowie ein nur im Sommer nutzbares, 12 m langes Freibecken. Diese Infrastruktur würde bei einem Mainstream-Hotel freilich niemals für eine Lilie vom RELAX Guide reichen, doch wie immer bewerten wir auch hier nicht nur das Spa, sondern das „Gesamtprodukt" unter Einbeziehung aller Wohlfühlaspekte.

Einen feinen Ausblick genießt man auch auf der Terrasse, das Frühstück (auch für Externe) ist biologisch ausgerichtet, es wird bis 11 Uhr serviert, und der Kaffee ist so, wie wir das in Italien erwarten. Das Abendessen kann man im 15 Gehminuten entfernten Schwesterhotel einnehmen. Herzliche, unaufdringliche Gastgeberin, freundliches Team. Check-out um 10.30 Uhr. Anmerkung: Der angegebene Ab-Preis ist ein Flex-Tarif und kann in der Praxis deutlich höher ausfallen. Hunde erlaubt. 8 Liegen, 24 Betten.

Freibecken (Sommer), Hallenbad, Sauna, Dampfbad.
18-Loch-Parcours in 25 km, 20 % Greenfee-Rabatt.

39052 Kaltern (BZ), Via Garnellen, 18, +39-0471-669011
NF ab € 135,50

WELLNESS

14 PUNKTE – 1 LILIE

Parc Hotel am See ****S

Grünruhelage am Kalterer See – Nähe Bozen

Familienfreundlich. Gediegen: Ein kleines, sehr persönlich geführtes Strandhotel in feiner Lage, es liegt auf 215 m Seehöhe direkt am Seeufer des Kalterer Sees. Schon die letzten Kilometer der Anreise durch die Weingärten sind reizvoll, das Haus liegt inmitten eines schönen mediterranen Gartens mit alten Bäumen, das Ambiente erinnert uns mit seinem dunklen Holz an einen alten noblen Jachtklub mit modernen Interieurs.

Die Zimmer sind mehrheitlich seeseitig und nach Westen hin ausgerichtet, man kann sie aus 14 unterschiedlichen Kategorien (DZ von 20 bis 76 m^2) wählen, sie sind sehr schön gestaltet, fast alle haben Parkettböden, alle gute Betten, bodentiefe Glasfronten, Klimaanlage sowie Balkon oder Terrasse.

Das indoor nicht allzu weitläufige Spa steht auch externen Gästen offen, es bietet vier Saunen und einen knapp 10 m langen Innenpool. Im Außenbereich fanden wir unter anderem einen 13 m langen Solepool, eine Seesauna, Liegewiese sowie einen knapp 100 m langen privaten Badestrand.

Kleines Aktivprogramm, auch geführte Wanderungen und Yoga.

Fabelhafte Terrasse für das Frühstück, reichhaltiges Frühstücksbuffet, sehr gute Küche, ein nachmittägliches Kuchenbuffet ist inkludiert. Romantisch ist ein privates Frühstück oder Dinner am Steg (gegen Aufpreis). Turn-down-Service, freundliche und zuvorkommende Mitarbeiter, präsente Gastgeber – gleich vier Familienmitglieder packen hier tüchtig mit an. Viele Stammgäste, die allermeisten kommen aus Deutschland. Tretboote sowie SUP-Boards gibt es zur Gratisleihe, der Wellnessbereich kann am Abreisetag ohne Aufpreis ganztägig genutzt werden. Gratisgarage für alle. 25 Liegen, 100 Betten.

Seebadestrand, Solefreibecken (Sommer), Hallenbad, Außensauna, Sauna, Dampfbad, Massagen, Kosmetik, Fitnessgeräte, Personal Trainer.
9-Loch-Parcours in 12 km, 18-Loch-Parcours in 30 km, bis zu 20 % Greenfee-Rabatt.

39052 Kaltern
(BZ), Vadena / Klughammer, 9, +39-0471-960000
HP ab € 196,–

WELLNESS
13 PUNKTE – 1 LILIE

Seehotel Ambach 1973

Grünruhelage am Kalterer See – Nähe Bozen

In Premiumlage aus der Zeit gefallen: Ein feines, privat geführtes Kleinhotel in ruhevoller versteckter Lage am Nordufer des Kalterer Sees (215 m Seehöhe), die letzten Kilometer der Anreise führen über enge unbeschilderte Straßen, die selbst unser Navi überforderten. Das Haus wurde einst von dem Südtiroler Architekturvirtuosen Othmar Barth geplant und vor 50 Jahren eröffnet. Auch heute verharrt das Haus optisch noch in den frühen 1970er Jahren, und das außen wie innen, freilich bestens gepflegt sowie, wenn modernisiert oder erneuert, stets als Reminiszenz an den Look von damals – die typische orange Farbe von damals inklusive.

Gemütliche Zimmer sind aus neun Kategorien (DZ von 22 bis 42 m^2) wählbar, alle sind blitzsauber, haben Klimaanlage und originale Vollholzinterieurs, lediglich die Bäder entsprechen optisch dem Zeitgeist von heute. In Sachen Wellness ist das Angebot sehr bescheiden, doch wie immer bewerten wir nicht nur das Spa, sondern das „Gesamtprodukt" unter Einbeziehung aller Wohlfühlaspekte. Inmitten eines weitläufigen Gartens, der mit schattenspendenden Bäumen nur spärlich bedacht wurde, fanden wir einen (für uns etwas zu frischen) 20 m langen Außenpool sowie ein schönes Badehaus mit zwei Saunen, mit Ruhezonen, Regenraum und Innenwhirlpool. Weiters gibt es Trainingsmöglichkeiten im Freien, eine Liegewiese samt knapp 30 m langem Seezugang und zwei Stege – im Sommer bietet man hier zweimal pro Woche Yoga und einmal Pilates an.

Fabelhafte Restaurantterrasse für alle Mahlzeiten nahe am Wasser. Weiße Schirme, Tische und Sessel verleihen auch hier Retro-Feeling, der Ausblick ist herrlich, die Küche sehr gut. Die Mitarbeiter machen Freude, sie sind bemüht, herzlich und agieren wunderbar authentisch. Anmerkung: Der angegebene Ab-Preis ist ein Flex-Tarif und kann in der Praxis deutlich höher ausfallen. Tretboote, Kajaks sowie Ruderboote und SUP-Boards erhält man zur Gratisleihe. Das Spa kann nach dem Check-out ohne Aufpreis noch ganztägig genutzt werden. Kids nächtigen zu fairen Preisen, dennoch finden wir es für Kinder eher ungeeignet. 10 Liegen, 69 Betten.

Seebadestrand, Freibecken, Sauna, Dampfbad, Massagen.
9-Loch-Parcours in 16 km, 18-Loch-Parcours in 29 km, bis zu 20 % Greenfee-Rabatt.

39052 Kaltern (BZ), Strada del Vino, 3, +39-0471-960098
HP ab € 156,–

WELLNESS
15 PUNKTE – 2 LILIEN

Seeleiten *****

Grünlage beim Kalterer See – Nähe Bozen

Hunde- und kinderfreundlich (Vierbeiner dürfen mit ins Seebad). Ein familiengeführtes Traditionshaus, es liegt auf 220 m Seehöhe direkt an der stark befahrenen Strada del Vino, vom Verkehr bekommt man an der straßenabgewandten Rückseite allerdings kaum etwas mit. Das „Lake Spa Hotel", wie sich das Haus im Namenszusatz nennt, liegt allerdings gar nicht am See, sondern etwa einen Kilometer davon entfernt. Vor kurzem wurde einiges modernisiert, die öffentlichen Räume zeigen sich zeitgemäß, mediterran angehaucht und nunmehr fast wie aus einem Guss.

Die Zimmer (11 Kategorien, DZ von 36 bis 127 m^2) sind reduziert arrangiert, sie bieten alle Klimaanlage, Illy-Kaffeemaschine und Boxspringbetten, Turn-down-Service ist jedoch nicht Standard.

Highlight des Hauses ist eine schöne Gartenanlage mit Palmen, Hibiskus, Zitronen- und

Tann

Olivenbäumen, mit Springbrunnen und einem türkisblauen Badeteich mit Sandstrand. Das indoor nicht allzu große Spa steht auch externen Gästen offen, es wurde im Zuge des Umbaus um eine Adults-only-Zone erweitert, dazu gehören nun unter anderem ein 15 m langes Freibecken, Liegewiese und ein kleines FKK-Areal im Freien, die ganze Pracht liegt allerdings straßenseitig! Insgesamt gibt es nun neun vornehmlich kleinteilige Saunen, die Massagen sind ausgezeichnet. Kleines Aktivprogramm, auch Wassergymnastik und Bike-Touren. Am hauseigenen Badestrand finden zweimal pro Woche morgens Yogastunden statt, und Tretboote, Ruderboote sowie SUP-Boards gibt's hier zum Ausleihen. Reichhaltiges Frühstücksbuffet, gute bis sehr gute Küche, ein Light Lunch ist inkludiert. Präsente Gastgeber, viele freundliche Mitarbeiter. Gratisgarage für alle. Sieben Stunden Betreuung für Kinder ab drei Jahren (Mo bis Sa, mit saisonalen Einschränkungen). 86 Liegen, 190 Betten.

Naturbadeteich, Freibecken, Hallenbad, Kinderbecken, Sauna, Dampfbad, Massagen, Kosmetik, Ayurveda, Fitnessgeräte, Personal Trainer.
9-Loch-Parcours in 16 km.

39052 Kaltern (BZ), Strada del Vino, 30, +39-0471-960200
HP-plus ab € 231,–

WELLNESS
15 PUNKTE – 2 LILIEN

Tann ****

Naturlage mit Fernblick am Ritten – Nähe Bozen

Kleinod für Ruhesuchende: Ein liebevoll geführter Familienbetrieb auf 1.500 m Seehöhe, er ist umgeben von Nadelwäldern und Bergwiesen und nur über eine lange und kurvenreiche Straße zu erreichen – schon beim Ankommen hatten wir unweigerlich das Gefühl, tiefer und freier atmen zu können. Hinter einer neuen Fassade mit viel Holz offenbart sich ein durchwegs behagliches, zeitgemäßes Inneres, das von stilsicherer Hand gestaltet wurde und wohltuende Ursprünglichkeit ausstrahlt.

Überall entdeckt man liebevoll platzierte Besonderheiten, und alles ist bestens gepflegt und sauber, was auch für die Zimmer (DZ von 16 bis 90 m^2) gilt: Diese präsentieren sich in reduziertem Landhausstil, haben Vollholzinterieurs, feine Holzböden sowie zumeist Balkon (mit Rauchverbot), ganz neu und besonders ansprechend arrangiert ist die Villa Tann mit ihren sechs renovierten Suiten, zwei davon („Sommerfrisch-Suiten") haben Boxspringbetten mit direktem Blick auf die Seiser Alm,

Adler Lodge Ritten

Schlern und Rosengarten, eine andere verfügt sogar über eine eigene Sauna – schön, dass wir hier jedes Jahr etwas Neues entdecken können.

Das gilt übrigens auch für das Spa, wo zu Redaktionsschluss gerade ein Infrarotsaunahaus im Freien am Entstehen war. Weiters geboten werden fünf Saunen (darunter auch eine Bio-Außensauna, eine finnische Sauna aus Zirbenholz sowie ein Brechlbad), ein ganzjährig beheiztes Solefreibecken von 12 m Länge, ein Holz-Whirlpool im Freien und feine Rückzugsmöglichkeiten innen, wo es im Winter und bei Schlechtwetter allerdings mitunter eng werden kann. Gute Massagen, einmal pro Woche stehen Waldbaden und eine begleitete Kneippanwendung im Programm.

Fabelhafte Restaurantterrasse mit Panoramablick, hochwertiges Frühstücksbuffet bis 12 Uhr, sehr gute Küche, sie legt großen Wert auf Frische und Regionalität, so manches kommt aus dem eigenen Garten, für Menüalternativen gilt ein Aufpreis von 15 Euro. Gastgeberin Barbara, eine Slow-Food-Enthusiastin, kocht übrigens selbst, und das mit Verve. Feine Tischkultur, eine Nachmittagsjause ist im Preis inkludiert. Zuvorkommende Gastgeber, die tüchtig mit anpacken, er an der Rezeption, sie in der Küche – so viel Herzblut erlebt man heutzutage viel zu selten! Herzliches Umfeld, viele Stammgäste, keine externen Gäste in Restaurant und Spa. Wanderwege ohne Zahl, im Winter sind es 10 Gehminuten zur Talstation Rittner Horn. Früh zu buchen zahlt sich aus, die Preise werden je nach Zimmerauslastung angepasst. Die Anreise ist nur Do, Sa und So möglich. Eher ungeeignet für Kinder, Hunde erlaubt (gegen einen sportlichen Aufpreis von 60 Euro pro Tag). 24 Liegen, 60 Betten.

Solefreibecken, Außensauna, Sauna, Dampfbad, Massagen, Kosmetik.

39054 Klobenstein-Ritten
(BZ), Via Tann, 22, +39-0471-356264

HP-plus ab € 120,–

WELLNESS

20 PUNKTE – 4 LILIEN

Adler Lodge Ritten *****

Grünruhelage mit Fernblick bei Oberbozen

Adults only (ab 8). Mit großartigem Ausblick auf 1.200 m Seehöhe: Ein luxuriöses Chaletdörfchen in Solitärlage auf einer Waldlichtung, es ist über eine geschotterte Privatstraße zu erreichen, die zu zwei gesicherten Toren führt – Einlass gewährt wird nur jenen, die auch gebucht haben.

Das Anwesen besteht aus dem dreistöckigen Haupthaus, in dem sich Rezeption, Spa und Gastronomie befinden (alles exklusiv für Hotelgäste), 20 Chalets (55 oder 90 m^2) mit Holzkamin und Biosauna und zwei Logiergebäuden mit je 10 Zimmern (45 oder 140 m^2). Die Wohneinheiten präsentieren sich in warmer, stilvoller Schlichtheit, sie sind mit Vertäfelungen aus Lärche oder Fichte sowie viel Glas gestaltet, der Bademantel ist aus reiner Baumwolle, das W-Lan schnell.

Das Spa bietet unter anderem ein Dampfbad, einen 23 m langen Infinity-Außenpool und einen 8 m langen Innenpool, der von zahlreichen Liegen umringt ist, die an einem ruhigeren Ort aber wahrscheinlich besser aufgehoben wären. Im Freien gibt es zudem eine Liegewiese und zwei Außensaunen, zu denen man nach ein paar Schritten durch den Wald gelangt. Aktivprogramm, darunter Yoga (11-mal pro Woche!), Meditation und geführte Wanderungen, zu bestimmten Terminen werden auch Yoga-Retreats angeboten.

Fabelhafte Restaurant- bzw. Barterrasse, Frühstück und Abendessen wird im Restaurant serviert – bei genialem Ausblick, und das Dach kann geöffnet werden. Tolles Frühstücksbuffet bis 11 Uhr, ausgezeichnete Küche bei feiner Tischkultur, Light Lunch mit verbundener Nachmittagsjause ist inkludiert, ebenso alkoholfreie Getränke und eine größere Auswahl an Weinen und Spirituosen, die man sich servieren lassen – oder, rund um die Uhr, selbst ins Glas einschenken kann, was übrigens auch für die Cocktails gilt, ein wenig Geschick im Mixen kann dabei nicht schaden. Absolut freundliche, gut geschulte und sehr zuvorkommende Mitarbeiter, charmante Gastgeberin, freundliches Umfeld. E-Bikes gibt's zur Gratisleihe. Kleiner Wermutstropfen: Die halbstündlich verkehrende Rittner Schmalspurbahn ist schon ab 6 Uhr morgens unterwegs – und das konnten wir auch hören.

Das Spa kann am Anreisetag ganztägig genutzt werden, auch das Mittagessen ist dann inkludiert. All das hat freilich seinen Preis, dennoch sehen wir beim Gebotenen ein sauberes Preis-Leistungs-Verhältnis, schließlich ist hier fast alles inklusive. Valet Parking, Gratisgarage für alle. 54 Liegen, 96 Betten.

Solefreibecken, Solehallenbad, Außensauna, Sauna, Dampfbad, Massagen, Kosmetik, Fitnessgeräte.

39054 Oberbozen (BZ), Stella, 20, +39-0471-1551700
All-inclusive-VP ab € 262,-

WELLNESS

14 PUNKTE – 1 LILIE

Holzner Parkhotel ****S

Grünruhelage mit Fernblick in Oberbozen

Kinderfreundlich. Schmuckes Haus mit tollem Ausblick: Ein optisch außergewöhnliches Haus, es wurde 1908 eröffnet und zeigt sich in vielen Bereichen in gut erhaltenem Jugendstil, der Ausblick ist wunderschön. Nur ein paar gute Schritte sind es übrigens zur Seilbahn, mit der man kostenlos direkt ins Zentrum von Bozen kommt – zum Einkaufen, Flanieren und Essengehen –, das ist wirklich fein. Das Hotel besteht aus dem vollständig renovierten Hauptgebäude und einem modernen Zubau, auf dessen Dach sich der Tennisplatz befindet.

Die öffentlichen Räume verströmen nostalgisches Flair der gehobenen Art – viele Originale aus dem Jugendstil inklusive. Stark unterschiedliche Zimmer stehen in 19 Kategorien (DZ von 30 bis 97 m^2) zur Auswahl. Alle haben Holzböden, Terrasse oder Balkon, jene im Altbau zumeist Interieurs mit historischen Elementen.

Das Spa ist öffentlich zugänglich, es bietet unter anderem fünf Saunen (zwei davon textil, wie die Außensauna werden sie nur auf Wunsch eingeschaltet), einen Hamam und einen 16 m langen, ganzjährig nutzbaren Außenpool inmitten eines Gartens mit Blumen- und Kräuterbeeten und lauschigen Ruheplätzen. Kleines Aktivprogramm, auch dreimal wöchentlich Yoga und viermal Pilates.

Fabelhafte Restaurantterrasse für alle Mahlzeiten, bei Küche und Frühstück könnte man aber noch etwas zulegen. Feine Tischkultur, stimmungsvolle Bar, charaktervoller Salon mit internationalen Zeitungen. Freundliche Mitarbeiter, viele langjährige Stammgäste, mehrheitlich kommen sie aus Deutschland. An den Adria-Urlaub in der Kindheit erinnert eine Bocciabahn, auf Kids warten Streichelzoo und Spielplatz. 40 Wochenstunden Betreuung für Kinder ab drei Jahren (mit saisonalen Einschränkungen). Gratisgarage für alle, Hunde erlaubt. 56 Liegen, 130 Betten.

Freibecken, Hallenbad, Babybecken, Außensauna, Sauna, Dampfbad, Massagen, Kosmetik, Fitnessgeräte, Personal Trainer.
18-Loch-Parcours in 33 km, Tennisplätze.

39054 Oberbozen (BZ), Via del Paese, 18, +39-0471-345231
HP ab € 164,-

WELLNESS
16 PUNKTE – 2 LILIEN

Moser Gartenhotel ****S

Grünruhelage außerhalb von Eppan – Nähe Bozen

Hunde- und kinderfreundlich. Eigene Welt: Ein sympathischer Familienbetrieb, er liegt auf 490 m Seehöhe an einer verkehrsberuhigten Straße, ringsum Bäume und Apfelhaine, zum Ufer des kleinen Montiggler Sees sind es nur ein paar Schritte. Das Hotel besteht aus dem Stammhaus und einem viel größeren modernen Neubau, der mit einem Gang unterirdisch angebunden ist, der Garten ist weitläufig und bietet zahlreiche lauschige Plätze unter alten Obstbäumen, Weiden, Ahornbäumen und Palmen, Vierbeiner dürfen hier mitkommen. Das Ambiente zeigt sich etwas uneinheitlich, Altes und Neues existieren nebeneinander, dennoch fühlt es sich recht behaglich an.

Zimmer sind aus 17 unterschiedlichen Varianten (DZ von 28 bis 100 m^2) wählbar. Alle haben Klimaanlage und Balkon, mehrheitlich werden moderne und gemütliche Varianten geboten, jene im neuen Trakt haben samtige Interieurs und feine Holzböden, einige sogar ein nettes Gärtlein, Infrarotkabine und Whirlwanne.

Das Spa ist öffentlich zugänglich, es ist zweigeteilt, Highlight ist der Adults-only-Bereich im Neubau, er bietet vier Saunen (mit großzügigen Öffnungszeiten), einen FKK-Badeteich und feine Ruhezonen, jene, die von dicken Baumstämmen umringt sind, gefallen uns besonders gut. Weiters gibt es einen 25 m langen Sommerpool samt Rutsche sowie eine riesige Liegewiese, das Hallenbad ist häufig fest in Kinderhand. Kleines Aktivprogramm (Mo bis Fr), auch geführte Wanderungen und Bike-Touren sowie dreimal pro Woche Yoga. Auf Kids warten ein großer Spielplatz mit Lagerfeuer, ein eingezäunter Fußballplatz und ein Animationsbereich im Freien, die Alpakas haben die Herzen unserer jüngsten Hoteltester im Sturm erobert.

Große Terrasse, die durch riesige aufgespannte Netze das Speisen ohne gefiederte Zaungäste ermöglicht. Klassisches Frühstücksbuffet bis 11 Uhr, gute bis sehr gute Küche, Light Lunch und eine schöne Nachmittagsjause mit Torten und Kuchen sind inkludiert. Herzliches, authentisches Gastgeberehepaar, ausnahmslos wunderbar freundliche und langjährige Mitarbeiter – für uns zählt das Haus zu den absolut freundlichsten in Südtirol. Wermutstropfen: oft ausgebucht. Kanus, Ruderboote sowie SUP-Boards gibt es zur Gratisleihe. Der Wellnessbereich kann am Abreisetag ohne Aufpreis noch ganztägig genutzt werden – Light Lunch inklusive. Gratisgarage für alle. Täglich 8,5 Stunden Betreuung für Kinder ab drei Jahren, sie ist sehr, sehr nett. 76 Liegen, 180 Betten.

Naturbadeteich, Freibecken (Sommer) mit Rutsche, Hallenbad, Babybecken, Sauna, Dampfbad, Massagen, Kosmetik, Ayurveda, Fitnessgeräte.
9-Loch-Parcours in 12 km, 20 % Greenfee-Rabatt.

39057 Eppan (BZ), Lago di Monticolo, 104, +39-0471-662095
HP-plus ab € 134,-

WELLNESS
17 PUNKTE – 3 LILIEN

Weinegg Wellviva Resort *****

Grünruhelage mit Fernblick bei Eppan – Nähe Bozen

Hunde- und familienfreundlich. Inmitten von Weingärten und Apfelhainen: Ein familiengeführtes Großhotel mit fünf Sternen, es liegt wunderbar ruhig auf 430 m Seehöhe, ins Zentrum von Eppan sind es knapp 20 Gehminuten – auch ein großer mediterraner Garten ist dabei, er begeistert mit Olivenbäumen, Palmen und Himmelbetten. Die aus renoviertem Stammhaus und neuem Zubau bestehende Anlage erinnerte uns an ein typisches Cluburlaubshotel, die öffentlichen Räume zeigen sind mitunter stylisch-aufreizend gestaltet, alles ist sehr gepflegt.

Recht unterschiedliche Zimmer sind aus 14 Kategorien (DZ von 30 bis 100 m^2, alle mit Klimaanlage) wählbar, die Interieurs reichen von Landhausklassik bis hin zu geradliniger Modernität. Im Neubau haben alle eine Sauna, und zwar entweder innen oder auf dem Balkon, jene im Erdgeschoß hingegen Daybeds sowie einen direkten Einstieg in einen ganzjährig nutzbaren, nicht weniger als 60 m langen Außenpool, der direkt am Gebäude die

Weinegg Wellviva Resort

gesamte Front entlangläuft und für alle Gäste frei zugänglich ist – so wie das gesamte Spa.

Dieses hat neben dem Riesenpool noch viel anderes zu bieten, nämlich fünf weitere Pools, Sandstrand, Spielplatz und Liegewiese. Insgesamt gibt es sieben Saunen, gleich vier davon sind textil, sie befinden sich in einer separaten Familienzone. Gute Massagen, Aktivprogramm, darunter Yoga, Pilates, Muskelentspannung nach Jacobson und geführte Wanderungen.

Zu essen und zu trinken gibt es von früh bis spät: Das herrliche Frühstücksbuffet ist bis 12 Uhr zugänglich, eine halbe Stunde später geht es im mediterran anmutenden Poolrestaurant schon mit dem Light Lunch (reichlich, das!) los, der nahtlos in die Nachmittagsjause bis 17 Uhr übergeht. Den kulinarischen Abschluss bildet das Abendessen auf der Restaurantterrasse, wo für jedes Zimmer ein fixer Tisch reserviert ist und zumeist sehr gute Küche (schöne Alternativkarte mit Zusatzgerichten inklusive) bei feiner Tischkultur serviert wird – ein Highlight! Viele freundliche und zuvorkommende Mitarbeiter. Check-out um 12 Uhr, das Spa kann an An- und Abreisetag ganztägig genutzt werden, bei Verfügbarkeit steht das Zimmer zudem noch ganztägig ohne Aufpreis zur Verfügung – das ist alles andere als alltäglich und daher besonders einnehmend.

Zu Ferienzeiten täglich acht Stunden Betreuung für Kinder ab drei Jahren. Gratisgarage für alle. Achtung: Der angegebene Ab-Preis ist ein Flex-Tarif und kann in der Praxis deutlich höher ausfallen. Für Hunde unter 10 kg gilt ein Aufpreis von 32 Euro pro Tag, für schwerere werden 45 Euro verrechnet – eine Gassirunde vor dem Check-in könnte sich also in Grenzfällen bezahlt machen. 67 Liegen, 250 Betten.

Freibecken, Freibecken (Sommer), Kinderfreibecken (Sommer) mit Rutsche, Hallenbad, Kinderbecken mit Rutsche, Sauna, Dampfbad, Massagen, Kosmetik, Ayurveda, Fitnessgeräte. 9-Loch-Parcours in 8 km, 20 % Greenfee-Rabatt, Tennisplatz, Basketballplatz.

39057 Eppan-Girlan (BZ), Via Lamm, 22, +39-0471-662511
HP-plus ab € 237,–

Hotelname	Kategorie	Punkte	PLZ	Ort	Seite
A-Rosa Sylt *****S	Wellness	**13**	25992	List	61
A-Rosa Travemünde	Wellness	11	23570	Lübeck-Travemünde	
Aalernhüs *****	Wellness	11	25826	St. Peter-Ording	
Aarnhoog	Wellness	12	25980	Sylt-Ost, Keitum	
Achat Premium Bad Dürkheim ****	Wellness	10	67098	Bad Dürkheim	
Achat Premium Walldorf ****	Wellness	10	68799	Reilingen	
Achental Golf Resort	Wellness	11	83224	Grassau	
Achterdiek Romantik-Hotel ****S	Wellness	**13**	26571	Juist	41
Adler Ehingen ****	Wellness	9	89584	Ehingen	
Adler Häusern ****S	Wellness	**13**	79837	Häusern	144
Adler Naturparkhotel ****S	Wellness	**13**	77709	Wolfach-St. Roman	138
Adler Oberstaufen ****	Wellness	10	87534	Oberstaufen	
Adler Seehotel ****	Wellness	12	78351	Bodman-Ludwigshafen	
Admiral Promenadenhotel ****	Wellness	11	17429	Bansin	
Ahauser Land- & Golfhotel ****	Wellness	10	48683	Ahaus-Alstätte	
Ahnenhof garni ***S	Wellness	11	25999	Kampen	
Ahorn Harz Braunlage ***S	Wellness	10	38700	Braunlage	
Ahorn Seehotel ***S	Wellness	9	17268	Templin	
Ahornhof	Wellness	10	94227	Lindberg	
Aja Travemünde	Wellness	11	23570	Lübeck-Travemünde	
Aja Warnemünde	Wellness	11	18119	Rostock-Warnemünde	
Akti-Vital ***S	Wellness/Kur	9	94086	Bad Griesbach	
Albblick Vital & Wellness ****	Wellness	11	72178	Waldachtal-Salzstetten	
Alemannenhof ****	Wellness	10	79856	Hinterzarten	
Alexa ***S	Wellness	10	97980	Bad Mergentheim	
Allgäu Resort ****S	Wellness	11	87730	Bad Grönenbach	
Allgäu Sonne *****	Wellness/Gesundheit	12	87534	Oberstaufen	
Allgäu Stern	Wellness	10	87527	Sonthofen	
Allgäuer Berghof Familotel ****S	Wellness	12	87544	Gunzesried	
Allgäuer Hof ***S	Kur/Wellness	10	87534	Oberstaufen	
Allgäuer Panoramahotel ***S	Wellness	10	87534	Oberstaufen	
Alpenblick Bio-Wellnesshotel ****	Wellness	12	79862	Höchenschwand	
Alpenglühn garni	Wellness	9	87629	Füssen-Hopfen am See	
Alpenhof Alm- & Wellnesshotel ****S	Wellness	**15**	83471	Berchtesgaden-Schönau	160
Alpenhof Bad Wiessee ****S	Wellness	11	83707	Bad Wiessee	
Alpenhof garni Bad Tölz ****	Gesundheit	10	83646	Bad Tölz	
Alpenhof Grainau ****	Wellness	11	82491	Grainau	
Alpenhof Murnau *****	Wellness	12	82418	Murnau	
Alpenhotel Oberstdorf ****S	Wellness	11	87561	Oberstdorf-Tiefenbach	
Alpenkönig ****S	Wellness/Kur	11	87534	Oberstaufen	
Alpenloge Scheffau	Wellness	**14**	88175	Scheffau	181
Alpina Kurhotel	Kur	10	83435	Bad Reichenhall	
Alpina Lodge ****	Wellness	9	09484	Oberwiesenthal	
Alte Mühle Landhotel	Wellness	11	88356	Ostrach-Waldbeuren	

Hotelname	Kategorie	Punkte	PLZ	Ort	Seite
Alte Rebschule ****	Wellness	**13**	76835	Rhodt unter Rietburg	112
Alte Schmiede Ferienhof	Wellness	11	15913	Schwielochsee-Guhlen	
Alter Meierhof Vitalhotel *****S	Wellness	12	24960	Glücksburg an der Ostsee	
Altes Gymnasium	Wellness	10	25813	Husum	
Altes Zollhaus	Wellness	11	01776	Hermsdorf	
Althoff Seehotel Überfahrt *****S	Wellness	**13**	83700	Rottach-Egern	163
Am Alten Strom ****	Wellness/Kur	10	18119	Rostock-Warnemünde	
Am Eifelsteig ***	Wellness	10	52159	Roetgen	
Am Hirschhorn Landhaus ****	Wellness	11	76848	Wilgartswiesen	
Am Kofel ***S	Kur/Wellness	10	82487	Oberammergau	
Am Kurhaus ****	Wellness	11	08301	Bad Schlema	
Am Medemufer ***S	Wellness	11	21762	Otterndorf	
Am Meer & Spa ****S	Wellness	12	18609	Binz	
Am Park ****	Wellness	11	79410	Badenweiler	
Am Pfahl Sporthotel	Wellness	9	94234	Viechtach	
Am Rosengarten ****	Wellness	10	74206	Bad Wimpfen	
Am Schlosspark ****S	Business/Wellness	11	99867	Gotha	
Am See Beautyfarm	Beauty	11	15377	Buckow	
Am Stadtpark ****	Business/Wellness	10	44532	Lünen	
Am Stein Landhaus garni	Wellness	12	83707	Bad Wiessee	
Am Vitalpark ****S	Wellness	11	37308	Heilbad Heiligenstadt	
Am Weststrand	Wellness	10	18225	Kühlungsborn	
Am Wiesenhang garni ***S	Kur/Wellness	10	82433	Bad Kohlgrub	
Ambassador ****S	Wellness	12	25826	St. Peter-Ording	
Amber Residenz Bavaria ****	Wellness/Kur	10	83435	Bad Reichenhall	
Amberger Hof ***S	Wellness/Kur	10	93444	Bad Kötzting	
Ambiente Vitalhotel ****	Wellness/Kur	10	19336	Bad Wilsnack	
Ameron Neuschwanstein Alpsee	Wellness	10	87645	Hohenschwangau	
Amys Wohlfühlvilla garni	Wellness	10	17237	Userin-Zwenzow	
An der Therme	Wellness	10	99518	Bad Sulza	
An der Wasserburg	Business/Wellness	11	38446	Wolfsburg	
Angel's	Wellness	10	66606	St. Wendel	
Angerhof Kur- & Sporthotel ****	Kur/Wellness	11	86825	Bad Wörishofen	
Angerhof St. Englmar ****S	Wellness	12	94379	St. Englmar	
Anna ****	Wellness	10	79410	Badenweiler	
Antoniushof ****	Wellness	12	94099	Ruhstorf an der Rott	
Aparthotel garni ****	Wellness	10	26506	Norden	
Apollo ****	Wellness/Kur	10	94072	Bad Füssing	
Aqua Blu garni	Kur	10	94072	Bad Füssing	
Aqualux ****	Wellness	10	36364	Bad Salzschlirf	
Aquamarin ****	Wellness	10	18225	Kühlungsborn	
Aquamaris Strandresidenz ****S	Wellness	10	18556	Juliusruh	
Arabella Alpenhotel ****S	Wellness	12	83727	Schliersee-Spitzingsee	
Arborea Marina Resort	Wellness	10	23730	Neustadt in Holstein	

Hotelname	Kategorie	Punkte	PLZ	Ort	Seite
Birkenhof am Elfenhain ******	Wellness	**14**	93479	Grafenwiesen	184
Birkenhof Bad Griesbach	Wellness/Kur	11	94086	Bad Griesbach-Therme	
Birkenmoor garni	Wellness	10	88175	Scheidegg	
Birnbacher Hof ****	Wellness/Kur	10	84364	Bad Birnbach	
Bleiche Resort & Spa	Wellness	**15**	03096	Burg im Spreewald	98
Bodenmaiser Hof ****S	Wellness	**13**	94249	Bodenmais	199
Böhmerwald	Wellness	10	93458	Eschlkam-Warzenried	
Böhmhof ****	Wellness	11	94249	Bodenmais	
Bösehof Romantikhotel ****S	Wellness	12	27624	Bad Bederkesa	
Bollants Spa im Park	Wellness/Gesundheit	**16**	55566	Bad Sobernheim	107
Bora ****S	Wellness	11	78315	Radolfzell	
Borchard's Rookhus Familotel ****	Wellness	11	17255	Wesenberg	
Bornmühle ****S	Wellness	11	17094	Groß Nemerow	
Brandl	Wellness	9	86825	Bad Wörishofen	
Brandlhof Landhotel ***S	Wellness	10	94133	Röhrnbach	
Braunschweiger Hof ****S	Wellness	11	38667	Bad Harzburg	
Breggers Schwanen ****	Wellness	11	79872	Bernau-Oberlehen	
Breitenburg ****S	Wellness	**13**	25524	Breitenburg	56
Brenners Park-Hotel & Spa *****S	Wellness	**14**	76530	Baden-Baden	137
Bristol Bad Kissingen	Wellness	10	97688	Bad Kissingen	
Brugger's Hotelpark am See ****	Wellness/Kur	12	79822	Titisee-Neustadt	
Brunnenhof garni	Wellness/Kur	9	94072	Bad Füssing	
Brunner Hof ******	Wellness	**13**	93473	Arnschwang	182
Buchinger Wilhelmi	Gesundheit	**14**	88662	Überlingen	147
Budersand *****S	Wellness	**15**	25997	Hörnum	65
Bürgerstuben	Wellness	10	34508	Willingen	
Buller Landhotel ****	Wellness	10	49170	Hagen	
Burg Schlitz Schlosshotel	Wellness	12	17166	Hohen Demzin	
Burgunderhof garni	Wellness	11	88709	Hagnau	
Carat Golf & Sporthotel ****	Wellness	11	23743	Grömitz	
Casa Medica	Gesundheit	**15**	74834	Elztal-Dallau	135
Celler Tor ****S	Business/Wellness	11	29229	Celle-Groß Hehlen	
Central Hof ****	Business/Wellness	10	95030	Hof	
Central Willingen ***S	Wellness	11	34508	Willingen	
Ceres am Meer	Wellness	10	18609	Binz	
Chiemsee Chalet	Wellness	**14**	83112	Frasdorf	155
Christian VIII garni	Wellness	10	25980	Sylt-Ost, Archsum	
Christinenhof & Spa ****	Wellness	10	03185	Tauer	
Chrysantihof ****	Kur/Wellness	10	84364	Bad Birnbach	
City Apartmenthotel garni	Wellness/Kur	10	94072	Bad Füssing	
City Hotel am CCS ****	Wellness	10	98527	Suhl	
Cliff-Hotel Rügen	Wellness	11	18586	Sellin	
Clostermanns Hof ****S	Wellness	11	53859	Niederkassel-Uckendorf	
Colosseo ****S	Wellness	10	77977	Rust	

Hotelname	Kategorie	Punkte	PLZ	Ort	Seite
Dorint Am Goethepark	Business/Wellness	11	99423	Weimar	
Dorint An den Thermen ****S	Business/Wellness	11	79111	Freiburg-Süd	
Dorint Arnsberg ****	Wellness	11	59757	Arnsberg-Neheim	
Dorint Baltic Hills ****	Wellness	11	17419	Korswandt	
Dorint Garmisch-Partenkirchen	Wellness	11	82467	Garmisch-Partenkirchen	
Dorint Marc Aurel Resort ****S	Wellness	11	93333	Bad Gögging	
Dorint Resort & Spa Bad Brückenau ****S	Wellness	12	97769	Bad Brückenau-Staatsbad	
Dorint Sanssouci Potsdam ****S	Business/Wellness	11	14469	Potsdam	
Dorint Strandhotel Binz	Wellness	11	18609	Binz	
Dorint Strandresort & Spa Wustrow ****	Wellness	12	18347	Wustrow	
Dorint Strandresort Westerland ****S	Wellness	11	25980	Westerland	
Dorint Winterberg ****	Wellness	10	59955	Winterberg-Neuastenberg	
Dormero Halle	Business/Wellness	10	06110	Halle an der Saale	
Dorotheenhof	Business/Wellness	11	99427	Weimar	
Drei Birken Kurhotel ****S	Wellness	11	49214	Bad Rothenfelde	
Drei Quellen Therme ****S	Wellness/Kur	12	94086	Bad Griesbach-Therme	
Dreiklang Business & Spa	Wellness	10	24568	Kaltenkirchen	
Dünenburg garni ****	Wellness	10	25980	Westerland	
Dünenmeer Strandhotel *****	Wellness	**16**	18347	Dierhagen	72
Ebbinghof Familotel ****	Wellness	11	57392	Schmallenberg-Ebbinghof	
Ebner ***	Wellness	9	97631	Bad Königshofen	
Edelweiss Bad Wörishofen ****	Kur/Wellness	12	86825	Bad Wörishofen	
Edelweiss Berchtesgaden ****S	Wellness	12	83471	Berchtesgaden	
Edita ****S	Wellness	11	88175	Scheidegg	
Egerner Höfe Parkhotel *****S	Wellness	12	83700	Rottach-Egern	
Eggensberger Bio-Hotel ****	Gesundheit/Wellness	12	87629	Füssen-Hopfen am See	
Eggert Landhaus ****S	Wellness	11	48157	Münster-Handorf	
Eibl-Brunner ****	Wellness	**13**	94258	Frauenau	201
Eichinger Kneipp-Kurhotel ***S	Kur/Wellness	10	86825	Bad Wörishofen	
Eisvogel ****S	Wellness	12	93333	Bad Gögging	
Elbiente ****	Wellness	11	01824	Rathen	
Elbresidenz	Business/Wellness	11	01814	Bad Schandau	
Elbschlösschen ****	Wellness	11	01824	Rathen	
Elzland Hotel Pfauen ****	Wellness/Gesundheit	11	79215	Elzach	
Elztalhotel ****S	Wellness	**16**	79297	Winden im Elztal	143
Engel Familotel ****	Wellness	10	79674	Todtnauberg	
Engel Obertal *****S	Wellness	**14**	72270	Baiersbronn-Obertal	131
Enztalhotel ****	Wellness	11	75337	Enzklösterle	
Erbprinz *****S	Wellness	12	76275	Ettlingen	
Erfurths Bergfried ****S	Wellness	**15**	79856	Hinterzarten	145
Ernestgrün Schlosshotel ***S	Wellness	10	95698	Neualbenreuth	
Ernstlhof Chalets	Wellness	12	94244	Kaikenried	
Erstes deutsches Kartoffelhotel	Wellness	11	29482	Küsten	
Esperanto ****S	Business/Wellness	12	36037	Fulda	

Hotelname	Kategorie	Punkte	PLZ	Ort	Seite
Grüner Baum Waldhotel ****S	Wellness	12	77704	Oberkirch-Ödsbach	
Grüner Wald ****S	Wellness	12	72250	Freudenstadt-Lauterbad	
Gut Bardenhagen	Wellness	11	29553	Bardenhagen	
Gut Dürnhof	Wellness	10	97794	Rieneck	
Gut Edermann	Wellness	12	83317	Teisendorf	
Gut Höhne ****S	Wellness	11	40822	Mettmann	
Gut Ising ****S	Wellness	**13**	83339	Chieming-Ising	156
Gut Klostermühle	Wellness/Gesundheit	12	15518	Briesen-Alt Madlitz	
Gut Riedelsbach ***S	Wellness	12	94089	Neureichenau	
Gut Schmelmerhof	Wellness	11	94379	St. Englmar	
Gut Steinbach ****S	Wellness	**15**	83242	Reit im Winkl	155
Gut Sternholz	Wellness	12	59071	Hamm	
Gut Varendorf Schönheitsfarm	Beauty	**17**	49597	Rieste	49
Gutshaus Ludorf Romantikhotel	Wellness	11	17207	Ludorf	
Gutshaus Redewisch	Wellness	11	23946	Boltenhagen-Redewisch	
Gutshaus Stolpe	Wellness	**13**	17391	Stolpe	70
Gutshof Bastorf	Gesundheit/Wellness	11	18230	Bastorf	
H+ Friedrichroda	Wellness	11	99894	Friedrichroda	
H+ Willingen	Wellness	10	34508	Willingen-Usseln	
Habbel Berghotel	Wellness	10	59889	Eslohe	
Habichtstein Alexisbad	Wellness	11	06493	Harzgerode-Alexisbad	
Häcker's Fürstenhof ****S	Wellness	11	56864	Bad Bertrich	
Häcker's Grandhotel ****S	Wellness/Gesundheit	**13**	56130	Bad Ems	109
Haferland	Wellness	**13**	18375	Wieck auf dem Darß	76
Hammerhof ****	Wellness	12	94249	Bodenmais	
Hammermühle	Wellness	12	07646	Stadtroda	
Hammersbach Berghotel ****	Wellness	11	82491	Grainau	
Hanusel Hof ****S	Wellness	**14**	87480	Weitnau-Hellengerst	170
Hardenberg Burghotel *****	Wellness	11	37176	Nörten-Hardenberg	
Hartung's Hoteldorf ***S	Wellness/Kur	11	87629	Füssen-Hopfen am See	
Haslinger Hof	Wellness	10	94148	Kirchham	
Haubers Naturresort ****S	Wellness/Gesundheit	**18**	87534	Oberstaufen-Kalzhofen	173
Haus am See ****	Wellness	11	39619	Arendsee	
Haus an der Therme	Kur	9	94072	Bad Füssing	
Haus Antje garni	Wellness	10	18347	Ahrenshoop	
Haus Becker ***S	Kur/Wellness	11	49196	Bad Laer	
Haus Große Kettler ***S	Wellness	10	49196	Bad Laer	
Haus Hilmeke ***S	Wellness	11	57368	Lennestadt-Saalhausen	
Haus Ibe Pension	Wellness	10	99762	Neustadt	
Haus Noltmann-Peters ***S	Wellness/Kur	10	49214	Bad Rothenfelde	
Haus Waterkant	Kur	9	26548	Norderney	
Hebelhof ****	Wellness	9	79415	Bad Bellingen-Hertingen	
Heckenmühle NaturMed ***S	Wellness/Gesundheit	11	35080	Bad Endbach	
Heide Kröpke ****S	Wellness	11	29690	Essel	

Hotelname	Kategorie	Punkte	PLZ	Ort	Seite
Heide Spa ****S	Wellness	11	04849	Bad Düben	
Heidegrund ****S	Wellness	12	49681	Garrel-Petersfeld	
Heikenberg Kneippkurhotel ***S	Kur/Wellness	10	37431	Bad Lauterberg	
Heinz ****S	Wellness	12	56203	Höhr-Grenzhausen	
Helene Parkhotel ***S	Wellness	10	08645	Bad Elster	
Helvetia Bio-Hotel ****	Wellness	10	01814	Bad Schandau-Schmilka	
Helvetia Yachthotel	Wellness	12	88131	Lindau	
Herrmann's Posthotel ****	Wellness	11	95339	Wirsberg	
Herzog Heinrich ****	Wellness	11	93474	Arrach	
Herzogspark ****S	Business/Wellness	11	91074	Herzogenaurach	
Heselbacher Hof ****	Wellness	**15**	72270	Baiersbronn	130
Heubacher Höhe ***	Wellness	10	98666	Masserberg-Heubach	
Heusser Gartenhotel ****	Wellness	12	67098	Bad Dürkheim	
Himmelpfort am See Landhaus	Wellness	11	16798	Himmelpfort	
Hirsch Kur- & Wellnesshotel ****	Kur/Wellness	10	87534	Oberstaufen	
Hirschen Glottertal ****	Wellness	11	79286	Glottertal	
Hirschen Romantik-Hotel ****S	Wellness	11	92331	Parsberg	
Historischer Krug	Wellness	11	24988	Oeversee	
Hochbühl ***S	Kur/Wellness	12	87534	Oberstaufen	
Hochriegel ****	Wellness	11	94518	Klingenbrunn	
Hochsauerland 2010	Wellness/Kur	10	34508	Willingen	
Hof Wasserkuppe garni ****	Wellness	12	36163	Poppenhausen	
Hofbräuhaus ****	Wellness	11	94249	Bodenmais	
Hofgut Hafnerleiten	Wellness	**13**	84364	Bad Birnbach	166
Hofhotel Krähenberg ****	Wellness	10	23743	Grömitz	
Hofmark ****	Wellness	11	84364	Bad Birnbach	
Hohe Wacht ****S	Wellness	11	24321	Hohwacht an der Ostsee	
Hohenlohe ****S	Kur/Wellness	11	74523	Schwäbisch Hall	
Hoher Knochen Berghotel ****	Wellness	12	57392	Schmallenberg-Westfeld	
Holzapfel ****S	Wellness/Kur	**15**	94072	Bad Füssing	187
Holzschuh's Schwarzwaldhotel	Wellness	10	72270	Baiersbronn-Schönmünzach	
Hotel an der Therme ****	Wellness	12	63619	Bad Orb	
Hubertus Landhaus	Wellness	10	97656	Unterelsbach	
Hubertus Mountain Refugio	Wellness	**17**	87538	Balderschwang	175
Hubertusbaude ***S	Wellness	11	02799	Großschönau Waltersdorf	
Hubertushof garni	Kur/Wellness	9	94072	Bad Füssing	
Hübner Parkhotel	Wellness	11	18119	Rostock-Warnemünde	
Hübner Strandhotel ****S	Wellness	12	18119	Rostock-Warnemünde	
Hüttenhof ****S	Wellness	**16**	94143	Grainet	192
Hyperion Garmisch-Partenkirchen	Wellness	10	82467	Garmisch-Partenkirchen	
Iberotel Boltenhagen ****S	Wellness	12	23946	Boltenhagen	
IFA Ferien-Centrum Fehmarn ***	Wellness	9	23769	Burg auf Fehmarn	
IFA Ferienpark Rügen ***S	Wellness	10	18609	Binz	
IFA Ferienpark Schöneck	Wellness	10	08261	Schöneck	

Hotelname	Kategorie	Punkte	PLZ	Ort	Seite
IFA Graal-Müritz ****s	Wellness	11	18181	Graal-Müritz	
Infinity Munich	Business/Wellness	12	85716	Unterschleißheim	
Insel der Sinne ****	Wellness	12	02827	Görlitz	
Inselhotel Vier Jahreszeiten ****	Wellness	10	26757	Borkum	
Interest ****	Kur/Wellness	11	87534	Oberstaufen	
Jägerhof Berghotel ****s	Wellness	11	88316	Isny	
Jagdhaus Eiden Romantik-Hotel ****s	Wellness	**15**	26160	Bad Zwischenahn	40
Jagdhaus Waldidyll Romantik-Hotel	Wellness	11	08118	Hartenstein	
Jagdhaus Wiese ****s	Wellness	11	57392	Schmallenberg	
Jagdhof Glashütte *****	Wellness	12	57334	Bad Laasphe-Glashütte	
Jagdhof Röhrnbach *****	Wellness	**19**	94133	Röhrnbach	191
Jakob garni ***	Kur/Wellness	9	87629	Füssen-Bad Faulenbach	
Jakobsberg	Wellness	11	56154	Boppard	
Jammertal Resort ****s	Wellness	**15**	45711	Datteln-Ahsen	84
Jörg Müller ****	Wellness	11	25980	Westerland	
Johannesbad Bad Kohlgrub ****s	Wellness/Kur	12	82433	Bad Kohlgrub	
Johannesbad Königshof ****	Wellness/Kur	10	94072	Bad Füssing	
Johannesbad Ludwig Thoma	Kur/Wellness	10	94072	Bad Füssing	
Johanneshof ****	Wellness/Kur	12	87534	Oberstaufen	
Jordan's Untermühle ****s	Wellness	**14**	55278	Köngernheim	106
Jurahöhe Landhotel ***s	Wellness	11	91809	Wellheim-Hardt	
Juwel ****	Wellness	9	94072	Bad Füssing	
Käppelehof ****	Wellness	11	78730	Lauterbach	
Kains Hof ***s	Wellness	9	07407	Uhlstädt-Kirchhasel	
Kainsbacher Mühle ****	Wellness	10	91230	Happurg-Kainsbach	
Kaiser Spa Zur Post ****s	Wellness	12	17429	Bansin	
Kaiser Trajan Kurhotel ***	Kur/Wellness	10	93333	Bad Gögging	
Kaiserhof Kulturhotel	Wellness	10	36448	Bad Liebenstein	
Kallbach Landhotel ****	Wellness	11	52393	Hürtgenwald	
Kammweg	Wellness	10	98701	Neustadt	
Karma Bavaria ****	Wellness	10	83727	Schliersee	
Karner	Wellness	11	83112	Frasdorf	
Kastenholz ****s	Gesundheit/Wellness	11	53520	Wershofen	
Kaufmann ****	Wellness	10	87672	Roßhaupten	
Kempinski Berchtesgaden *****s	Wellness	**13**	83471	Berchtesgaden	157
Kempinski Gravenbruch *****s	Business/Wellness	**14**	63263	Neu-Isenburg	117
Kenners Landlust Biohotel	Wellness	11	29473	Göhrde	
Kern Landhotel	Wellness	10	34596	Bad Zwesten	
Keßler-Meyer ****s	Wellness	11	56812	Cochem-Sehl	
Kesslermühle ****s	Wellness	**14**	79856	Hinterzarten	145
Ketschauer Hof	Wellness	11	67146	Deidesheim	
Kieler Kaufmann Romantikhotel	Wellness	12	24105	Kiel	
Kilburg Beautyfarm	Beauty	11	54487	Wintrich	
Kleine Perle garni ****	Wellness	10	27476	Cuxhaven-Döse	

Hotelname	Kategorie	Punkte	PLZ	Ort	Seite
Kleine Strandburg ****	Wellness	11	17454	Zinnowitz	
Klinik Dr. Buchinger	Gesundheit	12	31812	Bad Pyrmont	
Kloster Arenberg	Gesundheit	**13**	56077	Koblenz	109
Kloster Hornbach	Wellness	12	66500	Hornbach	
Klosterhof Alpine Hideaway ****S	Wellness/Gesundheit	**16**	83457	Bayerisch Gmain	156
Klosterpforte ****S	Wellness	11	33428	Harsewinkel-Marienfeld	
Köck Thermalresort garni ****	Kur/Wellness	11	94072	Bad Füssing	
Köhlers Forsthaus ****	Wellness	**13**	26605	Aurich	43
König Albert ****S	Wellness	11	08645	Bad Elster	
König Landhaus ****	Gesundheit	12	88167	Grünenbach	
Königshof Health & View	Kur/Gesundheit	11	87534	Oberstaufen	
Königshof Hotel-Resort ****S	Wellness	10	87534	Oberstaufen-Weißach	
Kokenhof ****	Wellness	10	30938	Großburgwedel	
Kolb ****	Wellness	11	26465	Langeoog	
Konradshof ***S	Kur/Wellness	10	94086	Bad Griesbach-Therme	
Krähennest Parkhotel ****	Wellness	11	56332	Löf an der Mosel	
Kreuz-Post ***S	Wellness	10	79235	Vogtsburg-Burkheim	
Krone Du-Familotel	Wellness	11	87541	Bad Hindelang-Unterjoch	
Krone Roggenbeuren	Wellness	10	88693	Deggenhausertal-Roggenbeuren	
Krone Schnetzenhausen ****S	Wellness	11	88045	Friedrichshafen-Schnetzenhausen	
Kronenhof ****	Kur/Wellness	11	87534	Oberstaufen	
Kronprinz Alpenhotel ****	Wellness	9	83471	Berchtesgaden	
Krug Familotel	Wellness	12	95485	Warmensteinach	
Krummbachtal	Wellness	11	97659	Schönau an der Brend	
Küstenperle Strandhotel ****	Wellness	11	25761	Büsum	
Kunzmann's ****S	Wellness	12	97708	Bad Bocklet	
Kurfer Hof ***	Wellness	10	83093	Bad Endorf	
Kurhaus Bad Bocklet	Kur/Wellness	11	97708	Bad Bocklet	
Kurhotel Bad Schlema	Kur/Wellness	9	08301	Bad Schlema	
Kurhotel Heringsdorf	Wellness/Kur	10	17424	Heringsdorf	
Kurparkhotel ****S	Wellness	10	67098	Bad Dürkheim	
Kurzentrum Weißenstadt ****	Gesundheit	12	95163	Weißenstadt	
L'Arrivée ****	Business/Wellness	12	44267	Dortmund-Höchsten	
La Vital ****	Wellness	10	29392	Wesendorf	
Lamm ****	Wellness	11	63872	Heimbuchenthal	
Lammerts garni ***	Wellness	10	32805	Horn-Bad Meinberg	
Landhaus an de Dün garni ****	Wellness	12	25826	St. Peter-Ording	
Landhaus zur Ohe Familotel ***S	Wellness	10	94513	Schönberg	
Landhotel Burg ****S	Wellness	11	03096	Burg	
Lang Ferienhof garni	Wellness	10	86825	Bad Wörishofen	
Langenwaldsee	Wellness	11	72250	Freudenstadt	
Lanig Resort & Spa	Wellness	10	87541	Bad Hindelang-Oberjoch	
Lanserhof Sylt	Gesundheit	**18**	25992	List	64
Lanserhof Tegernsee	Gesundheit	**20**	83666	Waakirchen-Marienstein	162

Hotelname	Kategorie	Punkte	PLZ	Ort	Seite
Laudensacks Parkhotel	Wellness	12	97688	Bad Kissingen	
Lauterbad ****S	Wellness	**15**	72250	Freudenstadt-Lauterbad	129
Lebensart Landhotel & Relax ****	Wellness	10	47665	Sonsbeck	
Legde ***	Wellness	10	19336	Legde	
Leiners Familienhotel	Wellness	10	82467	Garmisch-Partenkirchen	
Leinsweiler Hof ****	Wellness	11	76829	Leinsweiler	
Leonardo Royal ****S	Business/Wellness	10	76530	Baden-Baden	
Leonardo Weimar ****	Business/Wellness	10	99425	Weimar	
Leonhardihof garni	Kur/Wellness	9	83646	Bad Tölz	
Leoni Seehotel ****	Wellness	12	82335	Berg	
Leuchtfeuer ****	Wellness	10	26434	Horumersiel	
Liebesglück ****	Wellness	10	59955	Winterberg	
Lighthouse	Wellness	11	25761	Büsum	
Lindenhof Naturhotel ***S	Wellness	10	09623	Rechenberg-Bienenmühle	
Lindenwirt ****S	Wellness	**15**	94256	Drachselsried	197
Lindner Binshof Hotel & Spa ****S	Wellness	11	67346	Speyer	
Lindner Parkhotel ****S	Wellness/Kur	12	87534	Oberstaufen	
Lindner Wiesensee ****S	Wellness	11	56457	Westerburg	
Lindner Windrose ****	Wellness	10	25996	Wenningstedt	
Linslerhof ****	Wellness	11	66802	Überherrn	
Lippischer Hof ****	Wellness	10	32105	Bad Salzuflen	
Litz Seehotel ****	Wellness	10	88085	Langenargen	
Lösch für Freunde	Wellness	12	66500	Hornbach	
Logierhus Langeoog ****S	Wellness	10	26465	Langeoog	
Ludinmühle ****S	Wellness	12	79348	Freiamt	
Ludwig Royal ****S	Wellness	10	87534	Oberstaufen-Steibis	
Luise Parkhotel	Wellness	11	76332	Bad Herrenalb	
Luitpold Kneipp-Kurhotel	Kur/Wellness	10	86825	Bad Wörishofen	
Luitpoldpark ****	Wellness	10	87629	Füssen	
Lundenbergsand ****S	Wellness	**13**	25813	Husum-Simonsberg	57
Maasberg Therme ****	Wellness	11	55566	Bad Sobernheim	
Magdalenenhof Landhotel ***	Wellness	11	94227	Zwiesel	
Maharishi Ayurveda Privatklinik	Gesundheit	**15**	56130	Bad Ems	110
Maibrunn Berghotel ****S	Wellness	12	94379	St. Englmar	
Maier zum Kirschner ****	Wellness	10	83700	Rottach-Egern	
Maison Messmer *****S	Wellness	11	76530	Baden-Baden	
Mariandl Singender Wirt ****	Wellness	11	94353	Elisabethszell	
Marienbad	Kur/Wellness	11	86825	Bad Wörishofen	
Marina Bernried ****	Wellness	10	82347	Bernried	
Maritim Bad Homburg	Wellness	10	61348	Bad Homburg	
Maritim Badehotel	Wellness/Kur	11	34537	Bad Wildungen	
Maritim Kaiserhof ****S	Wellness	12	17424	Heringsdorf	
Maritim Seehotel	Wellness	12	23669	Timmendorfer Strand	
Maritim Staatsbadhotel	Wellness	10	32105	Bad Salzuflen	

Hotelname	Kategorie	Punkte	PLZ	Ort	Seite
Maritim Strandhotel	Wellness	11	23570	Lübeck-Travemünde	
Maritim Titiseehotel ****	Wellness	10	79822	Titisee-Neustadt	
Markgraf Lehnin ***s	Wellness	10	14797	Lehnin	
Mattlihüs Bio-Hotel ****	Wellness	12	87541	Oberjoch	
Mawell Resort	Wellness	**16**	74595	Langenburg	133
Maximilian Parkhotel	Wellness	12	87724	Ottobeuren	
Maximilian Quellness & Golf	Wellness/Kur	11	94086	Bad Griesbach-Therme	
Maxx by Steigenberger Deidesheim	Wellness	10	67146	Deidesheim	
Mayerhof garni	Kur	9	94072	Bad Füssing	
Meerane ****	Wellness	10	08393	Meerane	
Meerlust ****s	Wellness	**15**	18374	Zingst	75
Meine Heidefarm	Wellness	10	29473	Göhrde	
Meiser Vital-Hotel ****s	Wellness	12	74579	Fichtenau-Neustädtlein	
Menschels Vitalresort ****	Gesundheit/Wellness	**15**	55566	Bad Sobernheim-Meddersheim	109
Mercure Bad Dürkheim ****	Wellness	10	67098	Bad Dürkheim	
Mercure Garmisch-Partenkirchen ****	Wellness	10	82467	Garmisch-Partenkirchen	
Mercure Halle Leipzig ****	Business/Wellness	9	06188	Peißen	
Mercure Hameln ****	Business/Wellness	9	31785	Hameln	
Michel & Friends	Wellness	10	52156	Monschau	
Michels Wohlfühlhotel ****s	Wellness	**15**	54552	Schalkenmehren	107
Minerva-Diana-Octavia Apparthotel	Kur/Wellness	9	93333	Bad Gögging	
Mintrops Landhotel ****	Wellness	10	45289	Essen-Burgaltendorf	
Miramar *****	Wellness	11	25980	Westerland	
Miramar Borkum	Wellness/Kur	9	26757	Borkum	
Mönch's Waldhotel ****	Wellness	11	75399	Unterreichenbach-Kapfenhardt	
Möst Kneipp-Sanatorium	Kur/Gesundheit	12	87629	Füssen-Hopfen am See	
Mohren Biohotel	Wellness	10	88693	Deggenhausertal-Limpach	
Mokni's Palais	Kur/Wellness	10	75323	Bad Wildbad	
Molitors Mühle ****s	Wellness	11	54533	Eisenschmitt	
Mondi Oberstaufen ****	Wellness/Kur	10	87534	Oberstaufen-Malas	
Monikas Ferienhof Familotel	Wellness	11	59889	Eslohe-Wenholthausen	
Moor & mehr Bio-Kurhotel ***s	Kur/Wellness	12	82433	Bad Kohlgrub	
Mooshof ****s	Wellness	**15**	94249	Bodenmais	199
Morada Resort	Wellness	9	18225	Kühlungsborn	
Moselschlösschen Spa & Resort ****s	Wellness	**15**	56841	Traben-Trarbach	111
Mühl Vital Resort	Wellness	11	37431	Bad Lauterberg	
Mühlbach Romantik-Hotel ****s	Wellness/Kur	**13**	94072	Bad Füssing	187
Mürz	Wellness/Kur	12	94072	Bad Füssing	
Muschinsky ****	Kur/Gesundheit	10	37431	Bad Lauterberg	
Myn Utspann ****	Wellness	10	25813	Husum	
Nägele ****	Wellness	12	79862	Höchenschwand	
Nakuk	Wellness	11	26434	Wangerland-Horumersiel	
Nassau Oranien ****	Wellness	10	65589	Hadamar	
Natura garni	Wellness	10	94249	Bodenmais	

Hotelname	Kategorie	Punkte	PLZ	Ort	Seite
Naturion	Gesundheit	10	79856	Hinterzarten	
Naturpark Ebnisee	Wellness	10	73667	Ebnisee	
Nebelhornblick ****	Wellness	11	87561	Oberstdorf	
Nells Parkhotel ****	Business/Wellness	11	54292	Trier	
Neptun *****	Wellness	**13**	18119	Rostock-Warnemünde	72
Neue Post Bodenmais ****	Wellness	**14**	94249	Bodenmais	200
Neuer Hennings Hof ****	Wellness	10	19348	Perleberg	
Neuhäusl ****	Wellness	11	83471	Berchtesgaden-Oberau	
Neumühle Resort & Spa ****S	Wellness	**16**	97797	Wartmannsroth	202
Niedersachsen ****	Wellness	10	37671	Höxter	
Nordmann	Wellness	10	06456	Arnstein-Stangerode	
Nordsee	Kur/Wellness	10	26757	Borkum	
Nordseefarm	Wellness	12	25761	Büsumer-Deichhausen	
Nuhnetal ***S	Wellness	11	59955	Winterberg	
Oase Revitalis	Gesundheit	11	79674	Todtnauberg	
Oberjoch Familux Resort ****S	Wellness	12	87541	Bad Hindelang-Oberjoch	
Obermühle Alpin Spa Resort ****S	Wellness	11	82467	Garmisch-Partenkirchen	
Obermüller Landrefugium ****	Wellness	11	94107	Untergriesbach	
Oberstdorf ****S	Wellness	11	87561	Oberstdorf	
Oberwiesenhof ****S	Wellness	12	72297	Seewald-Besenfeld	
Ochsen ****	Wellness	11	78141	Schönwald	
Ödhof ****	Wellness	12	94255	Böbrach	
Orbtal	Wellness	10	63619	Bad Orb	
Ortner's Resort ****S	Wellness	**14**	94072	Bad Füssing	185
Ortnerhof	Wellness	12	83324	Ruhpolding	
Osserhotel	Wellness	10	93470	Lohberg	
Ostende	Wellness	10	17419	Ahlbeck	
Ostsee-Resort Damp	Wellness/Kur	11	24351	Damp	
Ostseeblick Strandhotel ****S	Wellness	**15**	17424	Heringsdorf	71
Ostseehotel Ahlbeck ****	Wellness	10	17419	Ahlbeck	
Ostseehotel Dierhagen ***S	Wellness	10	18347	Dierhagen	
Oswald Landromantik ****S	Wellness	**14**	94244	Kaikenried	195
Ottonenhof Familotel ***	Wellness	10	34519	Diemelsee-Ottlar	
Oversum Ski & Vital Resort ****S	Wellness	10	59955	Winterberg	
Pabst ****S	Wellness	**14**	26571	Juist	42
Palmenwald	Wellness	10	72250	Freudenstadt	
Panorama Daun ****	Wellness	11	54550	Daun	
Panoramahotel Oberjoch ****S	Wellness	**14**	87541	Bad Hindelang-Oberjoch	177
Panoramic Bad Lauterberg ***	Wellness	9	37431	Bad Lauterberg	
Panoramic Hohegeiß	Wellness	9	38700	Braunlage-Hohegeiß	
Papa Rhein	Wellness	12	55411	Bingen am Rhein	
Park-Hotel Nümbrecht ****	Wellness	10	51588	Nümbrecht	
Parkhotel Adler	Wellness	12	79856	Hinterzarten	
Parkhotel Altmühltal ****S	Business/Wellness	10	91710	Gunzenhausen	

Hotelname	Kategorie	Punkte	PLZ	Ort	Seite
Parkhotel am Glienberg ****	Wellness	10	17454	Zinnowitz	
Parkhotel Bad Faulenbach	Wellness	10	87629	Füssen-Bad Faulenbach	
Parkhotel Bad Füssing ****	Wellness/Kur	11	94072	Bad Füssing	
Parkhotel Bad Griesbach ****S	Wellness/Kur	12	94086	Bad Griesbach-Therme	
Parkhotel Bad Salzig ****	Wellness	11	56154	Boppard-Bad Salzig	
Parkhotel Bad Schandau ****	Wellness	10	01814	Bad Schandau	
Parkhotel Bad Waldsee ****	Kur	9	88339	Bad Waldsee	
Parkhotel Bayersoien *****	Wellness/Kur	11	82435	Bad Bayersoien	
Parkhotel Burgmühle ****S	Wellness	12	87538	Fischen	
Parkhotel Flora ****S	Wellness	11	79859	Schluchsee	
Parkhotel Gütersloh ****S	Business/Wellness	10	33330	Gütersloh	
Parkhotel Heidehof ****S	Business/Wellness	10	85080	Gaimersheim	
Parkhotel Hitzacker	Wellness	10	29456	Hitzacker an der Elbe	
Parkhotel Jordanbad ****	Kur/Wellness	11	88400	Biberach an der Riß	
Parkhotel Neustadt ***S	Wellness	10	01844	Neustadt	
Parkhotel Schillerhain ****	Wellness	10	67292	Kirchheimbolanden	
Parkhotel Schotten ***S	Wellness	9	63679	Schotten	
Parkhotel Sonnenhof ****	Wellness	10	82487	Oberammergau	
Parkhotel Wallgau ****S	Wellness	11	82499	Wallgau	
Parkhotel Weiskirchen ****S	Wellness	11	66709	Weiskirchen	
Parkschlössl zu Thyrnau ****	Wellness	12	94136	Thyrnau	
Pausnhof Bio-Hotel ****	Wellness	11	94568	St. Oswald	
Peters Jägersburg ****	Wellness	11	66424	Homburg-Jägersburg	
Pfahlershof Familienhotel	Wellness	10	25774	Karolinenkoog	
Pfalzblick ****S	Wellness	12	66994	Dahn	
Pfalzhotel Asselheim ****	Wellness	10	67269	Grünstadt-Asselheim	
Platte ****S	Wellness	11	57439	Attendorn-Niederhelden	
Plaza Premium Timmendorfer Strand	Wellness	10	23669	Timmendorfer Strand	
Post an der Therme ****	Wellness	11	79410	Badenweiler	
Posthotel Rattenberg ****	Wellness	12	94371	Rattenberg	
Precise Hafenhotel Rheinsberg ****S	Wellness	10	16831	Rheinsberg	
Precise Resort Bad Saarow	Wellness	12	15526	Bad Saarow	
Precise Resort Marina Wolfsbruch ****	Wellness	10	16831	Rheinsberg-Kleinzerlang	
Precise Resort Rügen ****	Wellness	10	18551	Sagard-Neddesitz	
Precise Resort Schwielowsee ****	Wellness	11	14542	Werder-Petzow	
Predigtstuhl Resort	Wellness	10	94379	St. Englmar	
Preussenhof Strandhotel	Wellness	10	17454	Zinnowitz	
Prinz-Luitpold-Bad ****	Wellness/Kur	**13**	87541	Bad Hindelang-Bad Oberdorf	176
Privatklinik Eberl	Kur/Wellness	11	83646	Bad Tölz	
Quellenhof Bad Birnbach ****	Wellness/Kur	11	84364	Bad Birnbach	
Quellenhof garni ****	Wellness	11	94072	Bad Füssing	
Radisson Blu Parkhotel Radebeul ****S	Business/Wellness	11	01445	Radebeul	
Raitelberg Resort	Wellness	11	71543	Wüstenrot	
Randsberger Hof ****	Wellness	11	93413	Cham	
Rappenhof Landhotel	Wellness	10	93471	Arnbruck	

Hotelname	Kategorie	Punkte	PLZ	Ort	Seite
Reblinger Hof ****	Wellness	12	94505	Bernried	
Regina Maris ****	Wellness	11	26506	Norden-Norddeich	
Rehlegg Berghotel ****S	Wellness	12	83486	Ramsau	
Reibener Hof ****	Wellness	**13**	94357	Konzell	202
Reichshof Romantik-Hotel ****S	Wellness	12	26506	Norden	
Reindl garni ***S	Wellness/Kur	10	94072	Bad Füssing	
Reindl's Partenkirchner Hof ****S	Wellness	10	82467	Garmisch-Partenkirchen	
Reinerhof ****	Wellness	10	94379	St. Englmar	
Reinhart Garden-Hotel ****	Wellness	10	83209	Prien	
Reischlhof ****S	Wellness	**17**	94110	Wegscheid	189
Reissenlehen Naturhotel ****	Wellness/Gesundheit	12	83483	Bischofswiesen	
Reiter Alm	Wellness	11	83404	Ainring	
Reiterhof Runding Familienhotel	Wellness	9	93486	Runding	
Reiterhof Wirsberg ****S	Wellness	12	95339	Wirsberg	
Relexa Bad Steben ****	Wellness/Kur	12	95138	Bad Steben	
Relexa Harz-Wald	Wellness	10	38700	Braunlage	
Relexa Ratingen City ****	Business/Wellness	9	40878	Ratingen	
Reppert ****S	Wellness	**17**	79856	Hinterzarten	146
Residenz ****	Wellness	11	06567	Bad Frankenhausen	
Residenz Heinz Winkler *****	Wellness	11	83229	Aschau	
Residenz Seehotel	Wellness	12	15749	Mittenwalde-Motzen	
Resort Mark Brandenburg	Wellness	12	16816	Neuruppin	
Revita *****	Wellness/Gesundheit	12	37431	Bad Lauterberg	
Rheinischer Hof garni ****	Wellness	10	82467	Garmisch-Partenkirchen	
Rhön Park	Wellness	10	97647	Hausen-Roth	
Rhön Residence	Wellness	10	36160	Dipperz	
Richstein's Posthotel ***S	Wellness/Kur	10	94072	Bad Füssing	
Richtershof Weinromantik ****S	Wellness	11	54486	Mülheim an der Mosel	
Rickmers Insulaner ****	Wellness	10	27498	Helgoland	
Riederin	Wellness	12	94249	Bodenmais	
Riedl Landhaus	Kur/Wellness	10	94072	Bad Füssing-Riedenburg	
Riedlberg ****S	Wellness	**15**	94256	Drachselsried	196
Riessersee	Wellness	11	82467	Garmisch-Partenkirchen	
Rimberg ****	Wellness	**14**	57392	Schmallenberg	88
Ringberg ****	Wellness	10	98527	Suhl	
Ritter Badenweiler ****	Wellness	10	79410	Badenweiler	
Ritter Durbach ****S	Wellness	**14**	77770	Durbach	138
Ritz-Carlton Wolfsburg *****S	Business/Wellness	11	38440	Wolfsburg	
Riva *****S	Wellness	12	78464	Konstanz	
Robenstein ****S	Wellness	**13**	94227	Zwiesel	193
Robinson Club Fleesensee ****	Wellness	11	17213	Göhren-Lebbin	
Römerbad Klinik Kurhotel	Kur	11	93333	Bad Gögging	
Rössle Bernau ***S	Wellness	11	79872	Bernau-Innerlehen	
Rößle Schwarzwald ****	Wellness	11	79682	Todtmoos-Strick	
Röther Kneipp- & Vitalhotel	Kur/Gesundheit	12	88662	Überlingen	

Hotelname	Kategorie	Punkte	PLZ	Ort	Seite
Roewers Privathotel *****S	Wellness	**17**	18586	Sellin	76
Roger Landgasthof ***S	Wellness	9	74245	Löwenstein-Hößlinsülz	
Roggenland ****	Wellness	10	34513	Waldeck am Edersee	
Romantik-Hof ****	Wellness	10	26736	Krummhörn-Greetsiel	
Romantischer Winkel *****S	Wellness	11	37441	Bad Sachsa	
Roonhof Vitalotel	Wellness/Kur	10	32105	Bad Salzuflen	
Rosenalp Gesundheitsresort & Spa ****S	Gesundheit/Wellness	**16**	87534	Oberstaufen	171
Rosenstock ****	Wellness	10	87538	Fischen	
Rothfuss ****	Wellness	12	75323	Bad Wildbad	
Ruchti's ***	Wellness	10	87629	Füssen-Bad Faulenbach	
Rübezahl ****S	Wellness	12	87645	Schwangau-Horn	
Rüters Parkhotel ****	Wellness	10	34508	Willingen	
Rugard Strandhotel ****S	Wellness	12	18609	Binz	
Rundlingsdorf Sagasfeld	Wellness	11	29473	Göhrde	
Rungholt	Wellness	12	25999	Kampen	
Rupertus Kurhotel	Kur/Wellness	10	83457	Bayerisch Gmain	
Saarschleife Landhotel ****	Wellness	11	66693	Mettlach-Orscholz	
Sacher-Stoiber	Kur	10	94072	Bad Füssing	
Sachsenbaude	Wellness	11	09484	Oberwiesenthal	
Sackmann ****S	Wellness	12	72270	Baiersbronn-Schwarzenberg	
Saigerhöh ****S	Wellness	12	79853	Lenzkirch-Saig	
Salinensee	Wellness	**13**	78073	Bad Dürrheim	142
Salzufler Hof	Kur/Wellness	9	32105	Bad Salzuflen	
Sammareier Gutshof	Wellness/Kur	10	84364	Bad Birnbach	
San Andreas Kurhotel	Kur	10	94072	Bad Füssing	
Sanct Bernhard Wellnesshotel ****	Kur/Gesundheit	11	73342	Bad Ditzenbach	
Sanddorn Kur- & Ferienhotel garni	Kur	9	18119	Rostock-Warnemünde	
Sankt Florian ****S	Wellness	12	94258	Frauenau	
Sankt Georg ***S	Wellness	10	83043	Bad Aibling	
Sankt Stephanus ****	Wellness	10	54492	Zeltingen-Rachtig	
Santa Isabel ****S	Wellness	11	77977	Rust	
Santé Royale ****	Wellness	12	08648	Bad Brambach	
Santulan Aum-Kurzentrum	Gesundheit	**14**	74629	Pfedelbach-Gleichen	133
Sauerland Alpin ***	Wellness	10	57392	Schmallenberg-Grafschaft	
Sauerland Stern ****	Wellness	9	34508	Willingen	
Savoy Bad Mergentheim	Wellness	11	97980	Bad Mergentheim	
Schäferberg Waldhotel ****	Wellness	10	34314	Kassel-Espenau	
Schafhof Amorbach ****	Wellness	10	63916	Amorbach	
Schellenberg garni ****	Wellness	12	87561	Oberstdorf	
Schieferhof ****	Wellness	10	98724	Neuhaus am Rennweg	
Schiff am Schluchsee	Wellness	10	79859	Schluchsee	
Schiffmann Kur- & Gesundheitshotel	Gesundheit/Beauty	12	54486	Mülheim an der Mosel	
Schillingshof ****	Wellness	11	82433	Bad Kohlgrub	
Schindelbruch Naturresort ****S	Wellness	**17**	06536	Südharz-Stolberg	124
Schlierseer Hof Seehotel	Gesundheit/Wellness	10	83727	Schliersee	

Hotelname	Kategorie	Punkte	PLZ	Ort	Seite
Schliffkopf Nationalpark-Hotel ****S	Wellness	12	72270	Baiersbronn-Schliffkopf	
Schloss Basthorst	Wellness	12	19089	Crivitz-Basthorst	
Schloss Bensberg Grandhotel *****S	Business/Wellness	11	51429	Bergisch Gladbach	
Schloss Burgbrohl ****	Wellness	11	56659	Burgbrohl	
Schloss Döttingen ****	Wellness	11	74542	Braunsbach-Döttingen	
Schloss Elmau *****S	Wellness	**20**	82493	Elmau	154
Schloss Klink	Wellness	10	17192	Klink	
Schloss Leitheim ****S	Wellness	**13**	86687	Leitheim	166
Schloss Münchhausen *****S	Wellness	12	31855	Aerzen	
Schloss Neustadt-Glewe	Wellness	10	19306	Neustadt-Glewe	
Schloss Ralswiek	Wellness	12	18528	Ralswiek	
Schloss Ranzow	Wellness	11	18551	Lohme	
Schloss Reinach	Wellness	11	79112	Freiburg-Munzingen	
Schloss Rheinfels ****S	Wellness	12	56329	St. Goar am Rhein	
Schloss Rühstädt garni	Wellness	11	19322	Rühstädt	
Schloss Tangermünde ****	Wellness	12	39590	Tangermünde	
Schloss Waldeck ****S	Wellness	11	34513	Waldeck am Edersee	
Schloss Warnsdorf	Gesundheit	11	23626	Warnsdorf-Ratekau	
Schloss Wolfsbrunnen	Wellness	10	37276	Meinhard-Schwebda	
Schlossanger Alp	Wellness	**14**	87459	Pfronten	170
Schlossberghotel Oberhof ****	Wellness	10	98559	Oberhof	
Schlossgut Oberambach	Wellness	12	82541	Münsing	
Schlosshotel Fleesensee	Wellness	11	17213	Göhren-Lebbin	
Schlosswirt Meseberg	Wellness	11	16775	Gransee-Meseberg	
Schmelmer Hof ****	Wellness	12	83043	Bad Aibling	
Schneider am Maar	Wellness	10	54552	Schalkenmehren	
Schnuck Landhotel ****	Wellness	11	29640	Schneverdingen	
Schönblick Eichstätt ****	Wellness	12	85072	Eichstätt	
Schöne Aussicht Hornberg	Wellness	11	78132	Hornberg-Niederwasser	
Schreinerhof Familotel ****S	Wellness	12	94513	Schönberg	
Schropp	Kur/Wellness	11	86825	Bad Wörishofen	
Schüle's Gesundheitsresort & Spa ****S	Kur/Wellness	**14**	87561	Oberstdorf	178
Schürger	Wellness	10	94169	Thurmansbang	
Schwanefeld ****S	Wellness	12	08393	Meerane	
Schwanen Kälberbronn ****	Wellness	10	72285	Pfalzgrafenweiler-Kälberbronn	
Schwarzbeerschänke ***S	Wellness	10	09496	Pobershau	
Schwarzenberg ****	Wellness	10	79286	Glottertal	
Schwarzmatt ****S	Wellness	12	79410	Badenweiler	
Schwarzwald Panorama ****S	Wellness	11	76332	Bad Herrenalb	
Schwarzwaldhof ***	Wellness	9	79856	Hinterzarten	
Schweiger Aktiv Hotel ***S	Kur/Wellness	12	87629	Füssen-Bad Faulenbach	
Schweizer Hof ****	Wellness/Kur	11	94072	Bad Füssing	
Sebastianeum ****	Kur/Gesundheit	12	86825	Bad Wörishofen	
Seeblick Amrum ****S	Wellness	11	25946	Norddorf	
Seeblick Bad Endorf ***S	Wellness/Kur	10	83093	Bad Endorf	

Hotelname	Kategorie	Punkte	PLZ	Ort	Seite
Seeg Landhotel ***	Wellness/Gesundheit	10	87637	Seeg	
Seehof Haltern ****	Wellness	11	45721	Haltern am See	
Seehof Strandhotel ***S	Kur	10	88662	Überlingen	
Seehotel am Neuklostersee ****	Wellness	**15**	23992	Nakenstorf	78
Seehotel Fährhaus ****	Wellness	10	26160	Bad Zwischenahn	
Seehotel Fleesensee ****S	Wellness	11	17213	Göhren-Lebbin	
Seehotel Ichlim	Wellness	10	17248	Lärz-Ichlim	
Seehotel Niedernberg ****S	Wellness	11	63843	Niedernberg	
Seeklause ****	Wellness	11	17449	Trassenheide	
Seela ****	Wellness	9	38667	Bad Harzburg	
Seepark Janssen ****S	Wellness	12	47608	Geldern	
Seerose Strandhotel ****S	Wellness	12	17459	Loddin-Kölpinsee	
Seeschlösschen Grandhotel	Wellness	**13**	23669	Timmendorfer Strand	54
Seeschlösschen Senftenberg ****S	Wellness	12	01968	Senftenberg	
Seeschloss Schorssow	Wellness	10	17166	Schorssow	
Seesteg	Wellness	12	26548	Norderney	
Seetel Kaiserstrand Beachhotel ****S	Wellness	11	17429	Bansin	
Seetel Strandhotel Atlantic ****S	Wellness	10	17429	Bansin	
Seetelhotel Ahlbecker Hof *****	Wellness	**13**	17419	Ahlbeck	71
Seezeitlodge	Wellness	**17**	66625	Gonnesweiler	112
Sellhorn ****	Wellness	12	21271	Hanstedt	
Seminaris Seehotel	Business/Wellness	11	14471	Potsdam	
Severin's Resort & Spa *****S	Wellness	**14**	25980	Sylt-Ost, Keitum	60
Siass Kurbad garni	Kur	9	82433	Bad Kohlgrub	
Sieben Welten	Wellness	12	36093	Fulda-Künzell	
Siebenquell Gesund-Zeit-Resort ****S	Wellness	12	95163	Weißenstadt	
Siegfriedbrunnen ****S	Wellness	**13**	64689	Grasellenbach	118
Simmerl Familotel	Wellness	11	94379	St. Englmar	
Söl'ring Hof *****	Wellness	**16**	25980	Rantum	57
Soibelmanns Alexandersbad	Wellness	10	95680	Bad Alexandersbad	
Soibelmanns Rügen ***	Wellness	10	18573	Samtens	
Solthus am See ****	Wellness	11	18586	Baabe	
Sommer ****	Wellness	12	87629	Füssen	
Sommerfeld ****S	Wellness	**13**	16766	Kremmen-Sommerfeld	98
Sonneck Knüllwald ***S	Wellness	11	34593	Knüllwald Rengshausen	
Sonneck Vitalhotel ****	Wellness	11	86825	Bad Wörishofen	
Sonnen Kur- & Vitalhotel ***S	Kur/Wellness	11	82433	Bad Kohlgrub	
Sonnenalp Resort *****S	Wellness	**16**	87527	Ofterschwang	171
Sonnenbichl Fischen ****	Wellness/Kur	12	87538	Fischen-Langenwang	
Sonnenbichl Grand	Wellness	11	82467	Garmisch-Partenkirchen	
Sonneneck Vital-Hotel ****	Wellness	11	38700	Braunlage-Hohegeiß	
Sonnengarten ****	Kur/Wellness	11	86825	Bad Wörishofen	
Sonnengut ****S	Wellness	**14**	84364	Bad Birnbach	166
Sonnenhalde Landhotel ***S	Gesundheit	11	73087	Bad Boll	
Sonnenhang ***S	Wellness	10	87466	Oy-Mittelberg	

Hotelname	Kategorie	Punkte	PLZ	Ort	Seite
Sonnenhof Baiersbronn ****	Wellness	11	72270	Baiersbronn-Schönmünzach	
Sonnenhof Bodensee-Hotel ***	Wellness	12	88079	Kressbronn	
Sonnenhof Kurhotel ****	Kur/Wellness	11	94072	Bad Füssing	
Sonnenhof Lam ****S	Wellness	12	93462	Lam	
Sonnenhof Lügde ***S	Wellness	11	32676	Lügde	
Sonnenhotel Amtsheide	Wellness	11	29549	Bad Bevensen	
Sonnenhotel Feldberg am See ***S	Wellness	9	17258	Feldberg	
Sonnenhotel Hüttmann ****	Wellness	10	25946	Norddorf	
Sonnenhotel Wolfshof	Wellness	10	38685	Langelsheim-Wolfshagen	
Sonnenhügel Aparthotel garni	Wellness/Kur	10	84364	Bad Birnbach	
Sonnenhügel Bad Bevensen ****	Wellness	10	29549	Bad Bevensen	
Sonnenhügel Bad Kissingen	Wellness	10	97688	Bad Kissingen	
Sonnenpark Familotel ****	Wellness	12	34508	Willingen	
Sonnentau ****	Wellness	11	97650	Fladungen	
Sonnleiten-Rupert	Kur/Wellness	9	94086	Bad Griesbach-Therme	
Spa Villa	Wellness	10	37327	Wingerode	
Spanischer Hof ****	Wellness	10	01609	Gröditz	
Spielweg Romantik-Hotel	Wellness	10	79244	Münstertal	
Sponsel-Regus Landhaus ****	Wellness	12	91332	Heiligenstadt	
Spreewald Thermenhotel ****	Wellness	12	03096	Burg im Spreewald	
Spreewaldhof Romantik ***S	Wellness	11	15913	Neu Zauche	
St. Gunther ****	Wellness	12	94269	Rinchnach	
St. Lukas Fachklinik	Kur	10	94086	Bad Griesbach	
St. Martin Kurbad	Kur	10	82433	Bad Kohlgrub	
St. Ulrich	Wellness	9	87724	Ottobeuren	
St. Wolfgang *** **	Kur/Wellness	**15**	94086	Bad Griesbach-Therme	188
Stadt Hamburg	Wellness	**13**	25980	Westerland	61
Stadtgarten ***S	Wellness	9	88662	Überlingen	
Staudacherhof ****S	Wellness/Kur	12	82467	Garmisch-Partenkirchen	
Steigenberger Bad Pyrmont *****	Wellness	12	31812	Bad Pyrmont	
Steigenberger Grand Petersberg	Business/Wellness	11	53639	Königswinter	
Steigenberger Grandhotel Heringsdorf	Wellness	12	17424	Heringsdorf	
Steigenberger Sonnenhof *****S	Wellness	12	86825	Bad Wörishofen	
Steinle Kneipp-Kurhotel ***S	Kur/Wellness	10	86825	Bad Wörishofen	
Sternwirt Landhotel	Wellness	12	91249	Weigendorf-Högen	
Sterr Hotel & Chalets ** **	Wellness	**16**	94234	Viechtach	195
Stockhausen	Wellness	10	57392	Schmallenberg-Sellinghausen	
Storck ***S	Wellness	10	49196	Bad Laer	
Strandblick ****S	Wellness	11	18225	Kühlungsborn	
Strandgrün Golf- & Spa Resort ***S	Wellness	10	23669	Timmendorfer Strand	
Strandgut Resort ***S	Wellness	12	25826	St. Peter-Ording	
Strandhaus Spreewald ****S	Wellness	**13**	15907	Lübben	98
Strandhörn	Wellness	12	25996	Wenningstedt	
Strandhotel Ahlbeck	Wellness	11	17419	Ahlbeck	
Strandhotel Duhnen ****S	Wellness	11	27476	Cuxhaven-Duhnen	

Hotelname	Kategorie	Punkte	PLZ	Ort	Seite
Strandhotel Heringsdorf *****	Wellness	**14**	17424	Heringsdorf	71
Strandhotel Juist ****s	Wellness	**13**	26571	Juist	42
Strandhotel Sylt garni	Wellness	10	25980	Westerland	
Strandhotel Zingst	Wellness	11	18374	Zingst	
Strandperle *****	Wellness	10	27476	Cuxhaven-Duhnen	
Stricker Landhaus *****s	Wellness	**13**	25980	Tinnum	60
Ströbinger Hof Thermenhotel ****	Wellness	10	83093	Bad Endorf	
Stromberg Land- & Golfhotel ****s	Wellness	**14**	55442	Stromberg-Bingen	107
Stryckhaus Romantik-Hotel ****	Wellness	10	34508	Willingen-Stryck	
Sturm Biohotel	Wellness	12	97638	Mellrichstadt	
Sulzberger Hof ***s	Wellness	10	87477	Sulzberg	
Summerhof ***	Gesundheit/Wellness	10	94086	Bad Griesbach-Therme	
Sunotel Kreuzeck	Wellness	9	38644	Goslar-Hahnenklee	
Sylter Blaumuschel	Wellness	10	25980	Westerland	
Sylter Domizil garni ****	Wellness	10	25996	Wenningstedt	
Talblick Landhotel ****	Wellness	11	75389	Neuweiler-Oberkollwangen	
Talblick Schömberg ***s	Wellness	10	75328	Schömberg	
Tanne Tonbach ****	Wellness	12	72270	Baiersbronn-Tonbach	
Tanneck Allgäuhotel ****s	Wellness	12	87538	Fischen	
Tanneck Bad Wörishofen ****s	Kur/Wellness	11	86825	Bad Wörishofen	
Tannenhäuschen Waldhotel ****s	Wellness	12	46487	Wesel	
Tannenhof Parkhotel	Wellness	11	87466	Oy-Mittelberg	
Tannenhof Sanatorium	Kur	10	94072	Bad Füssing	
Tannenhof Sasbachwalden	Wellness	11	77887	Sasbachwalden	
Tannenhof Weiler	Wellness/Gesundheit	12	88171	Weiler-Simmerberg	
Tannerhof	Gesundheit	**16**	83735	Bayrischzell	164
Tannhof	Wellness	10	79868	Feldberg-Bärental	
Terrassen Café ***s	Wellness/Kur	10	31848	Bad Münder	
Terrassenhof ****	Kur/Wellness	11	83707	Bad Wiessee	
Teutoburger Wald ****s	Wellness	12	49545	Tecklenburg-Brochterbeck	
The Cozy Hotel	Wellness	11	23669	Timmendorfer Strand	
The Grand Ahrenshoop	Wellness	**14**	18347	Ahrenshoop	74
The Lakeside Burghotel ****s	Wellness	11	15344	Strausberg	
The Monarch ****s	Wellness	11	93333	Bad Gögging	
Therme Bad Teinach ****s	Wellness	**14**	75385	Bad Teinach	137
Thermen-Club-Hotel	Wellness	10	94072	Bad Füssing	
Thermenhof Apartmenthaus	Kur	9	94072	Bad Füssing	
Thomahof ****s	Wellness	12	79856	Hinterzarten	
Thomas Spa Lifestyle garni ****	Business/Wellness	11	25813	Husum	
Thüringen Aktiv- & Vitalhotel ****	Wellness	11	98574	Schmalkalden	
Thula ****	Wellness	12	94551	Lalling	
Tölzer Hof	Wellness	9	83646	Bad Tölz	
Torghele's Wald + Fluh	Wellness	11	87538	Balderschwang	
Torkel ****s	Wellness	10	88149	Nonnenhorn	
Traube am See ****	Wellness	12	88048	Friedrichshafen-Fischbach	

Hotelname	Kategorie	Punkte	PLZ	Ort	Seite
Traube Revital ****	Business/Wellness	11	78573	Wurmlingen	
Traube Thalkirchdorf ****	Wellness/Kur	10	87534	Oberstaufen-Thalkirchdorf	
Traube Tonbach *****S	Wellness	**15**	72270	Baiersbronn-Tonbach	132
Travdo Rennsteigblick	Wellness	9	99849	Friedrichroda-Finsterbergen	
Travdo Wettiner Höhe	Wellness	10	09548	Seiffen	
Travel Charme Gothisches Haus ****S	Wellness	10	38855	Wernigerode	
Travel Charme Kurhaus Binz	Wellness	**13**	18609	Binz	77
Travel Charme Nordperd ****	Wellness	12	18586	Göhren	
Travel Charme Ostseehotel ****S	Wellness	12	18225	Kühlungsborn	
Travel Charme Strandhotel Bansin ****S	Wellness	12	17429	Bansin	
Travel Charme Strandidyll ****S	Wellness	12	17424	Heringsdorf	
Treschers Schwarzwaldhotel am See ****S	Wellness	**14**	79822	Titisee-Neustadt	143
Trihotel am Schweizer Wald	Wellness	10	18055	Rostock	
Tuchmacher ****	Wellness	10	02826	Görlitz	
Tui Blue Sylt ****S	Wellness	10	25980	Rantum	
TWH Kranichhöhe	Wellness	10	53804	Much	
Ulrichshof Baby & Kinder Bio-Resort ****S	Wellness	12	93485	Rimbach	
Unter den Linden	Wellness	10	94072	Bad Füssing	
Unterwirt ****S	Wellness	12	83242	Reit im Winkl	
Upstalsboom Kühlungsborn ****S	Wellness	11	18225	Kühlungsborn	
Upstalsboom Landhotel Friesland	Wellness	11	26316	Varel-Obenstrohe	
Upstalsboom Ostseestrand ****S	Wellness	12	17424	Heringsdorf	
Upstalsboom Resort Südstrand	Wellness	12	25938	Wyk auf Föhr	
Usedom Palace *****	Wellness	12	17454	Zinnowitz	
Van der Valk Naturresort Drewitz ****	Wellness	11	17214	Nossentiner Hütte-Drewitz	
Van der Valk Resort Linstow ****	Wellness	10	18292	Linstow	
Vela The Breeze	Wellness	10	17419	Ahlbeck	
Victor's Residenz Teistungenburg ****S	Wellness	11	37339	Teistungen	
Victor's Schloss Berg *****S	Wellness	12	66706	Perl-Nennig	
Victor's Seehotel Weingärtner ****	Wellness	10	66625	Nohfelden-Bosen	
Victoria garni	Wellness/Kur	10	94072	Bad Füssing	
Victory Therme Erding	Wellness	11	85435	Erding	
Vienna House Remarque	Business/Wellness	9	49076	Osnabrück	
Vier Jahreszeiten am Schluchsee	Wellness	12	79859	Schluchsee	
Vier Jahreszeiten Binz ****S	Wellness	10	18609	Binz	
Vier Jahreszeiten Inselhotel	Wellness	9	26548	Norderney	
Vier Jahreszeiten Kühlungsborn ****S	Wellness	11	18225	Kühlungsborn	
Vier Jahreszeiten Starnberg ****S	Wellness	10	82319	Starnberg	
Vier Jahreszeiten Strandhotel ****	Wellness	10	26757	Borkum	
Vier Jahreszeiten Zingst ****	Wellness	11	18374	Zingst	
Vila Vita Burghotel Dinklage ****S	Wellness	12	49413	Dinklage	
Vila Vita Rosenpark	Business/Wellness	12	35037	Marburg	
Villa am Park garni ****	Wellness	10	26160	Bad Zwischenahn	
Villa am Ruhrufer *****S	Wellness	11	45468	Mülheim an der Ruhr	
Villa Carlshorst Schönheitsfarm	Beauty	11	49176	Hilter	

Hotelname	Kategorie	Punkte	PLZ	Ort	Seite
Villa Christalina	Wellness	11	97828	Marktheidenfeld-Marienbrunn	
Villa Contessa *****	Wellness	12	15526	Bad Saarow	
Villa Hammerschmiede ****S	Wellness	11	76327	Pfinztal-Söllingen	
Villa Heine ****S	Wellness	12	38820	Halberstadt	
Villa Henckel Kur-Residenz	Kur	10	83435	Bad Reichenhall	
Villago	Wellness	11	15345	Eggersdorf	
Villen im Park ****	Wellness	12	17429	Bansin	
Villino	Wellness	**14**	88131	Lindau-Bodolz	179
Vita garni	Wellness	10	88326	Aulendorf	
Vital Hotel Bad Lippspringe ****	Wellness	11	33175	Bad Lippspringe	
Vital-Hotel Frankfurt ****S	Wellness	11	65719	Hofheim	
Vitalhotel Bad Birnbach ****	Wellness	12	84364	Bad Birnbach	
Vitalia Seehotel	Wellness	10	23795	Bad Segeberg	
Vju Rügen *****	Wellness	12	18586	Göhren	
Voshövel Landhotel ****S	Wellness	**16**	46514	Schermbeck	85
Voss Schokoladenhotel ****	Wellness	10	26655	Westerstede	
Wachtelhof Landhaus *****S	Wellness	**15**	27356	Rotenburg an der Wümme	48
Waldblick Kniebis ****	Wellness	12	72250	Freudenstadt-Kniebis	
Waldeck Bad Dürrheim	Wellness/Kur	12	78073	Bad Dürrheim	
Waldeck Bad Füssing ****	Wellness/Kur	11	94072	Bad Füssing	
Waldeck Bodenmais ****	Wellness/Kur	11	94249	Bodenmais	
Waldeck Parkhotel	Wellness	10	79822	Titisee-Neustadt	
Waldfrieden Hitzacker ***S	Wellness	9	29456	Hitzacker an der Elbe	
Waldhaus Ohlenbach ****S	Wellness	**15**	57392	Schmallenberg-Ohlenbach	87
Waldhaus Reinbek *****	Wellness	10	21465	Reinbek	
Waldhotel am Notschreipass ****	Wellness	11	79674	Todtnau	
Waldhotel Heiligenhaus ****	Wellness	11	42579	Heiligenhaus	
Waldhotel Rheingau ****	Wellness	10	65366	Geisenheim-Marienthal	
Waldhotel Willingen	Wellness	10	34508	Willingen	
Waldkrug ****S	Wellness	12	33129	Delbrück	
Waldruh ***S	Wellness/Kur	11	82433	Bad Kohlgrub	
Waldschlösschen Prerow ****	Wellness	12	18375	Prerow	
Waldschlösschen Schleswig ****S	Wellness	11	24837	Schleswig	
Walpurgishof ****	Wellness	10	38644	Goslar-Hahnenklee	
Warnemünder Hof ****	Wellness	11	18119	Rostock-Warnemünde	
Wasserschloss Westerburg	Wellness	12	38836	Dedeleben-Westerburg	
Waxenstein *****	Wellness	11	82491	Grainau	
Weber Kurhotel ***	Kur/Wellness	10	86825	Bad Wörishofen	
Weimarer Land Spa & Golf Resort *****S	Wellness	**17**	99444	Blankenhain	93
Weingärtner ***S	Wellness/Kur	10	75323	Bad Wildbad	
Weissenburg	Wellness	11	48727	Billerbeck	
Weissenhaus Private Nature Luxury Resort	Wellness	**19**	23758	Wangels-Weissenhaus	55
Weißer Bär ****S	Wellness	11	54486	Mülheim an der Mosel	
Weißflog Apartmenthotel ****	Wellness	10	09484	Oberwiesenthal	
Welcome Bad Arolsen ****	Wellness	11	34454	Bad Arolsen	

Hotelname	Kategorie	Punkte	PLZ	Ort	Seite
Wellnessgarten ****	Wellness	**13**	83329	Waging am See	156
Werdenfelserei	Wellness	**14**	82467	Garmisch-Partenkirchen	152
Westpark	Wellness/Kur	11	97688	Bad Kissingen	
Weyberhöfe Schlosshotel *****	Wellness	11	63877	Sailauf	
Whitman	Wellness/Gesundheit	11	24326	Ascheberg	
Wiedemann Kur- & Vitalhotel ***S	Kur/Wellness	10	87629	Füssen-Bad Faulenbach	
Wiesler Seehotel ****S	Wellness	**15**	79822	Titisee-Neustadt	144
Wildpark ****	Wellness/Gesundheit	12	56470	Bad Marienberg	
Winklmoosalm ****	Wellness	11	83242	Reit im Winkl	
Winzerhof ****	Wellness	10	69231	Rauenberg	
Wittelsbach	Wellness	11	94072	Bad Füssing	
Wittelsbacher Hof Garmisch	Wellness	10	82467	Garmisch-Partenkirchen	
Wittelsbacher Hof Oberstdorf ****	Wellness	10	87561	Oberstdorf	
Wonnemar Resort Wismar	Wellness	11	23966	Wismar	
Wreecher Hof ****	Wellness	11	18581	Putbus-Wreechen	
Würdinger Hof Kurhotel	Kur	9	94072	Bad Füssing	
Wulff ***S	Wellness	11	59505	Bad Sassendorf	
Wutzschleife ****S	Wellness	11	92444	Rötz	
Wyndham Garden Lahnstein	Business/Wellness	10	56112	Lahnstein	
Wyndham Stralsund Hansedom ****	Wellness	10	18437	Stralsund	
Yachthafenresidenz Hohe Düne	Wellness	12	18119	Rostock-Warnemünde	
Zechmeisterlehen Alpenhotel ****S	Wellness	**15**	83471	Berchtesgaden-Schönau	161
Zedernhof ***S	Wellness	12	93491	Stamsried	
Zeller ****	Wellness	12	63796	Kahl am Main	
Ziegelruh ****	Wellness	11	64832	Babenhausen	
Zink Kurhotel	Wellness/Kur	11	94072	Bad Füssing	
Zu den Rothen Forellen *****	Wellness	11	38871	Ilsenburg	
Zugbrücke Grenzau ****S	Wellness	11	56203	Höhr-Grenzhausen	
Zugspitze ****S	Wellness	12	82467	Garmisch-Partenkirchen	
Zum Bräu ****	Wellness	**14**	94262	Kollnburg	201
Zum hohen Eimberg ****	Wellness	11	34508	Willingen	
Zum Klosterbräu ****S	Wellness	11	86633	Neuburg an der Donau	
Zum Kramerwirt ****	Wellness	11	94244	Geiersthal	
Zum Kurfürsten Lifestyle Resort ****S	Wellness/Gesundheit	11	54470	Bernkastel-Kues	
Zum Löwen Bad Staffelstein ***	Wellness	11	96231	Bad Staffelstein	
Zum Löwen Duderstadt	Wellness	11	37115	Duderstadt	
Zum Stein ****	Wellness	12	06785	Wörlitz	
Zum Stern Bad Hersfeld ****S	Wellness	10	36251	Bad Hersfeld	
Zum Stern Oberaula ****	Wellness	11	36280	Oberaula	
Zur guten Quelle ***S	Wellness	9	98596	Brotterode-Trusetal	
Zur Heidschnucke ****	Wellness	11	21271	Asendorf	
Zur Post Bad Tabarz ****	Wellness	10	99891	Bad Tabarz	
Zweite Heimat	Wellness	10	25826	St. Peter-Ording	

RAUM FÜR NOTIZEN